万修成魔

——为平民子弟改变命运而作
也适合富二代证明自己

花荣 著

经济管理出版社

ECONOMY & MANAGEMENT PUBLISHING HOUSE

图书在版编目（CIP）数据

万修成魔/花荣著. —北京：经济管理出版社，2018.12（2024.2 重印）
ISBN 978-7-5096-6165-9

Ⅰ.①万…　Ⅱ.①花…　Ⅲ.①股票投资—基本知识　Ⅳ.①F830.91

中国版本图书馆 CIP 数据核字（2018）第 267331 号

组稿编辑：陈　力
责任编辑：杨国强　王　洋
责任印制：高　娅
责任校对：陈　颖

出版发行：经济管理出版社
　　　　　（北京市海淀区北蜂窝 8 号中雅大厦 A 座 11 层　100038)
网　　址：www. E-mp. com. cn
电　　话：(010) 51915602
印　　刷：唐山昊达印刷有限公司
经　　销：新华书店
开　　本：720mm×1000mm/16
印　　张：31.75
字　　数：503 千字
版　　次：2019 年 1 月第 1 版　　2024 年 2 月第 3 次印刷
书　　号：ISBN 978-7-5096-6165-9
定　　价：98.00 元

序言一　修身，投资，助人，玩天下

证券投资是个伟大的职业，也是个异常"毁人"的职业，如果你是股市投资者，一定会对此感受颇深。

现代社会，每个人都有对事业和财富的梦想。相对来讲，男人，年轻人，更需要一份责任，你的成功与否，决定着你的家庭的生活质量。如果你没有一个有钱的父亲，也没有遇上一位家财万贯的公主，那么你别无选择，只有想办法让你自己成为一个有钱的父亲，让你的女儿成为骄傲的公主。

这样，"修身，投资，助人，玩天下"就成了现代人的必要过程和最终目标！

无疑，我们生活在一个不可预见的社会，生活在一个意外之财随时发生的时代，没有人能无视"财富非常道"这一事实。要想获得人生中的这种"非常财富"，希望自己幸运的人们必须学会新的生存方式，及时顺应社会发展的新变化。

我们目睹了21世纪的快速发展，20世纪80年代，"万元户"是令人羡慕的一个称号，而现在1万元早已不是个新奇的数字，许多人一个星期就可能轻松赚到。在瞬息万变的社会环境下，死守着一份打工薪水是不够的，必须想办法获得第二份或者其他更快捷一些的收入。

股市则给稳健者提供了第二份薪水，给聪明人提供了更快捷的收入可能。

大多数中国人更注重传统知识的学习，而忽视胆识的积累。而"修身，投资，助人，玩天下"正是胆识积累和精彩人生的四步骤。

笔者作为中国第一代职业操盘人士，长久以来一直想写一部中国股市专业投资原理的技术书籍，精研理论和亲身经历都是股民积累胆识、运气和提高技能不可或缺的途径。

如果你爱他，送他去股市，那里是天堂；如果你恨他，送他去股市，那里是地狱！

在纷繁的股市秘闻中，精英投资高手总是最变幻莫测、最引人关注的人物。人们对于这些处于股市食物链顶端的猎食者又爱又恨，职业操盘手的命运在中国股市中有很强的传奇性和神秘性，一般人很难接触到，而本书总结的正是他们炒股的独到思想、纪律和原则。

没有品尝过牛市的浓浓烈酒，没有经历过熊市的漫漫长夜，就很难说对资本市场有充分而全面的了解。

淘尽黄沙始见金，股市交易史如一条不息的川流。江面的波澜与涟漪，或许更能吸引眼球，但真正的负重致远，却还在深层厚处。

股海江湖上的高手，莫不是从无数的激烈战斗中成长起来的。他们在股海江湖上翻过风，起过浪，也被风刮过。被浪冲过的人都知道，股海江湖其实是一条惨烈的金色大道，看上去全部是金银珠宝，上了阵却需流血拼杀。

股海江湖上风云诡奇，谁有一套听风观浪的绝技，谁就可以在这股海中捞上几笔。股海自有黄金屋，股海自有颜如玉，但是如果没有正确的理论指导，没有上乘的武功研习，恐怕股海就不那么温柔了，美人鱼会变成大鳄鱼的。

本书是笔者多年炒股心得的浓缩总结，希望有缘、有慧根的人读完本书后，在"修身，投资，助人，玩天下"的途中少走些弯路，在股海中让自己少流些血，多钓几条能为自己带来自由的"大金鱼"。

为了生活的精彩、家庭的幸福，把你的潜能多贡献出来一些吧！

百战成精，千炼成妖，成精成妖之前最起码要做到不糊涂吧？

休闲工程师

花　荣

序言二　股市投资是美好的职业

一位财经记者问股海大鳄安德烈·科斯托拉尼："您希望您的儿子做股市投资者吗？"

回答：如果我只有一个儿子，我将把他培养成音乐家。第二个儿子我将把他培养成画家。第三个儿子我将把他培养成作家或记者。而第四个儿子我一定要把他培养成投资者。因为总要有一个人养活他的三个穷哥哥。

股市投资者是多么高贵的职业啊！他可以超越尘世的喧嚣，置身于自己的独立意志之中。他可以随身带着他的赚钱工具：一台看行情、下买卖单的电脑，也许还有一份操盘手册《百战成精》，他没有老板也没有雇员，他可以随心所欲地支配自己的时间，可以想干自己一切想干的事情，吃、喝、玩、乐、游、秀、骂，等等。

人不一定要富有，但一定要独立。当然，富有也是很重要的。所以，要做股市投资者，就要做一个成功的股市投资者。要成为一个成功的股市投资者，就必须学会"自我造钱"的本领。把你的金钱种子投在神奇的股市里，然后很快地收回更多的钱。这样的生活多么值得人们去追求，许多人也会因此羡慕你、效仿你、帮助你、嫉妒你。

投资者是一份美好的职业，但是追求任何美好的东西都是需要付出代价的，做股市投资者也是这样。要想做一名合格的股市投资者，就必须学会像孙悟空那样的七十二变，会腾云驾雾，会耍金箍棒。也就是说，要当人间神仙，就得先修成神仙的武功。股市投资者武功的最高境界是"超级系统""盲点获益""热点投资""人生赌注股""凌波微步"。

有缘人即将阅读的是一本专门讲述关于股市投资者修炼武功的技术读本。与其他讲解股市投资技术的书籍不同，本书涉及股市最优投资技术的理论。其中的主要内容代表了中国股市投资技术的"少数人"的水平。其核心思维是许多先驱付出了难以想象的代价铸成的。有缘的读者如果能够在这些高级投资技术上多下些功夫，同时清醒地认识自己，可能会有意想不到的收获。

好书改变命运，智慧创造人生！投资岁月，快乐着一点儿也不痛，但是如果武功不到家时，有时也会很痛。

事实已经证明，读有用书，需要多读、多理解、多琢磨；练成某项高级武功，也需要一些时间的反复磨砺，这种努力是值得的，也是成为股市"斗战胜佛"的必由之路。

美好的未来在等着我们！下面就让我们跟随老投资侠客们的最优投资思维，踏上一条崭新的、神奇的、充满诱惑的投资之路吧！

来吧，伙计，不要客气！

股市投资者

花 荣

目　录

中篇　精图谱（秘密联络图）

第二部分　中小创 / 305

第三部分　非 A 品种 / 323

下篇　那一箭的风情（功夫在诗外）

第一部分　花氏哲学 / 335

万修成魔——为平民子弟改变命运而作，也适合富二代证明自己

上篇

独门箭

（股海渔技）

炒股，是把自己的能力与市场
提供的机会相结合；而不是把自己
的幻想与市场提供的风险相结合！

第一部分
连 城 炉

关键语：
　　金融市场可分为正和游戏、零和游戏、负和游戏。正和游戏长期重复必赢，可在不多的有利时机出现时上杠杆，要重视这种游戏并且玩细致，这是职业投资人的立身生存之本；零和游戏需要选时波段操作，最佳时间也可适当使用短线杠杆，职业生存要会玩零和游戏，技术一定要精，要能赢业余投资者；负和游戏不能玩，只在极端时刻偶尔娱乐，这是意外之财，不玩也不能算错。

连城炉 1
职业投资的窍门是什么

职业投资的窍门是什么？

不同的人有不同的理解，市场中最常见的三种理解是：

（1）长线价值投资，成为一个优秀公司的持有者，最好的资产永远不卖出。

（2）永远的短线热点强势股，只做龙1，稳准狠，成为勇敢的涨停板敢死队天王，复利是世界第八大奇迹。

（3）成为庄家，自己决定自己的命运，没有消息，自己制造消息，没有黑马，自己用资金把看好的股买成黑马。

统计发现，大部分公募基金的基金经理是第1种，大部分散户永动机都是第2种。但这2种类型都需要靠天吃饭，鲜有可信服的成功者。成功的案例也基本上是阶段的运气，最后结果成功概率比较低，与1赢2平7亏的股谚比例相当，且那个1还无规律漂移的。第3种是违法的操纵市场，在电子化交易背景下，这种方法死得更惨。

职业投资的窍门到底是什么？

笔者个人的理解是：

核心词是确定性、高概率和保本。

锦上添花词是增大概率、独门信息规律细节手段、优势资源杠杆。

核心词是确定性、高概率和保本。

锦上添花词是增大概率、独门信息规律细节手段、优势资源杠杆。

核心词是确定性、高概率和保本。

锦上添花词是增大概率、独门信息规律细节手段、优势资源杠杆。

重要的事情说三遍。

A股的投资真谛就是在宏观整体混沌不确定的股市里寻找微观局部阶段确定性。

追求确定性才是真正的投资真谛。

前面那三种常见的思维不但不是投资真谛，而且也不是投资，是赌博，是消费。

许多股民自以为是投资者。事实上不是。他们其实是消费者，是高消费者，是赌徒。这已经被事实所证明！赌术不是投资技术，它是赌技、消费术，而让赌博更有道理的消费术，更可怕。

久赌必输！久赌必输！久赌必输！

好的投资者都是哲学家，下面笔者就阐述一下笔者个人的投资哲学：

一、核心词

1. 确定性

这里的"确定"，指的是输赢确定性，且必须是直接刚性的，不能是自以为是的。

（1）二维确定性。完美确定性：时间确定，价格确定，符合满意度。

常见的确定性1：时间确定，上涨冲力大概率。

常见的确定性2：价格确定，最后时间确定，年化收益率自我满意。

（2）制度性保证。"确定性"有不可撤销的法律制度保证。最常见的方式是全额要约收购、现金选择权等。

（3）优势逻辑博弈性。这里的优势逻辑是指习惯的力量，如新股上市等。这里的优势博弈是指双轨价格，如股债双飞等。

2. 高概率

高概率在股市中的表现形式是：

（1）正反馈进行时。趋势的力量是强大的，顺应主趋势，逆反次级趋势。

（2）三重正反馈。

第一重：顺应大势的主趋势。

第二重：强于大盘的强势股。

第三重：大概率的强势股组合、成本组合。

（3）势助力。

第一助力：经典技术分析指标窗口的助力。

第二助力：龙头榜样的助力。

第三助力：供求关系的助力。

3. 保本

（1）制度性保本（债性、净值兑付性）。有法律制度保证，熟悉相关的法规十分重要。

（2）实力型保本。大资金在某个时间的买进卖出能够确立局部价格的低高点。

（3）流通性保证。盈利模式的实施必须有流动性的保证，有下家接盘才能把理论变为现实。

二、锦上添花词

1. 增大概率

（1）数量保证。大概率的事件，如果样本太少，也会落在小概率上。所以大概率的多样本很重要，尽量地用多样本保证大概率的落地。

（2）成本保证。人是有状态的，影响市场的因素也是无法全部事先洞悉的，中庸分批是好习惯，留有余力，保持优雅。

（3）阅历保证。静态武功与动态对抗武功是不一样的，时间与案例的阅历十分重要，好记性不如好笔头，操盘日志记录是必需的，随着时间的推移愈加重要。

任何一项实用技术的熟练，是需要时间具体案例重复记忆的，只看一两遍书就立刻学会恐怕不现实吧？重要的是形成习惯本能。

2. 独门信息规律细节手段

（1）盈利模式。要对《千炼成妖》（本书的前部）里的套路熟悉，并且利用常规统计工作发现股市中的阶段有用套路。

（2）信息渠道。根据盈利模式，利用网络和公关渠道，合法地发现、利用比他人更有优势的信息渠道。正奇兼用，这点是许多过于专注股市的人所缺乏的。

（3）规律统计。量价关系、题材热点、机构动向的统计是一个日常不懈的常规工作，并从中发现盈利模式和自选股。

3. 优势资源杠杆

（1）双轨交易权。在A股，投资者的交易权限有等级，例如说，普通投资者与合格投资者、机构投资者的区别，网上与网下的区别，等等。尽量获得高等级的交易权限。

（2）资金杠杆。无风险套利，有时候利润是有限的，可用低成本的资金杠杆放大利润。

（3）影响力。有好的盈利模式，不要吃独食，大家好才是真的好，同时可以增加资金的利用效率，尽量想办法提高年化收益率。

连城炉 2
职业股民财富技能进阶攻略

"我生来一贫如洗，但绝不能死时仍旧贫困潦倒。"这是索罗斯自己说的并挂在办公室墙壁上的一句话。

一、人生的意义是什么

马斯洛理论把人生需求分成生理需求、安全需求、爱和归属感、尊重、自我实现五类，依次由较低层次到较高层次排列。

一个完整的、有意义的人生，就是你实现了这五种需求，同时帮助一部分其他人实现了这五种需求。没有实现这五种需求的人生是不完整的，是平庸的，不是生活，只是活着。

一个人的一生，可能会存在着种种不如意，但不可否认的是，现在的中国正处在五千年历史来最好的一个时期，只要你不禁锢自己，你愿意努力你就有可能实现一个完整的人生。

笔者认为一个完整的有意义的人生历程，可以由三部电影组成，《肖申克的救赎》《偷天陷阱》《百万英镑》。笔者曾多次梦想自己是剧中的人物，梦想自己的生命是剧中人物的生命延续，是现在共同生命中的一部分，同时也是认同笔者人生价值观的后人的生命的开端。

一生中，最光辉的一天并非功成名就的那一天，而是从悲叹与绝望中产生对人生挑战与勇敢迈向梦想的那一天。

人生是一座富矿，有待于自身去开采，当不屈斗争意志在一个人的内心发芽，他的生存就有价值了。男儿志今天下事，但有进今不有止。晴空一鹤排云上，便引精神到碧霄。我们的生命是什么？不过是长着翅膀的事实或事件的飞翔。

人生是伟大的宝藏，聪明的人应该晓得从这个宝藏里选取最珍贵的珠宝，而不是与多数人那样，荒废自己的人生。

比较现实中的种种人生机会，做一个成功的股市投机技师，一个股市投机博弈匠，是实现自己完整人生的最有可能的一个捷径。

二、股市一年级新生

什么样的人是股市一年级新生？新入市持续交易不满 1 年的股民是，多巴胺没有消退的有交易瘾者是，没有交易系统正确习惯的门外老股民是，固执于谬论没在股市交易中挣到大钱的财经名人也是。

在这里有必要解释几个概念：

1. 多巴胺

多巴胺是由邓运发明的，由脑内分泌可影响一个人情绪的化学物资。邓运确定多巴胺为脑内信息传递者的角色使他赢得了 2000 年诺贝尔医学奖。多巴胺是一种神经传导物质，用来帮助细胞传送脉冲的化学物质。这种脑内分泌主要负责大脑的情欲、感觉并将兴奋及开心的信息传递，也与某种事物上瘾有关。

人一遇到刺激事物并会自动分泌多巴胺，如爱情、赌博、烟酒毒、偶像、喜欢的物品（男人文玩、女人衣服）等。

股票瘾也属于赌瘾的一部分。在你处于股票类型的多巴胺分泌旺盛期，你会不由自主地渴望了解股市行情和股市信息，不看行情会难受，不交易不持股也会难受，这个时期的股民容易是永动机中的战斗机，容易是永远看多永不空仓的百年老炼，容易幻想自己是能打虎的武松。

受过心理训练的人，控制力会较常人强，多巴胺分泌消退的时间比较快，大概需要一年半的时间（理智人谈恋爱必须一年半内结婚，否则容易感情趋淡），平常人多巴胺分泌保持的时间通常为七年左右（这也是家庭爱情有七年之痒的原因）。正反馈能延长多巴胺的分泌时间，负反馈会缩短多巴胺的反馈时间。

如果，你的多巴胺没有消退，在股市交易中情绪就会起着决定作用，那就谈不上技术能力，输赢主要取决于运气，这就是赌博，久赌必输。所以说多巴胺没有消退者是一年级新生，在股市市场中，一些多巴胺旺盛分泌没有消退的一年级新生喜欢幻想，喜欢表现自己，喜欢说极端的话，极端自信，喜欢预测，喜欢与他人讨论股票，有手痒症、交易瘾。

但是，长时间不分泌多巴胺会影响人的激情不足、缺乏斗志，因此职业老股民在长期的熊市中，应该持续保持适当的股市敏感性。在市场狂热的头部危险时期，因为多巴胺旺盛加上收益正反馈，容易让你撤兵困难。

2. 操作系统

操作系统是你自己的股市系统整体操作方法的框架，它的主要作用是选时、控制仓位、控制风险、应对市场变化、积累规律机会经验。

人们熟悉的各种各样基本面分析、技术分析，不是操作系统，只是操作系统中一部分或者是操作系统的碎片，操作系统是分析技术、资金管理、经验积累、风险控制的适合自己的综合，是一种原则习惯。

据笔者所知，绝大多数人没有操作系统，或者对交易系统有概念但没有形成习惯（也有人因多巴胺控制不住自己，不由自主不顾交易系统的情绪化），甚至许多股民一生都是这样，糊涂了一辈子，充当了一辈子的股市消费者，还不自知，还幻想自己是股神，这正是 1 赢 2 平 7 亏的最根本常见原因。

三、职业股民预科班

成为职业股民的必要条件有：

（1）熟读股市技术书籍。《股票操作学》《百战成精》《千炼成妖》《操盘手1》《操盘手2》《操盘手3》《招财狐狸》《大作手回忆录》《借壳上市》《证券法》《再融资规则》。

这里强调一下，决定人们行动的因素，是习惯，不是知识，你拥有知识后，更重要的是把知识转变训练成为习惯。优秀是一种习惯，我们要让财富成为优秀的副产品！

人的能力由四方面构成：知识，天赋，训练，资源。

人的能力由四方面构成：知识，天赋，训练，资源。

人的能力由四方面构成：知识，天赋，训练，资源。

重要的话说三遍。

（2）基础知识。《博弈论》《概率论》《心理学》《王阳明传》《李鸿章传》《哈同传》《三国演义》《半截英雄》《孙子兵法》《三十六计》。

（3）通过从业资格考试。

（4）至少具有365万元（2018年）的交易保证金，这才能使得你有一个正常的生活状态。

（5）至少去过北京、上海、广州、深圳、杭州等国内多个大城市，如果去过欧美日等两个以上地区更好。

走万里路，胜读万卷书。

（6）有一个能对你有帮助的股民圈子或者互助组，有社会圈子，不能是一个孤独的寂寞股奴。

（7）掌握技术种类：空仓风控技术，无风险套利技术，强势短线爆破点技术，低位人生赌注股技术。

（8）锻炼身体的习惯和爱好，如羽毛球、乒乓球、爬山等。

（9）放松头脑的活动，如唱歌等。

（10）尽量不抽烟、不喝酒、不熬夜、不斗狠、不情绪化。

四、职业投机是事业，不是爱好

职业投机者是高贵的，是独立自由的，是浪漫乐逍遥的，是不铤而走险的，是健康向上的。让财富成为优秀的副产品！

如果你是职业股民，你的财富不到一个亿，那么你应该把炒股尽量地发展成为事业，也就是说要么成为独立的大资金操作手，要么成立自己的私募基金管理公司。

1. 独立操盘手

有大资金影响力、有社会资源、有特殊独有的盈利渠道和项目、自有资金上亿、名利双收、大富豪愿意把富二代交给你做理财徒弟，这样的人可以被称为独立操盘手。

这个群体在国内比较特殊，人数很少，不太好形容和定义，举一个例子吧。

某人在股市机构大户中很有影响力，有一次，一个高等楼盘的物业请他为业主（大户）做一场股市理财讲座，在讲座快要结束的时候，业主大户们要求他推荐一只股票，鉴于市场处于模糊期（他把市场分为赚钱期、亏钱期、模糊期），他担心举荐股票会把大家套住，不说又不行，于是他说了一只股票，但特别提醒这只股现在不能买，啥时候盘中交易时连续三个888买单时才能买，其实这三个"888"只是这个人的一个推卸责任的说词。但是，这个股第二天上午，盘中交易中低位就出现了三个连续的888买单，随后涨停，讲座者成为这次讲座中唯一踏空该股的人。

一个人的专业判断，能被一群富豪认可，甚至演绎，这个人就可以被称为一个真正的职业操盘手。

2. 私募基金管理公司

许多职业股民认为自己的能力不够，条件不成熟，不敢成立自己的私募基金，没有把炒股当作一项事业，一提到事业和成功就心虚。其实，这没有必要，绝大多数人，谁也不会比谁强多少，其中的差距，主要体现在胆识上，有想法有行动，就可能获得事业的成功，尤其是在股市这个资金密集平均智力低下的行业。

其实，如果你能基本做到本书的要求，你就是高手，就会比现在社会上已经存在的那些私募基金经理水平高很多。平凡人最大的缺点就是缺乏胆识，缺乏独立向上的精神。

五、百万英镑游戏

人生的最大的快乐是什么？

一是与有意思的人交往，在你不够强大的时候，这点很重要，近朱者赤，只有你欣赏有意思的人，学习有意思的人，你才能成为有意思的人。

二是成为有意思的人，强大的人，最有意思的人是能够帮助别人，有能力帮助别人改变命运的人。股海中成功者应该是有骑士精神的人。

人生是一座富矿，有待于自身去开采，当不屈的争斗在一个内心中发生，他的生存就有价值了，他的人生就有意思了，江湖中就会有他的传说。

连城诀 3
好的投资方法组成因素

读者在阅读本书之前，可能也接触了一些其他的炒股方法。在今后的投资生涯中，也可能会继续接触其他不同风格的投资方法，这是不可避免的，是正常的，包括笔者也是这样。那么，这就需要解决一个问题，怎样评判一个方法的优劣，或者说，什么样的方法是需要不断地坚持、提高和扩展的？什么样的方法看似神奇但可能导致你失败？这个评判的标准和内容是什么？

一、好的投资方法要抑制情绪

没有受过职业技能培训的人，其情绪展示通常有两个行为方式：恐惧和贪婪。该恐惧的时候贪婪，该贪婪的时候恐惧。股市中人的情绪通常与市场的规律是反向的。在危险的高位时，心态是昂奋的，有安全感的，对未来雄心万丈，对看空言论嗤之以鼻，甚至是反感的；到了安全的低位时，多数人又会认为这个市场完蛋了，没救了，不由自主地恐惧。追涨杀跌，是多数人的本能，不需要训练，是来到这个市场的原始状态。如果投资方法能使得你把与生俱来的、绝大部分人具备的恶性情绪有效地抑制住，我认为就是可取的投资方法。反之，坏方法，不但不能抑制投资人的情绪，反而使人们的情绪化行为更加重，最为典型的是"死多""死空""前一个错误导致后一个错误"，只追求基本面分析排斥技术面分析，或只追求技术面分析排斥基本面分析，或追求幻想方式的精确预测，痴迷于某几种必涨的 K 线图形（也许某个大户抛几千万它就跌了，出了个利好它就涨了，大盘好的时候就涨了，大盘坏了就跌了），这都是经典的错误思维。

职业炒手技能＝六分心态＋三分技术＋一分运气。

好的投资方法，应该使你的心情平静，能抑制冲动情绪，克服情绪化行为，保持正常心态，这是你赢钱的最重要前提。

二、好的投资方法要理性、有序、清晰

A 股市场的微观面一直在变化，但是长时间看，市场的宏观波动规律又是简单周期往复的，跟二十四史差不多，本质上都是一样的，只不过表现形式不一样。涨得多了就跌，跌得多了就涨。泡沫大了一定会破，不存在永远的不破泡沫。作为理性投资者，在每个阶段当中，具体做什么都是应该清楚的。

职业炒手技能＝六分心态＋三分技术＋一分运气。

理性有序地做事情，这是由三分技术所造就的，A 股所有的技术可概括为三个方面：

（1）研判大盘系统，控制风险、控制仓位，追求大概率的技术。

（2）研判个股波动规律，洞悉利用主力潜规则的技术。

（3）熟悉交易制度，盲点套利，利用优势资源的技术。

好的方法是，顺从趋势，顺从大概率，应对于市场变化，你在任何时候都有参照物，你知道自己应该干什么，心中有最优策略，原则性是清晰明确的，不会失控的赌博。

三、好的方法能清零，或者叫死机清零技术

任何一个高手，包括大家自己成为高手以后也存在这样的问题：任何一个投资方法没有完美的，没有一个高手永远不犯错误的，在你股海人生当中一定会出现失误，因此职业高手必须有纠错思维，有清零重装系统的手段。

出现失误的时候，立刻止损，尽早清零。最简单的清零，就是卖掉，清仓。

不能让失误失控，让一个小失误演化成为大失误。

当有压力了，心态不好了，晚上睡不着觉了，对后市发展不清楚了，先退出来，是最好的手段。状态不好，或运气不好的时候，千万不能让错误、坏情绪导致你人生发生一个不可避免、不可收拾的错误，这一点一定得记住，职业操盘者更得是这样。有几百万人，在2015年的股灾中发生的失误，这可能是他们人生中最大的一次失败。

在投机技术中，是不是有清零技术，是不是有纠错技术，是评判这个方法是否完整实用的一个很重要的因素。

有些方法是没有纠错技术的，最为典型的是长线不动投资。

四、好的方法，能稳定持续地赚取明白钱

（1）市场有什么利润，有什么规律，自己通过复盘即时的总结出来，形成一个个套路，一个个高概率的小绝招。能够捕捉那些经常出现的，反复出现的机会。

（2）每个阶段，运用统计的功能，快速的发现市场的机会热点，然后设计出适应当时市场情况的盈利模式，进行选股并投入实战，获得盈利。当然在运用盈利模式的时候，需要掌握效应递减的规律，并调整节奏。

（3）市场上主要的常见利润包含为：固定收益，强势高概率组合利润，低位人生赌注股利润，弱势短线超跌反弹（包含股灾）等。

（4）没有持续稳定获取利润的行为就是赌博，其方法就是坏方法。坏方法表现的特征是模糊，你操作的时候只是感觉，没有硬性依据支持，没有数据概率支持，也没有参照指标指导后续操作。

五、好的方法，让你明白清楚平时的工作内容、努力方向

好的方法，是你平常做工作积累的信息，市场行情来临时马上知道做什么，对你的操盘行为有明确帮助。好的方法能够使得你在股市的工作状态是准备，战斗，收获，享受，复杂的事情简单做，简单的事情重复做，重复的事情认真做，认真的事情娱乐化做。

好的方法能够使得你的日常工作规范化，条理化，组合化，简洁化，明确化，习惯化，你的日常工作的最后结果应该是一份操作计划（含盈利模式和应变反应），或者是一个股海日历。一些具体的工作怎么做，后面会进一步详细阐述。

而坏的方法则是随机地想起什么就干什么，或者是漫无目标的每天多达数十个小时的翻K线猜谜语，或者是心中无数的打探什么消息。

六、好的方法，能不断地倒脏水再装新水

任何事物都不是静止不变的，在投资过程中，要不断地总结，要提高，特别是初学者会存在不熟练的偏差问题，老手也需要随着市场规模的扩大、创新而拓展学习进步。世界上不存在，永远教条不变不需要修正的方法。

人的能力包含四个因素：知识，天赋，熟练度，资源。

一套成熟的投机方法主要包括：总纲行动原则（操作系统），阶段盈利模式（统计当时市场机会热点和运用自己积累的小绝招），实战操作习惯（组合，分批，尾市，强势盘中小仓位组合追涨等习惯性手段），日常准备工作（翻K线复盘，制作股市日历等），修正和拓展完善。

倒脏水再装新水的不同表现形式：

（1）一种是非花家军的脏水。决定人的行为的是习惯，不是知识。你形成这样的习惯之后，想换一种新的习惯难度是非常大的。

两个家长送孩子去世界冠军摇篮什刹海体校学打乒乓球，教练问家长：现在会打球吗？原来学过没？

一个家长说：会打，学过，打得还不错，是学校冠军。

另一个家长说：不会打，没学过。

结果，教练收下了不会打的孩子，拒绝了另一个。

会打球的家长问为什么？

教练说：还要扳坏习惯，教的难度大。

家长争辩说：我这也是跟高手学的呀！

教练：再是高手，能比什刹海体校高吗？我这儿是出世界冠军的地方，你那儿是出学校冠军的地方。

学习一个好的新方法，必须要先全盘接受，先否定过去不满意的方法，

否则装满脏水的杯子，无法倒进新水。

（2）另外一类，即使你是花家军的成员，已经认可花氏方法，也有脏水的问题。学习这项技术的人，很多人在看千炼成妖的时候，并不理解笔者想要表达的内容，因为许多人都有自己的思想，都有自己的局限。因此，需要不断地加强更为贴近市场、贴近规范的动作要求，并形成习惯和快速本能。

不能是"嘴上是花家军，心中是涨停板"。

（3）市场是不断地发展的，会发生一些变化，即使你的投资方法在过去让你的收益还不错，也不能故步自封，也要完善和进化。

当然，好的大原则不应该经常变。

七、好的方法，有助于事业的发展

好的投资方法容易获得事业伙伴和客户的认同，如跌势中回撤小的方法、现金选择权的简洁性。而坏的方法则是模糊的，难以为事业伙伴和客户接受。

连城炉 4
股海实战的体系方法

一套成熟的投机方法主要包括：总纲行动原则（操作系统），阶段盈利模式（统计当时市场机会热点和运用自己积累的小绝招），实战操作习惯（组合，分批，尾市，强势盘中小仓位追涨等习惯性手段），日常准备工作（翻K线复盘，制作股市日历等），修正和拓展完善。

下面笔者来稍微细致地总结说明一下。

一、总纲行动原则（操作系统）

本书经常提到的一个名词"操作系统"，指的是我们股市投机生涯中的总纲行动原则，有没有这个总纲行动原则，是判断一个股民是否入投机门的最重要的判断依据。它的主要作用是，帮我们选择行动时机，行动时怎样控制仓位，应采取怎样的选股策略，怎样结束操作。

1. 线上工作（做多），线下休息（做空）

对于不玩股指期货的投资者来说，线上工作，逢低做多（贴近生命线为低），长多短空（只在指数远高于生命线且 PSY 指标特别高时，短线防范一下风险）；线下休息（不做不算错）或做固定收益。

对于玩股指期货的投资者来说，线上工作，逢低做多（贴近生命线为低），长多短空（只在指数远高于生命线且 PSY 指标特别高时，短线防范一下风险），在最有利时机时适当地短线加杠杆；线下做空，逢高做空（贴近生命线为低），长空不轻易做多，只偶尔在暴跌止跌后短线控制仓位的抢一把反弹。

这个"线"在大盘处于多头强势时，可以有两条，大盘指数的 10 日线和 30 日线，10 日均线是短线生命线，30 日均线是中期生命线，其中 30 日均线是最后的防线，在大盘的市盈率明显过高时，或者是大盘的涨幅过大时（众多人盈利丰厚），可加大 10 日均线的重要性。

这个"线"在大盘处于空头强势时，30 日均线是最重要的参考指标。

在大盘指数处于多头时，多数情况下生命线附近为支撑位，在大盘指数处于空头时，多数情况下生命线附近为压力位。趋势一旦形成，改变的难度相当的大。在多头趋势下，看多 10 次会对 9 次，只有最后一次会出错；在空头趋势下，看空 10 次会对 9 次，只有最后一次会出错；怎么样能让这最后一次错，错的程度比较小，这就是生命均线的作用。另外，看对要挣钱，看错不能赔钱，而不能相反。

当指数运行到生命线附近时，此时的生命线到底是支撑位压力位，抑或是最后的转势防线，这是一个困惑点。

一般情况下，指数多头趋势时：指数温和地从生命线上方往下调整到生命线附近，或者 K 线逻辑良性地调整到生命线附近，我们视此时的大盘为良性，此时可以保持多头思维；当指数恶性地从生命线上方往下调整到生命线附近，或者 K 线逻辑恶性地调整到生命线附近，我们视此时的大盘为恶性，要考虑多翻空；在指数处于多头走势时，指数从生命线下方上涨至生命线附近，指数继续上涨的概率比较大。

一般情况下，指数空头趋势时：指数温和地从生命线下方上涨到生命线附近，或者 K 线逻辑恶性地上涨到生命线附近，我们视此时的大盘为恶性，此时可以保持空头思维；当指数良性地从生命线下方上涨到生命线附近，或者 K 线逻辑良性地上涨到生命线附近，我们视此时的大盘为良性，要考虑空翻多；在指数处于空头走势时，指数从生命线上方跌至生命线附近，指数继续下跌的概率比较大。

指数与生命线交织时，生命线到底是维持原趋势看法支撑压力线，还是改变原趋势看法的最后转势防线，辅助的判断工具是，大盘的成交量情况和变化，大盘此时的消息面情况，市场的总体市盈率情况，大盘的 K 线逻辑情况，MACD 指标的趋势情况，以及用万能公式评估的指标股情况。

2. 仓位的控制和变化

股市中的三种常见仓位分配法：

多头强势阶段，仓位梯进 50%：50%，追击强势股，涨速题材多股复利车轮战，在最有利的情况出现时，盈利仓位可视为现金，可以满仓，攻击性激进交易者可以短线适当地加杠杆，长多短空。

均衡横盘阶段，仓位梯进 33%：33%：33%，二、三股的短线低吸高抛，最大仓位为 66%，需要留有 33% 的仓位做固定收益，在有最佳品种时，也可短线满仓，但不宜加杠杆。

空头弱势阶段，仓位梯进 25%：25%：50%。只有在最佳时机出现时才能投入 25% 的仓位，不做不算错，只有在最佳时机出现后第一次投入的 25% 仓位被套后，偶尔再短线动用 25% 仓位救一次，这一次的 25% 仓位不能轻易动用，要甚之又甚，剩下的 50% 仓位只能做无风险套利等待市场多头的来临。

大资金可以适当地更稳健保守一些。

这部分原理解释，也可参考《千炼成妖》《百战成精》。

许多股友在股市操作中，在仓位控制这方面，过分激进，过分保守，这是常见的两种极端，或者是两种错误，都不对，该激进时激进，该保守时保守，服从章法，章法要养成习惯。

3. 选股的策略

总体而言，通用不变的原则是，题材是第一生产力，阶段热点要优先，主力重仓股与即时量能活跃品种优先，"强势重势，弱势重质"。

多头强势阶段，多注意相对低位的量能即时活跃股，可以适当追涨，不能为了低吸而放弃一个新热点机会。

均衡横盘阶段，多注意技术指标低位的主力重仓股，不可以追涨，短线高抛低吸。

空头弱势阶段，多注意"中线超跌＋短线超跌"的小市值低价超跌股，只能一次性地第一时间低吸，不能先小仓位干，赚钱后再加大仓位，这样容易赚小钱赔大钱。

在非强势阶段，也可以把注意力放在低风险的品种，如全额要约收购股、现金选择权股、有效率的转债等。

二、阶段盈利模式

职业投机者的行动总纲原则是基本不变的，是要当成纪律坚决执行的，但是操作系统只是一个粗放的框框，把市场提供的机会落地形成结果利润，需要投资者根据市场具体的情况（信息统计分析观察逻辑经验）设计出自己的阶段盈利模式。

智慧的体现：①历史阅历。②现实规律统计。③自我角度。④逻辑博弈思维。

智慧的体现：①历史阅历。②现实规律统计。③自我角度。④逻辑博弈思维。

智慧的体现：①历史阅历。②现实规律统计。③自我角度。④逻辑博弈思维。

最常见的盈利模式可分为下面几类：

1. 图形指标反应

大盘强势时，强势多头情况下的最常见个股爆破点是，均线纠集，MACD放量金叉，大盘尾市跳水时的射击K线。

大盘弱势时的操作思维：逢高做空，逢低观望，遇暴跌做短线反弹，不做不算错，无风险套利也要做细致（无风险套利的实施过程不能是简单粗暴的）。

2. 消息题材反应

社会大题材股不能放过，例如，类似于第一次的奥运股题材、自贸区等的题材。突发题材也许要格外注意。

关注题材的时候，不仅要关注正面的题材，对于负面的题材也需要注意，并且要在行动上有反应。

3. 主力规律研究

对于经常进入流通股十大股东的机构和牛散要熟悉，对于其中的一些机构持股，要研究这些股票的股价波动有什么规律，要借力把这些规律演变成为利润。

4. 常规制度周期

最常见的是，年报、半年报、季报、重要事项进展、股东大会这些因素，对上市公司的股价会有什么影响，股价波动有什么规律，这些因素都是职业投机者不能忽视的利润资源。

连城炉 5
花式万能选测股公式

花式万能选测股公式=大盘+题材+主力+均线趋势+ MACD+ K 线逻辑+心理障碍。

1. 大盘

笔者是顺势主义者，只有在大盘安全时买股持股做多，如果大盘不安全或者自己看不清楚时，则空仓观望。判断大盘的方法，也是用这个公式。

心理障碍防范：多巴胺多动症，扳本心理，完美心理。

2. 题材

题材是第一生产力，选股、选时最优先因素就是题材，选股考不考虑有效的题材，是鉴别投机者是否优秀的一个重要指标。

常见有效题材有：能引起共鸣的社会大题材，个股硬题材，阶段主力偏好题材，突发共鸣题材。

心理障碍防范：执迷于某种单一方法而不考虑题材，不考虑题材的进程，自己胡思乱想不能引起市场共鸣的冷门题材。

3. 主力

这里的主力表现形式有三种：第一是即时的市场热点，第二是即时的个股活跃状态，第三是历史造成的筹码集中度。

心理障碍防范：你再看好某个股的某个突出优势，如果它不是即时活跃的，这个突出优势也是没有价值的。没有量能热点支持的习惯，是傻瓜习惯，必须克服。

4. 均线

主力是能量动力，均线是方向。

均线的第一个作用是指引方向，指引着股价运行的方向趋势。永远波段做多多头趋势，永远做空空头趋势。

均线的第二个作用是弹拉作用，股价贴近均线时，均线把股价弹开，股价远离均线时，均线把股价拉近自己。我们可以用这个原理，选择买卖时机。

心理障碍防范：如果某个板块或者某个个股是新出现的热点，可以适当地追高。

5. MACD

这是一个修正指标，根据其指标数值的良劣状况，选择买卖点和增减仓。

心理障碍防范：这是附属指标，必须要有量能的配合，另外要考虑大盘不同阶段，这个指标是有规律变化的。

6. K 线逻辑

K 线逻辑的表现形式有七种：超越、连续、反击、逆反、规律、过度、混沌。K 线逻辑的判断体现了职业水平。

心理障碍防范：K 线逻辑一旦给出征兆，必须行动，不能麻木不仁。

7. 心理障碍

人人都会有心理障碍，制约了知行合一。总结出这个公式的目的，就是用这个公式尽可能多地克制人性的弱点。要把使用万能公式形成本能习惯，当你的感觉想法等其他因素与万能公式冲突时，按照万能公式的指引做，最起码要中庸地按照万能公式做，当不断地尝到甜头后，你就会成为高手。

万能公式的意义：

第一，解决有知者无畏的问题，如说选股、买卖股时机、增减仓时机，比较评价关注的个股；

第二，万能公式是克服心理障碍的利器，绝大多数人必然有心理障碍（包括我），必须刻意克服；

第三，万能公式不是真万能，也有不完美，如打仗要带戴钢盔，但这是防御避险的必要装备，弹片不是每次都会弹到钢盔上，但每次战斗也必须戴。

连城炉 6
职业操盘基本功总结

职业操盘手的短线炒股基本功：看盘，复盘，操盘，阅历积累。

而普通股民的炒股技术是：幻想，预测，选股，寻找信心支撑。

一、看盘

1. 开盘

（1）对于非利好股，9：25第一笔成交金额比较大，高开2%~5%，符合万能选股公式，之后的走势又比较强的股，值得注意。

（2）对于非利空股，9：25第一笔成交金额不大，低开2%~5%，符合万能选股公式，之后很快填补缺口，值得注意。

（3）大盘弱势时，大盘指数无论什么原因出现比较大的低开（20点以上），半个小时内没有回补缺口，应该考虑防范风险。

（4）大盘弱势时，大盘指数因为利好高开，随后有走弱的势态，应该考虑风险。

（5）在9：30~9：45，同时进入金额榜、量比榜、涨速榜的股，要加大短线注意。注意：大盘弱势时，什么方法都没用。

（6）在9：30~9：45，同时进入金额榜、量比榜、跌速榜的股，如果你持有，要短线注意防范风险。

2. 盘中异动

（1）板块指数：判断当天的热点、负热点，对于强度明显的板块要对龙头股行动，标准要高，不能凑合，平衡势中只能做强势龙头，强势时可以考虑中等强度的股。

（2）白黄线判断是否二八现象，大盘股强势时，要从总金额榜中选股，如果大盘股的强势力度明显，应该果断尽快买大盘强势股卖掉弱势的小股票。

（3）白黄线判断是否二八现象，小盘股强势时，要从量比排行榜中选股，如果小盘股的强势力度明显，应该果断尽快卖掉大盘弱势股买强势小股票。

（4）在大盘指数突然走强时，观察板块涨速、个股涨速，发现是谁领涨。

（5）在大盘强势阶段，大盘出现偏大的盘中回落时，观察板块涨速、个股涨速，发现是谁在逆势。

（6）在大盘强势时，用"短线精灵"配合"万能公式"进行选股。

（7）在大盘暴跌时查询"内外比"负排名，找那些砸盘比较狠，但股价表现比较顽强抗跌的股票，可能是有机构在接货。

（8）大盘的买卖力度逻辑。

3. 收盘

（1）注意国家队重仓股的逆势平抑操作规律。

（2）注意下午 2：30~2：45 的涨速排名。

（3）大盘强势时，在下午 2：45 至收盘时注意短线精灵。

（4）深市尾盘集合竞价：买量排名。买量要大于卖量，或者买价高于集合竞价前，要消除大盘股的因素。

4. 异动快速解析

（1）用百度发现异动原因。

（2）查阅 F10 和股吧。

（3）打电话到上市公司询问。

（4）要发现 K 线逻辑。

（5）短线爆破点。

（6）分析热点的强度。

二、复盘

1. 系统总结

（1）对系统的强弱进行判断。均线、K 线逻辑。

（2）对系统的阶段进行判断。顶，趋势中，底。均线、K 线逻辑、市盈率、管理层态度。

（3）对指数板块进行判断。板块指数的连续性。

（4）非股票系统。季度底，逆回购，非股票板块，周边市场。

2. 异动总结

（1）成交金额排名＋万能公式。强势中的大盘股。

（2）量比排名＋万能公式。强势中的中小盘股。

（3）内外比排名＋万能公式。平衡势中的机构重仓股。

（4）内外比负排名＋万能公式。暴跌末期的超跌股。

（5）统计强势股的波动前奏、原因。

（6）统计强势股的波动节奏。

3. 自选股跟踪

（1）爆破点跟踪。

（2）逻辑跟踪。

（3）盈利模式跟踪。

（4）波动规律分析和熟悉。

（5）潜力消除替换。

4. 盈利模式设计

（1）时间确定、价格确定。

（2）可操作足够强的热点板块龙头股。

（3）超跌反弹。

（4）短线猎庄。

（5）规律性总结，技术特性规律、事件规律、常规制度规律、题材规律。

5. 增添自选股

（1）阶段热点股。

（2）符合盈利模式股。

（3）筹码集中股。

（4）爆破点明确的股。

6. 持股及目标股处理计划

（1）大盘的强度与仓位重量、持仓时间、持仓数量的关系。

（2）个股的爆破点情况。

（3）个股的强弱情况。

（4）K线逻辑。

（5）最后的防线。

（6）文字记录、跟踪、总结。

三、操盘

1. 基本功

（1）操作系统，对大盘和仓位的评估。

（2）万能公式。

（3）基本逻辑。

（4）每周上市公司公告浏览。

（5）股性。

（6）常见机构活动规律。

（7）敏感时间节奏。

（8）引导，助涨助跌。

（9）中庸的心态和操作习惯。

2. 试盘

（1）证券法：要熟悉证券法和交易规则，不能违法违规。

（2）开盘试盘：试买卖压，2%试盘法。

（3）买卖试盘法：买卖容易度、顺买卖还是逆买卖。

（4）尾盘试盘：顺买卖还是逆买卖。

（5）电话试盘：看上市公司的态度。

（6）是否有做市商。

3. 执行盈利模式

（1）赌注股长线操作，中庸定投，留有余力保持优雅。

（2）强势波段操作，盯住生命线（10日均线、30日均线），有节奏组合。

（3）短线操作，K线逻辑+爆破点。

（4）尽量地扩大概率。

4. 异动捕捉

（1）强势异动捕捉。随时跟窗口强势大单，尾市周末可以仓位重一些。

（2）平衡势异动捕捉。发现异动后等待低点时机。

（3）暴跌抢反弹异动捕捉。大规模跌停后的止跌，负买卖比抗跌的股。

（4）自选榜异动捕捉。熟悉规律，利用规律。

5. 清零

（1）大行情的顶部清零。千万不要忘记阶级斗争。这一条其实也需要连读三遍的。

（2）中级行情的破位清零。

（3）短线投机娱乐的见利清零。

（4）心中无数，迷惘时清零。

（5）弱势时不玩技术分析、基本分析，只无风险套利。

连城炉 7
实战习惯和日常工作

理性和感性的差别主要在于，理性是有目的的计划行为，感性地随机一动则是没有规划，完全凭运气。

1923 年，美国福特公司的一台大型电机发生了故障。为了查清原因，排除故障，公司把工程师协会的专家们请来"会诊"，但一连数月，毫无收获。后来，他们请来移居美国的德国科学家斯坦敏茨。斯坦敏茨在电机旁搭了座帐篷住下来，忙碌了两天两夜。最后他在电机旁用粉笔画了一道线，吩咐说："打开电机，把此处的线圈减少 16 匝，故障就可排除。"工程师们照办了，电机果然运转正常。斯坦敏茨向福特公司索要 1 万美元的酬金。有人说："画一条线值 1 万美元？简直是敲竹杠！"斯坦敏茨莞尔一笑，随即在付款单上写下这样一句话："粉笔画一条线，1 美元。知道在哪里画线，9999美元。"

盘内手指一动一分钟，盘前盘后努力十年功。

下面我们就来谈谈职业投资者的十年功和日常工作。

一、大盘背景判断与持仓判断

1. 大盘背景判断

用操作系统判断，线上做多，线下做空。

2.持仓判断

用万能公式判断，持仓需要与大盘背景、投资目的、人生阶段、资金性质匹配。

二、机会收集和储备

1.无风险套利

常见固定收益：债券，转债，债券基金，债券分级基金。

无风险套利个例：现金选择权，要约收购。

2.常见爆破点收集

（1）常规题材爆破点。回购，增持，送股除权，重要报表日，解禁，减持，大宗交易，大股东质押，每周上市公司新公告，重要股东大会，举牌。

（2）公开再融资。公开增发，转债，配股。

（3）事件题材。突发新闻，新闻联播，网站头条。

（4）小停牌。定向增发、资产重组进程及规律。

（5）IPO影子股进程。IPO影子股时间进程推断。

3.主力爆破点

微观主力：其他知名机构的重仓股动态。

宏观主力：券商研究报告、商品期货、境外市场的变化动态。

4.技术爆破点

阶段热点（包括暴跌射击之星），均线纠集，强势金叉，K线逻辑。

5.人生赌注股

主要利润矿源为：大股东承诺，股东背景资产情况，股东转换，重组失败个股，公司是否有并购基金，流通股东中是否有伏击重组的高手。

上述的这些所有工作，要形成自己的阶段股市日历。

这个阶段股市日历是多维的，有多、空、平三个不同方向的应变预案。

三、实战操作习惯

1.顺势而为

先大盘，后个股，不逆大盘势重仓持股，不逆大盘势长线持股。

2.决策理性依据参照物

重要的参照物为：零、正、负和游戏，重要均线，市场平均市盈率，成交量能，逻辑思维，MACD，涨跌停板家数。

3.题材是第一生产力，主力也很重要

这是选股的基本条件。

4.搞不清楚时按照坏的可能性处理

防范风险的错失要果断，只做有把握的事情，做有知无畏者。

5.要注意无风险套利

这是职业投机生涯的最最基础保证，要做细致，要坚持不懈。

四、高效的工作方法

应该包含五点：

（1）凡事有记录（目的是将来追溯或者总结）。

（2）凡事有计划（有目标、有方案、有风险应对）。

（3）凡事有执行（计划实施和数据收集）。

（4）凡事有检查（结果如何、计划如何、实施如何）。

（5）凡事有改进（好的成为标准推广、差的补救改进）。

五、花天酒地

让财富成为优秀的副产品，优秀是几个好习惯的集合，不根除坏习惯，好习惯永无出头之日。

决定人们行为的不是知识，而是习惯！

炒股不是为了成为苦行僧，不是成为消费者，不是成为赌徒，不是成为卫道士，不是为了自欺欺人的吹牛，而是为了赚钱赚大钱，让生活更有趣，解放自己并成为能助人的骑士。

修身，赚钱，助人，玩天下！

因此，五千万精神财富也很重要，

千万牢记操作系统，要听，要信，要执行；

千万牢记万能公式，不怕不识货，就怕货比货；

千万要学会清零，要"两手硬"，会买是徒弟，会卖是师傅，会清零是掌门，会做空是索罗斯；

千万要学会"群英结党奔小康"，一个人走得轻松，一群人走得更远；

千万要学会花天酒地，见多识广后，赚钱干活才更有动力！

连城诀 8
股市实战操作的目的和手段

进入股市，所有人都必须先考虑四个战略关键词：股市现存的机会，你的交易能力，你想达到的目的，你实战所采用的手段。

对于一个交易者来说，这四个关键词既需要事先客观地考虑清楚，四者之间也要互相匹配。这是理财事业的首要问题。如果一个股市投资者不把这个问题弄清楚，那股市对于他来讲，就是一个赌场，甚至比赌场还要坏，这是股市投资的大忌。

下面，我们就这四个问题来一一讨论。

一、股市现存的机会

1. 股市机会的分类

股市的机会分类主要有投资和投机两类。

股市投资主要是依靠分红和主营资产增值来获利，如果你对于股市投资的分红和主营资产增值满意，就可以投资，否则不存在投资的可能性。

股市投机主要是依靠股票的买卖价差来获利，如果你的能力能够保证赢的概率大就可以投机，否则不能投机。不能投机时可以学习，做其他事情，等待大概率赢的时间段。

A股的上市公司现状是：市盈率高，分红差，上市公司监管薄弱，裁判员与运动员是一家。因此，笔者认为绝大多数上市公司不具备投资价值，在A股价值投资获得胜利是小概率事件。

A股中也存在穿越牛熊的长线胜利案例，但其主要原因是：

第一，过去20多年A股处于投资者持续大扩容的现象，供求关系中的"求"几度大于"供"造成牛市牛股，但现在这种情况不存在了。唯一的扩大需求的可能性就是对外开放。

第二，过去 20 多年中国经济处于上升状态，社会上的商品处于通货膨胀状态，非股市领域能为投资者提供大量的赌资，但现在这种情况已经变化了。

第三，公募基金的持仓制度问题。由于公募基金有最低持仓限制，在市场弱势阶段需要抱团取暖，加之众多庄家或者国家队的存在，一些基本面相对优势的股票在某一个高位时点有风光时刻，但是，这是小概率的，有前提条件的，总体上也是逊色于简单选时的收益的。随着供求关系的改变、股价调整分化的持续、庄家的越来越少，过去小概率事件将更加小概率。

2. A 股投机者的分类

A 股投机者主要有赌博者和高概率者两类。

高概率者的表现特征主要有：利用交易规则套利，有原则的顺时而为选时，有明显的交易优势，按照硬逻辑职业定式交易。

赌博者的常见现象是：根据情绪执迷于技术指标图形的永动机，迷信于所谓的基本面和消息的永炖火锅。

3. 高概率机会的分类

A 股的高概率机会分类有：可计算的固定收益，双规价格的特殊渠道，强势市场阶段的定式爆破点，硬逻辑的个股爆破点，小仓位硬逻辑的赌注股。

高概率机会的交易方式有：杠杆，品种组合，无限制补仓，合法定价（如公募基金的抱团取暖），合法信息渠道，孙子兵法。

二、自我交易能力

人的智慧力量构成：历史经验阅历，统计能力，理性逻辑能力，身心博弈能力，协同社会资源能力。历史经验阅历可以通过四大名著增强。统计工作需要勤奋和组建互助小组。理性逻辑能力、身心博弈能力有天赋和基础素质决定。协同社会资源能力由家族血缘关系和情商机遇等决定。

1. 市场机会的统计评估

市场的统计内容：

整个市场的风险大还是机会大？是强势还是弱势？怎样干是简单大概率？

目前市场的主要热点机会在哪儿？

市场是否存在属于你的个性机会？

市场当前和未来的风险是什么？

评估你的能力和上述因素的关系，客观机会是人的能力上限，如果市场不存在机会，越努力放的屁越臭。

2. 专业素质能力

知识能力：基本面知识，技术分析知识，交易制度知识，证券法，上市公司信息，快速学习新知识。

操作能力：客观统计市场，抑制情绪养成好习惯，组合仓位成本，合法定价能力，适当的杠杆能力，盈利模式设计，实用信息获得与跟踪。

3. 整体素质能力

笔者一直认为，交易能力是一个人的整体能力，而不仅仅是证券知识的考试能力。你的整体能力强，你才能获得更多的交易权限（合格机构投资者、网下投资者、无成本杠杆），才能把业余爱好发展成为事业，并获得额外收益。

4. 机遇

证券市场是周期波动的，机会风险也是时刻变化的，要结合自己的能力选时而动，顺势而为。在这里的教程，这几句话是抽象的，而对于每个人则必须是具体详细条例化的，可以参考四大名著，这必须当作自己必须完成的一个作业来做。

在证券市场中，耐心等待也是一项重要的技术。

三、目的和实战手段

在证券市场最怕没有硬依据的幻想，投资者的愿望超出能力和客观存在。那样，最容易翻车，不但实现不了愿望，反而车毁人亡妻跑。

股市中常见投资目的：

1. 赌博娱乐

对于许多人来说，股市确实是具有娱乐功能的。但是，你一定要清醒，你是来娱乐消费的，不是来投资的，这样一定要控制投入股市的金额，要做好全部赔光的准备，赔光也不能影响生活。千万不能是，你以为自己去股市是去投资的，但其实是来消费的，这比去赌场可怕。

赌博娱乐，一要强制控制资金额，二要努力地学习进去，玩得好才更有乐趣。

2. 保值增值

保值增值是大多数 A 股参与者的合适目标，这个目标定在每年 10%就可以。

主要实战手段：

要学会基本的固定收益、无风险收益手段。

买股票一定要选时，这个选时原则还要严格，只做强时，弱势空仓，空仓时间多于持仓时间，遇见大行情一定要提前退出，不能被大行情过后的大跌打击。

不要轻易加杠杆。

要熟悉基本的定式，要有适合自己的盈利模式，熟读反复读《百战成精》《千炼成妖》。投入的经历不能低于高考、工作，甚至要当成人生中最重要的一件事情对待，不能儿戏。

3. 改变命运

这比较适合有精英潜质的年轻人，进入股市就是为了改变命运，提升阶层。但是这要冒风险，而且投入的精力状态要远远高于常人。

主要实战手段：

要有主要投机品种，要有合法的杠杆，如融资融券或者大户资源。最常见的是，人生赌注股、股指期货、超级短线。

要结交股市中的成功人士，成功人士之所以成功一定有超于常人的东西和运气，你要对这些东西和把握运气方式了解，这些是无法自学钻研和从其他人（包括大学中学老师和父母）那些学来的，甚至看成功人士的书与他们短期交谈也是无法获得的，但是你一定要获得，在一个固化的社会，要出人头地哪那么容易？

多参与圈子，多参与活动，竭尽一切努力，成为有真材实料，别人（特别是高阶层人）也认可的高手。同时要有一项体育爱好，不能成为只感兴趣于股市的股奴或者股呆子，那样找不到好女朋友。

4. 工作事业

许多人是把股市投机当作事业的，主要有三个人群：业内从业者（包括卖锹卖水的），依存股市生存的交易高手，已经财富自由的中高产阶级。

主要实战手段：

既要有常规的交易手段，更得有特殊的双轨交易手段。

拓展、积累、应用社会资源。

四、本节教程的作业

（1）作业 1。结合自己的实际情况，写一篇论文，论述自己目前对 A 股的客观看法及演绎趋势，并总结清晰自己的交易能力、目的、手段，要有技能和财富的提高计划和手段。这篇论文可不是一次性的，而是终身性的，以后要随着自己投资年限的进展，不断地修正、提高。文字总结是技能巩固提高的最佳手段。

这节教程相对抽象，但你的论文不能抽象，要尽量具体。志愿者可以把论文发在微博上，我可以转发。我在以后的教程中会以文章或者语音的方式解析一下。

（2）作业 2。请在两个交易所有品种中选出两个低风险并有高收益可能性的品种？并说明理由和制订自己的操作计划。

连城炉 9
股价上涨短线爆破点精解

股市中的合法利润可分为三类：①固定收益（常见但利薄）。②赌注股大暴利（能改变命运但次数少且需要运气）。③常见投机利润。最能体现能力的就是获得股市的常见投机利润，具体实施过程可以由这个公式体现，短线爆破点 = 价格低 + 绝对暴量 + 多头趋势 + 指标 + 庄股与规律 + 习惯的力量 + 交易制度博弈 + 题材 + 热点。

下面我们就一起来解读一下这个公式。

一、价格低

价格低是一个好股票的最大优势，价格低可以分为两种低，一种是绝对的低，另一种是相对的低。

价格绝对的低是指，在现在的价格买绝对有利可图且满意，如每年的分红就满意，如可以换到满意的现金（现金选择权、要约收购），如你希望获得公司的控制权，如你可以获得其他的有利可图的权利（融资权）等。

相对价格低主要是股价出现中短线暴跌，市场已经出现惜售情绪抛压暂时衰竭，股价存在超跌反弹的力量。

做超跌反弹的注意点：

（1）大盘的超跌反弹相对容易做一些，个股的超跌反弹操作难度要大一些。

（2）大盘的超跌反弹契机容易出现在数百家股价跌停后的指数止跌之时。

（3）个股的超跌反弹契机容易出现在，股价连续暴跌后，股价构筑平台，其后股价再度出现暴跌，股价止跌。对于股价可能退市的股需要格外谨慎。

（4）大盘超跌后，通常是指标股先止跌，然后是一些当时的热点活跃股止跌，再然后是一些三线低价股和补跌的筹码集中股补跌（ST股由于5%的限制跌幅小，抗跌股在反弹时跌）。

（5）大盘下跌的途中，越是接近头部高点的第一暴跌反弹越强烈，其后反弹像乒乓球触地一样逐渐趋弱，在大盘自然的底部区域反弹很弱。

（6）做超跌反弹的常见契机是，强势上涨途中的大盘受非实质性利空影响或者获利回吐的大盘暴跌，大盘底部长时间横盘后的突然大跌，股灾性质的暴跌，好股票受到非实质性利空影响的暴跌。

二、暴量

成交量大意味着活跃，成交量小意味着低迷。暴量带来的机会主要有：

（1）下降趋势中大盘，突然出现连续大成交量，意味着中级行情的启动（也可能演变成为大行情），此时，量价关系明显良好的板块可能是第一冲击波的领涨股，可以适当追高。

（2）低位起涨，连续价涨量增堆量的股票是短线好股票，可以用量比这个指标寻找这类股票。

（3）通过技术分析手段找买点时，要优先选择那些量比放大的股，要选择那些换手率高的股。大盘股是热点时，要考虑成交量最大的一类股；小盘股是热点时，要考虑换手率最高的一类股。

（4）个股连续堆量比较可靠，特别是连续两天的堆量效率要高一些。而对于个股一天放大量，然后熄火的股要警惕。

三、多头趋势

趋势处于多头走势的品种，相对机会更大一些，这类品种常存在下列的股价爆破点：

（1）处于多头趋势走势的大盘出现短线暴跌，且指数没有跌破 10 日均线（或者 30 日均线），指数止稳时是一个短线爆破点。

（2）处于多头趋势走势的强势板块，第一次短线大跌（如跌停），且股价在 10 日均线附近止跌时是一个短线爆破点。

（3）多头趋势的指数良性暴跌，出现爆破点时，K 线呈现射击之星形态的强势股机会更大一些。

（4）多头趋势下指数和个股，正常调整到重要均线附近，如 10 日均线、20 日均线、30 日均线，股价出现良性逻辑走势时，此时是爆破点，此时量能放大越明显爆破量越大。

（5）在多头趋势时，指数或股价与多条均线集于一线的时候，指数或股价容易出现大阳线的爆破走势。

四、指标

最常用的实用指标有：MACD，SAR，PSY。

1. MACD

主要用于短线技术选股，短线题材选股，需要配合量能一起用。

2. SAR

主要用于中线大题材埋伏股，需要配合题材进程。

3. PSY

主要用于洞察牛市中连续上涨后的大盘短线急速调整，以及捕捉跌势中的严重超跌后的短线反弹。

4. 技术分析注意点

在多头趋势中，技术指标的买点比较准，技术指标的卖点不准；在空头趋势中，技术指标的买点不准，卖点比较准。

五、庄股与规律

庄股通常都是规律的，一些常见的二级市场主力机构重仓股也经常是有规律的，发现并利用这些规律是职业投资者必须掌握的功夫。

庄股的常见规律有下列几种类型：

1. 股价的波动规律

是否逆势，是否超越，是否独立运行，是否慢一拍，是否做开收盘，是否配合消息，是否有固定活跃时间，是否有箱体价位？等等。

2. 基本面的变化规律

是否有成长性，是否有重组新闻征兆？

六、习惯的力量

习惯的力量也是非常强大的，沪深股市中一些习惯现象也需要知道，并实战应用。

1. 二八现象

大盘股上涨的时候，小市值题材股有时会跌；小市值题材股上涨时，指标股常常股价比较沉闷，要注意这种二八现象，趋利避祸。特别注意的是，当行情进行一个阶段后，重要的指标股一旦莫名其妙地上涨，大部分股票容易短线暴跌。

2. 季度底现象

当市场资金紧张的时候，季度底，特别是半年底、年底时大盘容易出现偏大的震荡。

3. 开市尾市现象

大盘在上午开盘的半个小时时间、下午尾市收市半个小时时间最容易出现大涨大跌，股价也是，所以这两个时间段的操作非常重要。

下午1点半左右，容易形成单日涨势中的高位点，或者单日跌势的低点。

4. 市盈率泡沫

当 A 股的整体平均市盈率达到 70 以上，且大盘转为跌势时，容易出现股灾。

七、交易制度

熟悉市场制度，对捕捉爆破点也有很好的帮助。

1. 公开再融资的定价制度

公开增发、转债、配股等股权登记日及融资定价制度需要熟悉。

2. 定向增发的定价制度

定向增发的时间、价格确定，定向增发是否给予参与者底线收益，定向增发股解禁时的价格和时间，都对股价影响较大。

3. 新股大小非解禁时间

新股大小非解禁时间，股价容易出现大波动，正常的理解，非流通股解禁是利空，但是也常常出现"该跌不跌，短线看好"的情况，这需要短线盘面技术比较好。

4. 重大事件审批制度

上市公司的重大事件有审批流程，当重大事件被重要部门审批通过的时刻，股价的技术形态和大盘背景配合，股价容易出现短线大涨。

八、题材

操作题材股首先要注意大盘背景和题材爆破的时间，那种猝不及防的题材最好，其次是朦朦胧胧的题材，要防止的是那种普遍可预见的题材，普遍预见到的题材容易出现"见光死"的现象。

常见的市场题材分类：

1. 行情热点题材

每一轮行情，每一阶段行情，都会有主流热点板块，发现和捕捉主流热点板块，是职业投资者最重要的短线技术，如果能力许可，还要尽量抓主流热点中的龙头。

2. 社会大题材

社会大题材容易造就相对比较确定的热点板块，这种热点板块也是阶段涨幅比较大，容易捕捉的热点板块，对于这种机会尽量不要放过。

3. 突发题材

有一定影响力度的突发事件，也常常能刺激受益板块急涨，比较容易把握的是那些能够刺激板块核心个股涨停的机会，如果受影响个股只是高开一下，其后的力度不足以刺激涨停，则需要适当的谨慎。

4. 制度性题材

常见的制度题材有，股东大会审批，年报半年报，要约收购，现金选择权，名称变更，这些事件中的一些个性化事件、分配方案、收购价格、名称恢复正常，也是刺激股价出现阶段机会的常见因素。

5. 个股个性题材

个股的个性题材主要业绩质变，表现形式有三种，行业进入强势周期、公司进行资产重组、公司有技术产品革命性的突破，这类个股也容易出现中线单边性质的涨升，既有中线机会，也有短线技术性的机会。

6. 市场跟随题材

当一个有力度的热点展开并给市场带来足够的震撼之后，有一些主力机构会扩展这个题材热点，如延伸热点股，或者挖掘隐含概念股。

连城炉 10
股市中的判断逻辑

股市判断有两种思维，一种思维是刚性的原则，操作系统、万能公式都是属于这种，但是有时候，市场处于临界点，而这个临界点也常常是个最佳行动点（迟一点，操作系统也会给出具体的行动指向，但是最佳时刻可能就错过了），最常见的难点是，在这个需要快速反应的时刻，到底往哪个方向行动？这就需要我们运用另外一种思维，柔性的经验逻辑。这篇文章就来谈谈股市中的实时判断逻辑。

根据笔者自己的多年实战经验积累，笔者把股市中的实时判断逻辑归纳成了七种形式，它们分别是，超越；连续；反击；逆反；规律；过度；混沌。就像音乐中的1、2、3、4、5、6、7，组成各种涨跌声音组合，人有乐感，也有股感，人一旦有心，就容易快速反应地实现大概率、好运气。这七种逻辑既适合 K 线组合的技术分析，也适合其他各种分析，是一个综合分析逻辑。下面我们来细致讲解一下。

一、超越

超越，这个逻辑判断主要用于一个趋势或者一个事件的初期，当一个趋势或者一个事件刚刚发生时，顺着这个趋势或者这个事件指引方向进展，力度最大，处于领头的品种，属于超越状态品种。

1. 技术性超越

大盘在低位盘整时突然放量大涨出现行情，那么价涨量增的领涨板块和个股处于超越状态，这种超越状态叫作技术性超越，或者叫作热点超越。

2. 事件性超越

当一个突然性的事件题材发生时，响应比较激烈的价涨量增的领涨板块和个股处于超越状态，这种超越状态叫作事件性超越，或者叫作题材超越。事件题材响应股，其中处于领头的股凌厉地涨停，这个题材往往有一定的持续性，涨停股数量的同板块中强势股越多，持续力度往往更强，如果这个事件刺激的个股没有涨停，则这个题材影响力度有限，常常是一天行情。

3. 超越的变异

如果上涨性超越称作正超越，下跌性超越我们就称为负超越。配合其他爆破点的超越初期以及强势中冲击涨停板的超越，在过程进展中值得适量跟进。

4. 超越的复合连续

超越连续两天的板块和个股，往往具有高概率的惯性和中线波段性。

二、连续

连续，这个逻辑判断主要用于一个趋势或者一个事件的初期，连续两天的超越状态，往往具有更明显的连续性和中线波段性，我们把这种逻辑状态称为连续。

1. 行动性

单日的异动往往带有不确定性和随机性，而连续两日的异动往往具有大概率性，连续两日异动过程中或者过程后，可以选择合适的短线投机行动点，也可以选择中线波段持有点。

2. 连续的变异

如果上涨性质的两个连续称作正连续，下跌性两个连续我们就称为负连续。

3. 强连续

连续数日的超越走势，当股价出现第一次次级性质的大回荡时，也是一个比较好的短线的买点。强连续过程中，股价在盘中因大盘短线急速跳水原因而出现急落时，也是一个好的短线买点。

4. 筹码集中股的连续

相对低位的筹码集中股一旦出现连续异动，往往持续性比较好。

三、反击

反击，是指一个凌厉的状态刚刚出现，紧接着一个反方向的报复状态出现，这个反方向报复代表近期的主趋势状态。

反击，这个逻辑判断常常用在一个主趋势过程中，一个意外的比较厉害的次级趋势出现，会受到主趋势的很快报复，这个逻辑技术非常适合作为主趋势的抄底理论。

四、逆反

逆反，是指一个人们的感觉应该是一个趋势状态，但事实上市场给出了相反的状态，那么说明这个感觉状态是错误的。最直接的描述逆反现象的股谚是，"该涨不涨，理应看跌；该跌不跌，理应看涨"。

五、规律

在股市中，有些阶段，某些股票具有一定的波动规律，某些机构具有一定的操作习惯，某一类股票具有一定的分红规律，某一些市场情况下某些板块也具有一些规律。对于这些规律，我们要勤加总结和利用，这个技术是衡量一个职业投资者的水平高低的尺子。

最常见的规律总结是，股性规律，股东规律，事件规律，行情阶段板块

万修成魔——为平民子弟改变命运而作，也适合富二代证明自己

规律。

六、过度

在股市中，一个现象状态已经持续了一段时间，到达趋势末端再度加速的时候，我们称这种现象为过度，对于过度状态，我们不但不能追涨，反而要做好方向利用的准备。

（1）过度现象在一个系统组合中更为有效，而一个单独个体容易出现例外。

（2）股市中最常见的过度现象是系统的平均市盈率、连续暴涨暴跌的心理贪婪恐惧现象。

（3）归零游戏的过度现象最可怕，现金选择权现象不可放过。

（4）常见的行情板块热点现象不属于过度现象，行情的主流热点可以适度追高。

七、混沌

在市场中，有一些现象我们能够了解，但是更多的现象我们不能了解，这些不能了解的事物状态，我们称之为混沌，对于混沌的事物我们不需要花时间精力去猜测和赌博，要把时间精力花在那些有规律可循的事物上，如果暂时没有明显的机会让我们去抓，那么休息也是一种精明，与混沌事物较真是经典愚昧行为。

连城炉 11
看盘的艺术和盘面反应

对于大多数投机者来说，工作分为两种，一种是盘后的静态复盘准备工作，另一种是盘中的动态观察以及买卖实施工作，职业投机者的动态观察和买卖实施与业余爱好者不同，他们的盘面观察和买卖实施是有原则和技巧的，下面就来总结一下这方面的技术。

一、设自选股

笔者的自选股可以分为以下几类：

1. 指标股

笔者一般把指标股长时间设在自选榜的最上面，最常见的标的是工商银行和中国石油。这样做的目的是，通过观察分析指标股的动态来判断大盘指数的可能发展情况，包括指导股指期货的操作，以及知道大盘是否存在着二八现象，或者是否存在大盘股异动导致大盘出现短线风险征兆。

2. 持有股

在指标股的下面，笔者常常设置的是自己已经持有的股，对于已经持有的股的买卖有下面几个判断原则：大盘的趋势变化情况，如指数与 10 日均线和 30 日均线的关系；个股股价的持有因素是否继续存在，持有因素是在丧失还是在加强，如果搞不清楚按照坏的可能处理；个股股价的短线趋势征兆，征兆强加仓，征兆差就减仓，并可适当高抛低吸降低成本；如果有更好的潜力股出现，原持有股虽然还有潜力，可能也需要卖出腾出新资金，以便买新的潜力股。

3. 一级战备股

一级战备股是指那些近期随时可能买进的交易品种。最为常见的是，国债逆回购系列品种，正处在爆破点上或者临近爆破点的交易品种，即价格和时间都相对符合自己心愿的品种。

4. 二级战备股

二级战备股是指那些已经完成的选股目标，但是他们在价位上不是太理想，或者距离爆破点还有时间，其中的一些股可能会演变成为一级战备股，一些一级战备股尚未买进但是价格不合适但题材爆破点尚存在，这类一级战备股也将会变为二级战备股。

5. 三级战备股

三级战备股是指那些有未来题材有主力驻扎迹象有特点的股票，但是要放在自选榜上熟悉观察，通过观察决定是否升级为一级、二级战备股，或者从自选股中删掉。

6. 短线观察股

主要指当天位于成交总金额、量比、买卖比、图形排行榜第一版中，以及当天晚上出利好的股中，最符合万能公式的股。

二、观察大盘总体情况和热点

一般情况下，笔者在交易时间使用三台电脑：

1. 第一台电脑

第一台电脑用来打开证券交易账户，用来下单交易的，同时用来观察大盘指数的波动，特别要观察买卖力道的逻辑变化，每当大盘指数出现短线有力度的急涨急跌的时候，要看一下 81、83 榜，了解是哪些股票领涨或者领跌，并发现原因和意图。

2. 第二台电脑

第二台电脑用来设置自选榜，并根据自选股的价格波动和盘后工作调整自选股。同时，观察 61、63 榜窗口发现当天的领涨股及领跌股，分析短线热点、短线霉点，以及它们的形成原因。同时这台电脑也可以作为账户下单的备份电脑，用第一台电脑下单时，用这台电脑看价格。平常的盘后分析工作也用这台电脑，这台电脑应该速度快一些、质量好一些。

3. 第三台电脑

第三台电脑主要用于上网找资料，每当有一个板块突然爆发或者跳水的时候，要快速百度一下看看是否有新闻消息原因。

同时这台电脑也可以通过上微博、博客来观察其他投资者的心态和动向。

这台电脑的功能也可以并到第二台上，最好第一台和第二台电脑的上网公司是不同的，互为备份。

三、盘中习惯性行动反应

既然你是职业投资者，那么盘中能产生收益的波动就要试图反映和形成良好习惯。

1. 大异动

大异动是指那种足以影响心态的大盘波动比较大的指数涨跌，常见的方式有：

多头趋势下的指数没有跌破10日均线的单日大跌，暂时持股不动，并要做好逢低加仓的准备，市场转强时加仓。

多头趋势下的指数跌破10日均线的单日大跌或者指数连续下跌并跌破10日均线，卖掉短线仓位，保持中线仓位，并在指数转强前暂时不轻易加仓。但在指数行情有高位嫌疑（市盈率高，管理层有提示风险，中线赚钱效应明显）时，完全清仓也不能算错。

多头趋势下的指数在30日均线上方或者附近止跌，如果符合良性股价判断逻辑的时候应该持仓不动或者加仓。

多头趋势下的指数在30日均线附近，如果符合恶性股价判断逻辑的时候应该果断清仓。

空头趋势下的指数在30日均线下方单日放量大涨，如果有明显的实质性利好刺激可以适量建仓，如果无明显消息的线下单日大涨，应逢高减仓或者暂时按兵不动，防止一日游行情。

空头趋势下的指数在30日均线下方连续2日放量大涨，可以考虑转向建仓做多。

空头趋势下的指数在30日均线下方或者附近滞涨，如果符合恶性股价判断逻辑的时候应该清仓。

空头趋势下的指数在30日均线附近，如果符合良性股价判断逻辑的时候应该考虑建仓。

2. 盘中波动

股价在当天均价上方波动，股价波动并强于大盘波动，这个股属于强势波动，如果K线又相对低，可以考虑作为强势市场的盘中选股目标。

股价在当天均价下方波动，股价波动并弱于大盘波动，这个股属于弱势波动，如果K线又相对不低，可以考虑作为弱势市场的盘中卖股目标。

股价启动上涨过程中，力度不减的，强度连续强于大盘的个股，属于强势市场中盘中追击目标，可以少量组合性买进，特别是遇到大盘短线跳水时可以考虑。

对于股价急速上涨，然后不久后没有后劲的股票，不要追高，持有的可以考虑减仓处理。

对于盘中出现的初步二八现象转换，要适当地防止风险和适当地进行调仓换股。

盘中选股，应该优先考虑量比排名靠前K线处于低位并有近期题材和板块效应的个股，如果存在热点板块，应考虑其中的强势龙头股和流通市值比较小的个股。

3. 上午开盘

上午开盘时要注意第一笔集合竞价出现高开（但低于5%），但又没有受到消息面影响的个股，这种个股在强势中可少量组合性选股追涨。

在弱势中，有非转折性利好消息刺激的大盘或者个股出现高开，随即走弱，可以考虑减仓或者对弱势指数进行期货做空。

在强势市场中，指数出现较大的低开，一旦有走强征兆出现，可考虑立刻买进最新强势股。

在强势市场中，如果上午出现强势，上午就应该买进一部分个股，下午买容易追高，其他时间应该选择2：30以后买更安全和具有效率。

在弱势中，开盘时半个小时出现反弹，然后很快凌厉下跌，要注意风险。

4. 下午收盘

短线重仓买进的股票选择在下午2：30以后比较好，因为市场容易散户心态好的2：30以后出现震荡，一旦遇上容易弄坏心态，从而导致状态性失误。

在尾市最后一分钟突然一笔单子急跌的股票，第二天容易出现高开。

在尾市突然出现连续大单子买的股票，容易在当天晚上出现利好消息。

在强势市场中，大盘尾市急速跳水，可以选择当天的强势股（K线形态好）的股票少量买进。

经常开盘低开、也做收盘的筹码集中股，可以少量利用其做阳线的规律套利赚个小钱。

四、复盘技术

复盘技术主要是三个方面：了解大盘的系统状态，统计阶段的市场热点规律，选择阶段的自选股，对已有自选股重新进行排序。

1. 了解大盘的系统状态

主要了解大盘的成交量能情况，大盘的趋势情况和均线关系，大盘的

MACD 指标状态，大盘热点强势股的短线状态。并且根据这些状态给大盘打分，以确定仓位的增减操作，并设计相应的新的盈利模式。

2. 统计阶段的市场热点规律

选股要重热点，这在股票数量越来越多的情况下，越来越重要。注重客观统计，跟随波段热点，选时操作进退，这三点在高数量股票市场中是非常重要的三个要点。

3. 选择阶段的自选股

主要的自选股应该是，及时热点题材股，爆破时点明确的独立题材股，量能活跃的热门股，筹码集中股，人生赌注股。

4. 自选股重新进行排序

根据题材时间进程、技术指标状态的相对高低位，对自选股重新排序，对持有股进行重新评估。

连城炉 12
盲点套利的投机精髓

通过沪深市场的二十几年交易，精英级别的独立操盘手几乎都明白，A股市场的最大价值就是投机性强，最有效的投机技术就是"扑热点，伏盲点，斗主力，寻规律"，前面已经对热点、主力、规律进行了总结，下面就来探讨一下盲点技术。

盲点套利的方法是建立在技术分析、基本分析、交易制度、利益分配基础之上的更高层次的方法，同时考虑到了博弈策略的运用。成功地运用盲点套利需要熟悉交易制度、机构行为特征、上市公司融资并购等知识，下面笔者就把原本就已经总结过的盲点套利原理重新概括性地整理总结一下。

一、双轨价格、特权

1. 双轨价格

双轨价格是指你的买进价格明显比卖出价格要低，而且利润很容易兑现，最为常见的事物是新股，你认购中签的原始新股，上市后在二级市场上的价格明显有利可图。其他常见的类似品种还有远低于二级市场价格的定向增发的股票，有利可图的原始转债、原始可交换债，价格远低于面值但到期可兑现的垃圾企业债，新上市的有利可图的纪念钞，等等。

2. 特权力

特权力是指大多数人不具备的权力，双轨价格虽然很诱惑人，但实现起来也不是那么容易，常常有壁垒、有门槛、有盲点、有心理障碍，职业投机者必须有培养资源让自己有特权越过壁垒、门槛，也必须有分析能力看见盲点克服心理障碍，拥有双轨价格意识，拥有双轨价格信息，拥有双轨价格的特权，拥有双轨价格的分析能力，是职业投机者必须要做的。

二、新品种与制度创新

1. 新鲜事物

沪深股市有炒新的传统，每当有新出现的品种、新制度出现，必会有主力机构利用进行炒作，有时是正向的，有时也可能是负向的。

例如，当权证、中小板、创业板等新品种出现时都成为市场正向炒作热点。当股指期货、熔断制度出现时，市场都出现了负向的大波动炒作。

所以每当新鲜事物出现的时候，一定要尽快地熟悉了解其原理，了解其中的机会，也要分析其对市场波动的作用。最好是利用发现的机会，不清楚时，对系统风险要防范，保持短时间的观望，以规避盲点风险。

2. 双向性

再次强调，新鲜事物出现时极可能带来正向的炒作机会，也存在着给市场带来系统风险的可能，最为典型的是股指期货、熔断制度实施的初期，给市场带来的阵痛是惨烈的。

三、含除权及非股票交易品种

1. 非股票交易品种

衍生产品是一种金融工具，一般表现为两个主体之间的一个协议，其价格由其他基础产品的价格决定。并且有相应的现货资产作为标的物，成交时不需立即交割，而可在未来时点交割。典型的衍生品包括远期、期货、期权和互换等。

衍生品种属于典型的非股票品种，其中的交易规则不为普通大众投资者熟悉，所以盲点机会众多，应为职业投机者研究分析的重点之一，特别是在股票市场处于弱势阶段的时间。非股票交易品种还有基金、转债、企业债、权证等品种。

2. 五个分析要点

在分析非股票交易品种的时候，要注意时间、价格、含除权、契约和确定性这五个概念，如果把目标品种的这五个概念弄清楚了，就容易发现盲点利润，规避盲点风险。

四、再融资和现金选择权

1. 再融资

再融资是指上市公司通过配股、增发和发行可转换债券等方式在证券市场上进行的直接融资。从某个角度上来看，再融资的实现可以视作上市公司及其大股东能够获得更大的社会资源和利益，因此上市公司有再融资的动力。

分析上市公司再融资带来的市场机会，要熟悉再融资定价的制度规则，当再融资的价格低于或者接近再融资的价格时，上市公司（投行或者大股东）有吃小亏占大便宜的心理，股价在某些时刻会有波段机会。当然这种努力是适度的，如果股票市价远低于再融资的价格，再融资失败的可能性大。

2. 现金选择权

在投资市场中，现金选择权的含义是：交易过程结束后，需要支付交易标的物的一方可以选择实际支付交易标的物，也可以选择以现金方式履行交割手续。

在商品期货业也称此为"现金交割"。在证券市场也有类似的操作，这类允许以现金支付替代实物支付的方式就称为现金选择权。根据公司法第75条的规定，有下列情形之一的，对股东会该项决议投反对票的股东可以请求公司按照合理的价格收购其股权：

（1）公司连续五年不向股东分配利润，而公司该五年连续盈利，并且符合本法规定的分配利润条件的；

（2）公司合并、分立、转让主要财产的；

（3）公司章程规定的营业期限届满或者章程规定的其他解散事由出现，

股东会会议通过决议修改章程使公司存续的。

说得通俗一些，现金选择权就是你不管用什么价格买的股票，可以在未来某一个特定的时间（通常一年内），以一个固定的价格（比如10元）卖给别人（上市公司的大股东或者公告中说明的某个公司机构）。这样，当市价低于现金选择权价格时，就存在着无风险的盲点利润。

完全要约收购类似于现金选择权，部分要约收购则需考虑市场自动除权的因素。

五、上市公司大股东的承诺

上市公司的大股东承诺方式主要有：

1. 股票的增持或者减持

要注意数量、时间、价格在特定时间对股价的影响，上市公司的回购有类似影响。

2. 大股东转换时的承诺

主要是资产重组的有无与时间。

3. 资产重组失败后的承诺

要分析公司是否再度重组的动力和愿望。

4. 大股东其他资产以及同业竞争解决的承诺

要分析整体上市的可能性以及其他资产的盈利状况。

5. 资产重组中大股东的承诺

资产重组中大股东因未达成业绩承诺而采取的股票补偿方式有两种：定向回购补偿和股票赠送补偿。

6. 机会分析

对这些因素的关注追踪，常常能获得盲点利润。

六、主力机构、无形之手、优势、盘面试探

股价的涨跌是有博弈性的，后续的买卖能够影响某个股的股价涨跌，通常情况，买多卖少的股票容易涨，反之容易跌，但是筹码集中处于高位的股票则存在博弈性，主力机构看见控盘的股票没人买就拉升涨，如果有买盘则能够出货就出货。

1. 主力机构

主力机构也是有风格的，你应该熟悉其风格，顺着其风格来，主力重仓股被套时或者市场强势时外盘大容易涨，主力重仓股在盈利巨大时或者大盘清淡的熊市中遇买盘容易跌。

2. 无形之手

极端时刻，无形之手都会发力，要注意国家级机构的动向以及指标股的动向，及时发现其对市场的影响力。

3. 你的优势

你清楚自己的资源优势、资金优势，扬长避短。大资金的优势与小资金的优势是不一样的，小资金相对更灵活、更容易在抢市场中获得高收益。自己的资金与客户的资金优势也是不一样的，各有各的长处。

4. 盘面试探

对于敏感的股票，盘面试探也是一个好的博弈手段，如某个股票准备资产重组，突然的大量买盘进入，公司担心消息泄露而快速停牌。

盘面试探主要针对消息敏感股和主力重仓股，试探手段要符合博弈思维，符合"双赢"，而不能违反博弈思维，否则会导致最后的结果双输。

连城炉 13
股海投机的思维境界

人只有在心态放松的情况下，才能取得最佳成果。任何心态上的懈怠或急躁，都将带来不良结果。所谓最佳心态，就是心平气和，清明无念，不浮躁，不盲动，放松心态，精尽努力，专心做自己该做的事，而不要把注意力放到想象结果和后悔上面。知止而后有定，定而后能静，静而后能安，安而后能虑，虑而后能得。

炒股必须先定大原则，先定思维境界，技术才能发挥作用，否则容易南辕北辙。下面笔者就来谈谈股海投机的思维境界。

一、投机的目的

进入股市的人，毫无疑问是想赚钱，但是股海又是一个高风险的场所，并不是你想达到什么目的就能容易实现的。要求目的低的，要求的技术也低且容易实现；要求目的高的，要求的技术也高且实现难度大。

常见的投机目的有下列三种，其注意点有：

1. 改命

改命思维比较适合于有后续固定收益的、对现状不满意的年轻人，不适合年龄大的、需要养家的、对现状满意的人。

改命的主要手段是加杠杆（最好是无风险杠杆）大盘强势时的强势股，长线低价重组股，大波段股指期货，股灾正确抄底。

改命思维使用的战术可以激进一些，但是同样不能违反操作系统，任何以激进的理由违反操作系统不是改命，而是属于没事找抽。

2. 理财

理财是正常的股市投机目的，也是大多数人应该追求的投机目的，也适合大多数人。

理财的主要手段是顺势、组合、不冒险。顺势主要指的是择时，在大盘多头趋势时操作，空头趋势时休息；组合是指"不要把鸡蛋放在同一个篮子里"，要有对投资品种和投资时机的组合，但要防止股市过热时投入过大，股市过冷时则不关注的常人理财弊病；不冒险是指不明白不清楚的事情不要做。

理财是一项技术，不是冲动和"随大流"，如果你选择进入股市理财，就先要不惜代价地学会理财技术，这个代价不能低于考大学和工作的努力程度。

3. 保值

保值主要适合大资金，可以与理财结合起来使用。

理财的主要手段是有保底的品种以及双轨价格的品种，一些低风险的股票品种也可以适当地考虑。

保值也是一项技术，要做得很细致，重复地做。

二、追求大概率

理财与赌博的区别就在于概率，理财是大概率事物，坚持就会赢；赌博是小概率事物，久赌必输。

股市实战保持大概率的手段主要有：

1. 趋势判断

职业投机者把重要均线多头趋势、价格严重低估、市场交投活跃这三个因素作为有效因素；把重要均线空头趋势、价格高估、市场交投冷淡视为危险因素。

事实证明，本书总结的操作系统、万能公式是能找到的最适合 A 股市场的操作方法，尽管也有不完美的地方，但是，只要严格执行就能获得较好的结果，如果违反就可能出现大错误，即使笔者本人也是这样。

2. 资金管理

资金组合品种投入可以防止失误集中发生，资金分批投入可以增加胜率，在不同的趋势，资金的投入也应该是不同的，手中留有一定的资金就能保持心态稳定。

3. 风险控制

风险控制主要集中在两个方面，一方面是提高技术增大概率，另一方面是没看准的事情不要做。千万不能尝试，股市中的重仓试错性赌博常常会毁了你的一生，甚至会要你的命，这可不是吓唬人，笔者曾亲眼看过两个人因股市而死，至于被股市毁了的人那就更多了。

三、健康人生

笔者一直认为，人的基础素质决定人的专业素质的高度，专业技术的发挥程度必须与人生战略结合于一体，下面详解：

1. 资源

炒股是为了让生活更美好，而不是让生活处于惊恐担心之中。

炒股技术要配合事业，尽量使得你的投资业绩良好，得到市场长久认可，不能为了追求完美而出现失误毁了事业和心情。基金理财同时要考虑客户的心态，初始资金要考虑安全垫，尽量净值不回撤和少回撤符合公司利益和客户心态。

最常见的资源有：资金资源，人际关系信息资源，他人的优势为我用的资源，有效信息习惯性应用资源，操作习惯也是一种资源。

2. 心态

人在不同的状态下，能力是不同的。

如果你状态不好时，处于失误的状态时，有所恐惧时，应立刻退出清零，等待下一次机会，股市又不会关掉，机会有的是，何必在乎这一时，你逆势与市场斗，熊就要咬你。老股民都有体会，千万别让悲剧再次发生。

3. 优势

每个人情况不同，每个人都有优势和劣势，要扬长避短，不能与大众同伍，同水平 PK，要把自己的优势充分发挥，自己不存在优势的时刻不做。

优势的方式有：技术优势，渠道优势，个性优势，制度优势，对于这些优势要发现、积累、运用、巩固。

对于有壁垒的事物一定要攻克，一旦攻克就形成了你的强大优势。

四、错误处理

在股市中，大错绝对不能犯，一定要用操作系统压住，否则你人生最大的失败将可能发生在这里，甚至是生命和信心。

1. 免错

免错的方法就是严格执行操作系统，不顺时用时间、价格来止损、止盈或者清零。

短线的错误往往是小的，长线的错误往往是大的。

依据清楚严格的计划，是避免错误的前提，避免单一品种长线满仓孤注一掷是人生纪律。

2. 出错

股市中小错不可避免，谁都会出现运气、状态问题，要以平和的心态接受小错，并且要果断地纠正错误，严禁错上加错，犯错不改。

不能满仓出错，不能非优势出错，不能因违反系统出错，不能糊里糊涂出错，不能出错后再犯新错，不能出现法律方面的错误。

3. 纠错

扼杀大错、小错的最直接手段是止损，但你要练就 10 战 7 胜 2 平 1 亏的本领；纠正小错的另一个办法，补仓二次反击，这就是弱势、平衡势、强势的仓位不同的作用，但反击后也要有短线思维，止损行为，仓位有所控制，不能时间仓位失控。

【智慧照亮人生】

（1）现代人平均每六分钟看一次手机，一个人总是长时间不回你，你就该懂了，他不会是没看见，他只是不想回。

（2）别人对你好，你要争气，力图日后有能力有所报答。别人对你不好，你更要争气，望有朝一日，扬眉吐气！

（3）一个人的成长有三个阶段，一开始只有"我"，后来看到了"你"，再后来发现还有"他"。

（4）智慧的代价是矛盾，极端的判断是愚蠢。

（5）事事不能太精，太精无路；待人不能太苛，太苛无友。

（6）一无所知的世界，走下去，才有惊喜。

（7）在看得见你的地方，我的眼睛和你在一起。在看不见你的地方，我的心和你在一起。

（8）情绪化呐喊不惜一切代价的人，常常该做的事还是做不成。

（9）开口说大义，临难必变节；逢人称兄弟，深交也平常。

（10）"什么是成熟？——喜欢的东西依旧喜欢，但可以不拥有；害怕的东西依旧害怕，但可以面对。

第二部分

斗 牛 士

关键语：

每一轮大牛市都能够改变一部分人命运，每一轮大牛市都能够使得职业投资者的财富上升一个档次，你要准备好！

斗牛士1
大行情启动的原因和迹象

A 股股改之后出现了三轮比较大的牛市，分别是 2005 年、2014 年的整体牛市，以及 2009 年的以中小板为代表的中小市值股牛市。这三轮行情使得很多有准备的投资者完成了原始积累。现在我们分析总结下这三轮牛市行情启动时的一些特点，以增强自己把握牛市初期机会的经验。

一、2005 年

2005 年的行情最低点为 998 点，之前的行情高点为 2245 点，下跌时间为 2001 年 6 月跌到了 2005 年。之后的行情走势一直涨到了 6124 点，是 A 股有史以来点位涨幅最大的一轮牛市。

行情走势：

构筑了双底。整个启动过程中一直没有太长时间的调整。一口气就实现了很大的涨幅。

（一）当时市场底部特征

（1）市场成交量低迷，很长一段时间的低位，1000 点指数支撑明显。

（2）低市盈率股、低价股众多。

（3）几乎全国全部券商经营陷入困境。

（4）融资功能丧失（IPO，再融资均停止）。

（5）媒体救市呼声强烈。

（二）行情消息刺激

（1）推动了股权分置改革，压制市场的主要利空——国有股减持消失。

（2）窗口指导（政策宣传做多倾向明显）。

（3）为了活跃交易，权证创立。

（三）市场起行情时间的征兆及率先上涨的股票

（1）市场明显连续放量上涨。

（2）市场摆脱 1000 点底部的重要力量是当时的指数权重股中国石化和中信证券。

（3）一批率先股改的股票出现连续涨停的赚钱效应。

（4）第一个黑马榜样是 600550 天威保变（G 天威）。那时候《京都议定书》一通过，以天威保变为首的一个新的板块就在 A 股诞生了——新能源！

二、2009 年

2009 年的行情最低点是 1664 点，之前的行情是指数一年从 6124 跌到了 1664，本轮行情用了 10 个月就涨到了 3478 点。涨幅 109%，很多个股涨幅巨大，并出现了一批涨幅超过 10 倍的股票。

（一）当时市场底部特征

当时市场底部特征：

（1）市场成交量低迷，很长一段时间的低位，1800 点一线支撑明显。

（2）低市盈率股、低价股众多。

（3）融资功能丧失（IPO，再融资均停止）。

（4）媒体救市呼声强烈。

（二）消息刺激

（1）4 万亿资金的经济刺激计划，使得一批企业获得了资金，获得了项目，同时货币政策的放出也使得资金泛滥，加上一年内的 4 次降息，刺激了流动性。同时 2008 年的上证的市盈率最低点在 14 倍左右。

（2）压制市场的主要利空，世界金融危机情绪消化。

（三）市场起行情时间的征兆及率先上涨的股票

（1）市场明显连续放量上涨。

（2）市场摆脱 2000 点下方的骨干力量是基建板块，率先群体连续涨停。

（3）中小板指数明显走势单边上升通道。

（4）黑马榜样。

【海通集团】涨幅 600%

后来的亿晶光电 600537。海通集团通过资产置换和定向增发将公司从食品加工和进出口企业转变为光伏发电设备制造商。六个涨停复牌后继续单边大涨，演绎了"乌鸡变凤凰"的真实案例。

【苏常柴】涨幅 600%

公司当年第三季度公司实现净利润 2.1 亿元，每股收益 0.367 元，与去年同期相比增长了 850%。公司前三季度主业盈利仅 2000 多万元，投资收益却达到 1.7 亿元以上。因为公司持有福田汽车 3.94% 的股权 4178.4 万股，江苏银行 3800 万股。这两部分股权价值加起来使得未来两年公司业绩都可得到保证。这种金融资产增值带来的业绩高增长预期和保证，使得公司股票涨幅达到了 600%。

【西部资源】涨幅 548%

2008 年、2009 年连续两年十转四，高送转板块的代表。

公司从一个主营房地产开发和工程建筑的公司变成以铜矿资源开采为主的有色股，资产重组完成后，赶上了有色金属的热度，年度涨幅达到了 5 倍多。

三、2014 年

2014 年行情启动的最低点为 1849 点，是由 2013 年六月底的压力测试导致的短线流动性枯竭砸出的低点。之前的高点是 3478 点。从 2009 年一直跌到了 2014 年。熊市时间 5 年。之后的上涨也是一口气涨到了 5178 点。

（一）当时市场底部特征

（1）市场成交量低迷，是很长一段时间的低位，2000 点指数支撑明显。

（2）低市盈率股、低价股众多。

（3）融资功能丧失（IPO，再融资均停止）。

（二）行情消息刺激

（1）市场融资功能丧失。推动了重启发新股。

（2）为了活跃交易，投资者融资制度。

（3）社会上积累的财富达到一个高峰。

（4）资产重组已经成为机构的普遍盈利模式，并有强大的赚钱效应。

（三）市场起行情时间的征兆及率先上涨的股票

（1）市场明显连续放量上涨。

（2）第一阶段，证券金融等一线蓝筹发力，每当市场有回落迹象时，银行股都拉起指数，甚至后来证券股出现了连续涨停的走势。

（3）第二阶段，房地产等二线蓝筹发力，中间也没有太大级别的调整。

（4）创业板在 2012 年创下新低后提前走牛，互联网题材，新能源，环保造就神创板。在 2014 年已经达到了 1674 点，涨幅达到了 186%。

代表牛股：

【成飞集成】

重组股的代表，在复牌后一字上涨，开板后又涨了两倍，引爆了市场的赚钱效应。

【营口港】

定向增发收购资产及十送二十的高送转方案，全年涨幅 396%，引爆了低价股、填权股的炒作风潮。

【莎普爱思】

上市不久的次新股的股，医药板块，是次新股炒作的代表。

【同花顺】

11 月底，券商股展开一波波澜壮阔的炒作行情，全程基本无回调，券商板块涨幅 2 倍，同花顺涨幅 3 倍，在后面继续大涨，跨年涨幅达到了 16 倍。

【全通教育】

之前从没有过的新概念的股票，在线教育的代表品种，在启动后创出了

467 的股价，一度超过茅台。成为两市最高价的股票之一。整波行情的涨幅也达到了 16 倍。

四、总结这三次牛市启动时的情况

（一）底部情况

（1）融资功能丧失。

（2）大盘成交低迷，中小盘低市盈率股多，低价股多，指数长期横盘扼守一个明显的指数位，即使有突发的黑天鹅导致这个支撑指数被跌破，不久也能很快被收回。

（3）压制市场的一个明显利空被彻底解决

（4）证券行业陷入危机，主要骨干企业经营困难。

（二）牛市启动时都具有的特点

（1）市场的成交量明显持续放大，大盘价涨量增。

（2）指标股持续走强并抗拒指数出现回归性的下跌。

（3）有强势热点板块出现，赚钱效应的扩散带来资金的持续流入。

（4）机构投资者有明显的盈利模式。

（5）市场供求关系明显改善，股票投资有一定的吸引力。

斗牛士 2
选股、选时职业定式集锦

投机的结果由投机行为决定。

决定人行为的因素不是知识，而是习惯。

知识可以通过阅读、听闻快速实现，习惯的形成需要在知道后多次重复强化才能形成。知识是客观存在，习惯是个人能力。

一项中等难度的技能熟练形成，至少需要重复 1000 次以上，难度大的技能学会需要重复练习一万次以上。

学过围棋的人都知道，下围棋有定式；同样，炒股也有定式，由于股市是瞬间变化的，机会是有时间和筹码数量限制的，因而，股市投机的定式掌握更加重要。

股市操盘手的分类：

有错误习惯的股民，包括许多老股民，业内人士，比如那谁谁都是。

无知股民，包括新股民和没有学习掌握 A 股的客观知识的股民。

有知无职业定式习惯的人，这包括许多从业者和学院派人士。

有职业定式习惯的人。

有职业习惯、有天赋、勤奋的人。

有职业习惯、有社会资源、有天赋、勤奋的人。

下面就来总结一下在股市中职业投资者需要掌握的本能定式。

①选时定式。②选股定式。③盈利模式定式。④组合定式。⑤看盘定式。⑥重要的信息跟踪定式。⑦判断逻辑定式。⑧补丁定式。⑨清零定式。

下面先总结一下选时定式、选股定式：

一、选时定式

定式的考虑方式，大盘不同背景的方式，不同时间的考虑方式，不同主力的考虑方式，不同题材的考虑方式。

这个选时定式是在 2017 年年底背景下的规律研究成果。

（一）大盘的选时定式

（1）大盘明显连续放量。这往往预示着比较大的行情，是最值得重视的做多信号，但是这种情况出现的概率比较少。这个时候的介入目标应以领涨的热点板块龙头股为主，也可以适当地考虑激活的筹码集中股。这是第一最佳时机、重仓买入时机。

（2）在大盘沿着 10 日均线带量上升强势期，突然出现单日比较大的下跌，第二天早盘止跌时，是比较好的介入时机。这个时候，可以考虑大跌日 K 线是射击之星的股和前一两日的强势当日大跌后一日抗跌的股。这也是属于第一时机、最佳的重仓买进时机。

（3）在大盘沿着 10 日均线带量上升强势期，在这种情况下，除非出现市场技术指标短线超买（涨停数量多，PSY 高位），任何时候都属于可以买进的时机，不过这个时候应该买进股价贴近均线、技术指标良好并初步放量的相对低位股，大盘的短线时刻越是超买，越是要考虑筹码集中股。筹码集中股的特性就是在牛市调整中逆势表现。这个买进时机是第二级别的，应该考虑留有一半资金的预备队。

（4）在大盘处于上升期时，指数有效跌破 10 日均线，此时应该控制住仓位并卖出短线持仓，以观察指数在 30 日均线的支撑力度，如果 30 日均线有效跌破，可以考虑清仓。重要均线是有支撑还是要跌破，当时的判断是个难题，可以用 K 线逻辑辅助判断。另外也可以用大盘的平均市盈率和行情涨升的时间来判断，长线累积获利盘越大防范风险的意识越要强。

（5）比较大的行情出现第一次暴跌时，在止跌的时候可以做一次超短线小仓位的抢反弹，抢反弹的目标最好是前期滞涨的流通市值大一些的绩优股。由于这种抢反弹操作有一定的难度，不做也不算错。如果遇到股灾，也可以在救市资金占优的情况下短线出击一把，这个时候买股可以适当分散一些，以严重超跌股为主。在大行情后的第二次（包含）大跌，在没有把握的情况下，可以放弃抢反弹。

（6）平衡市情况下，大盘出现暴跌后的止跌。在止跌后，可以控制仓位的少量出击，这个时候可以选择整个市场中成交量第一版中的价量关系好的品种做短线。

（二）时间的选时定式

（1）平衡势、弱势的月底、季度底，需要对普通股尽量回避一下。在平衡市中，月底、季度底的最后一天，短线技术好的投机者可以少量参与，选择的股票可以是整个市场中成交量第一版中的价量关系好的品种。

（2）报表公布期。第一家公布报表且业绩不错的上市公司一旦出现强势，可以短线注意。另外需要熟悉上市公司预告业绩的规则，根据上市公司公告的公布报表时间和可能业绩分配情况进行规律统计，根据规律小仓位做超短线。

（三）主力的选时定式

（1）要研究国家队活动规律。操作规律：反技术逆人心，30 日均线是支撑，指标股逆反通道上下轨。

（2）常规主力的活动规律。要统计每个阶段的主力风格和规律，要观察年底年初时段的机构重仓规律，根据规律操作。

（四）题材的选时定式

（1）无风险套利出现满意状态。这个满意状态主要指价格或者效率。

（2）未准备的突发题材或者重大利好题材出现时，第一时间进入龙头股。

（3）根据题材逻辑的进程判断短线爆破点和题材兑现日略微超前操作。

（4）根据除权含权时间点以及双轨价格操作时间点进行超短线操作。

二、选股定式

定式的考虑方式，从个股的技术状态（同时考虑大盘），从个股的题材爆破点和潜力，从主力的操作风格，从证券法规制度与股价的关系及投资者的满意度，来考虑总结。以这些突出要素为第一参考，同时也需要考虑兼顾其他常用指标。

这个选时定式是在 2017 年年底背景下的规律研究成果。

技术指标选股法（以银河海王星软件为例）

1. 板块指数选股法

（1）在自选股页面的下方有一个指标"板块指数"，点击它。

（2）注意涨幅第一的板块（强势中也可以考虑第二或者第三）。如果这个板块是第一次上榜，且有股涨停，并有多股列总金额排名第一版（或者量比排名第一版），说明这个板块可能是新热点，涨停家数越多，成交量变化越有力度，可靠性越强。同时，考虑是否有消息刺激（雄安），大盘所处的状态（高低极端），个股板块所处的状态（钢铁）。

（3）如果有一个板块在这个阶段经常性地列于涨幅第一，且是持续的带量上升通道，如 2017 年的保险、白酒板块，说明这个板块是这个阶段的主力核心板块，要加大注意力，并且以重要均线为参考反复操作，根据大盘的情况决定仓位轻重。

（4）注意跌幅前两个板块（特别是第一次），如果该板块是前期的热点股，且该板块依然处于上升通道中，需要把其龙头个股放在自选榜上观察，一旦技术指标形态调好或者均线受到支撑，再次出现积极走势，可以介入。

（5）热点是否可操作的判断依据是，板块效应，龙头股，成交金额，量比，外盘，内外比，10 日均线，逻辑依据。10 日均线是止损位。市场好（有增量资金）可以做补涨股，市场一般（没有增量资金）则不能做补涨股。

2. 总金额选股法

（1）选股时有板块热点时，应优先考虑板块热点，无板块热点市场又处于可操作时间，可以用即时活跃度（成交总金额、量比、换手）来选择个股。

（2）当市场处于大盘股是热点时，或者市场处于平衡势，可以用这个方法。

（3）在自选股页面的下方有一个指标"A股"，点击它。

（4）进入A股总金额排名，在排名总金额中用万能公式选股。

（5）在市场处于强势时可选择数股组合，在大盘处于不很强时只选一只股（做好补仓的准备）。

（6）补仓只能在股价再次转强时补，不能在跌势中补，有效跌破10日均线是止损点。

3. 量比（换手）选股法

（1）当市场处于非大盘股是热点时，或者市场处于强势中，可以用这个方法。

（2）在自选股页面的下方有一个指标"A股"，点击它。

（3）进入A股量比（换手）排名，在排名第一版（大盘强势时也可以扩展到第二版）中用万能公式选股。

（4）在市场处于强势时可选择数股组合，在大盘处于不很强时只选一只股（做好补仓的准备）。

（5）补仓只能在股价再次转强时补，不能在跌势中补，有效跌破10日均线是止损点。

4. 涨速选股法

（1）当市场处于强势中，指数出现短线较快的下跌时，可以用这个方法来选取超短线品种。

（2）在自选股页面的下方有一个指标"A股"，点击它。

（3）进入A股涨速排名，在排名第一版中用万能公式选股。

（4）买股应该在当日均线附近下挂单，或者支撑处下挂单，或者大盘止跌处下挂单，可以参考买卖力道逻辑。

（5）这种操作有点次级小逆势，因此，每次最好只选一只股，或者把弱势股换成新目标股。

5. 内外比选股法

（1）当市场处于可操作期，在自选股页面的下方有一个指标"A股"，点击它。

（2）进入A股内外比正排名，在排名第一版中用万能公式选股。

（3）这种目标股可能有大资金在主动买股，可以少量单一买进短线操作。特别在报表公布期的前三天左右。

（4）当市场出现严重超跌有反弹需求时，进入A股内外比负排名榜，在排名第一版中用万能公式选股（中线超跌+短线超跌，该跌不跌逻辑）。

（5）这种目标股可能有大资金在对最后恐慌盘护盘，可以少量单一买进，短线炒作。

6. 短线精灵选股法

（1）敲到任何一个个股的分时图。

（2）点击屏幕右下角的"主"指标。

（3）点击屏幕右边中间的"浮出"。

（4）在浮出榜中用万能公式选股。

（5）这个方法只适合大盘处于强势市场中，采取少量多股的方法短线操作。

7. 选股补充注意点（这方面以后还会加强讲解）

（1）万能公式。

（2）K线逻辑。

（3）买卖力道逻辑。

（4）前期深思熟虑的自选股。

（5）具有比较硬的个股逻辑。

（6）炒股技术只是一种概率，好技术也只是概率大一些，没有百分之百的技术概率，另外避免情绪化，柔性经验和当时的愿望诉求也很重要。

（7）上述选股法则主要用于盘中选股，也可以作为盘后选股参考。

8. 作业

（1）这个方法需要强化默写记忆。

（2）建立一个模拟盘进行操作，并和别人比赛。

（3）总结操作失误原因，记录你当时的愿望诉求和柔性经验。

（4）总结短线急涨股启动时的共性规律和征兆。

斗牛士 3
职业投机生涯感悟集锦

任何人只要做一点有用的事，总会有一点报酬，这种报酬有两种表现方式，一种是物资货币收益，另一种是精神收获，也被称为经验，这是最有价值的东西，也是人家抢不去的东西。成功者与失败者之间的区别，常在于成功者能由经验中获得益处，并以不同的方式再尝试，并获得物资货币收入。

对于具备能力的人来说，经验更重要（经验是能力的另一种形式）；对于不具备能力的人来说，知识更重要（学习知识是形成能力的载体）。

对于处理新问题复杂问题的情况，知识和经验都重要：对于一个恪守自身处事原则的人来说，经验比知识更重要；对于一个不断突破提高自身能力的人来说，知识更重要。对于一个具有较高智慧的人来说，其会平衡知识增长和经验积累的关系，使得知识与经验形成互动，知识和经验的重要性一样。人类文明突进而言，知识与经验是互为补充、互相转化的两个方面（知识是固化的成果，经验是运动的信息）。对于一个人的成长而言，知识与经验早已融合在一起，去追究哪个更重要就没有意义了。真正的知识与真正的经验完全属于两个不同的领域，一个是客观世界，一个是主观世界。两者是无法比较、缺一不可的，然则无法说出谁更重要。

因此，一个职业投资人的工作努力与成长，需要物质财富与精神财富并重，需要不断地学习知识和积累新经验，这样，你就会越来越强大。

下面笔者把自己的职业投资生涯的感悟和经验总结一下，读者也应该经常做这样的总结积累。

一、职业投资者的修养

（1）专业修养＝稳定持续赢利（有适合自己的操作系统）＋每过一段时间有一次暴利（财富自由质变）＋没有大失误（小失误不可避免）。

（2）生活趣味＝做一个有趣有精神感染力的人＋爱好广泛并有一定深度＋

思维开放广交天下友。

（3）人生智慧＝见多识广＋比较力＋王阳明哲学＋自我角度。

二、股市技术提高四步骤

（1）基础素质要有保障（是非曲直都搞不清楚，怎么能学会专业一流技术）。

（2）找到简单上乘技术（熊市会空仓、会固定收益就能撵过一亿人）。

（3）把上乘技术变成本能（尤其是操作系统、万能公式、题材第一、强势热点、弱势盲点）。

（4）人生阅历和资源积累（等待机会有耐心，机会来临时有资本杠杆有胆识）。

三、在股市中赚谁的钱

（1）如果投资者普遍愚昧，就赚二级市场犯错的钱。

（2）如果投资者变聪明了，就赚融资者的钱（比如现金选择权、资产重组等）。

（3）如果投资者和融资者都足够精明；就价值投资，赚企业和社会发展的钱。

（4）要跟当时的市场环境决定行为策略，不能不顾环境只考虑自我。

四、职业操盘的柔性经验

（1）个性习惯，好习惯是顺势、大概率、中庸、主观服从客观。

（2）目的概率，根据客观设立目标，这个目标必须是能够实现的。

（3）规律统计，这是常规工作，从中发现盈利模式。

（4）逻辑分析，找出强势投资者的目标和可能行为。

（5）对手博弈，要把你自己的操作与其他投资者的操作结合起来考虑分析。

五、做股指期货的心得

（1）只做单方向的主趋势，不做次级方向，同时做两个方向容易思维混乱。

（2）以做空为主，只做少数大波段。

（3）发现 ETF 自动程序化套利的规律弱点，打伏击。

六、被套者都有哪些并发症

（1）幻想，把稻草想象成为大船。

（2）扳本心理，希望用错误的方法逆势快速扳本，结果赔得更惨。

（3）自欺欺人，希望更多的人也被套，可以缓解自己的悲伤。

（4）疯狗攻击性，听不得正确意见，对没被套的人具有莫名其妙的恶性攻击倾向。

（5）失眠，厌食。

（6）所以，一定要想尽一切办法不要重仓被套。

七、技术指标、图形的作用

（1）如果市场太差，所有的买进指标都不准，所有的卖出指标都准。

（2）如果市场比较强，所有的买进指标都准，所有的卖出指标都不准。

（3）先用量能、趋势判断大盘的强弱，再使用技术指标处理细节问题。

八、大牛市产生的条件

（1）投资者队伍大扩容，比如 A 股向全世界自由开放。

（2）市盈率足够低（跌出来，投资者重套，国家受不了，行业有生存危机）。

（3）有重大社会题材推动。

（4）社会资金明显改善。

（5）大牛市展开的特征是成交量足够大，指数和均线多头趋势。

九、复利的力量

若每次亏 5%，只要 13.5 次资产腰斩。若每次亏 6%，只要 11 次资产腰斩。若每次亏 7%，只要 9.5 次资产腰斩。若每次亏 8%，只要 8.5 次资产腰斩。若每次亏 9%，只要 7.5 次资产腰斩。若每次亏 10%，只要 6.5 次资产腰斩。若 2 次盈利 50%，资产是原来的 2.25 倍。若 2 次亏损 50%，资产是原来的 0.25 倍。

十、A 股的价值投资

价值投资越看越像邪教，跟邪教相比有以下共同特征：

（1）都有被神化的祖师爷，定期跪拜，而且都要给香火钱。

（2）显灵时是神功护体，不显灵时是自己不够虔诚、修炼不够。

（3）短期功效不灵时说看中期，中期不灵时看长期，长期不灵时看永恒。

（4）偶尔的胜利，明明是概率、大庄家的功劳，偏偏吹牛说是价值投资的胜利。

十一、A 股的客观事实

（1）1 赢 2 平 7 亏的结果适用一切群体，这个 1 还经常变（要成为那个不变的 1）。

（2）好习惯养成难。许多人养成了坏习惯，还固执不改，排斥正确的东西（心贼是炒股最大的一道障碍）。

（3）牛市不会年年有（下跌是股市的一部分，你不是无所不能的神，要学会固定收益和做空）。

（4）不注意控制风险，赚十次可能一次亏完（大行情的尾市风险一定要规避）。

（5）不用功必破功（股市的努力投入不能次于上班工作和高考）。

十二、行为倾向

（1）好行为倾向：耐心的无风险套利；高概率的组合中庸；特殊品种的以小博大；清零。

（2）坏行为倾向：众人正在用的方法；从业资格考试内容；孤注一掷；让失误变成长线。

（3）失去机会永远比失去金钱好；交易时犯错是难免的，但是坚持错误是绝对不能允许的。

（4）炒股是为了人生更精彩，不是为了做股奴，更不是沦为惊弓之鸟和赌徒。

作业：请你自己背写一份（不能抄参考资料）股海感悟，然后请几个股友改错补充并逻辑辩论，然后重复，这种工作需要经常做，文字总结是技能固化、提高的最佳手段。

斗牛士4
需要印进血液里的思维

无论做什么事，动脑筋改进的人与漫不经心的人相比，时间一长两者之间就会产生惊人的差距。在昨天努力的基础上再下功夫改进，今天比昨天稍稍前进一步，把事情越做越好，这种持之以恒的态度，就能产生巨大的进步。

相对于投资技术，投资思维更重要，投机思维是策略方向，投机技术的熟练使用是为了实现投资思维。下面我们就来谈谈职业投资人的投资思维。

一、总体原则思维

（1）坚持确定性，反对赌博运气。

（2）坚持大概率，反对逆势斗熊。

（3）坚持题材第一，忽略不分红的业绩。

（4）坚持系统投资的应对，反对装神弄鬼的幻想。

（5）坚持波段操作，稳利加复利，忽略极端的孤注一掷。

（6）坚持中小市值的规律投资，忽略大市值的蓝筹诱惑。但是，大市值股是短线热点时也不要排斥。

（7）坚持不明朗时场外观望，反对犯错后的没有底线的坚持。

（8）坚持消息面服从操作系统，反对把自己的命运交给非操作系统因素。

（9）主动清晰性模式高于被动模糊性模式。

二、仓位控制思维

仓位控制思维是职业投机者必须具备的，也是一个职业投机者是否合格的判断标准，如果你想把投资当作自己的终身事业并且顺利一生，如果你不想在股市中发生什么意外，就必须把仓位控制固化进你的血液本能中。

1. 控制仓位是为了防止股灾和黑天鹅

投资是一项长期事业，甚至可能是一生的，时间一拉长，你必定会遇见黑天鹅，也必定会遇见股灾，这几乎可以说是确定的事情，因此必须选时，必须对单只个股控制仓位（不能超过总资产的30%），必须根据强势、平衡势、弱势的区分限制仓位上限，在生命线下时必须有清仓的纪律，抢反弹后必须有出货的强烈思维。

2. 控制仓位能增加胜率

许多人控制不住仓位的原因有两个，一个原因是多巴胺泛滥控制不住自己，那赔钱就是命运，良言难阻该死的鬼；另一个原因是贪婪想获得更高的效率，其实仓位控制在影响效率的同时也增加了投机的准确性，给不可避免的短线时机判断失误增加了低位补仓的二次机会。

3. 控制仓位是为了发股灾财

如果仓位控制得好，每次股灾来临时，可以发一笔股灾财。

三、主要矛盾思维

大盘在每个阶段，个股在每个阶段，都有主要矛盾，要学会集中精力抓主要矛盾，忽略次要矛盾。常见的抓主要矛盾的策略是：

（1）市场是强势、弱势、平衡势，该用什么样的仓位，获得怎样的利润，持股数量的多少，持股时间的长短。

（2）大盘系统是出于高风险期，低风险期，是应该以防范风险为主，还是以抓住机会为主，市场一旦出现变化该怎样应对处理。

（3）市场如果同时出现多个机会品种，应该优先简洁的，风险低的，效率快的，进出灵便的，符合热点的，符合盲点的。

（4）当个股机会与大盘趋势出现矛盾的时候，只要这个股是存在风险（不是无风险套利），就要个股服从大盘，先看大盘后考虑个股。

四、投资目的思维

进入市场你要明白你的追求，明白你追求的目的，并要采取与之相匹配的策略和技术手段。许多人认为，股市的投资策略和技术都是一样的，不与投资目的挂钩，这是外行的表现。

常见投资目的匹配手段：

1. 稳健理财

主要手段以固定收益为主，只用局部仓位做多头趋势，以短线为主，以基本面稳定的行业为主；回避长线投资，回避空头趋势市场，在市场高市盈率阶段要格外警惕。

2. 改变命运

改变命运的投资手段只限单身的年轻人，要留有生活费用，要有正常的月收入，主要手段是精研短线技术（不惜一切代价），对确定性强势机会采用杠杆，股指期货，低价重组股。忌讳无技术性的赌博，忌讳逆势赌博，忌讳无节制使用杠杆，爆仓几次就会把信心崩溃了。

3. 基金理财

基金理财主要是要追求稳健，正常的情况稳健盈利，偶尔获得一个暴利，切忌净值出现大的回撤，资金量大也可以采取一些大资金的手段，比如说顺势的组合投资、定向增发、网下打新等。

4. 消遣娱乐

消遣娱乐一定要控制金额，并且要把金额分成多份，也要精研技术，不能随便赌博，只有多赢才是乐趣娱乐，多输大输容易变成赌博，甚至是失控的赌博。

五、盈利模式思维

你来到股市，一定要学习基本的理财技术，了解市场的真实情况（大多数人不了解，做了很多年也不了解），明白自己的优势和设计好自己的盈利模式。

股市中的方法多种多样，一定要找到实用的，适合于自己的，熟能生巧的技术，以及自己的优势。

例如，职业投资者与业余投资者，机构投资者与散户投资者，年轻投资者与养家糊口的投资者，其盈利模式都是不一样的。这个盈利模式必须是自己摸索出来的，当然可以借鉴其他高手的模式。

六、关键时刻思维

常见的关键时刻和应对策略有：

1. 总则

多头趋势时不要想得太复杂，想多误事，想明白后机会没了；空头趋势时手不要握得太紧，股票会碎，心会疼。

2. 大行情后的见顶

大行情后跌破 30 日均线一定要清仓，高位急涨后跌破 10 日均线也要局部减仓和有防范风险的警惕性。

3. 意外的黑天鹅事件

遇见黑天鹅事件要第一时间清仓。

4. 反弹行情遇阻

反弹行情遇阻重要均线或者出现第一根大阴线时要清仓。

5. 大盘底部暴跌

大盘底部暴跌可以投入 25% 的仓位抢反弹。

6. 熊市中的大阳线

单日大阳线不能轻易追高，反而要适当地减仓。有主流热点，连续两天大阳线，可能是新起行情。

7. 强势市场新起热点

可以第一时间追涨，并要给予足够重视，第一次震荡可以对该板块逢低进。

斗牛士 5
游资操盘手选股节奏绝招

股票是有股性的，不同股票的股性不同，不同股性的股活跃的时间不同，下面的一些股性是游资操盘手自己总结的，非常具有实战意义，如果能够熟练掌握，将能够极大地提高投资者的投资水平。

（1）熊市尾声的活跃股容易是，小盘绩优金融股、有借壳上市题材的股、基本面突出的小盘次新股。

（2）牛市启动时，相对容易赚钱的是点火股，如果点火股是大盘指标股，不能有畏惧大盘股的心理障碍和情绪，此时大部分股票赚钱难度大，甚至可能出现虹吸效应（机构卖出冷门股，腾出资金买点火股）。

（3）点火股完成点火任务后，会出现首批热门股，这时候要果断介入这批热门股，可以适当地克服恐高心理。此时，有机构重仓的转债，其对应的正股容易启动。

（4）在市场确立了牛市后，券商股是最大受益者，可以加大注意力，如果在牛市中券商股启动，应该立即介入，适当地追高也可以。

（5）券商股启动后，股价最低的业绩出现拐点的一批低价低流通市值的个股也容易启动；同时那些股价与转股价接近的含转债的股也容易启动，聪明的大股东会利用牛市即时地完成强制转股，稳健的投资者也可以在此时关注有效率地转债。

（6）在牛市，也会出现市场调整，也会有黑色月底，这个时候可以选择筹码集中股，筹码集中在大盘调整时往往会逆势上涨。如果某个筹码集中股在此前股性比较呆滞，一旦所属的板块成为热点时，可能会激活。但是在牛市的初期，不买那些连续放量阴线的筹码集中股。

（7）在牛市出现大震荡时（可能是非实质性利空导致），一般情况下大震荡的时间容易是一天半，此时短线抄底的应该是前最新强势股，特别是跌停已止跌的前强势股。

（8）在牛市中，突然出台比较大利好的股，低位第一次冲击涨停的股，也可以适当地小仓位追高，每5只这样的股中可能会有一只连续涨停的股。

（9）牛市的中后期是最容易赚钱的时候，这个时候重点选股目标是可以融资（两融标的）的强势股和小市值次新股，那些可融资的小市值股也很容易成为黑马股。

（10）在牛市头部时，选对股赚钱也相对容易赚钱，但是市场也孕育着很大的风险，此时可以考虑滞涨的大盘指标股，如果大盘涨赚点小钱，如果大盘暴跌可能会逆势上涨。

（11）市场在顶部的初次震荡（牛市后期应该已经出现过几次震荡，但是会在重要均线处守住），这次会击破重要均线，一旦PSY指标低位钝化，并且严重超跌有止跌征兆后，第一批抢反弹的股应该是股性呆滞的绩优股。

（12）在市场弱势期，每当市场出现暴跌后，次新股是最活跃的群体，大盘暴跌后会平稳一段时间，这个时候，一些强势次新股容易出现黑马。据统计，在牛市中涨幅最大的股非常可能是借壳上市的停牌复牌股，在熊市中的黑马股容易是次新强势股。

（13）在平衡势，如果出现中级行情，应该果断买进热门强势股，特别是热门股是大盘股时，因为有时候中级行情（常常是一个月左右）中主流股就是一个板块，其他板块甚至可能会出现被虹吸的现象。当这个强势板块出现第一次大震荡时，可以适当抄底。当中级行情接近一个月时，一旦震荡，要跑得快。

（14）在弱势市场，做空股指期货是非常好的盈利模式，最好是只单方向逢高做空，只做弱势指数大波段，不要日内来回做，不要做多。在市场出现牛市单边上涨时，也可以对强势指数的成分股波段做多。

（15）在弱势时，不要做两融标的弱势股，这些股一旦下跌往往会跌得比较惨。也不要做短线涨幅比较大的股。

（16）平衡势，有时候防守概念股又有所表现，如医药股、酒类股、绩优家电股，这些股有时会跑赢大盘指数，但是这类股一旦出现短线偏大的上涨也需要止盈，不能持有不动。

（17）如果熊市持续的时间长了，那些一直比较抗跌的筹码集中股也会出现补跌现象，一旦补跌可能会是连续跌停的。对于可能停牌的股也需要回避，熊市中有些停牌出利好的股也不一定能够抵挡补跌指数的力量，如果无利好（这是经常现象），更是要大跌，甚至连续跌停。所以在熊市中不要相信消息股。

（18）在熊市中，进行无风险套利时，一定要逻辑硬，不能把盲点套利玩成盲眼套利，另外无风险套利也要控制仓位分批定投，熊市中无风险套利项目破位下跌也是常事，留有余力保持优雅。

（19）在熊市中放弃基本面分析、技术分析，只做无风险套利，偶尔的短线一定要快进快出，不能短线变中线，中线变长线，长线变贡献。要杜绝这种现象，大盘不反弹还好，一反弹反而赔一把。

（20）在 A 股熊市时期要学会做非 A 品种，如 LOF 境外品种基金，这些品种的走势不一定是熊市，但是一定要研究清楚，不能闭着眼睛赌博。另外，在熊市末期，一旦市场出现短线震荡，可以逢低买一些效率高的安全高评级短线债券和转债。

作业： 你还有什么经验教训补充？

斗牛士6
地天板——从跌停到涨停

股市短线最刺激的操作莫过于在跌停板买的股票当天就封死涨停了。

抓住这种短线机会从理论上是可能的，也是很多人羡慕和希望把握的。现在，我们一起对这种机会进行总结和研究，以方便指导我们以后的操作。

下面，我们结合之前的一些案例来做下总结分析，看看都需要记住什么规律。

【案例一　超频三（300647）】

超频三（300647）2018年6月20日上演地天板。第二天并继续涨停。

当日消息，持股5%以上的股东股权解除质押再质押的公告，之前的消息：因短线涨幅大，被停牌核查。

当天晚上的成交回报显示活跃游资长城证券仙桃钱沟路营业部、东兴证券泉州丰泽街营业部等活跃游资上榜。

基本面及消息面情况：

2017年5月5日上市的新股，公司是在电脑DIY市场无人不知无人不晓。公司位居国内电脑散热器行业品牌知名度和市场占有率的前三名，其销售渠道遍布中国各省市地区，并拥有广泛周到的售后服务网络。同时，超频三科技还为海外多家知名DIY厂商提供散热器产品的OEM/ODM生产服务。

公司2018年3月12日公布了2017年度利润分配及公积金转增股本的预案，方案为每10股转增8股派1元，为上市后首次送配。并于6月1日已实施。

公司于2018年4月12日后突然停牌，发布了重大资产重组停牌的公告，重组内容为收购浙江炯达能源科技有限公司剩余49%的股权。并于2018年5月31日复牌。复牌后刺激股价短线暴涨，并因短期涨幅过大与

2018年6月8日停牌自查，但是停牌前两日换手率都巨大。单日换手都超过了60%。在停牌当天赶上股指大跌，复牌后短线出现了跌停板补跌。

综合来看，公司被炒作有这么几点：

（1）公司基本面得到了游资的认可，有一定的群众基础。并且作为次新股调整较为充分。

（2）公司实施高送转，吸引了资金的注意力。

（3）公司的停牌重组方案使得公司的股价具备了想象空间，得到了资金的关注。

（4）跌停板产生前的大成交量代表了资金介入的力度，在被特停打击后，由于市场原因出现了回调。但是反击力度十分凶猛。

【案例二　罗普斯金（002333）】

罗普斯金（002333）2018年6月20日上演地天板，第二天继续涨停板开盘。

基本面及消息面状况：

公司为江苏铝型材加工企业，以建筑型材为主，子公司铭恒金属为苹果产品的金属结构件供应商提供原材料，但规模并不大，具备苹果概念。

公司发布了更换公司监事的公告。同时公布了今年第一次股东大会的日期。

公司在之前一直呈现横盘震荡的特点，突然遭遇跌停，之后股价在跌停板开盘后出现了强势涨停板反击。

成交回报看，几家上榜机构不是当前比较熟悉的一线游资。

以公司股价表现看。股价走势呈现以下几个特点：

（1）之前走势呈现有主力控制的态势，遭遇了意外的下跌。之后股价强势反击。

（2）消息面的配合，苹果今年秋季发布会有望发布三款新产品，公司有望受益。

（3）不排除公司在股东大会上后续有其余未确定消息的刺激。

【案例三　光一科技（300356）】

光一科技（300356）2018年3月26日，首日复牌跌停价开盘后，迅速拉升至涨停，现地天板行情。第二天继续一字板走势。

公司基本面及消息面：

公司股票于 2017 年 12 月 26 日开市起停牌。2018 年 1 月 9 日经初步判断，该事项构成重大资产重组。公司预计无法在原定计划时间内完成重组预案或重组报告书的披露工作。公司股票于 2018 年 3 月 26 日（星期一）开市起复牌，公司将继续推进本次交易，并根据进展情况及时履行信息披露义务。

同时公布了重组方，数字版权内容及发行领域公司——上海森宇文化传媒股份有限公司 100% 股权和互联网营销领域公司——上海安瑞信杰互动广告有限公司 100% 股权。

公司股价波动的几个特点：

（1）公司停牌后复牌公告内容为重组不成功，有失望资金导致公司股价跌停开盘。

（2）但是有相关资金看好公司的知识产权概念。这个概念也是近期市场关注的一个热点概念，导致股价迅速上攻涨停板。

（3）公司停牌期间创业板指数波动不大，但是复牌前一天指数大跌，复牌当天创业板指数大反击，当日市场情绪好。

【案例四 *ST 三维（000755）】

*ST 三维（000755）2018 年 4 月 24 日上演地天板。第二天横盘震荡。之后再次收出涨停。

*ST 三维为山西国资委控制的一个化工品生产企业，因为经营不善已经连续两年亏损。公司已经公布了重组的转型方案，将注入山西榆和高速、太佳高速东段等高速公路资产，公司转型为公路运营公司。整个事件正在推进办理中。

但是公司在办理过程中遭遇利空黑天鹅，有媒体报道了公司违规倾倒化工废渣、污染环境的问题，导致公司全面停产，进行核查环保，导致公司股价在之间已经跌过在低位的情况下又出现了 5 个跌停。

不过在第 5 个跌停板开盘后快速拉升翻红，迅速上拉到涨停板，上演了地天板的好戏，虽然尾盘回落一分钱，但是全天换手率创出近一年新高。公司后来不久就停牌启动了重大重组事项。

股价走势特点分析：

（1）公司之前亏损较多，已经公告了重组内容，公布了公司的转型方向。高速公路资产还是不错的标的资产，有较好的现金流与分红能力。使得公司受到了资金的关照。

（2）公司因为重组的事宜，股价一直比较抗跌，但是突发利空导致股价短线下跌较多。使得股价出现了之前不可能出现的价格。

（3）山西之前发布文件说如果国资企业退市要追究领导人责任，而公司正好符合这点，使得公司不会退市的可能性增大，无疑加强了买入资金的信心。

【案例五　大洋电机（002249）】

大洋电机（002249）2015年7月8日上演地天板，之后连续涨停板，短线股价翻番。

公司基本概况：

公司是国内微特电机龙头和车载电机新锐。公司向新能源汽车电机领域的拓展较为成功，收购北京佩特来公司，该公司拥有成熟的新能源汽车电驱动技术和产品，有望随新能源汽车行业爆发持续高速增长。

公司于2015年3月19日停牌，2015年6月16日复牌，进行重大资产重组，股价在复牌后连续一字涨停4个，后又有冲高。之后遭遇股灾1.0，股价跌到比之前停牌还低的价格。在大盘反弹时，第一时间开始反弹，并强势上攻涨停板，之后完全收复失地。

走势特点：

（1）公司在进行重组，使得公司基本面出现了巨大变化。

（2）意外遭遇股灾，将重组的涨幅跌光，出现较好的买入价格。

（3）遭遇救市，资金对公司的新能源题材依然看好，被机构挖掘，加上估值修复，涨幅巨大。

【案例六　上海凯宝（300039）】

上海凯宝（300039）2015年7月8日上演地天板行情，之后继续收出4连板的走势。

公司基本情况：

中药企业标的，公司的主打品种痰热清增长稳健，公司当时为次新股，手中依然握有4.2亿元的募集资金，可用资金超过10亿元，成立了产业投资基金。有外延并购预期。并于2015年5月12日公告收购新谊药业，丰富公司产品线。并由此走出了一波上攻行情。

结果在股灾中公司作为融资融券标的，遭遇较大抛压，直接跌幅超过一半，从24元跌到了10元。在国家救市的大反弹中，股价率先表现，在跌停板爬起来后怒收天地板。

走势特点分析：

（1）公司作为医药公司为基金公司比较喜欢的行业，在低位时容易遭到资金关注。

（2）公司在进行的一些收购等行为使得机构对公司比较看好。

（3）地天板前一天为了维护股价公司高管发了增持公告也刺激股价走高。

【综合总结】

综合总结来看，地天板产生的规律性条件有以下几个：

（1）出现地天板的股以中小市值的个股为多，尤其是中小创和低价低市值股。

（2）出现地天板前，这类股票的走势都是比较强势，或者筹码比较集中。

（3）出现地天板前，因大盘连续大跌原因或者个股的非毁灭性利空因素原因，股价受到连续跌停打击。

（4）这类个股的主力风格比较凶悍，或者后续有利好题材，或者大盘出现反弹迹象。

（5）跌停板打开的时间往往是在上午，在跌停板上的买单巨大，基本上都是数百万股的情况，打开跌停后都是直接飘红。

（6）这个技术属于高难度技术，如果判断失误可能会在第二天继续吃跌停板，甚至数个跌停板。因此，这个玩法属于娱乐，只能是极少比例资金追求娱乐刺激，不能仓位太重。这个技术更适合用于模拟比赛的练习操作。

（7）在熊市中，喜欢打板战法的投资者，要防止天地板，从涨停到跌停，那样损失就大了。

斗牛士 7
怎样判断自己操盘的水平层级

炒股的门槛比较低，几乎所有人都有条件进入股市。但是股谚说，炒股结果的常年统计，1 赢 2 平 7 亏，进来容易，赢钱则比较难。投资者必须要对当下的自己有一个评估，有的人具备一个优秀操盘手的潜质（全天候职业），有的适合业余理财（严格操盘系统，只做牛市、无风险套利），有的人适合娱乐（小赌怡情，算是一项成人游戏），有的人不适合炒股（不信邪，也许一生最大的失败就发生在股市里）。

一、通过基础素质判断

笔者一直认为基础素质的高低决定专业素质的高低，运动员水平的高低与身体素质有很大的关系，操盘手水平的高低同样与脑袋瓜聪慧度有关。

这里的基础素质最主要的有两项：

1. 能分清楚是非

智慧的主要组成内容是历史、哲学和统计。这里的哲学主要包含逻辑和博弈。其实，有相当思想固化的人是分不清楚是非的，但是他自己不知道。

这方面是后天的，通过学习是能够改善的。

2. 有自控力

这就是所谓知行合一的问题。

投资结果是由投资者的行为决定的，决定人行为的因素是习惯，而不是知识，但正确的知识是培养正确习惯的第一步，所以股市投资入对门很重要，一旦入错门，错误的习惯养成，改变更难，杯子里的脏水不倒掉，清洁的水倒不进去。

还有情绪跟着感觉走的问题，知行不合一，克服不了人性的贪婪和恐惧也不行。

二、是否有精力

股市投资是一项智力运动，有博弈性，需要能力的储备，这种能力储备必须是持续的。因此，需要有足够的投入，投入至少不低于高考与创业打工，不能像打扑克牌那样随意。

如果想成为高水平的职业股民，还必须有互助精神，有有效的投资圈子和有效的信息渠道。现代社会，独行侠恐怕不行。

三、目的、行为明确

（1）每个阶段，要对自己和市场进行评估。

（2）要根据前一项评估决定投资目的和行为。

（3）建立自己的操作系统和盈利模式，并不断地根据市场变化和自己的状态修正操作系统和盈利模式。

四、简洁明确的说法

（1）优秀操盘手标准。多角度经历（机构、大户、散户），有全天候的操作系统和盈利模式，有特殊交易权限和社会资源，有有效的圈子，不出现大失误风险。

（2）职业股民。有一定经济实力保障，有周期的操作系统和盈利模式，有有效的圈子，不出现大失误风险。

（3）业余高手。有选时能力，在牛市有一定的选股能力，没把握时不操作，能逃大顶，不出现大失误风险，有一定的非股市赚钱手段。

（4）赌博消费者。全天候长线持股者，全天候短线操作者，不懂证券法、坐庄操作市场、内幕交易者，大多数市场下跌都躲避不了。

斗牛士 8
职业股民的七大使命

进入股市的目的要明确。是来理财的，不是来赌博的；是来把你的优秀兑现成现金的，不是来当傻瓜还晚上睡不着觉的；是来改变命运实现财富自由的，不是一不小心扑通掉到井底有苦说不出的；是来让生活更美好像东邪西毒那样的，不是来当柯镇恶大侠谁都打不过还谁都不服气的。

总而言之，来到股市，股民有下列七大使命，一条不能少，条条要做到。

一、在熊市跌势中保住本金

1. 牛市顶部的暴跌一定规避掉，这种暴跌最容易让人万劫不复

行为措施：在嫌疑指数位，要短线思维，要控制仓位，要注意进出的灵便性，要注意对冲措施，要设立最后防线。

2. 熊市过程中，必定阶段性地大跌，每隔一段时间就会来一次，这种大跌不仅会损失金钱，还会让你成为智商植物人

行为措施：在熊市过程中，要控制仓位，放弃常规化的技术分析、基本面分析，只做无风险套利和暴跌短线反弹，要防止老手死在反弹，出小错后赶紧清零，千万别被小错拖成大错。

3. 可能归零的交易品种不能碰，那些有些小诱惑的可能归零品种更坏，常在悬崖边走，一定会掉崖

行为措施：可能归零的品种坚决不碰，短线也不行，小仓位也不行，另外在牛市顶部、熊市过程中，可能长时间停牌的股、进出困难的股也要万分的警惕。

4. 不能让自己有加杠杆暴跌的机会，尤其是对现状满意的人，杠杆最容易毁灭聪明人和已成功者

行为措施：不逆势上杠杆，杠杆只做顺势的短线，不做商品期货的重仓投机。

二、在大底部时做好准备

1. 要准备好备选品种

行为措施：选好绩优金融小盘股、借壳上市大概率股、低估的小盘次新股、新高效率的转债。

2. 对时机有心理准备

行为措施：好的时机是，底部暴跌的指标股，底部放量的点火股，重要

消息出台的利好股，成名机构有实力大股东的基本面稳健股。

3. 咬定无风险品种

行为措施：要注意效率，要分批定投，要坚持到底。

4. 耐心与灵活兼备

行为措施：持仓结合短线，股外结合股票，手段组合结合重点品种。

三、在一轮牛市中要发大财

1. 牛市一定不能辜负

行为措施：要根据上升到原理中线波段+短线爆破点，主流热点要参与。

2. 要适当地上短线杠杆

行为措施：要适当地短线用杠杆，要适当地运用社会资源。

3. 短线暴跌敢抄底

行为措施：主要是射击线强势股和前热点强势的暴跌股。

4. 跟上主流指数

行为措施：这部分的指数期货和指数基金也是很好的工具。

四、在牛市顶部要保住胜利果实

1. 一定要保住胜利果实

行为措施：控制仓位、短线操作、设立防范线、进出灵便、注意对冲。实在不行提前退场也可以。

2. 适当把握反向机会

行为措施：要注意反向品种的操作，要规避与救市措施对抗。

3. 做反弹一定细致

行为措施：做反弹一定要看准、耐心、分批，千万不能提前，提前了跟没逃顶一样会毁人的，不做反弹不算错。

4. 不要迷信消息或者其他因素

行为措施：只信止损防范线，其他的一概不信，他们斗不过熊，熊最大。

五、要有全天候获稳利的手段

1. 固定收益

行为措施：货币基金、逆回购。

2. 顺势做空收益

行为措施：股指期货只做顺势，只做波段爆破点。

3. 牛市要有效率

行为措施：牛市中要注意时间效率。

4. 机构大户俱乐部

行为措施：不能闭关锁国，别人有优势资源的要借势。

六、要有异于业余股民的特殊合法手段

1. 交易手段

行为措施：要有合格机构投资者的交易权限。

2. 网下渠道

行为措施：网下渠道不能忽视，特别是好的定向增发、银行低价拍卖。

3. 信息渠道

行为措施：要会应用政府部门的网站审批平台。

4. 无成本杠杆

行为措施：无成本的杠杆要适当地有。

七、要活得比其他行业人有意思

1. 身体要比别人健康

行为措施：乒乓球、羽毛球、爬山要坚持到老。

2. 追求精神境界

行为措施：不断地设立一些新目标，为新目标努力。

3. 花钱买幸福

行为措施：别小气，花出去的钱才是自己的。

4. 不故步自封

行为措施：活到老，学到老，有新知识不惜代价要学会弄懂，不能落伍

于时代。

斗牛士 9
牛市延续年度的情况总结

A 股在股改后，产生了两次大牛市。一次为 2006~2007 年的行情，另一次为 2014~2015 年的行情，都是跨年度的，并且使得很多投资者改变了命运。经过研究分析，我们发现大牛市的第二个年度，由于股市赚钱效应产生，投资机构和散户的情绪高涨，是最容易赚钱的时间段，大牛股数量也众多，我们有必要对这段行情的特点进行记录和研究，以供以后参考和借鉴，增大在股市中发大财的概率。

一、2005 年 6 月 6 日~2007 年 10 月 16 日

（一）行情概况

共历经 575 个交易日，25 个月。指数涨幅 501%。

整个过程中基本是以横盘震荡来进行调整，包括在 3000 点附近半夜加印花税导致的短期大跌也在两个月的震荡后继续创出了新高。指数涨幅也是我们股市创立以来最大的一波牛市。

整轮行情以股改为起点，三一重工在 2015 年 3 月就因为股改题材开始走强，点燃了牛市的第一枪，随后就是哪家公司有股改消息那家公司就连续涨停，十二个涨停板的江苏阳光就发生在这年的 4 月。2015 年 6 月 10 日，三一重工的股改方案获得高票通过，成为股权分置改革的第一家上市公司，点燃了大牛市的导火索。由于之前行情低迷时间较久，加上这次的利好较大，持续时间较长，整体市场出现了较长时间的走强。之后随着新能源概念等各种题材股的崛起市场赚钱效应很好。在 2007 年 5 月 30 日加征印花税前，小盘股表现好，在加征印花税后，大盘蓝筹股表现好，包括之后新上市的股票中也以大盘蓝筹股表现比较抢眼。

（二）2006~2007 年的行情延续原因

（1）2001~2005 年的四年熊市使股市调整非常充分，行情低迷时间太久，

具备了向上的基础，也就是说具备了做出很大差价的基础。股市就是涨几百点根本都看不出多少上涨，使得具备了启动大行情的基础。

（2）救市的利好股权分置改革也是真正的让利于股民，让整个股市有了走向全流通的预期，这大大刺激了非流通股东们把公司做大做强的欲望，使得公司的非流通股东、流通股东利益趋于一致，把公司搞好对大家都好。

（3）全球经济繁荣，拉动中国大规模出口，形成了中国经济高速成长。经济的高速发展使得很多人愿意享受股市增长带来的财富增长。

（4）银行体系充满资金，促使银行大规模放贷，形成了流动性泛滥和大规模的固定资产投资，推动了资产价格上涨。

（5）持续的行情向好积累了较好的赚钱效应，吸引了场外资金对股市的关注。

（三）牛市后半段运行情况

（1）2006年1月1日至2006年5月31日

低价股、小市值股（所谓的垃圾股）走势强劲，成为黑马股的主流；大盘绩优股涨幅有限。

（2）在涨升过程中，管理层一再警示风险，但是作用有限，震荡一两天后市场重拾升势。

（3）2006年5月30日出台了比较严厉的抑制股市上涨的政策消息，消息出台后中小市值个股连续跌停，其中一批股票连续5个跌停。

（4）市场连续5个跌停后止跌，超跌股出现了有一定力度的短线反弹。

（5）在市场因为利空大震荡时，大盘绩优股抗跌，其中有些逆势上涨。

（6）在市场止跌后，大盘绩优股成为市场热点领涨。而许多小盘股在指数屡创新高的过程中，股价没有回到2006年5月30日前的高点。

（7）在行情的最后阶段，大盘绩优新股高开高走，直至中石油高开低走导致大盘见顶6124.04点。

（8）大盘10月见顶大跌后，在跌了1000点左右后，在12月中小市值股出现了一个月的反弹，指数位反弹到5522.78点。

（9）大盘在2008年10月28日见大底1664点，次年2009年是中小板的行情，大盘绩优股表现一般，可见市场的板块热点是风水轮流转。

二、2014 年 7 月 22 日至 2015 年 6 月 15 日

（一）行情概况

共经历 220 个交易日，11 个月，指数涨幅 147%。在 2014 年的行情中，指标股、金融股、券商股轮番表现带动市场走好，券商股在 11 月先出现了翻几倍的行情。

2015 年元旦过后的首个交易日，沪深两市高开高走，在煤炭、有色金属、铁路、白酒、石油等板块带动下大涨逾百点，直接创下 5 年来的新高，并成功突破 3300 点整数关口。并走出了多年难得一遇的指数九连阳行情。"国企改革预期""互联网+""工业 4.0"及"高端装备制造"等成为本轮牛市启动的几大风口。广东的自贸区政策了引爆了炒地图的热情，哪个地方有自贸区政策哪就有炒作。随着行情的深入，涨幅较小的 ST 板块也因为重组预期，涨幅小得到了充分的关注，很多也是连续收出了很多涨停板。

（二）2015 年的牛市行情延续原因

（1）市场之前整体低迷时间太久，在行情启动的 2014 年之前一段时间中小市值的一直表现不错，市场呈现了较好的赚钱效应。

（2）市场的活跃加上融资融券制度、场外配资的风行使得投资者寻找资金进入市场比较容易。

（3）一些相关媒体"四千点是牛市起点"也刺激了各种资金的入市。

（4）资产重组已经成为机构的普遍盈利模式，并有强大的赚钱效应。各种机构入市热情高涨。上市公司也有强大的定增、并购等扩张动作，也刺激了公司基本面的改善。

（三）牛市后半段运行情况

（1）2014 年年底的主流热点是大盘股，11 月以券商板块为代表的金融股走势强劲，随后其他大盘绩优股也出现了短期的强势。

（2）在 2015 年大盘股的炒作沉寂后，市场出现了震荡，随后就是题材股活跃，如上海本地国改股、迪士尼概念股活跃。

（3）再往后就是小市值成长股表现火热，而大盘股表现一般。

三、跨年行情的延续的特点

（1）之前的跌幅足够大，且时间足够长，市场没有好的赚钱效应，在这种时候市场的行情就有较长的时间延续性，且有较大的上涨空间，市场赚钱效应更强。

（2）大盘股和小盘股轮流表现，一旦那个板块（大或小）出现强势，都会延续一段时间，而另一个（小或大）则表现一般，我们要有克服惯性心理跟随新强势板块的行为。

（3）在牛市后半场的市场最初震荡，抄底合适短线收获比较大。

（4）在牛市的后半场，容易出现连续涨停的黑马股，可以适当运用打板战法。

斗牛士 10
大行情见顶的原因和迹象

我们经历过轰轰烈烈的牛市，也经历过惨淡的熊市，最惨淡的熊市应该是 2007 年见顶与 2015 年见顶的两波大熊市了。很多投资者亏损惨重，我们值得总结分析，以避免未来重蹈覆辙。

一、2007 年的大熊市

2007 年 10 月 16 日从最高点 6124 点一路跌到了 2008 年 10 月 28 日的 1664 点，用时一年，跌幅 70.6%。

（一）终结前的市场情况

市场平均市盈率达到了 60 倍。在 3400 点将印花税调整为 3‰，市场出现调整后，市场一直没有较好的调整。市场已经持续走牛接近两年。亚洲最赚钱的公司中石油上市申购价 16.7 元，上市交易价格为 48.8 元。中国远洋、中国神华等大型央企上市，中国神华并作出了五年内整体上市的承诺。由于 2008 年奥运会即将在北京召开，市场上到处都是珠峰之上看奥运的想法与论调。

（二）终结时的运行情况

2007 年 10 月 9 日中国神华上市，之后收出三个涨停板。将市场上炒作蓝筹股的热情彻底点燃，之后指数高位盘整等待亚洲最赚钱的公司中石油上市，之后 2017 年 11 月 5 日中石油上市。直接开到了 48.8 元，上市以来的最高价。结果当日由于较多资金去买石油，导致指数下跌了 2.48%，之后指数回跌到均线处企稳。2018 年 1 月下旬，由于海外股指大跌，导致我国在 21日、22 日连续暴跌。之后指数开始走弱。并一路跌到 3000 点附近。之后由于汶川地震的影响，指数又下了台阶。

中石油、中国神华、中国中铁、中国铁建等新上市不久的次新股卖盘较多，打压了指数。

中国平安发出 1600 亿天量的再融资申请，导致市场继续大幅下跌。

指数在跌到 3000 点一线时，市场已经超跌，市场已经形成了反弹的氛围和趋势，结果汶川地震的天灾导致反弹夭折。

之后外围市场爆发了金融海啸，美国的两房事件导致金融危机的悲观预期传导到国内，使得指数跌跌不休。在一年内让指数从 6124 跌到了 1664 点。

（三）消息面

（1）管理层公布查处庄家周建明，这是首次用"其他操作市场手段"的兜底条款查处市场操纵者。

（2）深交所针对涨幅较大的板块"中小板"和黑马股全聚德出台调控措施。

（3）大部分股票的技术指标处于超买状态。

（4）不断地发行大市值股票，增加供给。

（四）代表股票

（1）中国石油：蓝筹股的代表，价值投资回归的代表，结果上市后一直在跌跌不休，至今也没有收复当时的价格。

（2）万科 A：地产股的龙头，在之前的行情中涨幅十倍，结果在这轮大熊市中从 40 元，跌到了 5 元，跌幅超过 80%。

二、2015 年大熊市

2015 年 6 月 12 日从最高点 5178 点跌到 2016 年 1 月 27 日的 2638 点。

历时 8 个月，跌幅 46.59%。

（一）终结前的市场情况

市场平均市盈率达到 65 倍，沪深两市每日的成交量达到 2 万亿，各种重组、定向增发层出不穷，各上市公司如不搞点资本运作，会有股民打电话建议公司搞资本运作。券商的融资融券业务、场外的配资业务搞得规模都很大，各路资金跑步进场。尤其是某报的《4000 点是牛市起点》更是给了广大投资者信心。5 月 28 日出现的单日大跌投资者们认为是市场正常的技术性调整。使得各路投资者认为行情应该还有很大的向上空间，放松了警惕。

（二）终结时的运行情况

2015 年 5 月底，证监会要求证券公司全面自查自纠参与场外配资的相关业务，其中包括恒生 HOMS 系统为场外配资提供服务，并停止 HOMS 系统向场外配资提供数据端口服务。

2015 年 6 月 13 日午间，证监会发布官方微博，要求证券公司对外部介入进行自查，各地证监局对自查情况进行核实。

2015 年 7 月 12 日晚间，中国证监会发布《关于清理整顿违法从事证券业务活动的意见》（简称《意见》），督促证券公司规范信息系统外部介入行为，并于 2015 年 7 月底前后完成对证券公司自查情况的核实工作。

持续的清理场外配资成为市场暴跌的导火索。持续地下跌使得市场从 5178 迅速跌到 3630 点，市场哀鸿遍野。直接跌穿了 60 日均线。3 个星期沪指跌了 30%，"蒸发" 17 万亿。

2015 年 7 月 4 日下午，国务院会议决定暂停 IPO。上午，证监会召集 21 家证券公司负责人召开紧急会议。会议决定：21 家证券公司以 2015 年 6 月底净资产 15% 出资，合计不低于 1200 亿元，用于投资蓝筹股 ETF。21 家证券公司同时承诺，上证综指在 4500 点以下，证券公司自营股票盘不减持，并择机增持。同时对持股 5% 以上的大股东不许减持，并增持。2015 年 7 月 5 日四大利好齐出救市。

结果这些救市消息的放出成为资金夺路而逃的好机会，在指数高开后开始逐步回落。最后导致个股跌幅巨大。成立的救市资金开始在指标股上稳定大盘，但是融资融券等杠杆资金的强平导致很多个股开盘即跌停。市场上依然是一片哀号，最后导致千股停牌的奇观。

2015 年 4 月 16 日，上证 50、中证 500 股指期货正式面市。也使得对冲手段的出现加剧了下跌的幅度。

随后随着救市资金的逐步介入，以及各公司的自救，市场逐步企稳，市场度过了股灾 1.0。

（三）代表股票

（1）中国中车：央企合并重组的代表，从 5 元多涨到了 39 元多，涨幅 630%。

2015 年 4 月 30 日见最高价后高位震荡，然后停牌重组，6 月 8 日复牌后一字板第二日继续冲高见 32.8 元，之后一路回落，没有像样的反弹，回落到 10 元附近企稳。跌幅达到 75%。

（2）许继电气：业绩不错的绩优股，2014 年业绩高成长，特高压最核心一二次设备供应商，受益"一带一路"及国企改革。

在大盘见底的 6 月 15 日还逆市飘红，有拉尾盘的操作当天收于 35.49 元，结果在后面的下跌中，一口气跌到 17.22 元才止跌企稳。在之后的救市中出现了三个涨停板的走势，之后就差强人意的弱势震荡，股价创出新低跌破 10 元。

（3）隆鑫通用：公司在 2014 年推进四个战略转型——新能源低速电动车、无人机、柴油机平台（中大型发电柴油机农业机械）、汽车零部件。预计四大转型战略实施完毕后，有望再造一个新隆鑫。在之前的牛市中表现优异，涨幅 5 倍。

股价在见顶前的前一天大幅上攻，一度接近涨停板，第二日继续冲高见最高价 39.45 元，股灾 1.0 中一度有涨停板抵抗，两波股灾后股价跌到了 14 元才逐渐企稳。

综观两轮行情，下跌的原因有以下几个方面：

（1）经过之前的较长时间大幅上涨，市场的平均市盈率高企，市场本身存在泡沫，供求关系发生转换。

（2）市场的 IPO、再融资比较活跃，市场的资金抽水比较凶狠，供求关系失衡，有时还会出台其他的一些影响信心和供求关系的政策。

（3）国家对一些股市的违法、违规行为进行管制，使得市场狂热的情绪得到冷静。

（4）下跌中总是会有一些意想不到的利空出现，2008 年是地震，2015 年是从来没想到的流动性强行平仓风险，使得人们会失望到绝望。

（5）之前积累的获利盘较多，有经验的机构、投资者退出市场。

（6）大盘指数在见最高点之前已经开始震荡、滞涨、很多股票已经见顶下跌，指数比较凌厉地连续跌破 10 日均线、20 日均线、30 日均线且抵抗力有限（这一条尤其值得注意）。

斗牛士 11
股价涨跌的原理动力研究

供求关系决定着商品的价格。供大于求，商品价格下跌；供小于求，商品价格上涨。

股票是一种有价证券，它的涨跌原理近似于商品，买的人多就上涨，卖的人多就下跌。但是，由于股票交易市场是虚拟网络电子化的，资金高度密集，它的供求关系变化复杂程度要远高于普通商品。如果能够对影响股票供求关系的常见因素进行研究分析，结合即时信息做到心中有数，将能更明确更客观地认识市场，对市场的中短期涨跌趋势做到大概性质上的有数，对于其他机构影响股票的行为逻辑也可以更加清晰，并能采取相对有利于自己的行动。作为聪明的投资者，也应该清楚，自己的交易行为会对股价的后续演绎会产生什么影响。

一、股价的底线

1. 股票的价值

股票的底线价格由股票的价值决定。

股票的价值由两方面决定：

一方面是投资者对股票分红的满意度，通常情况下，投资者的分红满意度不会低于社会资金使用权的平均卖出价格；

另一方面是股票的市值是否接近创办同等规模企业的成本，前提是这个企业依然有经营吸引力。

在新股扩容停止时，壳也有一定的价值。

2. 社会容忍度

由于我国是社会主义国家，股市中存在着大量的国有企业，市值代表着财富，在证券市场开放后，上市公司的控制权存在着更广范围内的竞争。因此，国家对国企上市公司的低价是有心理预期的。

赢利行业（包括周期行业）的企业家同样也对企业市值有着最大容忍度的预期，低于预期就会引起相应的争夺或者维护行为。

二、趋势

在供求关系明显不均衡的情况下，股价会形成阶段的涨跌趋势，我们称为牛市或者熊市。

最常见的影响因素是：

1. 涨跌趋势

股票的供求关系，即股票和投资者购买力的比较，供的力量大则持续下跌，求的力量大则持续上涨。

股票的供应变化主要指，新股 IPO 规模，再融资规模，退市规模。

投资者的购买力，主要指投资者实力的扩容，投资者在非股票领域的货币财富增加规模，但投资者的实力与股票的需求还不是一个概念，这有一个正负反馈的问题。

2. 正负反馈

股票是投资品，不是生活必需品。

股票市场有赚钱效应，股票的购买力具有正反馈力量；股票市场有亏钱效应，股票的购买力具有负反馈力量。当然，在正负反馈展现极端时，都会引起国家的干预，并出现价格的顶底。

我们总结了一个趋势现象：

市场下跌趋势中，扩容必然导致继续下跌，下跌必定导致负反馈，负反馈也会导致股市下跌。但是下跌过程中，一方面消耗了需求的力量，另一方面也降低了市场的总市值，市场会通过急跌在某个区域形成阶段平衡，市场是否在这个阶段平衡处止跌，取决于市场的扩容、负反馈、股市新吸引力这三个因素的加权。多数情况，停止扩容不一定会让市场止跌，但是能够极大地缓解股市的下跌；不停止扩容，有无股市新吸引力，股市必然继续下跌。

市场上涨趋势中，扩容必然改变供求关系，但上涨也必定引导正反馈，正反馈的力量如果阶段超过"扩容＋总市值上涨"的力量，市场还会上涨，这个正反馈的力量有时也是强大的，2007年沪市指数达到了6124点，2015年达到了5178点（有券商融资＋非法配资）的市值规模。市场涨升的初期，赚钱效应不明显，正反馈也相对弱，越是牛市后期，正反馈越强，热点板块涨升速度越快。市场会通过急涨在某个区域形成阶段平衡，市场是否在这个阶段平衡处止涨，取决于市场的扩容、正反馈、政府引导、有经验的资金撤离这四个因素的加权。在市场的顶部，积累的获利盘越大越容易急跌，此前越是急涨越容易急跌。因此，在市场顶部，机构投资者是需要股指期货锁定成本的。

市场股价的上限由供求关系决定，跨年大行情必须伴随投资者实力大扩容，如2005年的股改，2014年融资制度与配资。没有投资者实力的大扩容，不会产生跨年大行情。市场超跌和存量资金的努力只能引发中级行情，一般情况下，时间难以超过两个月。个股的上涨上限可以更夸张一些，但是大股东的减持、双十规定、举牌制度、交易所劝导也有效地制约了个股的无理空间。

三、稳定线

多数时间情况下，股价由市值涨跌情况以及投资者心理锁定情况会使得市场供求关系稳定在一个指数位区域，我们称这个区域为稳定线。

这个稳定是阶段性的，打破这个稳定的常见因素是：

（1）管理层的真实态度。

（2）社会资金的变化情况。

（3）机构的盈利模式兴起或者崩塌。

（4）实质性利好利空因素。

（5）扩容压力的释放（新股或者大小非解禁）。

（6）经济的基本面变化。

四、个股和板块

个股和板块的股价短线变动取决于：

1. 单位时间的买卖压

一个亿的资金是分散在 4 个小时买进（卖出），还是集中在一个小时内买进（卖出），对股价的影响严重不一样。

大买卖单是否有后续挂单决定大买卖单的实际效果。

相对来说，开盘时间、收盘时间是股票卖压最小的时间段（有机构大户持仓的股除外，这正是游资机构喜欢次新股的原因）。

在市场处于有一定热度的相对安全期时，小市值的个股更容易上涨。

低价股由于一分钱间隔的原因，较高价股容易上涨。

有利好配合的股更容易涨跌。

2. 虹吸效应

板块虹吸效应：在市场存量相对稳定时，一个热点连续涨，导致其他股票的部分投资者抛售而去追涨热点股。从而会导致其他股票跌得更多，而发动热点的主力机构能够从中获利。这就是板块热点作用。

制度虹吸效应：涨跌停板制度、新股熔断制度、熔断休市制度也会产生价格心理的虹吸效应。

3. 习惯的力量

信息条件反射：某一个消息对个股的股价涨跌形成条件反射，这个条件反射会影响相当长一段时间，比如高送转、规律性图形、板块活跃度、软件成交窗口、时间窗口。

4. 机构的力量

大机构的利益必定会影响股价，关键要对机构的实力、成本、习惯、利益研究透。

例如，散户的买盘，牛市助涨机构重仓股，熊市助跌机构重仓股；助涨被套机构重仓股，助跌获利丰厚重仓股。

有经验的大散户，也是可以对机构重仓股试盘试出个股的短线涨跌倾向和中线潜质的。

斗牛士 12
怎样从盘面上发现新热点

在市场中处于个股分化波动的平衡市中，最有效的投资手段就是捕捉短线热点。但是发现热点、捕捉热点、及时了结不是那么容易，需要有一定的手段和技术。下面就这方面的思考做一个总结。

需要说明一下：股市中的短线投资技术，只是一种概率，不是必然，好的方法只是能够增大概率，不是三指捏田螺，一蹴而就，能够实现 10 战 7 胜 2 平 1 亏就是非常好的方法。或者能够保证大赚小赔也不错。

另外技巧是一项熟练技术，就像打乒乓球一样，必须练球几万次才能具备基本功，世界冠军也不是每个球都打得上的，也会有失误。好在 A 股中的对手们，基本上都不练基本功的。

本技术最好先用模拟账号练熟，看到效果后，再投入实战。

一、怎样从盘面上发现新热点

以银河证券的海王星软件（可以免费下载）为例：

（1）点击软件下面的"A 股"。

（2）点击软件下面的"板块指数"。

（3）板块上方有"行业板块""概念板块""风格板块""地区板块""统计指数"，都分别看一下，看哪些板块涨幅靠前，跌幅靠前，对当日个股行情心中有数。

（4）再回到"A 股"，点击"总金额""量比"，如果当日涨幅靠前的板块中的个股有多个也出现"总金额""量比"的排行榜前列，这个板块就可能是有效的热点。如果当日涨幅靠前的板块中的个股基本上都是无量的，则说明这只是无热点的随机波动。

二、怎样判断热点的热度

（1）板块热点是伴随着有硬度的消息发生的，这个板块热点持续性比较好。消息的硬度需要投资者柔性判断，不能太过随便。如"雄安"的消息就比较硬，朝鲜试验导弹发射就不那么硬。

（2）热点板块的"总金额""量比"越大，可能持续的热度越大，其中涨幅靠前（率先冲击）的可能是龙头，在弱势中只能操作龙头，在牛市中也许操作龙头不容易（可能发现时已经涨停），补涨股也可以考虑。在弱市中，原则上不做补涨股。

（3）习惯性热点。在 A 股中，存在着习惯性热点这个现象，如指数指标股容易在大盘暴跌时尾市逆势托指数，防守板块（绩优的白酒、医药）容易在平衡势的跌势时逆势上涨，筹码集中股容易在牛市强势调整时逆势上涨，在平衡势的强势日，最新次新股容易拉尾盘。

（4）板块指数的表现，每天都要观察，但是在非强势时间不能每天都操作，那样是永动机，胜率会受到影响。只有对你能把握的热点进行操作，并且要根据个股的技术状态和你的能力状态，合理地组合仓位。

三、怎样判断热点已经退潮

（1）原则上，下跌势不做热点，特别是力度不够大的消息引发的热点，这时容易出现"今天涨幅靠前，明天就跌幅靠前"的现象。

（2）在平衡势，前期热点板块跌破 10 日均线就要警醒并控制仓位，跌破 30 日均线就要放弃关注。可以参考一下前期"钢铁""有色"的退潮的情况。

（3）在牛市中，前期热点板块跌破 10 日均线就需要警醒并控制仓位，在 MACD 指标恶化时就要放弃。

（4）卖在最高点是世界难题，只要赚钱，卖就是对的。这点在当前市场更值得注意。

欢迎读者对本部分内容进行模拟账号的练习，并写出心得和技术方法修改意见。

斗牛士 13
股灾时刻的操作要领

金融投机的核心技巧是，低买高卖。但是何为低，何为高？在 A 股，我是这样理解的，新股民赚钱相对容易时，为明显的高；股灾发生时，为明显的低。但是，高低极端时，又是股价极为活跃之时，短线的得失也很重要，也很容易影响人们的情绪和行为，这时恰当的行为是，选择稳妥的品种，选择分批的原则。

下面总结一下股灾发生时的细节行为操作原则：

（1）怎样预防股灾？

（2）股灾的性质判断要领。

（3）重仓者的行为原则。

（4）空仓（轻仓）者的行为原则。

下面根据这四个方面进行细节总结。

一、怎样预防股灾

1. 大行情尾期防范股灾

在投资者对分红不满意的市场，大涨之后必有暴跌，因此 A 股的最重要的生存原则之一就是一定要防范住大涨之后的暴跌。

但是，在牛市的尾期，由于人们的疯狂与贪婪共振，短线黑马狂奔，短线赚钱相对容易，这种机会也必须适当把握，这时候的操作要注意筹码进出的流动性，不能因为流动性成为你需要防范风险退出时障碍（如大资金的分散投资）。

指数破 10 日均线时，或者指数连续两天恶化时，必须采取防范风险的减仓甚至清仓的措施。

在大行情的尾期，不存在稳妥的品种，尤其要警惕可能要停牌的品种以及远期消息股。

2. 平衡期防范股灾

指数跌破 20 日均线，必须采取防范风险措施。

个股股价连续恶化 2 天，必须采取防范风险措施。

平衡期中的稳健品种是成交量最大的价量关系指数指标良好筹码以及短线热点的龙头品种，其对应的转债也是不错的选择。

平衡期中的稳健行为是短线和控制仓位。

3. 弱势期防范股灾

弱市中，所属指数处于空头走势股票尽量不持有，即使你非常看好的股票也尽量不超过 10%。

弱势中低风险品种（无风险品种）在极端情况，价格也会遭受打击，分批建仓是一个好习惯，不到最后期限前夕，不要轻易满仓。

4. 常规性的防范习惯

一定要有防范风险的操作系统（详见《千炼成妖》《百战成精》）。

非强势时期的资金紧张敏感时间要回避。

7 个股价趋势判断逻辑要形成习惯。

看不清楚时要短线或者场外观望。

要学会无风险套利，但是无风险套利要标准高，要清楚原理和利润兑现的结果。

二、股灾的性质判断要领

1. 高位股灾

大行情后的第一次股灾和其后的第二次股股灾都属于高位股灾。如 2015 年的两次股灾。

对于这种性质的股灾，重仓者防范风险的措施要果断。

空仓者（轻仓者）抓机会要有耐心，要短线，要分批，要不见兔子不撒鹰，要防止绝望后还有绝望，不做反弹不算错。

2. 低位股灾

在市场获利盘极少，或者基本上是被套盘，市场市盈率可接受的情况下出现的股灾属于低位股灾。如 2013 年 6 月底的那次股灾。

对于这种性质的股灾，重仓者防范风险的措施要分批，不能在绝望后盲目杀跌。

空仓者（轻仓者）抓机会要有果断，也要先短线，要分批，然后判断市场是恢复平静还是引发新行情。在股灾中抓住的人生赌注品种和无风险品种可以少量做中线。

三、空仓（轻仓）者抓机会的行为原则

（1）稳健者可以考虑低（无）风险品种，如2015年7月8日的嘉实元和、2008年时的现金选择权攀钢钢钒。现在也有类似的品种，甚至还有跌破全额要约收购价格的股票。这些知识是冷门知识，一定要先学会后操作，低风险套利也不能瞎操作。

（2）激进者可以选择：中线超跌+短线抗跌+基本好的股票，要注意分批的原则，不能上杠杆。

（3）职业投资者可以采取组合的思路。

（4）必须抓住，但不能冒进，不能满仓了市场还在跌，要留有一半的资金在底部明朗时再行动，这一半资金不抄底做低风险收益也可以。

【智慧照亮人生】

（1）你是单枪匹马，可也要活成一支队伍。

（2）没有目标的努力，没有计划的奋斗，都只是作秀而已。

（3）你的善良必须有点锋芒——不然就等于零。

（4）魅力是女人的力量，正如力量是男人的魅力。

（5）一个人的性格决定他的际遇。如果你喜欢保持你的性格，那么，你就无权拒绝你的际遇。

（6）人的主罪有二，其余皆由此而来：急躁和懒散。由于急躁，他们被逐出了天堂；由于懒散，他们再也回不去。

（7）人的眼睛向右看的时候，不是撒谎就是逃避；人的眼睛向上看的时候，不是思考就是回忆。

（8）股海里，你以为的希望，其实是让你陷得更深的绝望；而你认为的

绝望，在一拐角却满眼希望。

（9）不必遗憾。若是美好，叫作精彩。若是糟糕，叫作经历。

（10）虽然我很喜欢她，但始终没有告诉她。因为我知道得不到的好东西别去破坏它。

第三部分
熊的哥们儿

关键语：
　　熊市的最主要任务是：保住本金，稳健中庸的无风险套利，做些非股市事情。

熊的哥们儿第 1 式
弱势中需要牢记的 23 条花规

一、习惯的重要性

（1）习惯形成性格，性格决定命运。

（2）习惯是在习惯中养成的，刚开始需要纪律强制。

（3）技能教育是什么？就单方面讲，只需一句话，就是要养成良好的习惯。

（4）职业投资，习惯重于智慧。

（5）习惯使社会阶层自行分开，不相混杂。

（6）素质提高的捷径，克服去除坏习惯，养成好习惯。

（7）知识是第一步，必须把最重要的知识转变成为习惯，因为决定人们行为的力量不是知识，而是习惯。形成习惯，才能知行合一。

二、花荣股海弱势习惯总结（23 条花规）

（1）大盘弱转强，必须价涨量增，而且必须是持续性放量，单日放量都不可靠，尾市大盘无量拉升更不可靠。趋势的力量很强大，一旦形成，很难扭转。

（2）市场是否能够操作，要看"总金额""量比""内外比""利好刺激"这4个指标是否及格。不合格，不能做，更不能盲目上风险品种的仓量。

（3）弱势中的最常见买点是超跌后的止跌，宁肯错过，不能做错，做错之后容易影响心态，导致错上加错。

（4）弱势中主要精力要放在无风险套利上，可以分散风险品种的注意力。

（5）弱势中技术性常规操作必须是小仓量的超短线操作。

（6）弱势中做反弹的品种必须是初步的大盘多头强势股和中线超跌短线热点股（热点板块的龙头股）。

（7）弱势中的利好消息刺激度有限，原则上见利好就要注意出货。

（8）弱势中不能信消息，再可靠的消息也不能信。看看那些出利好的消息股走势就知道了，即使消息很准，也架不住熊市跌势的凌厉。

（9）弱势中最常见错误：见涨就追，做反弹迟一拍，错误出现后不果断止损。

（10）弱市中最常见无风险高收益品种是：低于面值接近转股价的转债，低于要约价的全面要约收购股，低于现金选择权价格的股。

（11）弱势对股价的打击常常超预期，好股票也一样。

（12）无风险品种操作也要注意分批建仓，建仓时点组合。

（13）大盘下跌时抗跌股易补跌，而且容易在大盘反弹时补跌，一旦补跌力度不小。

（14）弱势中常见的风险日：周四，月底，季度底。

（15）弱势中，学会逢高做空弱势股指，能有效治疗永动机症和永炖机症。

（16）弱势中的指数短线高点容易在见利好的高开低走，或者反弹后的跌破10日均线。

（17）弱势中如果发生日中大跌，容易在尾市继续跳水，次日的10点半左右容易出现短线低点。

（18）弱势中自选股是金融指标股、螺旋桨股、次新形象好股、最新热点龙头股、各个指数的权重股，其他股可以忽视。

（19）大盘在可操作期，早上第一个小时的最强势股是猎物。如果这个时间没有发现理想猎物，还想买股，最好是在尾市（防止当天买当天套）。

（20）如果在弱势中有大机构高抛低吸维稳，该大机构不被严重套住，不会出现大行情。

（21）弱势中不存在逆势的高手，你的水平再高能高过新疆德隆、南方证券。

（22）弱势出现单日无缘无故或者因普通传言利好的单日大阳线，不宜追高，只有连续两天放量才能考虑翻多。

（23）今天很残酷，明天更残酷，剩者为王，能坚持到后天就能成为牛郎员外。

作业：这23条需要背住，并且看看自己和身边的股友经常违反哪几条。

熊的哥们儿第2式
再论操作系统的重要性

大家都知道，电脑是有操作系统的，电脑的操作系统是管理和控制计算机硬件与软件资源的计算机程序，是直接运行在"裸机"上的最基本的系统软件，任何其他软件都必须在操作系统的支持下才能运行。

炒股是千千万万个人之间博弈行为，在考虑到其他社会因素，更为复杂。

A股是新兴市场，不存在价值投资的制度环境和公司环境，周期波动、宽幅震荡、融资重于投资、大主力机构行为是明显特征，这就决定中小机构、散户的输赢具有概率性、周期性反馈性。所以炒A股的人脑，也要有操作系统。

一、股市的操作系统是什么

股市操作系统是一套适合于自己并保证自己炒股盈利系统的套路、方法，是一种相对优秀的投机习惯，是自己买卖、持仓行为的指南针，是一个强迫自己符合大概率胜率的兵法原则。

每个人的基础、追求、能力都不一样，因此可能相应的交易系统也不一样，但是都必须有一个或粗或细的交易系统，没有交易系统的投资者，我们称之为赌徒。

二、操作系统的主要作用

1. 控制人性情绪

不要因为情绪问题，陷入赌博的境界。股市中的人性就是贪婪和恐惧，与市场波动逆反作用，同时触发不可控的赌瘾。

现实证明，久赌必输。

2. 控制风险、控制坏运气

股市投资是高风险行业，也经常有坏运气，必须通过选股逻辑、选时博弈来尽可能地控制风险，尽可能地使得自己成为 1 赢 2 平 7 亏中的那个"1"。

3. 有效的绝招、盈利模式形成习惯

科学是系统化的知识，能力是习惯化的技术。固化能力，持续增强能力，而不是随机一念。

4. 增大盈利的概率

应用科学知识，使得自己的行为比大众更具有大概率和独特优势。

三、评判操作系统的优劣

（1）根据确定、情绪判断。有知者无畏是良好现象，不管输赢都是热锅上的蚂蚁不好。

（2）根据是否能躲过大跌判断。

（3）自己对投资结果是否满意判断。

（4）能否让自己的能力持续增强。不能程咬金三板斧砍一辈子，要持续进步。

四、花氏操作系统的概括性

花狐狸炒股法＝六分心态＋三分技术＋一分运气。

调整六分心态＝顺势而为＋生命线纪律＋控制持仓比例＋有知者无畏。

修炼三分技术＝盲点套利＋热点技术＋控制风险。

祈祷一分运气＝好人自有好报＋人自助天必助＋华尔街没有免费午餐。

1 赢 2 平 7 亏＝防范风险一抓就灵＋复利是第八大奇迹＋华尔街没有免费

午餐。

自我缺点提醒＝预测市场＋完美障碍＋证明自己＋先入为主。

生命线技术＝量能变化＋均线趋势＋仓位变化＋柔性经验。

五、花氏操作系统的细节性

（1）大盘的判断定性原则，根据大盘确定仓位，先大盘后个股。

（2）确立每个阶段的盈利模式。

（3）确立自己的常规工作。

（4）总结尽可能多的绝招药方。

六、操作系统的疑问

曾有几个股友问过这个问题：确定控制系统的几个周期有矛盾怎么办？

笔者是这样理解的：

（1）如果自己的操作系统设计得好，是不存在周期矛盾的。但是，现实中确实存在指鹿为马，说牛市是熊市，说熊市是牛市的情况。这主要是没有操作系统，或者操作系统错误（如追求小概率、运气），或者是因为仓位问题走火入魔。如果是操作系统问题就必须改善，如果是个人思维问题也必须改善，否则账户就会惩罚你。

（2）即使是不错的操作系统也需要注意，坏的方法因为运气概率因素，有时也会有小的胜利，但久赌必输；好的大概率的方法也不是十分完美的，你追求 80 分，就很难逆势夺冠军，但会让财富、能力随着时间而增长。好的操作系统中一些缺点也要接受，不存在完美无缺、随心所欲的操作系统，好的操作系统也必须对小错有纠错措施。

（3）操作系统就是为了抑制错误情绪的，不能有了操作系统，你自然是跟着感觉走，这就是人的自控力问题，这就不适合股市理财。另外股市是复杂的，确实有一些时候，存在操作系统也无法直接快速判断的问题，有经验的老手原则是，拿不准时按照坏的可能性处理，宁肯丧失机会也要避免不确定性。同一个操作系统，也存在着经验阅历天赋问题，玩苹果手机还存在着不同水平呢，股市操作系统也是这样，但是有好的操作系统已经比无操作系统者有了巨大进步和继续进步的可能性。

熊的哥们儿第3式
股市赔惨了，该怎么报仇雪恨

股市有风险，入市需谨慎！

这句话几乎每个股民都知道，但是被股市所伤的股民依然不在少数，遇到暴跌，遇到熊市，不少股民还可能亏损惨重，甚至还有股民人生最大的一次伤害就是发生在股市里，笔者自己就有过这样的经历，痛不欲生，一个星期都没有睡好觉。

那么，被股市严重伤害，该怎样面对呢？

下面笔者就这个问题，谈谈自己的感受，希望对一些股友有所帮助。

一、股市赔钱是成为高手的必经过程

1. 新股民必然赔钱

这里的"新股民"这个词是个"泛指"，只要没有入对门的人，只要你近期赔过大钱，不管你在原来的行业多么成功，不管你进入股市的时间长短，不管你是否业内人士，不管你是否拿过公私募全国冠军，不管你是否拿过炒股冠军，你就是新股民。

新股民的特点就是赌，可能是基本面赌，可能是价值投资赌，可能是图形指标赌，不管你赌得多么有道理，赌得多么正宗，赌得多么神奇，久赌必输，久赌必大输。

2. 老股民也会赔钱

这里的"老股民"这个词也是"泛指"，新股民入对门后，学会防范风险后（有许多新股民抓机会的本领也不差，在牛市中甚至会强于一些老股民），就会变成老股民，老股民并不是在股市里不赔钱，而是赔小钱，不赔大钱，赔小钱的次数也低于赚钱的次数，差不多是7赚2平1亏这个样子，而且一遇到大牛市、大机会就能赚笔大的，改变命运，并能够在适当时候保住胜利果实。

3. 赔钱是新变老的成本

新股民只有赔过钱才能变成老股民，没有赔过大钱、没有赔心疼的股民很难领悟股市的真谛，尽管你看过"股市有风险，入市需谨慎"这句话，你听说过股灾，你看到别的新股民痛不欲生的状况，但是只要你没有喝过辣椒水、没有坐过老虎凳，你就不可能有那种痛彻心扉的感觉，这种感觉只有亲历才能清楚。

所以说，股市赔钱是成为高手的必经过程，不冤枉，老股民高手都经历过这个过程（新股民高手也将经历，越晚爬得越高摔得越脆）。

所以赔钱的人没有冤枉的，这关必过；但是，你不能死在这关上，否则这成本就白费了，代价太大了，股市中赔的钱只能在股市中捞回来，其他行业扳本很难，因为股市有市盈率这个概念，这是一种变相的杠杆。

在股市中赔了钱，坐了老虎凳，必须报仇雪恨！

二、欲报仇需先革命

1. 先变成老股民

你赔了钱，就一定是没有股功，要么是现有的股功存在着严重问题。你要改善，要补充学习，感悟老股民的思想。否则，你还会吃二遍苦，受二茬罪，年龄越大、资源越多，老虎凳也越疼、辣椒水也越辣。一个人的年龄是有限的，人在股市中发大财的机会次数就那么三四次，感悟晚了也就彻底错过了。

由于种种原因，有些人悟性低，执迷不悟，也许一辈子也变不成老股民，这也是没有办法的事情，也有命运的因素，良言难劝该死的鬼！

在股市里，听听老股民的话没有错，亲历和逻辑比幻想、愿望要有力得多。

2. 君子报仇 3 年不晚

股市是有牛熊周期的。如果全部是牛市，社会资金实力撑不住，其他行业没有人玩了，社会会出问题；如果全部是熊市，这个行业撑不住，国家也撑不住，必然出现行情，有准备的老股民就能发笔大财。

股市报仇 3 年不晚，股市发财 40 岁不晚，笔者就是 40 岁才发的，50 岁也不晚，但是你必须发！要是你没有耐性，偏要在熊市中斗熊，凶拼刺刀，也许解放军回来时，你已经牺牲了，被熊吃掉了。所以，要防止赌徒的扳本心理作怪。

3. 养好伤做好准备工作

在牛市没有来临之前，先保存实力，保持现状，止住血，别让损失无止境地扩大，死猪不怕开水烫可不行，带伤斗熊也不行，如果你受的伤过重，变成残废了，那就没辙了。

学好本领，学真本领，要比新股民强，不能眼高手低。如果学会真本领，亏的钱就值。你没有真本领，牛来了你牵不上，也许你根本分不清楚牛和熊，没有武功继续斗熊，熊对菜鸟不会客气的。

积蓄本钱，忘记伤痛，正常生活，学会幽默感，结交一些老股民，弄清楚交易规则（如融资，但是熊市不能用），等待下次机会的来临并抓住、保住。

三、必须学会的真本领

1. 熊市中害人的邪功

非大底时熊市中长线持股不动（永炖机）、不管大盘抓个股（永动机）是市场上很流行的两种武功，统计数据证明，这两种武功都是邪功，是多数投资者赔惨的重要原因，也许有个例的成功，但这是小概率的，有诱饵的陷阱更坏。

不改变思路，不把杯子里的脏水倒掉，清水倒不进去。

2. 老股民的发财武功

第一，无风险套利。要学会无风险套利技术，挣钱归自己，赔钱有人负责，如现金选择权、要约收购、有效率的转债等，书籍《百战成精》《千炼成妖》有详细记述。在熊市中，暂时忘记基本面分析、技术分析吧，那都没有用。

用无风险套利技术维持生活、改善生活，有时也能挣把大的，无风险套利技术不但存在，而且利润也不菲，这是熊市绝招。

第二，人生赌注股。在市场底部时，分批定投具有大潜力的有价值股，一只好股扳本，两只好股改变命运，三只好股解决财富自由。但是，必须要耐心地等到大底到来。

第三，爆破点。短线爆破点技术，《千炼成妖》有详细记述。可以先模拟账户练习提高。

第四，积累一些资源。交易权限资源，资金杠杆资源，知识制度资源，互助高手资源。

3. 重铸一个崭新的自己

要成为一个优秀的操盘手，必须要死过一次，或者重伤过一次，而且这次重伤又没有彻底击倒你。

一个人最辉煌的时刻，也许不是在功成名就之时，而是能扛住压力的最艰难时刻，并在最艰难时刻对未来依然抱有信心。

熊的哥们儿第 4 式
A 股投资者赔大钱的方式

股市是一个高风险投资场所，阶段性赔钱是正常的，也是不可避免的，但是不能赔大钱，一旦赔大钱很可能就是和平年代普通人面临的最大人生打击，想挣钱、挣大钱的前提就是不能赔大钱。根据投资者的交易数据统计，投资者主要有下列赔大钱的原因，我们必须警惕和杜绝。

（1）刚进股市，身体分泌多巴胺旺盛，不满仓难受，不追求最大化收益难受，不看行情难受，不与人聊股票难受，一旦遇股市大跌，要么不动，要么过早抄底。

（2）刚进股市，知识技术阅历经验明显储备不够，喜欢把运气当作技术，喜欢买短线已经暴涨过高位股，在牛市中赔钱，在熊市中赔大钱。笔者遇见过多位新股民，特别喜欢买连续很多个涨停后刚巨量打开涨停的股票。

（3）跟随电视媒体推荐买股，1 赢 2 平 7 亏实际上适用一切群体，包括专家。你如果要跟随别人买股，必须了解他的操作意图逻辑并评估是否合理，统计他说的股票上涨成功率和走势风格，知己知彼才能打胜仗。

（4）没有大盘趋势概念，情绪化，跟着感觉走的，没有逻辑，只凭技术分析手段，永远满仓频繁进出的永动机，在熊市中这种情况常常远超越指数的损失。

（5）买即将归零的交易品种，如即将永远退市的股票，即将下市归零的权证，甚至在他们下市的前期还妄想获得微小短差，犯这种错误的还经常有老股民，不知道他们怎么想的，只能说他们头脑短路了。

（6）在指数处于下降通道时，重仓持有这个指数的成分股，持有这个股可能会有一些理由，如朋友消息、基本面好、里面有庄家，没有用，在熊市中，熊的官最大，消息、基本面、庄家都斗不过熊的。别以为你是武松，武松只能打过少数老虎，如果遇到了老虎中的武松，也得被老虎中的武松吃掉。

（7）痴迷于无稽之谈概率不大的单一技术分析手段，最常见的是：波浪理论、江恩理论、K线形态，弱势中的强势股，等等。这些东西只有在大势（供求关系）配合的情况下才能起作用，逆大势时也是小概率的。这是散户最常犯的错误。

（8）认为好的上市公司就是好的股票。不是，好的上市公司还需要有好的价格，如果这个上市公司不错，但是价格不合适，照样赔大钱，特别是那些宣传好处于强势周期的上市公司，许多实业成功者、大户都是栽在这个认识上的。

（9）满仓孤注一掷，甚至高倍杠杆孤注一掷，一旦市场走势不如意，极易发生心态问题，而市场中因心态问题导致的错误高达60%，极端操作特别容易出现黑幽默效果，看这些交易数据时常常情不自禁想笑，但是交易者自身当时的心情肯定心如刀绞。

（10）明明交易不顺，说明市场有问题或者你的状态有问题，这时候应该休息总结，调整心态调整策略，有人不信邪，加码报复，导致更严重的打击。

（11）在弱势中做短线反弹，在最佳时刻心态谨慎不敢重仓，小仓位获利一两次后加重仓位赊把大的。大盘不反弹还好，一反弹就赔钱，知识许多自信的老股民常出现的问题。

（12）买刚出利好，且利好出尽又技术走势不佳的股票。这种股票往往前期涨幅比较大，或者在熊市中机构无法出货，正好借利好出货。你的买进，正好让机构出货更坚决。

（13）一轮大行情已经持续相当时间，政府已经开始警告，还过分看高行情，不做风险防范预备措施，甚至风险已经初步降临（跌破生命线，连续放量跌），出逃不果断，还妄想牛市，或者妄想反弹，或妄想自己的个股能抗住。

（14）在有强大套期保值力量的有高杠杆负和游戏中频繁双向短线交易，这种交易即使对于高手只是赚小钱赔大钱，只要有足够的时间，投资者被消灭的可能性极大，一方面是输给游戏的负和结果，一方面输给自己的头脑混乱，一方面是输给强大博弈对手的做局谋略设计。

（15）没有盈利模式，或者放弃你自己的优势盈利模式，把命运交给弱势时期的市场。这包括弱势重仓持股，过早的抄底不动，迷信没有经过统计概率的某项预测，有压力的侥幸操作。甚至要记住，某些股友给你的建议，你也要用自己的操作系统印证，也得符合自己的盈利模式，股市中可不是谁想做好事就能做成的，股市中没有神。

（16）基础素质差分不清是非的人在股市中不可能胜出。例如，甲是一个 40 多岁有 20 多年交易时间，有散户、大户、机构的阅历，有市场影响力，有数亿的资金，有过经典的胜利，做事情网状思维考虑整体；而乙是一个 20 多岁交易时间不满三年，还在上班打工，业余炒股，单位里不能看行情，性格简单极端冲动透明。两者比较，乙不可能比甲的综合水平高。但是，由于乙的心理负担轻，自媒体上的行为简单明确，节拍与大多数外行合拍，也许自媒体上人认为乙的水平更高，这可不是偶尔情况，而是经过调查证明的普遍情况。A 股投资者整体素质低，这是一个现实情况，投资者要清醒，一方面提高自己，一方面要了解其他群体。

（17）欢迎你补充。

熊的哥们儿第 5 式
"重套出黑马"的原理运用

每当市场出现惨烈下跌后，都会出现一批被错杀的股票，也会有一批机构重仓股把机构重套，这些股票很容易成为今后一个阶段的黑马股，即所谓"重套出黑马"。

"重套出黑马"现象并不是常见的，一旦遇到这种情况，一定要有积极的心态面对，要加倍努力地发现此类机会并抓住机会。

下面笔者总结一下市场暴跌后怎样发现黑马股，暴跌后怎样操作：

一、暴跌后短线怎样操作

1. 暴跌后要有积极的心态

市场暴跌后投资者的心态普遍会比较消极，这是不对的。股票市场最常见的错误心态就是在市场高位时情绪高昂，在市场低位时情绪低落，甚至空仓者也害怕。一定要克服这种错误的心态，积极面对市场，这时的市场是最佳价格时间，低买高卖是真理，此时即使不是最低也是比较低的价格。市场是周期循环涨跌的，涨多了就跌，跌多了就涨，不存在一直跌或者一直涨的情况，况且现在的 A 股还存在国家队现象，公募基金有最低仓位限制。暴跌以后，不要被市场吓怕了，甚至离开市场，这时一定要想办法复仇，想办法捞回来一些，离开市场也要在市场复苏一段时间之后的时间。

2. 要甄别市场中的个股

这时市场的股票可以分为三大类：

短线强势股，由于有国家队的存在，国家队的操作战法就是低吸高抛，在市场低迷的时候，国家队重仓股可能会是最活跃的时间。公募基金由于有最低仓位限制，这时也常常会调仓换股。短线强势股主要存在于这两个方面。

阶段弱势股，市场暴跌，必然使得投资者受伤，这包含心理上的，也包括资金实力上的，人们买股票的积极性不高。虽然股价低，但是"是底不反弹"，这时市场会出现相当大比例的阶段弱势股（昏迷股），特别是那些无机构股、负热点股、非短线强势高位股，对于这类股暂时不要碰，甚至要忍痛调仓换股。

大概率复苏股，这类股是指股价也随大盘出现了较大的下跌，但是这类股有强悍的机构被套，或者此时的基本面容易吸引新的机构来买，这类股是大盘暴跌后需要重点寻找和把握的股票。

二、暴跌后怎样发现黑马股

（1）暴跌的机构重仓股（筹码集中股）容易成为黑马，主要指的是股价遭受打击的机构重仓股、筹码集中股、大股东持股比例特别高的基本面还可以的中等市值股。

（2）基本面处于高成长的股容易成为黑马有些个股的基本面在向好，或者存在其他什么硬逻辑，股价又有比较多的下跌，这类股容易成为机构的新建仓股。

（3）活跃的低价小盘绩优股容易成为黑马在市场弱势时，这类股容易受到职业机构的注意，特别是其中大股东持股比例不高的股票。投机和举牌收购两相宜。

三、暴跌后的操作要领

（1）短线和长线结合。同样是潜力股，资金实力和风格偏好不一样，另外有时是底不反弹，指数很难出现较大的连续上涨，因此对于看好的股最好是短线和长线相结合，另外不宜同时持有数量太多的个股，1~4只就可以，仓位也不要轻易超过50%，超过50%时就要准备逢高做短线降低仓位。

（2）对潜力股要进行试盘，被套的庄股和新潜力股的活跃性有时处于犹豫状态，如果你上单子买进或者试盘，股价立刻有反应的股可以作为重点关注股，如果试盘没有反应，也许短线潜力不够（机构暂时没钱），可以择机换一个股。

（3）要注意机构操作的新风格每一轮大盘大跌的过程中，都会有一些类型的个股跌幅大，如本轮跌势的中小市值基本面一般的股；也会有一些类型的个股比较抗跌甚至走势强，如本轮跌势的国家队重仓蓝筹指标股。这种情况会对下一阶段行情的机构选股心理造成影响，也会对活跃股的类型造成影响，一定要对这种活跃股的趋势方向心中有数，并在实战中注意。

熊的哥们儿第6式
熊市中的打板战法是散户绝技吗

一、为什么熊市中防守第一

（1）金融市场是高风险市场，股谚说股市投机的结果是1赢2平7亏，我观摩多次的炒股比赛结果也证明了这点。从 7 亏进到 2 平的最有效手段就是加强防范风险的措施，从 2 平进到 1 赢的最有效手段是加强操作的大概率胜率和胜利的盈利幅度。

（2）熊市操作具有高风险逆势的特征，亏钱的概率和幅度都比较大，这点从公私募基金的操作结果，以及众多投资者的实战结果来看，是有目共睹的，是公认的事实。笔者 20 多年投资经历也印证了这点，这就是笔者提倡低风险投资、无风险投资、顺势高概率投资、顺势高盈利幅度投机的原因。

（3）在股市中最常见的风险是熊市系统风险以及高成本投机，长线持股不动、高频率短线交易是最常见的两种 A 股操作方式，再加上操纵市场、内幕交易，这四种操作方法可以被称为 A 股四大傻操作法，其恶果比赌博一点也不差。

二、熊市中是否有打板奇迹

（1）A 股确实有许多股市打板奇迹，这与许多期货奇迹一样，是编造的谎言，没有可信的长期持续实例。但是这种选择性告知的幻想谎言符合许多人暴富的心理，所以有人愿意吹这样的牛、也有人愿意相信这样的牛，一些无良媒体也推波助澜。

（2）打板操作存在着理论可能，但是以这种操作方式的成功率是小概率的，持续操作、多案例操作必定落在小概率中，久赌必输，这是非常简单的数学概率统计原理。股票市场除了把贪婪人性杠杆性地放大，再结合股市本身有降低智商的功能，使得不少人理解不了这个简单道理，良言难挡该死的鬼。

（3）现在中航证券和新浪微博有实盘比赛，欢迎打板高手来展示实力，可以快速成名成家的。另外，笔者正在筹办"实盘公开表演秀"的活动，腾讯有兴趣联合举办，欢迎打板高手来表演展示实力，表演成功有高额奖金啊！锦衣夜行不符合民族精神，打板高手们不会憋坏了吧。

三、超短模式是小资金迅速成长的唯一方式？

（1）炒股欲获得成功，正确的方式使用正确的方法。正确的方法是不论你是谁，资金大小的。当然，大资金和小资金的优劣势是有区别的，但是基本原理是一致的，不能因为是小资金就违反基本原理，如顺势、交易成本的控制、大概率原理等。

（2）超短模式确实是熊市中笔者比较认可的一种操作方式，但是这种操作不是全天候的，也需要把握时机，操作的时候也要把爆破点分析清楚，选股条件要硬，要符合阶段统计结果。过于感性不顾大盘背景的频繁超短模式，笔者称这种玩法为永动机玩法，是所有常见炒股方法中亏钱最多的方法，没结婚的人没兴趣找异性朋友，结过婚的人容易与家人（子女）搞不好关系。

（3）笔者这几十年，专门研究股市武功，各门各派都花费了相当的精力，我的研究结果是，上乘武功主要有：无风险套利，强势短线爆破点投机，弱势严重超跌反弹（安全品种），底部人生赌注股。这些方法与其他方法的区别是，是高概率的赚钱方法，是靠能力致富的，是能够做成职业和事业的，不会让你人生最大的失败发生在股市中。

熊的哥们儿第 7 式
察觉风险征兆和利用风险

一、在平衡势，已经有持股的情况下，出现下列征兆时需要防范风险

（1）当持股所在指数上涨一段时间后，连续两天跌破 10 日均线。

（2）当持股连续 2 天出现稍微凌厉的跌势。

（3）当持股所在的指数跌破 30 日均线。

二、在弱势中，已经有持股的情况下，出现下列征兆时需要防范风险

（1）持股所在的指数面临 30 日均线的压力时。

（2）持股仓位较重，而近期又没有明显的强势和爆破点。

（3）持股出现短线强势上涨后，股价有走弱的迹象。

三、要从操作策略上就确定防范风险

（1）在去杠杆背景没有结束前，持股仓位比较重的话，只要持股不属于无风险品种（不能是技术分析、基本面分析的结果），想办法降低仓位，不能轻易长线重仓。

（2）在操作策略上，笔者只做无风险套利和暴跌短线抢反弹这两种模式，其他模式（比如技术分析、基本面分析）不做。偶尔的技术超短线仓位不能超过5%，时间不能超过一周。

（3）只做固定收益，不买股票不算错，即使是无风险套利，也要分批定投建仓，留有余力，保持优雅。

四、暴跌后买入什么样的股票利润最大

从前几次暴跌后的统计来看，下面几种股操作利润可能比较大（不是事后K线利润）：

（1）公募基金重仓的低市盈率中小市值的成长股。

（2）与当时市场热点切合且超跌的次新股。

（3）转股价与市价接近且价格跌破面值的转债（因为敢于上仓位，前面两类仓位不能重）。

（4）暴跌做反弹不能仓位重，不能一次性重仓（要分批），不做不算错，把暴跌抢反弹与无风险套利结合起来较好。

熊的哥们儿第8式
常见弱势机会的重仓时机

如果股市只有牛市没有熊市，那么其他行业没人干了，大家都来炒股了。所以，每当牛市达到高潮时，必须给大多数当头一棒，让一部分人把赚的钱赔回去，让另外一部来晚的人赔一把，让大家回去干实业，这社会才会正常运转。别都是玩虚的，事业最重要，大多数人还得把主要人生放在事业上。

如果股市只有熊市没有牛市，那么这个行业将会垮台。但是这个行业对于整个国民经济来说优势是非常重要的，社会需要资本市场筹集闲散资金用于社会发展，需要社会不同资源的优势配置，资本市场是国民经济的发动机，是社会发展不可或缺的重要组成部分，因此不能垮。每当这个行业低迷到一定程度，因为机会成本也好，因为政策市原因也好，就一定会产生大行情，不会永远没机会。

股市操作，只有策略对头才可能赢钱，股市的最重要操作策略有两个：

第一个策略是避险不赔钱，在市场不存在大概率赚钱的机会时，我们毫无疑问要选择这个避险策略，我们来股市是为了赚钱的，而不是为了持有股票赌博的，因此只有在大概率赢的情况下才会重仓买股。弱势中盲目重仓，不但赚不到钱，还会赔钱，甚至遇到和平时代人生最惨重的打击，把未来牛市的机会甚至生活信心无谓地丧失。因此，在不恰当的时机，空仓是非常重要的，尽管对于许多人难以做到，但是必须做到，不会空仓就不会赢钱，空仓技术是股市其他技术应用的前提，是股市第一技术。

第二个策略是抓机会赚钱。这点是许多游资与生俱来的天性，甚至许多人任何时刻都要抓机会，都要持有股票，但在股市中抓机会不是那么容易的，即使在牛市中也不那么容易，何况在股市弱势背景下。笔者一直认为，在股市中不应该挣钱，而是应该捡钱。什么是挣钱？在能力范围外的拼杀刺激与股市趋势作对，持股时心神不定或者需要战胜对手，就是挣钱；什么是捡钱？在能力范围内稳健安全地获得利润，赚持续简单的钱就是捡钱。没有前面第一项技术的贯彻，该你捡钱的时候，你没有钱来买捡钱公园的门票了。

笔者在这里说的捡钱，指的是在合适的大概率情况下，你的赚钱行为，说是捡钱，也不是那么容易的，也需要有学习准备，有一定的阅历背景，有适当的赢利模式。在这部分内容中，最重要的一个词是"盈利模式"，在股市中第一技术是空仓避险，第二技术就是盈利模式，第三技术是集合社会资源。这是我老花的三大法宝，其重要性类似于孙总的七十二变、金箍棒、观世音菩萨。

这部分内容的重点是弱势中的盈利模式（强势盈利模式可以参见《万修成魔》其他章节）。弱势中的盈利模式，就是在弱势背景下适合你自己的赚钱方式和总体策略，此盈利模式的重点是防范风险、要谨慎选时和机会的逻辑要硬。逻辑要硬啊！不能凑合。

职业投资人的常见弱势盈利模式是：

一、逢高减仓，逢低观望，遇暴跌做短线反弹

（1）弱势中，技术分析、基本面分析没用，黑天鹅太多，赚钱依靠运气，长时间持仓或者频繁操作的结果是赢小钱赔大钱，久赌必输。"赢小钱赔大钱，久赌必输"比"每次都赔"还坏，后者会让你有警惕性停止赔钱，前者会让你欲罢不能，让你有希望，让你觉得失误赔钱不是因为必然，而是因为运气或者没有更认真努力。

（2）被套者也不能死猪不怕开水烫，也需要积极努力让损失尽量最小化，再选合适时机清零，回到合格的股民队伍中来。

（3）如果技术不到家，技术分析、基本分析的机会可以放弃，不做不算错。一些股民在熊市大盘不反弹还好，这样能控制住仓位，一反弹介入就赔（有时是赚了两个点没卖），如果这样还不如不做，只做无风险机会和等待中级行情的来临。

二、专注于无风险套利，无风险套利也要选时，也要有博弈思维

（1）弱势中常见的无风险机会是现金选择权、全额要约收购、低于面值的转债、收益满意且无毁约风险的债券。

（2）无风险套利也是有操作技术有博弈思维的，不是只知道一个概念和董事会预案就可以的，无风险套利品种必须是严格高概率逻辑的，不能想当然被坏企业玩孙子兵法，盲点套利不能玩成盲眼套利。

（3）无风险套利也需要选时，在无风险套利没有确立为100%的短线可满意利润时，需要分批定投和组合，留有余力时刻优雅。如果你过早满仓，就会变成疑神疑鬼的妖怪，甚至可能把无风险换成有风险的愚蠢笑话。

三、研究一下非 A 品种

（1）沪深交易所除了 6*****、0*****、3******，其实还有 1*****、5*****、4***** 等，在 A 股处于熊市的时候，非 A 品种不一定处于熊市，

要多学几手赚钱的手段。

（2）对于交易所的非 A 品种，要注意交易权限、交易时差、交易制度等方面特殊性。

（3）要学会无（低）成本做空（融券成本有点高且有选择困难性），在弱势背景下做空是顺应趋势的，也有助于一些人治愈死多症。

四、爆破点明确的超短线品种

（1）爆破点的时间段必须明确，爆破力须有一定的力度。

（2）盲点利润的爆破点必须要有接盘资金，不能理论成立，但接盘资金不足。

（3）对于负爆破点要防范、利用。在弱势背景下，最怕慢一拍的常规机会。

五、等待与把握中级行情的来临

（1）在弱势背景下，也经常会出现中级行情，这种行情的上涨周期常常在一个月左右的时间有一定的指数区间，是可以参与的。弱势中的中级行情常常产生于一次意外的暴跌后的救市，或者是每年的 12 月或是元月，中级行情的初期征兆是猛烈且连续的。

（2）中级行情的主流板块有时就是一个大板块、大概念、大热点，也许这个板块会贯穿整个中级行情，一定要看清楚并介入主流。

（3）要注意中级行情产生时的非主流板块的被虹吸效应风险，以及中级行情结束时的急跌风险，在中级行情接近一个月的高点时的第一次急跌要格外警惕，且不能抢反弹。

六、弱势中警醒

（1）弱势是防范风险非常重要，重仓遇险会祸害一生甚至家庭，但是即使这样说，也会良言难挡该死的鬼。

（2）在弱势背景下，职业股民应该有其他的赚钱手段和生活方式，那种"只赚 A 股的钱，其他的钱一概不赚"是愚蠢思想。

（3）如果自己眼前没有赚钱手段，一定要利用一切方法学习到新的赚钱手段，不惜代价，不能故步自封，用大刀长矛对抗"百万熊师"的飞机大炮。

七、本期作业

细致地写出你目前的盈利模式，并与股友交换看法、挑毛病和补充。

<h2 style="text-align:center">熊的哥们儿第 9 式
解套操作的主要技巧</h2>

股市投资，买入股票被套是一种常见现象。当遇到持仓的股票被套牢时，不能慌了手脚，更不能无所作为，而应该以积极的态度，用合理的操作技巧实现解套，或者尽可能地降低损失，千万不能把一个小失误发展成为一个最后无法接受的大失误。

下面，笔者就总结一下一些股票投机老手常用的解套技巧。这其中，散户的解套技巧与大户机构的解套技巧又不尽相同。

一、解套的策略技巧

首要需要说明的是，解套的关键是使资金解套，而不是非要你原来的那只股票进行原价位的解套。

1. 要重新评估一下大盘

如果大盘处于系统风险之中，且后市背景依然十分的不明朗，这时应该考虑回避系统风险，不逆势持仓，尽量使得持仓越轻越好，留得青山在，不怕没柴烧，不能让一个可以承受的小失误演变成为一个大失误。

如果，你认为你持有的股与其他的股不一样，有你认为的特殊之处，也应该设立好止损价格或者止损指标，不能让市值损失没有底线。事实上，如果大盘真的不行了，很难能有长时间逆势上涨的股，即使有，也是小概率的运气。

当大盘处于多头时，因为短线超买或者短线非实质利空而出现急跌，只要大盘没有明显破位，这个时候可以忍耐持股，甚至准备加仓新强势股。

2. 要重新评估一下持有的股

稳妥的方法是，大盘不好就不逆势操作。

在大盘还可以的情况下，个股也经常被套，这时应该重新评估一下手中的持股。

如果持股属于被虹吸的板块（如大盘股是热点，持仓是小盘股）、有负面题材等，应该考虑换股，不能出现牛市赔大钱的情形。

如果持股属于安全大盘背景下安全个股情形，被套是因为短线追高原因，或者是因为组合因素导致的，这时可以等等，但是也要根据 30 日均线设立止损线，这类个股也可以考虑补仓，补仓的时机必须是这个股止跌再度走强之时，不能在它下跌的时候盲目补仓。

3. 要评判一下你买股的思维

有的投资者由于情绪因素，在买股的时候研究得不充分，买进股票后才发现买进的理由不成立或者该股有明显的缺点，这时要看这个股是不是有负爆破点，如果有负爆破点应该在负爆破点时间清仓卖出；如果没有负爆破点，则可以选择你熟悉的技术指标操作，如 MACD、KDJ、BOLL 等。

4. 评估一下你的实力

散户的操作主要是分析，买好股以后是被动地等待，所以主要的解套策略是评估你的策略和跟踪技术指标、K 线逻辑。

而机构投资者与散户不同，机构投资者相比散户投资者来说，优势是资金量大，买卖时会一定程度地影响股价；劣势是进出不灵便。

机构投资者在牛市中可以试试集中持股的方法，看看能不能激活手中的持股。

机构在熊市中被套，有时出逃会有一定的困难，卖股票时会严重影响市值，这则需要等到手中个股出现上涨买盘时减仓，也可以在合适时点先融券放空，同时出货。

机构投资者也可以考虑用股指期货对冲现货成本。

二、解套的战术技巧

1. 向下差价法

前提是要判断准确后市是弱势，这点要熟悉操作系统。

股票被套后，等反弹到一定的高度，估计见短线高点了，先卖出，待其下跌一段后再买回。通过这样不断地高卖低买来降低股票的成本，最后等总资金补回了亏损，完成解套，并有赢利，再全部卖出。

2. 向上差价法

前提是要准确判断后市是强势走势，同样也要熟悉操作系统。

股票被套后，先在低点加仓买入股票，等反弹到一定的高度，估计见短线高点了（不一定能够到第一次买入被套的价格），再卖出。通过这样来回操作几次，降低股票的成本，弥补了亏损，完成解套。

需要说明的是，补仓的时候要在股票止跌有向上的征兆时再补，不能在股票下跌没有止跌时就着急补仓。

3. 计算整体资金

一只股票被套后，如果大盘处于可操作时间段，可以暂时把这只股放一放，用手中的资金操作其他潜力股，然后统一计算盈亏。

所以组合持股法是有优势的，可以使用更多的技巧；如果喜欢满仓一次性的操作，一旦出现失误则比较被动。

4. 换股法

就是当觉得自己的股票实在是没有什么机会了，就选一只与自己的股票价格差不多的，有机会上涨的股票来换，也就是等价（或基本等价）换入有上涨希望的股票，让后面买入的股票上涨后的利润来抵消前面买入的股票因下跌而产生的亏损。

在熊市时不能用这个方法，熊市最好的解套方法就是暂时认栽了，等待大盘的下次机会。或者耐心地用长一点时间的无风险机会解套，快速扳本心理只会引来更大的亏损。

5. 组合操作法习惯

股票品种的组合，买进时机的组合，有弱势空仓的习惯；股票品种的组合，买进时机的组合，有弱势空仓的习惯；股票品种的组合，买进时机的组合，有弱势空仓的习惯；这三点能有效地降低被套的可能性，同时会让你保持一个良好的心态，良好的心态也是技术能力的重要组成部分。

熊的哥们儿第 10 式
股市大跌后的底部情况

一、股灾 2.0 时的情况总结

1. 下跌情况

2015 年 8 月 18 日~2015 年 8 月 26 日，共 7 个交易日。从 3999 点跌到了 2850 点。区间跌幅 26.7%。

2. 下跌原因

股灾 1.0 后，市场再次下跌也是一种规律，加之，欧美股市短期大跌，证金公司将部分股份转让给汇金公司。这些因素导致市场信心受到影响，加之，场外配资和融资盘的存在，使得市场出现了多杀多的情况。

3. 阶段底部的情况

低位的消息面：在 2015 年 8 月 25 日国家出台了降准降息的消息，对股市形成了利好刺激，使得指数出现了止跌。2015 年 10 月 10 日，《证券期货市场程序化交易管理办法（征求意见稿)》公布并向社会公开征求意见。

见底的指数 K 线表现形式：

降准降息消息出台后，出现了两个阳线的反抽，然后就构筑了一个 20 个交易日的平台，然后各路资金开始了自救行为，出现了三个月的活跃期。一度上攻到 3678 点。创业板指数表现更为优秀，小盘股引领了这波反弹。指数涨幅达到 52%。

当时最著名的妖股就是特立 A，从 2015 年 9 月 8 日的 19 元涨到了 108 元，借助了当时市场上还存在的做多力量，疯狂的拉升，在证监会处罚的情况下继续拉升。涨幅达到 4 倍多。

次新股易尚展示在 2015 年 9 月 2 日见低点，最低点 26.42 之后开始了疯狂的拉升行为，在 2015 年 11 月 26 日达到最高价，达到了 170 元的高价，涨幅达到了 364%。

4. 经验教训总结

大盘经历过一轮大行情后，出现第一次大跌，往往不会见底，经历反弹后还会有再次大跌。大盘反弹时被套的庄股、小盘次新股往往走势较强，反弹过程中前期的抗跌股表现一般，保险重仓股曾经在 11 月出现过板块行情。

二、熔断股灾的情况总结

1. 下跌情况

2016 年 1 月 4 日~2016 年 1 月 27 日，共 18 个交易日，从 3536 点跌到了 2638 点。区间跌幅 22.7%。在短暂企稳后在 2 月 25 日又出现了单日大跌。后来构筑双底，指数企稳。

2. 下跌原因

2016 年 1 月 1 日熔断新规实施，熔断制度形成虹吸效应，导致市场在四个交易日内出现了两次熔断，虽然紧急取消了这个制度，但是使得市场短期人气涣散，形成市场负反馈，股市出现了一波较大的下跌。

在这个过程中每次跌幅过大时，都会动用指标股来减缓跌幅，使得市场单日跌幅不要过大。

3. 阶段底部的情况

消息面：证监会主席换人，2016 年 3 月 12 日证监会新主席刘士余发表讲话，首次露面讲话。后面的指数波澜不惊，但是上证 50 等股票开始缓慢地走出来。国家队开始对市场进行平准操纵，以影响情绪，指数反弹到 3097 点。

见底的指数表现形式：

这波反弹中工商银行在 2016 年 2 月 29 日单针探底，连拉大阳线。中石油和大盘同步见底，靠着指标股，市场初步企稳。2016 年 2 月 25 日的单日大跌后中石油连拉大阳线，使市场形成了双底形态。市场开始了新的反弹 K 线波动。

一些刚上市不久的次新股比较活跃。次新股金科娱乐在 2016 年 1 月 28 日见最低价 16.46 元，然后逐步开始活跃，到 3 月底涨到了 42.5 元，涨幅 150%。

笔者在底部操作过的股票，筹码集中股兰州民百、江泉股份先后大停牌，岷江水电、山推股份出现过较大的大反弹行情。

4. 经验教训总结

从这次底部起，大盘指标股明显开始逆行情波动的平准走势，大盘指标股的走势比以往活跃。在市场没有起行情的情况下，出现一次比较大的下跌，市场就容易形成底部。在低位的时候，有资产注入计划的股票容易停牌。筹码集中股容易出现比较大的自救行情。

三、骂街大跌行情情况总结

1. 下跌情况

2016 年 11 月 29 日~2017 年 1 月 16 日，共 34 个交易日，从 3301 点跌到了 3044 点，跌幅 5.3%，振幅 8.2%。

2. 下跌原因

保险资金大量使用万能险等杠杆资金进行了对万科等股票的举牌，证监会主席对使用杠杆资金进行了批评，大骂妖精害人虫，市场投资心态不稳，使得相关的股票出现了抛压。导致市场出现了一波较大的下跌。中间出现过单日 200 多只股票跌停的情况。由于春节的因素，使得很多人卖股过节，在春节前缓慢企稳。春节过后 ST 股阶段性活跃，国家队持仓股稳定，并在中国石油、中国石化的带领下缓慢上涨走出了上涨行情，见到 3300 点一线。

3. 阶段底部的情况

消息面：春节前后，央行大幅投入资金，增加流动性。在 2017 年 1 月 26 日宣称将有千亿养老金春节前后入市。美联储维持利息不变等消息。

见底的指数表现形式：

之前的下跌在 2017 年 1 月 16 日出现了明显分化，沪市指数在权重的努力下收出了长长的下影线，而深市和中小创指数收复了很少的部分。沪市走势完成了单针探底，初步企稳，并在春节之后市场开始反弹并收复了 30 日均线。各指数都出现了反弹，这波捉妖精的股灾见底。

在这波下跌期间，中石油作为权重一直在维护指数稳定。股价从最低的 7.52 元涨到了 8 元。

工商银行提前见底，在之前的 2016 年 12 月 26 日见最低点，开始缓慢的爬升。建设银行的走势也类似。

2017年2月初上市的张家港行、之前上市的江阴银行等金融次新股表现活跃，张家港行在开板后又从8.6元涨到了35.5元，30个交易日，涨幅达到了2.5倍。

天山股份、青松建化等"一带一路"的新庄家概念股开始表现。天山股份从2017年2月7日起涨，34个交易日涨幅达到了130%，成为这波反弹的明星品种，从7.6元涨到了17.6元。

4. 经验教训总结

国家队大庄家操纵市场的迹象越发明显，K线走势形成波段浪形的斜箱体走势，反技术逆人心的情况成为市场波动规律。

四、这一次股灾（4.0）的总结

1. 下跌情况

2017年4月7日~2017年5月11日，24个交易日，跌了229个点。区间跌幅6.69%，同期创业板创出市场见顶以来的新低。这轮股灾平均股价跌幅惨烈，超过一半的股票跌破熔断底的低点。

2. 下跌原因

雄安新区的千年大计导致场内做多资金被集中消灭，使市场出现了做多的资金真空期，新股发行速度过快，银行缩表，对机构投机资金严厉监管，取消券商通道等多种做空政策一起发力，导致这些防范风险的措施直接制造股市风险。由于指标股的维持，出现虹吸效应，使得指数跌幅不大，但是多数个股十分惨烈。

3. 市场情况

在跌到底部区间时由于二八现象的存在使得很多小盘股依然弱势，投资者心态极差，基本不敢买股票，各个股票群都没人说话。

消息面在韩志国和证监会刘主席吃完饭后，证监会放出了几个态度性的利好，包括减持新规、之后的市场表现也不好只出现了幅度很小的高开和冲高。

形态方面，沪市指数形成了双底的态势，深市形成了三重底态势。

4. 现在市场的感觉

这次股灾，辣椒水、老虎凳的力度已经快差不多了，市场应该有一段时间修养生息，做好进场准备，但应看清楚后再行动，不能行动过早。

估计国家队反技术逆人心的波段高抛低吸的特点不会变，因此市场可能会出现箱体的 K 线走势（也可能是斜箱体）。

由于这次杀得过很，个股机会可能会是局部行情，短线行情。因此在操作上要以资金流向为主，以短线为主。

熊的哥们儿第 11 式
一般人不懂的特殊交易品种

提起股市中投资者可以交易的品种代码，一般人熟悉的都是 6*****、0*****、3*****。其实，还有一些代码，比如 1*****、5*****、4***** 等也是可以交易的，这些一般人不熟悉的交易品种，作为职业投资者也是应该熟悉的，他们常常能提供大家熟悉的股票市场不具备的一些特殊机会。

下面笔者就举例一些特殊的基金品种，供有心人开阔眼界，了解一些盲点知识：

一、特殊的封闭基金

1. 属性介绍

封闭基金的发行规模和期限在发行时已经固定不变，在封闭期内，投资人不得申购或赎回基金份额，投资者要想买卖，可在二级市场进行场内交易，与股票类似。

封闭基金到期后的三种处理：

（1）延长基金合同，继续新的封闭期。

（2）清算，按净值付给份额持有人。

（3）封转开，封闭期结束后转为开放式基金，可以按照净值申购赎回。

2. 获利方式

（1）由于二级市场与净值之间存在价差，越临近封闭期，二级市场价格越有可能向净值靠拢，因此投资者可以在二级市场买入符合自己满意程度的折价封闭基金单位，逢高卖出或赎回。

（2）某些封闭基金，由于持有资产优异，净值可能不断上涨，二级市场价格也可能持续上涨，低位持有人可以获得二级市场的涨幅。

（3）分红，各个封闭基金的分红能力，是投资者选择基金时需要考虑的一个因素，另外，与开放式基金不同，分红不影响份额。

3. 举例

（1）鹏华前海万科 REITs（184801）。

基金概况：REITs（房地产信托投资基金）是房地产证券化的重要手段。

封闭式：封闭期 10 年。

该基金在封闭运作期内，通过增资取得深圳市万科前海公馆建设管理有限公司股权，进而获得 2015 年 1 月 1 日~2023 年 7 月 24 日前海企业公馆项目 100% 的实际或应当取得的除物业管理费收入之外的营业收入，并对目标公司带有业绩补偿条款及激励机制。

基金的投资组合比例为：投资于确定的、单一的目标公司股权的比例不超过基金资产的 50%，投资于固定收益类资产、权益类资产等的比例不低于基金资产的 50%，封闭运作期结束后，本基金转型成为债券型基金。

该基金 2015 年分红为每千元 38.8 元，2016 年分红为每千元 54.3 元。

投资技巧：根据基金运作资产的涨跌情况以及净值的满意度决定买卖或者持有。

（2）嘉实元和（505888）。

基金概况：嘉实元和全称为嘉实元和直投封闭混合型发起式证券投资基金，是嘉实基金公司旗下的产品。

封闭式：存续期为 5 年。

可上市交易：在股票二级市场上能够自由买卖。

规模：总份额总额 100 亿份不变。

发起时间：2014 年 9 月 23 日募集完成、2014 年 9 月 29 日成立，2014 年 9 月 30 日合同生效，2015 年 2 月 13 日完成对中国石化销售有限公司（以下简称"销售公司"）的增资，2015 年 3 月 16 日在交易所挂牌交易。

结束日期：2019 年 9 月 28 日。

投资目的：该基金为主要投资于中国石化销售有限公司股权的封闭式基金，根据《增资协议》，嘉实基金管理有限公司代表嘉实元和直投封闭混合型发起式证券投资基金认购销售公司本次增资 50.00 亿元，持有销售公司股权比例为 1.400%。

投资范围：该基金按照本基金合同的约定对确定的、单一的目标公司增资。该基金对目标公司增资之外的基金资产可以全部投资于依法发行或上市的债券和货币市场工具等固定收益类资产。具体包括：国债、金融债、企业（公司债）、次级债、可转换债券（含分离交易可转债）、央行票据、短期融资券、超短期融资券、中期票据、资产支持证券、债券回购、银行存款等固定收益类资产以及现金，以及法律法规或中国证监会允许基金投资的其他金融工具。

投资策略：基金合同生效后，该基金根据与目标公司所签订增资协议等相关协议约定的程序和时间，一次性向目标公司增资。该基金对目标公司增资之外的基金资产将投资于依法发行或上市的债券和货币市场工具等固定收益类资产。

根据目标公司股东之间的协议，中国石油化工股份有限公司（"中国石化"）将尽合理的最大努力，促使目标公司在本次增资完成后三年内完成上市。自目标公司上市之日起一年内，或者适用法律规定的其他限制出售期之内（以较长者为准）（"限制出售期"），该基金将不转让所持有的目标公司股份。基金管理人将在本基金所持目标公司股票限制出售期届满后三年内逐步卖出所持有的目标公司全部股票。如遇特殊情况（包括但不限于目标公司股票长期停牌、交易量极不活跃等），则该基金可以延长上述卖出目标公司股票的时间。

目标公司上市后，基金管理人卖出目标公司股票的途径包括通过二级市场交易卖出或通过大宗交易平台协议转让。

投资技巧：根据基金运作资产的涨跌情况以及净值的满意度决定买卖或者持有，关键点有二个，第一点，中国石化销售有限公司的上市时间、在哪里上市；第二点，基金折价的满意度。

4. 注意事项

（1）考虑到效率及收益率，需要选择合适的折价率及到期时间。

（2）要注意基金合同条款细节，如到期处理方式、有无救生条款等。

（3）熊市尽量多注意非股票类型的封闭基金。

（4）封闭债基并不是完全没风险，以较高的价格买入，如果未来净值下跌，则可能面临着亏损。

（5）传统封闭基金的净值是以周更新的。

二、LOF基金

1. 属性介绍

LOF基金本质属于开放型基金，既可以通过场外申购赎回，也可以通过场内二级市场对基金份额进行买卖，这样就存在场内交易价格与净值之间的价差，可以进行套利。

2. 获利方式

（1）申购套利（溢价套利）。当二级市场价格高于净值一定幅度时，在证券交易软件中的场内基金一栏选择对该基金进行申购，T+2日后基金份额到账，即可以二级市场价格（卖出日的价格）卖出赚取差价。

（2）赎回套利（折价套利）。当二级市场价格低于净值一定幅度时，在证券交易软件中输入基金代码买入基金份额（与买股票一样），T+1日后可以在软件中的场内基金中选择赎回操作赚取差价（按赎回日价格）。

（3）如果你对该基金阶段看好，也可以阶段持有场内或场外份额，获取涨幅。

3. 特点

（1）提供了双轨价格的套利空间，适合小资金进行套利。国泰商品（160216），该基金2017年处于底部区间时经常折价状态，提供了套利空间。

（2）品种正逐渐丰富，适合不同阶段不同主题的套利。目前有LOF基金数量有几百只，有很多针对不同板块或主题的组合投资品种，如专门进行定增投资的定增基金，组合投资生物、军工、金融等板块类的行业股票基金，主要投资债券的债券型基金，投资于指数权重的指数型基金等，为不同阶段提供了选择，近期LOF基金市场也推出了针对MSCI的股票型基金。

4. 注意事项

（1）有些LOF基金会阶段关闭申购或赎回，套利时需要注意，另外，有些半封闭基金会定期放开申购或赎回，在定期开放前后，有的会带来套利机会。

（2）定期开放的基金，有的开放是有申购赎回比例限制的，需要仔细阅读公告。

（3）买卖套利时，需要注意成交量，很多 LOF 基金成交量特别小，不适合交易，尽量选择成交量靠前的。

（4）进行差价套利时，买卖费用需要计算，申购大约手续费是 2%，赎回大约是 1%，有的品种不一样，取决于基金的申购赎回手续费及交易费用。

（5）有的基金会调整申购或赎回的额度限制，需仔细阅读公告。

（6）进行差价套利时，需要考虑大盘及相关品种背景，因为套利是有时间差的，因此进行差价套利时要考虑套利日的价差还能否盈利，通常，折溢价率在 5~6 个点以上才能相对稳妥，并且大盘背景不能太差。

（7）LOF 基金净值是在每日收盘后更新的，所以在操作的时候场内场外的价格是不同步的，在交易时间内可观察到的净值滞后于交易价格一天，需要对净值进行预估。

三、跨境 LOF 基金

跨境 LOF 基金主要以投资非国内的证券及其他资产为主，为全球化投资提供了选择，申购和赎回等套利模式基本和国内 LOF 基金一样，但跨境 LOF 基金国内提供了 T+0 回转交易，场内交易当天可以实现 T+0。

1. A 股 LOF 基金

2. 大宗商品 LOF 基金

（1）原油基金。主要以投资海外石油天然气相关证券、基金资产等，如华宝油气以投资标普石油上游股票成分股及相关基金为主，南方原油则以投资海外原油基金为主，近一阶段，受海外原油波动影响，各海外原油 LOF 基金均涨幅不小。

（2）黄金基金。160719 嘉实黄金、161116 易基黄金以投资跟踪国际金价的基金为主。

3. 美股 LOF 基金

主要以投资美国境内相关证券、基金资产为主。

例如，纳指 100（159941）主要投资纳斯达克 100 成分股，标普 500（161125）主要投资标普 500 成分股，标普医药（161126）、标普生物

（161127）、标普科技（161128）、美国消费（162415）等，主要投资于名称对应的美国板块的成分股。

海外发行的中概股也有对应的标的，如中国互联（164906）、海外中国（160923）、国投中国（161229）等，主要持有标的以中概股为主。

501300 美元债主要以投资美元债券为主。

4. 港股 LOF 基金

主要以投资中国香港相关证券、基金资产为主。

例如，160125 南方香港、160717 恒生 H 股、164705 添富恒生、160922 恒生中小、161124 香港小盘等都以投资对应香港相关指数的股票、基金为主。

5. 其他外围 LOF 基金

还有一些投资其他海外地区资产的跨境 LOF 基金。

例如，161210 国投新兴以投资全球新兴国家的证券、基金资产为主，165510 信诚四国以投资金砖四国的证券、基金资产为主，513030 德国 30 以投资德国 30 指数成分股为主等。

注意事项：

（1）国内外交易涨跌幅不同，国外涨跌幅无限制，国内为正负 10%。

（2）交易时间不同，由于国家间时差带来的交易时间的差距，会给投资跨境 LOF 基金带来相应的机会和风险。

（3）QFII 额度的限制：跨境 LOF 一旦 QFII 额度用完，申购赎回无法正常进行，套利机制暂时失效。

（4）对海外投资标的基本状况、国际市场的波动情况及国外相关法规不熟悉，会带来投资风险。

（5）在 A 股处于熊市时，也许其他市场与 A 股不同节奏，可以加大注意力。

（6）如果一个人精力有限，可以组织互助组进行分工研究，然后交换信息。

熊的哥们儿第 12 式
可转债实战操作技巧

可转债是可转换公司债券的简称，是一种可以在特定时间、按特定条件转换为普通股票的特殊企业债券。可转换债券兼具债权和期权的特征。

由于股票市场处于去杠杆、新股大扩容、活跃资金减少的背景下，重心下移的时间长度无法确定，因此笔者在 2019 年的股票市场操作原则暂时定为稳健防守性策略，准备把可转债（可交换债）作为主要关注的品种之一。

下面把可转债（可交换债）的实战操作技巧总结如下：

一、可转债的申购

（一）不能申购的可转债

（1）当转股价高于正股市价 8% 以上，市场处于平衡势或者下跌势时不申购。

（2）当转股价高于正股市价 5% 以上，市场处于下跌势时不申购。

（3）当转股价高于正股市价 5% 以上，个股技术形态处于相对高位时不申购。

（4）条款相对恶劣的可转债（如强制赎回条款、利息）不申购。

（二）可以申购的可转债

（1）当正股价不高于转股价 5%，市场处于平衡势或者上涨势时可以申购。

（2）当正股价不高于转股价 8%，市场处于上涨势时可以申购。

（3）当正股价不高于转股价 8%，个股是筹码集中股的可以申购。

（4）人生赌注股发行的可转债（如未来大题材爆破点）可申购。

（三）可以含权认购的可转债

（1）当正股价与转股价接近，正股处于严重超跌状态，且配售比例大时可含权认购。

（2）当正股价与转股价接近，大盘处于上升行情时可含权认购。

二、可转债的买卖

（一）可中线持有的可转债

（1）可转债价格低于面值，正股价不低于转股价10%，正股价下跌趋势不明显或者有上涨可能性。

（2）可转债价格低于面值，正股价不高于转股价10%，大盘处于可能的底部区域，正股是小盘绩优股或者筹码集中股。

（3）转股价最接近正股价，可转债在面值附近，正股的综合面还可以可转债。大资金可以注意这个模式。

（4）正股有人生赌注股潜力，低于面值的可转债。

（二）可高度关注的可转债

（1）正股是局部强势热点，在面值附近的可转债。

（2）注意可转债的T+0属性，在正股强势时做T+0。

（3）可转债没有涨停板，当正股封死涨停，你想买又买不进正股时，可以分析一下转债。

（4）新债发行时，机构大量包销或者机构持仓巨大，又低于面值的可转债。

（三）可转债的套利

（1）进入转股期，转股有利可图的可转债。

（2）当市场处于行情初期，判断有难度时，可以分析有折价的可转债基金B。

（3）有强制赎回可能性的折价可转债，或者年化收益满意的可转债。

（4）转债到期，有大量转债赔钱转成股票，该股票可能会成为隐性机构重仓被套股。

熊的哥们儿第13式
中金所期货品种简介

如果说金融业是一国国民经济体系的皇冠，那么金融衍生品就是这只皇冠上一颗璀璨的明珠。2010 年 4 月 16 日，中金所已正式推出沪深 300 股指期货合约，IF1005、IF1006、IF1009、IF1012 合约的挂牌基准价格为 3399 点。2015 年，中金所正式推出了 10 年期国债期货和上证 50、中证 500 股指期货。

这些金融期货品种是职业投机者必须熟悉的，也应该是职业投机者在熊市中的重点关注品种，下面对中金所的期货交易品种做个简介。

一、沪深 300 指数期货

沪深 300 指数是根据流动性和市值规模从沪深两市中选取 300 只 A 股股票作为成份股，其样本空间为剔除如下股票后的 A 股股票：上市时间不足一个季度的股票（大市值股票可以有例外）、暂停上市股票、经营状况异常或最近财务出现严重亏损的股票、市场价格波动异常明显受操纵的股票、其他经专家委员会认为应剔除的股票。沪深 300 指数样本覆盖了沪深市场六成左右的市值，具有良好的市场代表性。

沪深 300 股指货是以沪深 300 指数作为标的物的期货品种。

1. 交易时间

沪深 300 指数期货的交易时间为上午 9：15~11：30，下午 13：00~15：15，当月合约最后交易日交易时间为上午 9：15~11：30，下午为 13：00~15：00，与现货市场保持一致。

2. 交割方式和最后结算价格

沪深 300 指数期货采用现金交割，交割结算价采用到期日最后两小时所有指数点位算术平均价。在特殊情况下，交易所还有权调整计算方法，以更加有效地防范市场操纵风险。

3. 最低交易保证金

正常情况下保证金比例为 8%，特殊时候交易所会临时调整。

4. 涨跌幅限制

±10%。

5. 合约乘数

每点 300 元。

6. 波动点数

0.2 点。

7. 合约月份

当月、下月及随后两个季月。

8. 交易制度

日内交易双向 T+0 交易制度（可买涨买跌，当日建仓即可平仓）。

9. 最后交易日

合约到期月份的第三个周五，遇国家法定假日顺延。

10. 交易代码

IF。

二、上证 50 指数期货

上证 50 指数是根据科学客观的方法，挑选上海证券市场规模大、流动性好的最具代表性的 50 只股票组成样本股，以便综合反映上海证券市场最具市场影响力的一批龙头企业的整体状况。上证 50 指数自 2004 年 1 月 2 日起正式发布。其目标是建立一个成交活跃、规模较大、主要作为衍生金融工具基础的投资指数。

上证 50 指数期货是以上证 50 指数作为标的物的期货品种。

1. 交易代码

IH。

2. 其他要素

同沪深 300 指数期货。

三、中证 500 指数期货

中证 500 指数是根据科学客观的方法，挑选沪深证券市场内具有代表性的中小市值公司组成样本股，以便综合反映沪深证券市场内中小市值公司的整体状况。其样本空间内股票扣除沪深 300 指数样本股及最近一年日均总市值排名前 300 名的股票，剩余股票按照最近一年（新股为上市以来）的日均成交金额由高到低排名，剔除排名后 20% 的股票，然后将剩余股票按照日均总市值由高到低进行排名，选取排名在前 500 名的股票作为中证 500 指数样本股。

中证 500 指数期货是以中证 500 指数作为标的物的期货品种。

1. 交易代码

IC。

2. 合约乘数

每点 200 元。

3. 其他要素

同沪深 300 指数期货。

四、5 年期国债期货

1. 合约标的

面值为 100 万元人民币、票面利率为 3% 的名义中期国债。

2. 可交割国债

合约到期月份首日剩余期限为 4~5.25 年的记账式附息国债。

3. 报价方式

百元净价报价。

4. 最小变动价位

0.005 元。

5. 合约月份

最近的三个季月（3 月、6 月、9 月、12 月中的最近三个月循环)。

6. 交易时间

09：15~11：30，13：00~15：15。

7. 最后交易日交易时间

09：15~11：30。

8. 每日价格最大波动限制。

上一交易日结算价的 ±1.2%。

9. 最低交易保证金

合约价值的 1%。

10. 最后交易日

合约到期月份的第二个星期五。

11. 最后交割日

最后交易日后的第三个交易日。

12. 交割方式

实物交割。

13. 交易代码

TF。

五、10 年期国债期货

1. 合约标的

面值为 100 万元人民币、票面利率为 3%的名义长期国债。

2. 可交割国债

合约到期月份首日剩余期限为 6.5~10.25 年的记账式附息国债。

3. 报价方式

百元净价报价。

4. 最小变动价位

0.005 元。

5. 合约月份

最近的三个季月（3 月、6 月、9 月、12 月中的最近三个月循环）。

6. 交易时间

09：15~11：30，13：00~15：15。

7. 最后交易日交易时间

09：15~11：30。

8. 每日价格最大波动限制。

上一交易日结算价的±2%。

9. 最低交易保证金

合约价值的 2%。

10. 最后交易日

合约到期月份的第二个星期五。

11. 最后交割日

最后交易日后的第三个交易日。

12. 交割方式

实物交割。

13. 交易代码

T。

特别说明，一定要弄清国债期货的原理后才能进行交易。

【智慧照亮人生】

（1）每次熊市反弹，熊都要吃掉几个武松。

（2）最足以显示一个人的性格的，莫过于他所嘲笑的是什么东西了。

（3）在熊市中，幸福的人都是没有持股，郁闷的人持有的股各有不同。

（4）世界上有两根杠杆可以驱使人们行动，利益和恐惧。

（5）空仓是熊市中最高技巧，最精彩的战斗。

（6）只有经历过地狱磨难的人才有建造天堂的力量。

（7）人们太脆弱了才撒谎，甚至是对自己撒谎，有些高手真可怜。

（8）你要在一个环境生存，一定要学会明的或者暗的规则。

（9）股市里所谓的正确，不是精彩绝伦，只是不后悔。

（10）问世间情（股）为何物啊，直叫人稀里糊涂。

第四部分

平衡与震荡

关键语:

　　平衡势是展现短线能力的时刻。

平衡与震荡 1
捕捉次新大妖股的内功心法

　　在大扩容时代,次新股是渊源不断的股票资源。由于次新股具有流通市值低,流通筹码分散(不容易出现机构大户的集中抛压且收集速度快),股性活跃形象好,因而受到了游资机构的格外偏爱,使得次新股的活跃性明显要高于老股,次新股出现大妖股的概率也明显高于老股,每年涨幅最大的一类股中次新股占据的比重也比较高,研究次新股的波动规律是职业操盘手不得不考虑的事情。下面笔者就把观察统计到的次新股波动规律、大涨幅次新股的波动情况总结如下:

一、牛市后期容易出现次新牛股

　　1. 以往情况统计

　　在牛市的后期,人们的投机疯狂性被激发,一些小市值的次新股在被机构快速收集后,容易出现短线一口气连续急涨的情况。

　　例如,继峰股份603997、歌力思603808、东方电缆603505、再升科技603601在上市初期——2015年4月、5月都出现了惊人的波段暴涨。

2. 技巧总结

在牛市后期，一旦新上市的次新股开板经过短线调整后冲击涨停，可以少量冒险追击第一个板。

二、年报分配最容易高送转

1. 以往情况统计

次新股普遍净资产比较高、资本公积金比较高，在公布上市后的第一次年报时，更为喜欢公布高送转方案。中小板、创业板中有大量次新股，中小板、创业板的上市公司年度报告预约披露时间在 3~4 月的公司，应在 2 月底之前披露年度业绩快报。许多次新股会在业绩快报之前就提前预告高送转预案。

2. 技巧总结

在每年年底、每年年初，在大盘背景安全的情况下，在没有其他明显热点争夺资金的情况下，可以根据技术分析注意有高送转潜力的次新股，但是同时要防止伴有大小非减持的高送转方案。

三、当大盘遭受暴跌打击后容易报复上涨

1. 以往情况统计

每当大盘遭受一轮短线波段暴跌后，次新股中的强势股上涨力度比较强劲。

例如，赛摩电气 300466 在 2015 年 7 月第一次股灾后随着大盘反弹连续涨停。

例如，继峰股份 603997、再升科技 603601 在 2015 年第二次股灾后，上涨猛烈凌厉，操作得当短线利润丰厚。

例如，万兴科技 300624 在 2018 年 3 月初，大盘大跌后，出现连续暴拉涨势。

例如，东方嘉盛 002889 在 2018 年 4 月底、5 月底的大盘短线大跌止跌后，爆发了短线急涨的走势。惠威科技 002888 在 2018 年 3 月底、智能自控 002877 在 2018 年 2 月中旬、王子新材 002735 在 2016 年 3 月底有类似情况。

2. 技巧总结

当大盘出现波段急跌（股灾）后，可以把次新强势股当作选股做短线的组合之一。

四、当市场出现强势热点时次新概念强

1. 以往情况统计

当市场出现一个强势概念热点板块后，该概念热点中的次新股容易表现突出。

例如，贵州燃气 600903 在 2017 年 12 月出现的燃气涨价板块行情中，涨幅惊人。盘龙药业 002864 在 2018 年 3 月的医药热点板块行情中，华峰股份 002806 在 2018 年 4 月的科技股热点板块行情中，涨幅巨大。

2. 技巧总结

当市场出现一个强势概念热点板块后，优先考虑该概念板块中的次新股。平常没事的时候，要尽快地熟悉次新股的基本面情况，免得需要应用时不了解情况。

五、基本面突出的次新股容易成为黑马

1. 以往情况统计

当一个基本面突出的次新股出现后，开板后且调整充分，再度走强时容易引起基金机构配置，因而出现比较大的涨幅。

例如，华大基因 300676 是一个基本面突出的个股，它在 2017 年 8 月上市开板后不久，就走出翻倍行情。暴风科技 300431 在 2015 年 5 月上市开板后，建科院 300675 在 2017 年 8 月上市开板后，也有类似情况。

2. 技巧总结

对于基本面突出，将会受到基金配置的次新股，上市后应该放入自选股追踪，一旦走强，可以少量地赌一把。

六、独立走势的次新股

1. 以往情况统计

有的次新股没有明显板块的带动，也能独立地走出大涨行情。

例如，华森制药 002907、蓝科软件 300663 在 2018 年初、宏川智慧 002930 在 2018 年 5 月都涨势如虹。

2. 技巧总结

在大盘出现温和行情时，有时次新股不是主流热点，但是这时如果出现走势强劲的次新股，容易成黑马。

在大盘温和时，无明显板块热点，次新股明显占据涨幅榜多个位置，对于连续放巨量上涨且最初 K 线有实体的次新股，可以加大注意。

对于流通市值最小，且基本面尚可的股票，一旦活跃，需要放进自选股，熟悉其波动规律。

七、其他注意点

（1）次新股是有周期的，当大小非解禁后，流通市值小的优势逐渐消失，需要警惕。

（2）价格过高，基本面一般的次新股，游资的兴趣不大。

（3）流通市值过大，基本面不独特或者不突出的次新股股性比较呆滞。

（4）连板数量比较少的次新股，游资通常也不太感兴趣。

（5）暴涨过后的次新股一旦见顶，下跌时间比较长、幅度比较大，不适合做长线。

（6）有些市盈率比较高的热门小盘次新股，容易引起管理层的电话干预，对于干预期的品种暂时不要介入。

（7）次新股玩法属于一项难度系数比较大的技术，必须模拟熟练后才能投入实战，如果技术不熟练一旦实战失误，短线亏损也常常比较大。

（8）次新股战法比较适合炒股比赛激进争名次，比较适合小资金、局部资金，不适合大资金操作（进出不灵便），也不能因为偏爱这个战法而变成永动机。

（9）你还有什么经验教训，请提供。

平衡与震荡 2
弱平衡市年度的行情总结

总结分析历史是最佳的提高阅历和系统思维的手段。

A股震荡市的年份比较多，很多年份一年下来，指数的波动并不大。例如，2010年、2011年、2012年、2013年、2016年、2017年这几年都是比较典型的平衡市行情，但是每年的内容也不太一样，需要我们来逐一分析，提高我们的股市阅历，也有助于我们以后提高股市投资胜率。

一、2010 年

最高点3306点，最低点2319点，收盘2808点，全年跌幅14.3%。

2010年承接2009年的一波小牛市。

全年主要的特点为暴涨暴跌，主要的下跌为4月19日大跌引发的一轮下跌，这轮暴跌从3130点跌到2319点，跌幅25%，时间为两个半月。11月11日开始引发的一轮大跌以及10月8日开始的一轮暴涨的中级行情。其余时间的波动幅度不大。

总结发现第一轮下跌的主要诱因为：股指期货上市（分流资金，这是弱势中最长见的暴跌诱因），地产调控，国务院加码遏制高房价：三套房可停贷。严防信贷资金入股市银行全面停止循环贷。高盛涉嫌金融欺诈被起诉，美股大跌道指单日大跌1.13%。高盛欺诈门重创欧美股市大宗商品应声大跌。

10月中级行情的启动有些突然，在国庆节前最后一个交易日，很多股票表现不错，在节后第一个交易日，煤炭板块很多股票都冲上了涨停板，最后在煤炭有色的带领下不回调地走出了一波单边上涨的行情，持续到了11月11日。单边涨幅20%。阳泉煤业、兖州煤业等很多煤炭股翻番。指数达到了3186点的高点（常见的中级行情特点）。

在11月11日冲高后就是连续三天内两根大阴线的持续下跌，一天跌了5.16%，一天跌了3.98%，之后又跌了1.92%，之后就是长时间的弱势震荡整理，一轮中级行情快速结束，一轮小型股灾也迅速完成主要跌幅。没有想到的是3186点成为之后几年无法逾越的高点，只到2014~2015年的大牛市才越过了这个点位。

总结全年来看，行情呈现了快速波动的特点，涨跌都比较呈现趋势性，顺势而为的避险，买入效果相对较好。如果行动较慢，获利还是有一定难度。

这年的主要操作机会有两个：

（1）股指期货上市后的做空。

（2）10月中级行情中煤炭股和一些大盘股（小盘股出现了虹吸效应）。

二、2011年

最高点3067点，最低点2134点，收盘点位2199点，全年跌幅21.68%。

2011年初至2011年4月19日之前呈现震荡格局，之后表现为三波下跌。每次下跌前后的反弹幅度都不大。重庆啤酒、双汇发展、华兰生物、紫鑫药业等不断踩雷也让基金很受伤。这种情况一直持续到年底。

Wind统计显示，2011年纳入统计的2320只A股中，仅有193只涨幅为正值，占比8.3%。沪深300指数2011年全年下跌25.01%，以此为标的，共1555只个股跑输大盘，比例高达67.03%。

有媒体估算，个人投资者人均亏4万多。由此可见，市况不好的时候，多数人与市场的表现是一致的。

但也不是全年无亮点，文化股集体井喷。涉矿概念的相关股票也有不错的表现。全年涨幅为正的个股分别为贵州茅台涨16.88%、奥飞动漫涨16.04%、老凤祥涨14.63%、张裕A涨14.10%、伊利股份涨6.77%、中青旅涨6.50%、罗莱家纺涨4.88%。

全年涨幅最大的新华联318%、华夏幸福318%、国海证券205%均为借壳上市的标的。

全年的主要消息有：

证监会换届，零容忍打击股市违法行为。

国际版推出传闻及IPO的融资使得市场资金供求关系紧张。

由于通胀形势陡然上升，决策层迅速加码货币紧缩政策。

创业板退市方案征求意见打击投资人信心。

这年的主要操作机会：

（1）股指期货逢高做空。

（2）绩优消费防守股（酒类股）的偶尔短线机会。

三、2012 年行情

最高价 2478 点，最低点 1949 点，收盘价 2269 点，全年涨幅 3.17%。

2012 年的行情在年初从 2212 点涨到了 2478 点，在 3 月 14 日单日大跌，在之后做了一个双头，从 5 月初开始单边阴跌，基本贯穿了整个下半年，虽然出现过 9 月 7 日单日大涨的行情，但是直到 12 月初的 1949 点，行情才止跌，结束了这轮下跌行情。总共跌了 7 个月，下跌幅度 18.57%。银行股大幅回落，最低跌到了 5 倍的市盈率，大面积破净。

在触摸 1949 点后，在 12 月 5 日，中央经济工作会议的召开的预期刺激下，银行股和地产股大幅上涨，拉出了大阳线，开启了年底的一个反弹。年底最后收于 2269 点。

2012 年 12 月 4 日创业板创出了历史最低点 585.44 点。

综观全年行情，欧债危机，国内房地产调控未放松。国内经济增速放缓，全年基本没有太好的投资机会。这种情况一直到年末才有缓解，有见复苏的迹象。随着 11 月 IPO 的暂停，12 月 8 日中央经济工作会议的召开，一些政策也见明朗，数据也回暖，市场终于走出了阴霾。

走弱的原因主要有以下几点：

（1）股市的持续扩容让投资者对市场信心缺乏。

（2）大小非的解禁使得市场的供求关系有失衡趋势。

（3）国际板的压力导致市场用脚投票。

（4）欧债危机，国内房地产调控未放松。国内经济不见好转。

当年的牛股有：ST 泰复，重组成功。山东鲁地借壳上市，变身地矿股。

华夏幸福产业新城模式。创造了园区开发运营与城镇开发建设相互促进的"产业新城模式"，基金、险资热捧。

珠江实业，整体上市预期。年度地产黑马，股价创历史新高。

走强的个股基本因为三种原因：重组预期、行业景气与政策利好。

这年的主要操作机会：

（1）12 月的银行股机会。

（2）机构的资产重组盈利模式形成。

（3）股指期货的逢高做空。

四、2013 年

最高点 2444 点，最低点 1849 点，全年收盘点位 2115 点，全年跌幅 6.75%。

受 2012 年末行情走好及年初资金面较为宽松的影响，市场走出了跨年度的行情，从年前的 1949 点一路冲高到 2444 点。随着各地收紧公积金的政策地产板块的回落结束了这波没有回调的中级行情，将行情由单边上涨转为震荡。跨年涨幅达到了 23%。创业板则从跨年的 585 点一口气涨到 10 月的 1423 点，翻倍有余。中小板指数也表现不错。

2013 年最大的一波下跌发生在 6 月，进入 6 月就开始下跌，在 6 月 24 日暴跌后 25 日继续大幅度杀跌。使得指数从 2334 点一路下跌到 1849 点。短线下跌幅度 20%。主要的下跌原因是之前的机构杠杆率较重，但是在 6 月商业银行和央行的博弈中一直寄希望央行放水，但是央行迟迟不放水，在当时的一系列会议上也不断重申货币稳健政策，加之 6 月 20 日美联储主席伯南克的讲话也在强调这一点，导致机构最后被动出清仓位，使得指数大跌。最后在 6 月 25 日、26 日央行的一系列活动中市场终于稳定，结束这波快速惨烈的股灾。

这波股灾之后指数很快反弹，虽然之后有多次反复，但是很少在跌破 2000 点，且全年牛股较多，主要集中在创业板。像掌趣科技全年涨幅 414%，奋达科技全年涨幅 450%，网宿科技全年涨幅 500%，市场上形成了偏爱中小市值股票的风格，并形成了较好的赚钱效应，为接下来的一年出现大牛市营造了较好的底部氛围。

这年的主要操作机会：

（1）创业板先期走出缓慢的牛市。

（2）主板逢高做空。

（3）债券分级基金。

五、2016 年

最高点 3538 点，最低点 2638 点，全年收盘点位 3103 点，全年跌幅 12.3%。

2016 年是比较特殊的一年，这年之前，指数一直是窄幅震荡的态势，在新年第一个交易日是熔断制度实施的第一天，结果遭遇了投资者的用脚投票，4 天内指数两个熔断，使得第一个交易日的开盘价成为全年的最高点位。4 天时间里，上证指数下跌 11.7%，深证成指下跌 15.0%，创业板指数下跌 16.9%，整个市场千股跌停，哀鸿遍野，满目疮痍。交易所不得不紧急取消了这个制度。将市场的情绪全部打成悲观，使得指数在开年就遭遇了惨烈的下跌，一直跌到 2638 点，指数在权重股的带动下才勉强企稳止跌。

由于熔断制度导致的市场信心缺失，市场在企稳出现小幅反弹后，一直维持窄幅震荡的走势，中小板和创业板走势全年都一直维持窄幅的弱势整理的格局。而一些蓝筹股体现了稳定市场的作用，金融、消费、蓝筹多次活跃，市场逐步稳定在 3000 点一线。在市场稳定的情况下，次新股、妖股横行成为当年的一大特点。四川双马的股权转让题材让股价一年内涨幅达到 645%，鼎泰新材被顺丰快递借壳也使得股价涨幅达到了 480%。而且这两个都带动了一批相同概念的股票上涨，使得市场做多信心高涨。

在此情况下，蓝筹股在下半年有一波不错的表现，尤其进入最后两个月，险资举牌的活跃使得赚钱效应扩散。11 月 29 日，上证指数在蓝筹股的带领下盘中冲击 3300 点，最高达到 3301 点，较今年低点涨幅高达 25%。

但从 12 月开始市场资金利率不断上升，加之证监会主席称某些机构害人精的讲话，股市、期市开始下跌，12 月 15 日，美国加息靴子刚刚落地，国债期货 5 年期、10 年期双双跌停，这是上市以来第一次，同时股市、汇市、商品期货市场均遭遇连续杀跌。最后全年收于 3103 点，将之前的涨幅消耗掉不少。

但是看着指数慢慢涨，股民们普遍却不赚钱，更有人戏称"3000 点建仓，却在 3300 点套牢"。赚钱难成为今年结构性慢牛行情中的一大特点。

这年的主要操作机会：

（1）11 月的险资行情。

（2）股指期货逢高做空（但是加绑了，如降低杠杆加大成本，限制仓位）。

六、2017 年

最高点 3450 点，最低点 3016 点，收盘点位 3307 点，全年涨幅 6.56%。

年初受益于预期消息影响的混改概念、"一带一路"的股票表现活跃，指数出现了一定幅度的上涨，受美国加息消息的影响，个股活跃度较为一般，但是受资金关照的指标股、蓝筹股等表现不错。2017 年 4 月 5 日雄安新区的消息使得一个概念横空出世，但是这个板块由于定位较高，使得市场的其余板块出现了很强的抽血效应，其余股票跌幅较大。加上朝鲜核试验消息的刺激使得指数在 4 月出现了一波较大幅度的调整，但这个过程中，指标股一直表现较好，使得指数跌幅有限，指数也只跌了 10%，可是很多股票已经腰斩。在 5 月底浦发银行涨停，带领相关板块走强，指数在银行、保险、煤炭股的带领下逐步盘升，6 月加入 MSCI 消息的刺激相关受益品种继续拉升，下半年受益于供给侧改革的各种受益或涨价品种出现了操作机会。但是全年来看还是金融股、房地产、保险、煤炭、钢铁等权重股表现较好，在 11 月行情呈现为一九走势。但是指数一直呈现为上升通道的走势。11 月下旬，随着美国加息预期消息的放出，加之可转债等融资渠道的品种加速推行，指数在 12 月出现了一波回落，最后收于 3307 点。

引用一个文章的统计：截至 2017 年 12 月 15 日，3030 家 2017 年之前上市的公司中，涨幅超 5% 的公司家数占比略超 1/5，跌幅超 5% 的公司家数占比超七成，腰斩的公司高达 123 家，是涨幅翻倍公司家数的 3 倍。2017 年指数呈现温和上涨局面，市场结构则出现剧烈变化。

总体来看，全年市场强烈倾向于绩优、大盘蓝筹股。市场逐渐抛弃题材股和亏损股，重视绩优股的价值投资。代表蓝筹股的上证 50 指数上涨 25%，中证 100 指数上涨 30%，创业板指数下跌了 11%。中小市值的股票主要是刚上市的次新股活跃。寒锐钴业作为新上市的新股，赶上了钴价的上扬，全年涨幅最高涨幅 1273%。新上市的概念独特的华大基因全年涨幅 974%。受益于 2025 计划的芯片次新股江丰电子涨幅达到了 970%。大多数原有股民的持仓表现并不理想，使得市场"漂亮 50"和"悲惨 3000"的情况近乎贯穿全年。

通过以上几轮行情的分析来看，市场平衡市的时间较多，但是也并不平静。除去维稳年份外，平衡市也多大幅度波动。

利空的原因大概几方面：

（1）IPO、定向增发、国际板、大小非解禁等再融资消息影响。

（2）国内货币政策趋紧、经济下滑预期、国内外加息等消息政策的影响。

（3）大环境影响的上市企业的基本面下滑导致的股市继续下滑。

利好的情况也有几个方面：政策方面的消息，降息、降准，IPO暂停，对股市的窗口指导等。

这年的主要操作机会：

（1）由于国家队的存在，各个指数的权重成分股。

（2）逢高做空小盘股的股指期货。

（3）雄安概念股（有虹吸现象）。

（4）"一带一路"概念股（小机会）。

七、弱平衡市总结

（1）仓位控制，不要在不确定的时候仓位太重，免得出现意外。

（2）在出利好时，如果行情之前弱势要注意控制入场节奏。像IPO暂停等消息对大盘的直接利好也没有直接止跌，也需要时间去让市场领会利好，小利好直接高开低走甚至大阴。

（3）在中级行情确认启动的时候要对热点提高敏感性。很多中级行情抓不到热点赚不到钱。

（4）注意逢高做空股指期货。

（5）注意发现主力机构的新盈利模式。

平衡与震荡3
花荣股海投机技术精缩

一、花狐狸炒股法

（1）花狐狸炒股法＝六分心态＋三分技术＋一分运气。

（2）六分好心态＝客观统计＋大数原则＋中庸组合＋可接受结果＋清零重来＋复利是第八大奇迹。

（3）三分技术＝仓位控制技术＋博弈操作技术＋资源获利技术。

（4）一分运气＝好人自有好报＋人自助天必助＋综合资源＋没有主观意愿。

（5）盈利模式＝强势模式＋平衡势模式＋弱势模式＋题材爆破点模式＋无风险套利模式＋人生赌注股模式＋阶段规律博弈模式。

二、大势判断系统

大势判断系统＝大盘成交量＋指数均线趋势＋市场平均市盈率＋政策导向＋修正指标。

修正指标＝心理线＋涨跌板数＋确定性＋MACD。

三、万能测股法

花式万能选测股法＝大盘＋题材热点＋主力＋均线趋势＋MACD＋K线逻辑＋心理障碍。

四、股市判断逻辑

股市判断逻辑＝超越＋连续＋反击＋逆反＋规律＋过度＋混沌＋目的 or 结果。

五、人生智慧

人生智慧＝见多识广＋比较出高下＋适者生存（自我角度）＋专业技能＋

王阳明哲学（精神）+社会资源+总结提高。

六、经典选股法

强势选股法=多头单边贴近均线趋势+大量能+热点倾向+MACD红柱区+日K线可追高（热点板块）+中短组合重仓。

均衡势选股法=量比排行靠前+初步多头+MACD金叉附近+半日K线可追高（热点板块）+短小组合。

弱势选股法=不做不算错+中线超跌+短线超跌+超短线堆买盘+轻仓一个股。

爆破点选股法（股海日历）=社会大题材+报表期间规律+股东大会、大小非定增解禁、公告、小停牌日前后的股价波动规律+ST戴帽摘帽保壳期的股价波动规律+承诺爆破点及其注入资产研究+要约收购、回购、增持事件的规律统计+商品期货关联品种的滞后联动性，主要产品涨跌价周期的滞后性+再融资股权登记日前后的股价波动规律+主要流通股东的操盘习惯及处境研究。

七、必用工具

必用工具=逆回购判断法+大盘与买卖力道对比逻辑+个股与大盘对比逻辑+突然异动股要学会利用百度+强势时的短线精灵窗口+平衡势时的买卖比选股法+强势时大盘跳水时涨速排名+主力规律。

八、大资金操作技术

（1）模仿技术=股票市场模仿+周边市场模仿。

（2）板块效应=题材热点板块效应。

（3）正反馈技术=规律正反馈+公开信息正反馈+……

（4）点火技术=底仓+市场短线习惯+短线量能。

（5）关联技术=无风险品种（杠杆品种）+关联品种强势+股权登记日。

（6）双轨价格技术=大宗交易+特殊定价增发+其他制度双轨+……

九、新机会实务

新机会实务＝无风险机会（无风险品种＋杠杆＋主动性投资）＋低投入高收益机会（人生赌注股）＋股市投资者与国家队的博弈（意外大跌＋阶段量能）＋……

平衡与震荡 4
炒股哪些重要习惯必须养成

在 A 股中投资，炒股技术中的心态习惯占比达到六分，可见其重要性。但是，绝大多数投资者并没有意识到这点，这无疑会成为技术提高的瓶颈，所以在此想来谈谈这个问题。

1. 保持中性心态的意义

（1）股票投机/投资可能陪伴你的一生，应将其当作一件提高生活幸福感的事。如果你的心情时刻受到账户里资金变动的影响，那么这将是一件痛苦的事情，轻则影响睡眠，重则影响身体健康、家庭和睦。物质生活或者精神生活都需要快乐的投资。

（2）有压力的交易只会让交易产生诸多情绪交易，对决策生产不利影响，最终受到严重的损失或者影响收益。情绪化交易容易让交易者卖在中短期最低点，追在最高点，出现愚蠢性操作。

（3）让你的好心态成为竞争优势，以这个优势战胜市场，适应股市的波动规律。

2. 如何保持中性的心态

（1）交易的时候忘记钱，以闲余资金投资。用一笔不该用来投资的钱来生财时，心理上已处于下风，故此在决策时也难以保持客观，冷静的态度。融资融卷不是不可做，而是尽量地用作超短线和无风险套利模式上。

（2）需要了解自己的性格，对自己有正确的认知，刻意地去克制自身性格上弱点。正视自己的错误，不去怨天尤人。通过总结，改正错误不仅能提高炒股水平，并且可以中和自己的心情。股市中，绝大多数人都存在的情况是，在高位危险时情绪状态好，在低位孕育大机会时情绪败坏。

（3）扬长避短，放弃一些事后看来是很好的机会，主要把精力与资金投入到自己能够把握的及可操作性强的明显机会上来。主观地利用潜意识调和自己心态，虽错失了部分收益，但避免了相对的风险。逻辑不硬的随机性交易必须放弃。

（4）忘记过去的价位，不少投资者因为受到过去价位的影响，造成投资判断有误。如果已经出现了失误，在合适的时机把这个失误了结，重新再战，容易更早地使得心态回复正常状态。

（5）不胡思乱想，股市中的人最大特点就是想象力丰富，面对现实。完美主义者的下场就是失败，如果局部的失败能换取整盘的胜利，为何不可？要整体历史地研究看待大盘的 K 线系统，不能被局部气氛渲染。

3. 哪些好的习惯要保持

（1）建立风控系统：设立止损位，利用均线系统并设立纪律，阶段性的撤退是为了最后的胜利。应有概率思维来分配仓位，稳定的小收益在长期复利的作用下才能取得大收益（但前提是永远不能让本金沉下去）。

（2）有知者无畏：恐惧和贪婪是股市投机大忌，主观地去逆人心（大涨时去悲观地思考风险，大跌时去乐观地思考机会），勿因眼前价格涨落影响而轻易改变决定，基于当日价位的变化以及市场情绪面而临时做出决定是十分危险的。

（3）做出适当的暂停买卖：当你感觉你的市值已经很难增长，或者开始亏损的时候，不妨去休息一下。短暂的休息清零能令你重新认识市场，帮助你看清未来投资的方向，避免亏损。

（4）遇到机会，不孤注一掷，要选时分批投入，手中有现金是非常好的保持心态的方法。在时间要选时，在仓位上，要分为强势爆破点短线、无风险品种、赌注股三个组合，在赌注股上操作一定要控制好仓位分批。

（5）在指数处于低位时，如暴跌后，低位放量时，低位出利好时，优先考虑超跌的庄股，低价的具有赌注性的个股；而在指数处于高位时，指数不明朗时，有利空影响市场时，优先考虑绩优蓝筹股。

平衡与震荡 5
投资思维要清晰化

决定人行为的因素是习惯而不是知识，但是知识是形成人正确习惯的前提，而散片模糊的知识难以形成强化的记忆，并进而固化成人的本能，只有那些系统化、清晰化、条理化、简洁化、数据化的知识更容易被人强化成习惯。

荣律师是微博上的一位股友，他参加了中航证券—新浪微博的实盘炒股比赛，成绩不错（写作此文时，他暂时是第 4 名），他写了一篇炒股方法的文章与笔者讨论，下面笔者用与他讨论的内容来说明投资思维的清晰化这个问题。

一、荣律师的选股原创

选股方法归纳总结——花家军荣律师（2018 年 6 月 2 日）

《快速有效短线选股法》：

通过涨幅榜明确当前市场热点及活跃的股票。

通过成交量排行榜、换手率排行榜、量比排行榜、成交金额榜观察哪种排名下的股票强势（主要看涨跌情况及涨跌幅及平均状况），从强势排行榜的第一、二版面中翻看并发现均线非空头排列且股票 K 线图形及其近期量能符合以下标准的：

（一）K 线方面

（1）K 线强势且连续的，但位置不能太高。图形是经典技术图形的股票要多加注意其后的股价运行情况判断图形是否可靠。

（2）K 线运行有规律的（K 线强势后回调，再度强势，也是规律，俗称龙回头或第二波？）且位置已处于规律的底位或支撑位。

（二）量能方面

（1）量能相对较大或适当放大，前一阶段有过放量行为短线的可靠性更强。

（2）对应 K 线运行规律处于规律低位的，量能应适当缩小，但缩得过小并不很好，因为股价活力就被破坏了，就像打球，中间休息冷了身，再打的时候状态就没那么好了。

找出符合上述要求的股票后，看其概念题材是否符合当前市场热点，或者其题材是否有近期爆发的潜力，或者其题材是否是独特的。再判断题材力度的大小，如涨价题材，应以持续性、对业绩变化影响力度为主要判断依据，持续性强、业绩变化巨大的应注意其股价变化趋势，股价强势发展的，可操作性就强，尤其那些基本面发生质变的股票，股价可能会持续强势表现，这类股票的买卖时机，应多加注意其技术面的变化，技术面给出的买卖时机往往是比较可靠的。

选出的股票，再考虑一下市值大小、主力情况（十大流通股东中是否有近期活跃机构及其操作手法和习惯要进行总结分析；龙虎榜情况及上榜资金席位的一贯表现特点），在排除存在明显利空后，确定可以进行操作的个股，最后根据 15 分钟 K 线图、KDJ、MACD 等辅助指标进行实战交易操作。对于存在潜在利空的个股，套利一定要果断，确保投机果实。

选跟踪潜力股需考虑的方面：

（1）看是否有过定增，是否已经解禁，是否被套及被套程度，被套的持股人是谁，能力如何，可能存在的股价爆破点，该股的题材也要牢记，并尽量发现其潜在的隐蔽的题材，一旦出现利好的消息，股价可能会短线表现（例如：康力电梯）。

（2）是否有过大股东股权转让，实际控制人变更，转让价是多少，占总股本的比例多少，被套程度，新大股东、实控人是什么背景，尽量发现其入主该上市公司的目的和动机，以及其及其入主之后上市公司的动态，其后续资源能力大小判断，上市公司是否具有退市的可能性。注意上市公司市值的变化，股价高低，对于市值和股价已经非常低的上市公司，如果股价发生异动，综合上面各项判断是否可以少量买入参与停牌重组，考虑市值和股价，一方面是考虑上涨空间的大小，另一个非常重要的方面是考虑如果重组失败，复牌后股价下跌空间的大小，毕竟，熊市多发生坏事情。（例如：国电南瑞、三泰控股，两个重组都是在熊市中，一个是市值太大虽然成功但涨幅有限，一个是市值偏大失败后大幅下跌。）

（3）是否有增持承诺，增持力度大小，增持时间范围及剩余的增持时间范围。需要注意的是，增持力度大，增持时间不足的，增持承诺很可能会发生变化。因为继续实施的话，存在这样的现实问题：增持行为很容易把股价买涨停而买不到足够的数量，这样既完成不了增持承诺，又会使得增持成本很高。增持承诺人不会不明白这一点，所以他会变更承诺，等股价更低的时候，再进行增持（例如：金一文化）。

增持的力度太小，对股价产生的影响也就几乎可以忽略了。所以，增持力度适中，剩余时间适合的股票，或许更有可操作性。

顺便提一下减持，要注意力度大小（体现态度），时间范围（除去窗口期后实际的范围），公告后股价表现（考虑是否适用非实质性利好利空消息应变原理）。减持完成后的股价表现也需要十分注意，因为很多出现了"利空逆反"现象的该类股票，在减持完成后会下跌，跌幅可能还会不小，在非强势市场中尤其如此。

以上，都只是十分普通的方法，真正高超的炒股技术是——牛市做多；熊市空仓，耐心等待牛市。

二、花荣点评

荣律师目前在中航证券—新浪微博举办的炒股比赛中赢利 27.09%，位列第 4。在 2018 年的大盘背景下，3 个月内获得这个成绩是非常好的，超过了绝大多数基金经理的业绩，比笔者这段时间的炒股成绩也要好。这本身就说明荣律师的选股思路是值得学习借鉴的。

在足球场上，踢得再好的球星也有提高的空间，特别是在足球教练的眼里，每个球星都可以踢得更好，尽管足球教练在场踢球不一定比球员踢得好。下面，笔者就以一个足球教练挑剔球星的眼光来点评一下荣律师的选股总结。

（1）笔者认为选股方法总结应该像法律条文一样，简洁条例化、重点化（像三大纪律八项注意那样），原总结有些面面俱到，但不是简洁条例化的，有些模糊，这样对于形成习惯性的本能会有些阻碍。

（2）牛市、熊市、平衡市的选股方法不一样，股市理财、炒股比赛、博暴富的方法也不一样，纲领性的理念与具体的盈利模式、绝招招式也不一样。荣律师的这篇文章只是一些原始的感觉，还没有体现出纲领性的理念和具体的盈利模式、绝招。

（3）笔者觉得荣律师这篇文章可以细化成数个原则和战法招式，就像《千炼成妖》《万修成魔》那样的格式，这样可以成为武功招式，既便于强化自己，也便于不断总结提高，更可以衍生新的进步。

（4）你能根据上面的三个点评，写出你自己的炒股方法吗（闭卷作文）？

平衡与震荡 6
股市中不能忽视的敏感时间

A 股投资，最重要的两个工作是，选股与选时。

相对来说，绝大多数投资者都对选股比较重视，研究得也比较多，而对于选时则稍微忽视，其实，职业投资者认为 A 股的操作，选时更加重要，选时既可以有助于获得个股的机会，又能够主动回避系统风险。如果对选时多花些工夫研究一下，能够使得许多投资者的投机能力增强不少。

下面笔者就把选时经验总结如下：

一、日波动选时经验

（1）指数开盘很重要，前半个小时的指数强弱常常预示着大盘一天的情况，甚至暗示指引着收盘最后半个小时的指数波动强弱情况。这个时间段的逆回购常常是一天的高点。

（2）个股开盘前半个小时也很重要。在强势市场时，这个时间段是重要的拉升时间，在这个时间可以多品种小仓位追涨。在弱势市场时，这个时间段的弱势股，常常全天走势比较弱，只有尾市存在变盘的可能。

（3）在上午 10 点钟时的市场热点，大多数情况可以确定这天的热点板块情况，也基本可以确立这天的板块热点情况。

（4）在下午开盘的时候，应该注意一下个股的涨速情况。这个时候，个股涨速比较靠前的个股短线比较好，涨速靠后的股短线比较差。

（5）尾市半个小时也是指数剧烈波动期，这个时候容易大涨大落，甚至对第二天的开盘有预示作用，再考虑 T+0 因素，许多职业投资者的重仓操作喜欢放在尾盘。周五收盘的时候，尾市也许是逆回购的高点。

（6）指数指标股、筹码集中股、次新股、当天晚上出消息股喜欢在尾市半个小时异动，要捕捉这些异动应该在下午 2 点至 2 点半做好准备。

二、周波动选时经验

（1）星期五是短线游资个股活跃期，如果大盘还可以，适合做短线操作。在股灾的时候，周末两天喜欢出比较重大的消息。

（2）星期一也是短线游资个股活跃期，如果大盘还可以，适合做短线操作。

（3）星期二是中性日，周一抗涨的股容易补涨，周一抗跌的股票容易补跌。

（4）星期三是星期四的前一天，可以考虑短线减仓不轻易加仓。

（5）星期四是当周资金紧张期，这天的逆回购按照三天计算，这天属于短线回避天，即使在强势时，也是每周波动相对弱的一天。周四晚上，是短线技术选股的较好时间。

（6）周末是查阅一周重要公告的日期，有时间的话可以把所有股翻一遍，重置自选股。

三、月波动选时经验

（1）每个月的月底是资金紧张期，在市场弱势时原则上最后一个星期不持股，在市场强势时，最后一个星期以持有筹码集中股为主。

（2）每个月月初的时候是资金相对宽松期，在大盘许可的时候可以短线操作。

（3）如果某一天逆回购、债券、B 股出现明显的异动，要研究其原因。

四、年波动选时经验

（1）每年年初是资金相对宽松期，年初容易出现中级行情。

（2）年初是年报预报和公告的时间段，要对相关制度和股价的波动规律进行统计研究。

（3）在元月初走强的公私募重仓股，存在着短线追涨机会。

（4）在春节后走强的筹码集中股，适当加大注意力。

（5）对于即将 ST 的个股，年报前一定要回避。

（6）每年 6 月底是最危险的时间段，弱势容易出现大跌，大牛市容易出现大顶震荡。

（7）长时间的熊市后，管理层喜欢在 7 月初激活股市。如果这个时间大盘不放量，就可能要等到 12 月了。

（8）每年的 9 月、10 月容易平淡，职业操盘手喜欢在这两个月休假。

（9）每年的 11 月下旬、12 月也是重要月份，如果当年没行情，这个时间段容易产生中级行情，大盘股、金融股容易在这个时间段活跃。

五、作业

你有什么相关的规律，可以补充一下。

平衡与震荡 7
常用技术指标独门应用技巧

技术分析中最常用的三种技术是图形分析、成交量能分析、技术指标分析，前两种分析方法都已经有专文总结过，现在把常用的技术指标应用技巧总结一下，需要特别说明的是，这里的技术指标应用技巧可能与其他技术书籍不一样，甚至与原来的设计原理也不一致，而是笔者根据 A 股的波动特点，在原设计原理的基础上进一步适应 A 股环境而总结的。

一、最常用的技术指标

笔者最常用的技术指标有：平滑异同平均线 MACD，抛物线 SAR，随机指标 KDJ，布林线 BOLL，相对强弱指标 RSI，心理线 PSY，宝塔线 TOWER。

这些技术指标的原理需要读者先自己弄清楚，其原始计算方法和应用方法其他书籍或者软件中都有说明，这里不再累述，下面直接总结笔者的独门看法。

二、技术指标的应用总则

1. 指数指标是锦上添花的

用供求量能逻辑、图形组合逻辑、板块题材热点、基本面趋势变化来选股，然后用技术指标来判断行动点比较好，如果纯用技术指标来作为最重要的操作指导则正确概率有限。技术指标是副司令，不是总司令。

2. 牛熊特征明显

技术指标是加强趋势特征的，很难逆趋势特征。

牛市中，技术指标的买进信号比较准，卖出信号的准确度有限。

熊市中，技术指标的卖出信号比较准，买入信号的准确度有限。

3. 技术指标需要与量能组合

指数、股票的量能越强，技术指标的买卖信号准确率越高。

指数、股票的量能越弱，技术指标的买卖信号准确率越低。

三、平滑异同平均线 MACD

1. 最常用的技术指标

无论是大盘还是个股，在做短线评判时都可以参考这个技术指标的原理解释，所以笔者把这个技术指标放进了万能测股公式中。

2. 牛市应用

在牛市中尽量持有正处于红柱线的个股，少持有处于绿柱线的个股。

红柱线处于强势伸长状态的股短线走势大概率比较好，可以作为辅助买进信号。

强势股调整时，红柱线接近死叉的时候，容易拉出大阳线。

牛市中大盘短线调整时，处于红柱线伸长的筹码集中股容易抗跌。

牛市大盘上涨途中意外大跌（非实质性利空和大顶引起），当时的强势热门股也跟随大跌，其中红柱线强势伸长的个股可以作为短线抄底目标。

3. 熊市应用

红柱线缩短是逢高减仓信号，红柱线死叉是止损信号。

绿柱线接近零轴时容易出现大阴线。

四、宝塔线 TOWER

1. 强势选股指标

在大盘处于强势时，已经启动的个股上涨效率比较好，但是有的股又有追高嫌疑，用宝塔线 TOWER 判断上涨途中的买点比较好。

2. 追踪中级行情的强势股

有时一年中的中级行情只有一个热门板块，这时也是宝塔线显威力的时候。

3. 强势热门板块中龙一

对于强势热门板块中的龙一也可以用宝塔线跟踪观察，但在弱平衡势中仓位不宜重，不能用打黄羊的猎枪去打熊。

五、心理线 PSY

这是一个观察大盘的指标，不能用于判断个股。

1. 强势时防超买

在牛市时，当 PSY 高位钝化，持股、选股需要有稳健防守性。

2. 弱势时抄底用

跌势时，当 PSY 低位钝化，做好对中线超跌短线止跌潜力股的抄底准备。

六、抛物线 SAR

1. 牛市指标

这是一个牛市指标，不适合用于熊市。

2. 波段观察大盘

在牛市时，波段操作可以把这个指标作为大盘退出指标，尤其在涨幅已经很大的情况下。

3. 波段观察潜力股

对于长线价值股可以用这个指标来指导操作。

七、随机指标 KDJ

1. 强势指标

这是一个强势指标，不适合在弱势中用，弱势中盲目套用容易做反。

2. 可以组合使用

这个指标与 MACD、TOWER、成交量结合做超短线用，如用于强势中融资短线品种。

3. 观察次新股

做活跃次新股时，可以参考短线这个指标。大盘股不适合这个指标。

八、布林线 BOLL

1. 平衡势指标

在市场处于平衡势或者市盈率底部时可以多参考这个指标。

2. 观察赌注股

在市场处于底部时，有些职业操盘手会操作一些长线赌注股（中线结合短线）时，可以用这个指标关注固定的重点股。

3. 观察低风险品种

有些低风险品种不知道大爆破点在什么时候，可以用这个指标局部高抛低吸摊低成本。

九、相对强弱指标 RSI

这是个辅助指标，可以作为抛物线 SAR、布林线 BOLL、平滑异同平均线 MACD 这些偏中线指标的补充参考指标。

十、作业

欢迎读者总结补充修正这部分内容。

平衡与震荡 8
哪些上市公告需要跟踪

上市公司每年都会有很多各种各样的相关公告发布，公告作为上市公司信息披露的重要途径，是投资者作出投资分析和判断的重要依据，对市场的影响作用不容小觑。阅读上市公司的公告，是股市投资必须做的功课，最好是每日，至少是每周都要对市场中上市公司的重要公告进行阅览，阅览时还要对部分发布有重要公告的股票进行进程跟踪，因为有些上市公司的公告不仅发布时对股价有所影响（这次机会不容易把握，经常直接高开），而且可能在未来的某个时点还会对股价有比较大的影响，甚至成为股价波动的爆破点（这次机会是有心的投资者相对容易把握的），因此对这类公告的追踪也是股市投资的一项重要工作，这样做是值得的，能够帮助我们回避一些风险、把握一些机会。

下面，笔者就来列举一下，哪些公告值得跟踪以及跟踪的技巧。

一、稳定股价预案公告

1. 稳定股价预案公告

一些大盘新股上市时会发布"首次公开发行 A 股股票并上市后三年内稳定 A 股股价的预案"，如上海银行的稳定股价预案是：公司 A 股股票上市后 3 年内，如本公司 A 股股票连续 20 个交易日的收盘价均低于本公司最近一期经审计的每股净资产，非因不可抗力，则在符合相关法律法规且本公司股份分布符合上市条件的前提下，本公司、持股 5% 以上的股东、董事（不含独立董事）和高级管理人员等相关主体将启动稳定本公司股价的相关程序并实施相关措施。上述第 20 个收盘价低于本公司每股净资产的交易日为触发稳定股价措施日。

2. 触发稳定股价措施的提示性公告

在触发日的晚上，相关上市公司会发布关于触发稳定股价措施的提示性公告，如上海银行在 2018 年 5 月 23 日发布的关于触发稳定股价措施的提示性公告主要内容是：本公司应在触发日后 10 个交易日内制定稳定股价方案并由董事会公告。而江苏银行的 2018 年 5 月 25 日发布的关于触发稳定股价措施的提示性公告主要内容是：根据本行股价稳定预案，本行将在达到实施稳定股价措施启动条件之日（5 月 24 日）起 5 个工作日（5 月 31 日）内制定并公告股价稳定具体方案。如未如期公告稳定股价具体方案，本行将每 5 个工作日公告具体措施的制定进展情况。

3. 事先大股东增持公告

上海银行、江苏银行在触发稳定股价措施日之前的几个交易日，都曾发布了大股东增持股票的公告。例如，上海银行在 2018 年 5 月 21 日发布了大股东增持公告，主要内容是：上港集团于 2018 年 5 月 8~18 日，通过上海证券交易所交易系统以集中竞价交易方式增持了本公司股份 19572342 股，占本公司总股本的 0.25%，合计增持金额约 3.04 亿元。江苏银行在 2018 年 5 月 19 日、2018 年 5 月 22 日分别发布了关于大股东增持公司股份的公告，19 日的公告内容是：2018 年 5 月 17~18 日，江苏信托通过上海证券交易所交易系统增持了公司股份 31290060 股；22 日的公告内容是：公司大股东江苏凤凰出版传媒集团有限公司于 2018 年 5 月 18 日、5 月 21 日，通过上海证券交易所交易系统以集中竞价交易方式增持了公司股份 12092701 股。

4. 稳定股价措施的公告

上海银行股份有限公司关于稳定股价措施的公告（2018 年 5 月 29 日）。

重要内容提示：

本公司持股 5% 以上的股东上海联和投资有限公司（以下简称"联和投资"）、上海国际港务（集团）股份有限公司（以下简称"上港集团"）和西班牙桑坦德银行有限公司（以下简称"桑坦德银行"）本次拟增持的金额均不低于触发日前最近一个年度其自本公司获得现金分红总额的 15%。其中，联和投资本次拟增持的金额不少于 5990 万元，上港集团本次拟增持的金额不少于 2919 万元，桑坦德银行本次拟增持的金额不少于 2919 万元。

本次增持计划不设价格区间。

本次增持股份计划的实施期限为自本公告披露之日起 6 个月内。

联和投资、上港集团及桑坦德银行本次增持计划所需的资金来源为自有资金，不存在因增持股份所需资金未能到位而导致增持计划无法实施的风险。

5. 投机技巧

可以根据大盘、个股的综合情况研究是否帮助上市公司稳定股价以及是否提前行动。

二、要约收购、现金选择权公告

（1）要注意逐级审批的流程。

（2）要注意前置条件的有效时间。

（3）要注意事件生效的逻辑（整体上市的转股价与新股潜力）。

（4）要注意事件不可撤销后的满意利润率。

三、大股东增持、上市公司回购公告

（1）要注意购买力的下限数量。

（2）要注意实施的最后时间。

（3）要注意实施的价格条件（回购的股东大会日）。

（4）要注意可能实施时间段的相对技术面情况和股价异动。

四、大股东承诺的公告

（1）大股东承诺的最后时间。

（2）大股东准备注入资产的质量情况。

（3）大股东注入资产的周期景气情况。

（4）大股东注入资产前，为了使得资产多占股份，可能会控制压盘。

五、转债招股说明书

（1）转股下调条件。

（2）强制转股条件。

（3）强制回购条件。

（4）进入转股期后是否折价。

六、债券招股说明书

（1）债券到期日、提前回购日。

（2）年化收益率。

（3）前期债券兑现情况与流通情况。

（4）可变卖资产情况和公司经营情况。

七、解禁股公告

（1）解禁股的机构成本。

（2）解禁股的解禁日期。

（3）解禁股的机构持股习惯。

（4）解禁日前后的股价异动情况。

八、其他公告

（1）大股东需要回避表决有希望通过的重要股东大会。

（2）沪市高送转除权日规律（除权日红股不上市）。

（3）大股东股权质押的比例以及平仓线。

（4）制药公司重要新药的审批进程。

（5）上市公司的对赌协议条件（未完成业绩指标的惩罚条件）。

（6）重要指数成分股的调进调出。

九、作业

（1）你还有什么新补充吗？

（2）把二至八部分内容进一步细化。

（3）与股友组建互助组，分工协作跟踪公告（机构设立公告研究员岗位）。

平衡与震荡 9
股市常见毛病和心理障碍

如果你爱他，送他去股市，那里是天堂；如果你恨他，送他去股市，那里是地狱。

之所以说 A 股是某种性质上的地狱，是因为 A 股的现实很残酷，多数股票长期维持高市盈率，分红非常少，交易成本高，扩容速度超常，具有教科书上所说的那种投资价值的上市公司数量少，熊长牛短，长时间的投资结果是 1 赢 2 平 7 亏，再考虑交易成本和心态问题，也许事实上可能更残酷；但是 A 股确实又是天堂，因为这里是"人多钱傻"，绝大多数人基础知识不够，对 A 股的基本客观不了解，低级失误愚昧思想严重，如果您稍微明白一些，不犯低级错误，就能获得不错的博弈结果。

下面列举一些 A 股中绝大多数投资者常见的毛病和心理障碍，如果读者能把这些毛病和心理障碍克服，投资水平就会大幅度地提高，并能获得不错的结果，如果这些毛病和心理障碍克服不了，也许你人生中的最大的一次失败将发生在股市中。

一、多巴胺克服不了

症状：类似于赌瘾、赌瘾的股瘾，是绝大多数新股民都会有的，最典型的症状是不看行情难受、账户里有钱不买股票难受、经常无意义的换股，控制不住自己的多动，永动机中的战斗机。有股瘾的人谈不上技术能力，只是在挥霍钱，甚至是比赌场赌博还要坏的状况。

药方：患者需要知道自己有瘾，并要刻意克服。

（1）投入的资金千万不能大，不能超过总货币资产的 30%。

（2）全盘硬性执行操作系统、万能公式、固定收益，最好有一个你信任的高手指点，如果有违反操作系统、万能公式的现象出现，要用戒尺打手心。

二、基础素质差

症状：分不清楚是非，基础素质差是许多股民最难克服的弱点，基础素质不够，专业素质就很难达到一定的高度，也难以脱颖而出。

药方：提高基础素质，提高智慧阅历。

中国智慧的核心是摆脱愚蠢，最常见的提高基础素质的方法是：

（1）见多识广。多读书（特别是历史书、人物传记、欧美现代文明书籍），多认识人，多去不同的地方，多经历事情。

（2）会比较，并统计规律。事物没有绝对的高低好坏，一比较高低好坏立刻分明，并且要经常归纳总结，发现规律利用规律。

（3）自我角度。看待事物的角度是自我的，这个自我是结果自我，而不是简单直接的自私自我，要是双赢的自我，懂得作用力与反作用力关系的自我，要是开放的自我，网状思维的自我，要会问路，要会顺势借势，要会良性反馈。

利己是本能，利他是觉悟；本能是兽性，觉悟是人性；人性的智慧高于两脚兽。

三、无知不客观、努力程度不够

症状：努力不够，不了解基础知识，对股市的客观没概念，连交易规则和重要制度都不知道。

药方：股市投资需要的学习努力程度，与考大学、工作和找对象相比，投入的时间和精力都不能差，你开玩笑，股市投资结果自然开玩笑。

四、武功套路低劣、走火入魔、坏习惯

症状：学习掌握的武功套路低劣，并养成坏习惯。哪些武功属于低劣武功？只要是不顺势的，不顺大概率的，没有有效避险原则的，判断前提依据硬度不够的，全方位完美预测的，都属于低劣武功，低劣武功必须抵制，形成习惯的必须扳正，否则股市是无底洞。

药方：必须有操作系统，操盘系统应包含避险原则、选时原则、仓位控制方法、攻击手段、底线利润。

五、知行不合一

症状：知行不合一，行动有心理障碍。

药方：（1）要了解行为原理，达到有知者无畏状态。

（2）形成习惯。需要强制性的多次重复，人的行为取决于习惯，而不是知识。

六、孤独封闭

症状：个人的知识、精力、资源都是有限的，会存在效率问题。

药方：组建自己有效的互助组，群英结党奔小康。

七、无人生战略、职业规划、操作目的

症状：无头苍蝇，手段、努力与操作目的不匹配，无人生战略、无人生规划，始终处于小偷小摸的草寇状态，财富增长慢。

药方：（1）了解成功者的成功途径。

（2）分段设计自己的人生、股海规划，并且逐步实施。

（3）了解每个阶段的股市机会状况，了解自己的能力，确立盈利目标，手段要匹配。

八、身心健康状态不理想

症状：（1）失误后，情绪败坏，出现不健康情绪。

（2）除了股市，没有其他生活，脱离社会，成为股奴。

药方：（1）成为职业投资者前，要有一定的财富，不能成为有生活压力的职业投资者，可以一边工作一边股市投资。

（2）在股市中出现小失误是正常，不可能没有失误，但不能让一个小失误拖延成大失误，清零重来是一个好习惯。

（3）要学会锻炼身体的手段，要有放松娱乐奖励自己的爱好。

九、最后的话

到底什么样的人是股市真高手？自己行，别人认为你行，认为你行的那些人中有人行，身体行！如果你不服气某个人，就用这个"4个行"比较一下。

笔者认识的许多职业投资者都是大器晚成的，他们中的许多人30多岁时还没有彻底解决财富自由，在40多岁才发的大财。他们的经验=持续的稳利复利+一次暴利+持续的稳利复利。

平衡与震荡 10
股价上涨的常见动力研究

笔者认为沪深股市的股价最常见的上涨动力有以下几个方面：

（1）股价趋势的正反馈。

（2）强力机构大户的操作动向。

（3）权值的保护。

（4）股价的严重超跌。

下面笔者展开论述一下。

一、股价趋势的正反馈

1. 大盘的正反馈、负反馈

如果大盘形成一段时间的趋势强势，会形成投资者的心理正反馈，导致市场的上涨趋势不那么容易被扭转，只有市场出现震撼性的消息面影响或者机构大户的明显恐高，这种趋势才能够转向，初步转向时往往比较猛烈，但也容易出现挣扎。所以，高位的下跌，容易出现反弹，而低位的下跌不易反弹，到达底部后反弹更弱甚至不反弹。

如果大盘形成一段时间的趋势弱势，也会形成投资者的心理负反馈，导致市场的下跌趋势不那么容易被扭转，只有市场出现震撼性的消息面影响或者股价对机构大户有明显的诱惑力，这种趋势才能够转向，初步转向时往往比较猛烈，但也容易出现反复。所以，低位的上涨，容易出现抛压，选股不那么容易，上涨一段时间后市场赚钱效应才能体现出来，越接近顶部时新股民短线赚钱越容易。

在大盘趋势运行中，最重要的是要尊重趋势，不与趋势作对，主盈利模式一定要顾及这点，选股时的原则是：强势重势，弱势重质。

2. 板块的正反馈、负反馈

板块的反馈效应主要体现在：

大盘股和中小盘股的市场活跃性矛盾。

不同特性行业间的市场冷热矛盾。

二、强力机构大户的动向

1. 公募基金的动向

公募基金有最低持仓限制且资金规模庞大，基金经理的调仓换股就可以造成股价的阶段波动，公募基金进货或者出货的 K 线征兆，往往是连续的中小阳线或者连续的中小阴线形式。

2. 游资热点的动向

A 股中的绝大多数投资者有天性的永远看多的习惯，最常见的表现形式是永动机或者永炖机。

市场游资大多数是永动机的特征，但是他们空仓的耐性比散户要好一些，他们的操作目标更喜欢低市值股（次新股）和热点消息配合股，分析游资热点股时要注意，越是强度大的板块和个股越具备操作性越有持续惯性，强度有限的板块和个股容易赔钱（第二天低开或者反复）。

三、权值的保护

1. 面值的保护

价格低于面值（有兑现期）的品种，最常见的是债券跌破面值，债券基金跌破净值，但要考虑到是否有兑付风险。

如果债券或者债券基金再兼有股性，那就是值得关注的品种。

2. 现金选择权的保护

股价低于选择权价格或者全面要约收购价格（有兑现期）的品种，但要考虑到是否有毁约的风险。

同一种战法思维也是有逻辑判断水平差距的，以及博弈能力不同的，这点一定要注意，不能是不懂原理的僵化教条主义。

3. 可持续的满意收益率

如果高等级的债券，或者低市盈率高分红的股票，其年化收益率能够使得投资者满意，可以长线持有。但需要考虑仓位分配，这样可以保持良好的心态。

四、股价的严重超跌

1. 权值的保护

只有在市场极端弱市时，低风险品种才会给出接近无风险的高收益利润，当这种机会出现时不应放过，可以一部分做短线摊低成本，一部分做中线获得满意收益。

2. 股价的严重超跌

股灾财的短线利润是比较大的，但是操作不好也容易出现亏损。

以下是在这方面做一些细节总结：

第一超跌反弹不做不算错，等待市场明显止跌了再做一把也可以。因为抄底抄早了，短线损失也会比较大，弱势市场中往往意外事件加剧已经见底的市场继续下跌。

第二要在市场大规模跌停后，超跌股、指标股已经跌不动的情况下，才能谨慎地吸纳第一批筹码。

第三抄底一定要分批，不能一次性重仓（超过 1/4），而且要先抄低风险品种，后超跌品种。

第四抄底的选股类型是两种，有权值保护的和严重超跌的品种（不能有恶性的基本面问题）。

第五抄底要注意大盘的 10 日均线和 30 日均线压力，当这两条均线压指数的头时，要注意防范风险。

第六抄底最忌讳，第一次抄底赚钱后，加大仓位，导致加大仓位被套，甚至被套后转为中长线。有权值保护的品种除外，但也要考虑时间效率和仓位控制。

平衡与震荡 11
花荣股市短线投机技术综述

一、做短线需要看大盘

做短线的大盘背景主要有：

（1）大盘处于强势时可以短线结合中线操作。

（2）大盘处于平衡势时可以控制仓位操作。

（3）大盘处于严重超跌时可以少量做反弹，不做不算错。

（4）在大盘成交量稀少时，或者在大盘单边下跌时，什么股都最好不做，包括短线。

二、根据日线选择盘中买卖点

主要根据日线和买卖力道的指标逻辑选择判断买卖点。

（1）正常情况下买卖力道的绿柱线拐点是标的股的短线买点；红柱线拐点是标的股的短线卖点。

（2）红柱线连续优势，代表大盘继续强势；绿柱线连续优势，代表大盘继续弱势。

（3）正逆反代表大盘将上涨，负逆反代表大盘即将下跌，在下午 2 点半左右，这个指标准确更高，适合股指期货套利参考。

（4）黄线代表小盘股，白线代表大盘股，要知道短线热点强势是谁。

（5）大盘下跌时，日线横着、不受影响的 K 线低位股，一旦大盘转暖，容易短线爆发。

（6）一浪比一浪高的低位个股短线有潜力。

（7）逻辑对比要点是大盘与买卖力道的关系，个股与大盘的关系。

三、大盘强势时短线选股法

（1）要选热点强势板块，可以适当追高（包括第一个涨停板），把仓位控制一下，多品种。

（2）要选择多头趋势的个股，单边上涨通道的个股。

（3）要选择量比、换手率、成交量比较大的个股。

（4）要选择 MACD 正在出红柱线的个股，或者宝塔线两三平底翻红 10 日均线支撑上穿。

（5）不要买空头趋势股、冷门弱势股，不能固执于自己的习惯（比如不买大盘股）。

（6）大盘强势时，如果出现意外短线大跌，可以买进强势大跌的个股。

（7）上述几个指标最好叠加使用。

四、大盘温和势（涨跌不大）时短线选股法

（1）要选热点强势板块，可以适当追高（3%~5%），把仓位控制一下，单品种。

（2）要选择低位初步走强，阳线明显多于阴线的个股。

（3）要选择初步量比比较大且 MACD 金叉附近的个股。

（4）不要买涨幅比较大的个股，不能买空头走势股，不能买冷门股。

（5）上述几个指标最好叠加使用。

五、大盘严重超跌时短线选股法

（1）大盘严重超跌时的标识是，二线蓝筹绩优股止跌，强势抗跌股补跌。

（2）注意下午 2 点后的指标股的护盘行为，但不能追高，防止第二天低开。

（3）抢反弹的标的股是，中线超跌+短线超跌+超跌线买盘堆量。

（4）弱势抢反弹不做也可以，不做不算错。

（5）许多老股民常犯的错误是，该抢反弹时害怕或者小仓位，看清楚后加大仓位，或者获利不出导致被套。许多人大盘不反弹还没事，赔就赔在大盘反弹上。

六、通用题材爆破点

（1）年报、半年报、季报期间的个股波动规律统计利用。

（2）股东大会、大小非定增解禁、公告、小停牌日前后的股价波动规律统计利用。

（3）ST 戴帽摘帽保壳期的股价波动规律统计利用。

（4）个股承诺爆破点及其带注入资产的研究。

（5）要约收购、回购、增持事件的规律统计研究。

（6）商品期货关联品种的滞后联动性，主要产品涨价的滞后性。

（7）再融资股权登记日前后的股价波动规律统计。

（8）主要流通股东的操盘习惯及处境研究。

（9）大盘强势时，逆回购高是好事；大盘弱势时，逆回购反常高要警惕。

（10）对于社会大题材要敏感。

七、通用技术爆破点

（1）七个 K 线逻辑判断。

（2）除权股除权日的走势规律统计利用。

（3）对于突然异动股要学会利用百度，看有否异动原因。

（4）要学会利用短线精灵窗口，特别是大盘股是市场热点时或者大盘强势时。

平衡与震荡 12
机构重仓股的实战技巧

笔者把机构重仓股分成两类，一类是筹码集中股，也就是 K 线图形成螺旋桨走势的个股；另一类是 10 大流通股东中有持股量非常大且比较活跃的机构存在的个股。

这两类股是我们用技术分析手段最值得注意的股，笔者把它们的走势规律特点和操作要点总结如下：

一、筹码集中股（螺旋桨 K 线）

（1）这里的筹码集中股指的是有机构重仓持有并控制股价的股票，这些股票的阶段 K 线组合比较有特点，K 线组合收盘价振幅相对小，实体经常比较小且常带有的上下影线。

（2）这类股走势具有一定的独立性，无论是上涨或者下跌，在节拍上往往落后大盘一个节拍，如迟见效一天。

（3）大盘在某天出现较大的上涨或者下跌时，螺旋桨 K 线股容易抗涨抗跌，且喜欢拉尾盘。

（4）螺旋桨 K 线股只能短线独立于大盘的走势，但是大盘的单边趋势比较大，在抗涨抗跌一段时间后，容易出现比较凌厉的补涨补跌走势。

（5）在大盘强势牛市阶段，当市场出现短线超买后的指数调整时，螺旋桨 K 线股容易逆势上涨。

（6）在大盘上涨初期，如果逆势放量下跌的股，短线需要回避，可能有机构借机出货。在大盘下跌阶段抗跌的股，在大盘反弹时也经常会出现逆势下跌的情况。因此，抗跌的螺旋桨股不适合做反弹。

（7）长时间横盘不动，即使大盘上涨较长时间后依然不涨，但是也没有出货迹象，这种个股容易爆比较大的题材，在大盘长时间底部长时间横盘的股也是这样。

（8）对消息敏感的股，无论是利好利空，股价都有积极表现的股，属于短线比较好的股，说明主力在关照并有资金实力。对消息不敏感的股，短线潜力有限。

（9）在敏感时间，如年底时间，春节前后时间，业绩公布前后时间，股价积极表现的个股，容易出现波段连续行情，可以短线适当追涨。

（10）当大盘出现利好消息时，高开横盘或者高开高走的股短线较好，高开快速低走或者放量低走的股需要警惕机构短线出货，这类股容易有短线连续杀伤力。

（11）当所属的板块成为市场热点时，表现积极的股容易涨幅较大，但表现消极的股常常涨幅很小操作获利难度大。

（12）除权日表现积极的股有短线潜力，除权日表现消极的股有短线杀伤力。

（13）遇见大买单股价积极的股有短线潜力，遇见大买单股价消极的股有短线杀伤力。

二、规律活跃股

（1）银行保险喜欢逆势波动，对冲指数。券商在银行保险高位时偶尔逆势波动，对冲指数。当市场出现较大行情时，容易集中出现一波行情。

（2）当指数出现一九现象时，要注意虹吸现象伴随，不能麻木，应立即采取行动，对九要采取防范风险的措施，适当注意一。特别是在大盘的高低位出线这种情况时。

（3）次新金融股往往比较活跃，可以根据技术指标关注。但是，解禁事件常常对股价杀伤力比较大。

（4）次新小盘股由于流通市值小，在非牛市的市场稳定阶段比较活跃，容易出现大阳大阴，适合短线技术好的小资金做短线。

（5）绩优白马股（如酒、药）容易大波段逆势，符合"涨时重势，跌时重质"的原则，适合熊市根据技术指标波段操作，不适合牛市操作。

（6）大型金融机构的重仓股容易在每年的11月活跃，可能是为年底市值做准备，尤其是其大市值的重仓股表现更好一些。如果这些股一旦在这个时间点价涨量增，可以加大注意力。

（7）基金重仓股（公私募都有）在年底年初时间，表现积极的是短线好股票，表现消极的是短线坏股票。这段时间是他们调仓换股，有操作积极性的时间。

（8）产品是商品期货的股票喜欢跟随商品期货的大波动，滞后一个节拍，可以配合股价异动注意其机会。

（9）在弱势市场中，今天涨幅比较大的个股，如果上涨逻辑不是比较硬的话，容易成为明天跌幅比较大的股。在弱势市场中，个股出利空容易跌，出力度不够的利好也容易大跌。

（10）准备实施定向增发的股，如果是大股东参与，这种股短线会比较抗涨；如果是市场化竞价的股，这种股容易抗跌且近一个业绩比较好（增发实施前）。

（11）在大盘暴跌后做反弹，抢反弹的选股次序是先绩优股后短线抗跌的中线超跌股，不能是抗跌股，名人、名机构的重仓股因大盘暴跌而股价暴跌，适合于抄底。

（12）带动指数上涨的新起行情，领头走出上升通道的个股，在第一次大跌的时候，可以适当短线抄底。

（13）每个季度报表最先公布业绩的股且业绩还可以，容易被游资炒作。在重要节假前或者重要节假日公布利好的股短线爆发力通常比较强。在重要节假日前技术走势比较强的也可短线注意。

平衡与震荡 13
老三板股票交易知识与技巧

随着股市规模的扩大，如果想在股市中获利，必须要学习更多的知识，特别是要拥有别人不具备的盲点知识、特殊手段。在之前的内容，笔者总结了两个交易所中的一些非 A 基金的知识和交易技巧，这一部分内容总结一下老三板股票的交易知识与技巧，对于一般人来说，老三板中的大多数股票是具有很大的风险的，但是对于基本面分析高手来说，其中的极少数股一旦把握成功，也能获得暴利，这部分内容可以作为普通投资者开阔眼界、专业投资者提高能力阅读（这部分内容为花家军独门绝技总结）。

一、股票退市整理板交易

（一）退市整理板股票定义

退市整理股票是指被交易所做出终止上市决定但处于退市整理期尚未摘牌的股票。拟终止上市的股票，在退市整理板交易期限仅 30 个交易日，证券交易所于该期限届满后 5 个交易日内对其予以摘牌，公司股票终止上市。

（二）退市整理板权限开通

2017 年 7 月 1 日投资者适当性管理新规出台之后，个人投资者/普通机构投资者买入退市整理股票的，必须临柜录音录像（签生死状），且应当具备 2 年以上的股票交易经历，开通前 20 个交易日，本人名义开立的证券账户和资金账户内资产（不含通过融资融券交易融入的证券和资金）在人民币 50 万元以上。

专业机构投资者无须临柜，无须校验资产。

（三）退市整理板机会与风险

机会可能存在于两个方面：

（1）最后三个交易日，尤其是最后一个交易日，根据过去类似股票的波动规律统计，可能会有一部分人此时买退市股，搏后续的重新上市或者搏在老三板的表现，这就会造就"抢权"行情。有些赌博心态重的会在最后几个交易日赌博买一些，其他人抢权时就给他们。但是这种操作，风险很大，如果基本面分析出现差错，存在着血本无归的可能。

（2）一些国企、央企，因为行业周期原因或管理不善导致的亏损，或主动谋求退市的，有重新上市的概率。因此，退市后容易在老三板迎来暴涨。如退市长油 2015 年在老三板开始交易后，长油 5 连续出现 33 个涨停，从 0.83 一口气涨到 4.17。又如 ST 二重主动退市后，连续八个涨停，从 2.35 涨到 3.48。

需要特别提示的是，进入老三板后，大部分股票成交量极小，流动性差且经常性停牌，如 ST 二重连续八个一字涨停，耗时 912 个自然日，总成交量也只有区区 237 万。

参与退市整理板的风险：

（1）由于恐慌性情绪及公募净卖出的要求，导致连续跌停。打开跌停后阴跌或者打开跌停后第二天再度封死跌停。

（2）由于市场氛围、政策等原因，导致没有抢权行情不及预期，退到老三板后又连续下跌或者长时间停牌后才正式在老三板交易。如 2016 年 5 月 11 日完成退市的博元投资，打开跌停之后又再度连续跌停，退市整理末期也没有抢权行情，并且，截至 2018 年 5 月 11 日，博元投资依然没有在老三板正式交易。

二、老三板都有哪些股票

老三板是指由原 STAQ（全国证券交易自动报价系统）和 NET（中国证券交易系统）挂牌公司平移到代办股份转让系统的部分公司及深沪退市公司组成的交易系统。其中，退市公司又包含退市 A 股和退市 B 股两类。

两网公司及退市公司 A 股股票证券代码为 400***，截至 2018 年 5 月 18 日，共计 56 只，退市公司 B 股股票证券代码为 420***，共计 7 只。

三、老三板股票的开户规则和交易规则

（一）老三板的开户规则

（1）老三板开户，无须校验资产、年限。

（2）需临柜录音录像，开通特转 A 或特转 B（美元结算的 B 股）及老三板交易权限。

（3）风险等级应为积极型及以上。对于评估结果为保守型的投资者，券商将拒绝受理其权限开通申请，但对于投资者确实有未确权股份的，需签署《产品或服务风险警示及投资者确认书》后为投资者开通权限的同时，申请对账户做特转 A 买入限制；对于评估结果为稳健型、谨慎型的投资者，券商将劝导其审慎考虑是否申请从事两网及退市股份交易，投资者如坚持参与，须签署《产品或服务风险警示及投资者确认书》。风险揭示及匹配意见确认环节需双录（录音录像）。

确权及转托管，与直接开通老三板条件相同。

（二）老三板交易规则介绍

1. 根据公司不同情况，实行区别对待，分类转让

（1）规范履行信息披露义务、股东权益为正值或净利润为正值、最近年度财务报告未被注册会计师出具否定意见或无法表示意见的公司，其股票每周转让五次（每星期一、二、三、四、五各转让一次），其股票简称最后一个字符为阿拉伯数字"5"。

（2）股东权益和净利润均为负值，或最近年度财务报告被注册会计师出具否定意见或无法表示意见的公司，其股票每周转让三次（每星期一、三、五各转让一次），其股票简称最后一个字符为阿拉伯数字"3"。

（3）未与推荐公司股票挂牌的主办券商签订《推荐恢复上市、股票转让协议书》，或不履行基本信息披露义务的，其股票每周转让一次（每星期五转让一次），其股票简称最后一个字符为阿拉伯数字"1"。

2. 委托申报规则

（1）转让方式。交易日申报时间内接受的所有转让申报采用一次性集中竞价方式撮合成交。

全国股份转让系统分别于交易日的 10：30、11：30、14：00 揭示一次

可能的成交价格，最后一个小时即 14：00 后每十分钟揭示一次可能的成交价格，最后十分钟即 14：50 后每分钟揭示一次可能的成交价格。

在交易日下午 15：00 进行集中撮合成交。

经集中撮合后，转让即告成立。

（2）委托时间。交易日上午 9：30~11：30，下午 1：00~3：00。

（3）申报数量。申报买入股票，数量应当为 100 股的整数倍。

不足 100 股的股票，只能一次性申报卖出。

（4）最小变动。"每股价格"的最小变动单位：A 股为人民币 0.01 元，B 股为 0.001 美元。

（5）涨跌幅限制。股票转让价格实行涨跌幅限制，涨跌幅比例限制为前一交易日转让价格的 5%。

（6）委托方式。与普通股票相同，可采用柜台委托、电话委托、网上委托等委托方式进行。

（7）其他。非流通股份（或限售股）可以办理协议转让。

四、交易风险

（1）资金的时间成本。参与破产重组及重新上市，短则五六年，长则十几年。因此，没个好心态和好身板，不要参与重组上市。400011 中浩 A，400012 粤金曼等运作相对成功，重组上市希望比较大的公司，整个运作过程耗时均在十年以上。

（2）重组失败/重新上市幻灭导致连续跌停的风险。失败原因很多，比如无法划转股份导致的失败，又比如政策变动拖垮重组方或注入的资产本就有水分。

（3）A 股准注册制及将来的注册制、中概股 CDR 方式回归、严格退市、严格审计等，导致壳股价值越来越低，甚至有仙股化的趋势。目前 A 股 20 亿市值以下的上市公司有 100 只，25 亿以下的有 300 只，市值最小的 ST 圣莱仅 11 亿。壳股不再稀缺，反映到老三板，同样如此。

（4）退市公司资产质量一般较差，连续亏损三年以上，且严重资不抵债，基本丧失了持续经营能力，如不能重组，大部分老三板公司一文不值，因此投资风险很大。因此，尤其要规避"没人管"的老三板公司。

（5）流动性风险。大部分老三板股票经常性地处于停牌的状态，而且一停可能就是三五年；交易的时候，每天的成交量往往也只有几十万，上百万都算多的。进出困难，想卖卖不出去，想买买不到。上文提到的二重就是典型例子。

（6）政策的阴晴不定。股转系统于2013年2月8日发布了《全国中小企业股份转让系统两网公司及退市公司信息披露暂行办法》。本应强化的重组信披，现在突然遭遇禁止，表面上看只是暂停了重组信披，实际上却造成重要公告不能发出，股东大会不能召开，董事会无法获取授权以推动重组。2018年3月的退市新规征求意见稿，也让一批囤错壳的老三板炒家受伤颇深。

五、交易机会，返板规则

（一）交易机会

（1）经历ST、*ST、退市整理三个历程，风险释放得比较充分了，进入三板的时候，股价往往1元钱左右了。对于绝对股价非常低的个股，刚刚在老三板交易时，往往有一段不错的涨幅。这也是退市整理期的股票，最后一两个交易日往往有"抢权"发生的原因之一。

（2）行情好的时候，发行量比较小的时候，或者暂停发行的时候，老三板往往集体来一波行情，因为作为壳资源，它有重新上市的可能。只要是有人经营的老三板公司，里边的利益主体就会想办法重新上市。无人问津，连财务报表都出具不了的老三板公司，重组概率就小很多。

（3）老三板的公司，盘子都非常小，很多是一两个亿，甚至几千万的股本，股价1块钱左右。特别是进入司法拍卖的时候，拍卖价格才几角钱。几角钱买的话，只需花一两千万就控股一家老三板公司，控股之后，想办法注入优质资产，只要是能重新上市，收益高达数十倍甚至上百倍。当然，整个过程耗时很长，起码是5年到10年。有"强人"通过司法拍卖拿到某老三板的控股权，该公司股价往往也会飞升一波，可以作为一个短线介入的信号。

（4）股票转让方式分1天、3天、5天三类。股票转让方式天数增加属于利好，由1天变更为5天属重大利好，因为只有每周可以交易5天的，才可能重新上市。可以通过巨潮资讯网整理"股票转让方式变更"的个股。也可以根据上文股票转让方式的规则，通过跟踪企业经营、重组的进展，提前布局，在发布《股票转让方式变更》公告前买入，等待发布公告，连续涨停后卖出。方法与 ST 摘帽类似，但值得注意的是，老三板股票停牌时间很长，要有充分的心理准备。

（5）老三板公司重回 A 股，对已经完成重组的老三板个股及其他老三板个股，都会形成股价刺激。A 股市场仅存 S 前锋和 S 佳通两只未股改个股，其中一只停牌股改，会刺激第二只连续涨停，逻辑异曲同工。400059 创智 5 与 400061 长油 5 争当重新上市第一股。

（6）老三板影子股。中浩 A5（400011）、金田 A5（400016）、精密 3（400051）等公司分别被不同的 A 股上市公司所持有，若能重新上市，其影子股将价值重估。

其中，中浩 A5 被申万宏源、华泰证券分别持有 431.2 万股（占比 2.74%），373 万股（2.37%）；深纺织 A 持有金田 A5 1227.45 万股，占比 3.68%；天健集团直接持有精密 3 股份 180 万股，占比 0.69%。

（7）实力机构，可以引导老三板股价，或者主导老三板公司的重组。如果仅是引导股价，要考量真实流通盘的大小。

（8）对于像 400067 欣泰 3 这样的老三板上市公司，市净率只有 0.43 倍，实力机构可以股份全收，然后变卖资产。

（二）返板规则

达到以下 14 条，可向交易所申请返板：

（1）公司股本总额不少于五千万元。

（2）社会公众持有的股份占公司股份总数的比例为 25% 以上；公司股本总额超过四亿元的，社会公众持有的股份占公司股份总数的比例为 10% 以上。

（3）最近三年公司无重大违法行为，财务会计报告无虚假记载。

（4）公司最近三个会计年度的财务会计报告未被出具保留意见、无法表示意见或者否定意见的审计报告。

（5）公司最近三个会计年度经审计的净利润均为正值且累计超过三千万元（净利润以扣除非经常性损益前后较低者为计算依据）。

（6）公司最近三个会计年度经营活动产生的现金流量净额累计超过五千万元；或者公司最近三个会计年度营业收入累计超过三亿元。

（7）公司最近一个会计年度经审计的期末净资产为正值。

（8）公司最近三年主营业务未发生重大变化。

（9）公司最近三年董事、高级管理人员未发生重大变化。

（10）公司最近三年实际控制人未发生变更。

（11）公司具备持续经营能力。

（12）具备健全的公司治理结构和内部控制制度且运作规范。

（13）公司董事、监事、高级管理人员具备法律、行政法规、部门规章、规范性文件、本所有关规定及公司章程规定的任职资格，且不存在影响其任职的情形。

（14）交易所要求的其他条件。

其中，需要重点关注的指标有（一）、（五）、（六）、（七）。可以通过Wind等软件进行初步筛选，约有12只。（股票数据浏览器——沪深股票——全国股转系统类——两网及退市股。）

注1：2018年3月2日，证监会就修改《关于改革完善并严格实施上市公司退市制度的若干意见》公开征求意见，大意是因为欺诈发行、重大信息披露违法等退市的公司，一退到底，禁止重回A股；因为业绩而退市的可以回来，申请重新上市时间间隔，由1年延长为5年。

实施新老划断。新规定施行前，上市公司已被认定构成重大违法行为或者已被依法移送公安机关，并被作出终止上市决定的，适用原规定。除上述情形外，上市公司因新规定施行前发生的重大违法行为的暂停上市、终止上市，适用新规定。

也就是说，新规实施前退市的博元投资，尚存一线生机。但根据笔者的经验，希望不大。证监会很多政策均实行新老划断，且安排过渡期，但金融机构在实操时，往往从严从新。至于欣泰电器，欺诈发行且信批违规，并且是创业板，重新上市彻底凉凉了。反倒是18年可能被实施退市的ST昆机、ST吉恩，有一定的观察价值，但风险也很大。

注2：上交所和深交所关于《退市公司重新上市办法》适用于所有老三板的公司，含两网股。因为两网股原本从两网下来是要平移到主板的，但是被过渡安排到了老三板，等于说两网公司的性质和退市公司是一致的。2018年3月最高法院公布的全国十大破产重组经典案例中写到，作为全国首例在全国证券交易自动报价系统（STAQ系统）和NET系统（以下简称"两网"系

统）流通转让股票的股份公司破产重整案，京中兴公司（400006 京中兴 3）通过重整引入优质旅游资产，实现社会资源的重新整合配置，培育了发展新动能，并为公司在符合法律规定条件时申请公开发行奠定了基础，也为其他"两网"公司通过重整重返资本市场提供了借鉴。

注 3：除上述必要的交易所要求外，适度考虑总市值小，大股东持股比例高，每股净资产高的个股。市值越小，壳的价值越高；大股东持股比例越高，利益越大，动力越足；每股净资产越高，破产重组时偿付比例越小，持股越划算。

六、坏例子举例，好例子举例

（一）坏例子：400020 五环 1

破产重组的难点是让渡股份时的划转问题。老三板股东长期不关注或其他原因，在破产重组的司法程序时，没参与投票，未参与投票的情况下，无法强制划转，这就很可能导致破产重组失败。

典型代表为 400020 五环 1，按照重整计划，北方五环的重整需要经历剥离现有资产、受捐资金和优质资产、股权分置改革、股份让渡、债务豁免等多个步骤，重整完成后，公司将恢复盈利能力，满足未来重新上市的条件。然而，最终却卡死在了股份划转这一步。《破产法》等未规定法院有义务下发协助执行通知书，当然也更没有禁止下发协助执行通知书的规定。但是，中登公司的业务规则又规定，对于凡是没有经过当事人签订协议的股权划转，由法院出具协助执行通知书是股份划转的必备条件。因此，法院若是不下发协助执行通知书，上述股份划转就无法执行。400020 五环 1 案例中，长春中院最终不出具协助执行通知书，北方五环的重整计划半路夭折。

（二）好例子：400061 长油 5

长油不但在老三板初始交易创纪录地收获 33 个涨停，更有望拿下重新上市第一股。目前股价 4.31，为退到老三板后的最高价，较退市整理期最后一个交易日的收盘价 0.83，翻了 5.19 倍。重新上市后，恐怕股价还要在现在的基础上至少翻番。

长油作为央企退市第一股，从退市到可能的重新上市，整个过程非常有借鉴和反思意义。

首先，退市原因并非手里没有好牌，而是一把好牌打臭了。长航油运公司从事石油及制品、化学制品及其他货物仓储、运输；石油及制品、化学产品销售；国际船舶危险品运输；国际船舶管理等业务。这些业务都是近似垄断经营，只要自己不作，管理不混乱，想亏也难。然而，长油公司在2007年行业繁荣期大肆杠杆扩张，买入最贵的资产（船只）。很快又碰上行业进入衰退、萧条期，运价低迷，结果就是血亏。

其次，管理层治理混乱。2010年报表盈利，1年后说不对，实际上亏损了。2013年子公司资不抵债已然破产，却偏要合并到上市公司报表。种种迹象表明，当时的长油管理层治理混乱，要么是真没能力，要么是真没责任。

最后，长油毕竟是国资委旗下的企业，退市不但影响国企形象、造成国有资产流失，引发的投资者拉横幅更是"政治问题"。因此，重新上市动力强。

七、其他

目前创智5（400059）、汇绿5（400038）、高能5（400060）、粤金曼5（400012）等老三板公司均已完成重组，但是没有一家成功A股上市的（400001大自然5是转板到新三板了，现为834019大自然）。

一个开放的、现代化的资本市场，应当是上市常态化、退市常态化、重新上市也常态化的市场。退市难，一部分原因是退市牵扯到的利益太大、太广，而身处其中的广大中小散户，在相当大程度上，是"被退市"。能上能退，退了能重新上，只有这样，在对A股上市公司实施退市时，才会减轻一定的阻力。

期待首只真正意义上回归A股的老三板公司。

【智慧照亮人生】

（1）闺蜜和你倾诉想和那个渣男分手，你义正词严痛骂渣男两小时，三天后两人一定复合。

（2）当你怀疑一个人是不是喜欢你时，他肯定不喜欢你。

（3）当你怀疑一个人是不是讨厌你时，他肯定讨厌你。

（4）如果你对一个人一见钟情，他一定对你毫无感觉。

（5）"暗恋是这个世界上最傻的事情吗?""不，有比暗恋更傻的，那就是互相暗恋。"

（6）人类通常像狗，听到远处有狗吠，自己也吠叫一番。

（7）人最聪明的，并不是捡起了别人没捡到的东西，而是别人捡到了你不想捡的东西。

（8）人生之难；最难提高的是素质；最难改变的是习惯。

（9）医生难医命终之人，佛陀难渡无缘的众生，良言难救股市该死之鬼。

（10）人生有三样东西是无法挽留的；生命、时间和爱，所以你能做的就是去珍惜。

第五部分
箭 客 行

关键语：

　　让我们坚强的，就是经历，使我们成熟的，就是阅历，磨难给了我们本领，洗礼给了我们信心。没有谁，是不去经受生活的磨炼，没有谁，是不去接受岁月的洗礼。慢慢地就明白，人生，原来就是一个懂字。

箭客行 1
九只记忆最深的股票

　　一个股民，没有靠山，自己成为靠山！没有天下，自己打天下！没有资本，自己赚资本！没有涨停，自己发现涨停！这世界从来没有什么救世主！你弱了，所有困难都强了！你强了，所有阻碍都弱了！逢山开路，遇水架桥，人生：你给我压力我还你奇迹！

　　今年是中国改革开放 40 周年，有许多媒体约笔者做访谈，让笔者提前做一下准备。那么该谈些什么呢？作为是一个股民，还是谈一下自己曾经买过的几只股票吧，谈谈影响笔者人生的几只股票，也许更能够反映笔者和时代的共同变迁与进步。

　　1. 作为散户买的第一只股，申华实业

　　笔者在 90 年代初期开的户，笔者开户的时候是一个喜欢集邮的通信工程师。那时开户需要先到登记公司开办股东卡，然后再到证券公司开资金账户和派息账户，笔者开户的时候，证券公司要求开户最低要求是要有 1 万元的保证金，笔者没有 1 万元，就和两个朋友一起每人 3 千多元合开了一个户。证券交易的方式也跟现在没法比，看行情是看证券公司交易大厅里的黑板报价，买卖股票前要先花一块钱买一张委托单，技术分析需要自己利用坐标纸画 K 线图。

笔者记得自己买的第一只股票是申华实业，买了 10 股，当时一手是 10 股，做的短线，记得是赔钱卖的。当时买那个股的原因是，看到了申华实业创始人的一个故事，说这个公司是从一辆私人公共汽车发展起来的，司机瞿建国是后来的董事长，售票员是他的老婆，这个创业故事感动了笔者，所以就买了这只股。

后来不久，笔者就应聘进了证券公司，先是在电脑工程部工作。

2. 作为大户买的第一只股，内蒙华电

在上海进行红马甲培训时，笔者认识了一个广东的老板（不是广东人，是外地人在广州开设的公司）。

这时，笔者做股票已经有些名气，已经开始在国内的证券报刊上开设专栏，那时在报刊上写文章必须有笔名，就起了"花荣"这个名字，记得当时比较有名的股评家还有周明、安妮、珞珈、应建中、徐智麟、其实等人。

广东老板动员笔者去广州、深圳工作，答应给笔者 3000 元的薪水，这是笔者当时在内地证券公司工作工资的 10 倍，笔者当时的感觉可能与足球俱乐部上海上港的外援胡尔克、奥斯卡差不多，无法拒绝。

笔者操作千万级别的资金，买的第一只股是内蒙华电，在新股发行价附近买的，一度浮亏了近 50%，后来遇到救市政策出台，赢利 90% 左右卖出，应该可以赚得更多的，但是之前老板被套怕了，获利满意后就卖了。现在说起来轻松，那时可是惊心动魄、备受煎熬，在最低点时，笔者已经做好了丢掉工作的思想准备。

后来，笔者去了一趟西藏，认购了西藏明珠原始股。

再后来，去了海南。

纪念改革开放 30 周年的时候，许多媒体做这方面的专题报道，把笔者作为了改革开放 30 年代表人物做了专访，笔者问记者为什么会选择我？记者回答说，你做过红马甲，当过操盘手，闯荡过上海滩，当过深圳打工仔，闯过海南，当过北漂，故事性很强，挺适合的。笔者想，哪个操盘手的故事不精彩？只是记者不知道罢了。

3. 作为机构买的第一只股，深发展

1997 年初，笔者在郑州的一家金融公司工作。

公司请上海的业内知名人士应建中、徐智临（中国第一个公募基金经理）来公司讲课。笔者的领导老韩希望他们推荐股票，他们推荐了香港回归概念的龙头股深发展，于是，我们公司就重仓买进了。

原来笔者以为上海机构是最重仓的机构，后来查 10 大流通股东，才发现郑州的几家机构位列前 10，而且这几家机构都与我们公司有股权关联关系。

我们的深发展持仓成本是 19 元多，5 月涨到 49 元，这个阶段除了香港回归股，其他股票基本没有怎么涨。

股价涨过 45 元后，笔者建议公司卖掉，公司就卖掉了这个股，但是郑州的其他几家机构，如三读期货、郑州证券等没有卖，后来都被套了。

操作过深发展后，笔者再参加国内的机构研讨会，组织方机构就明显对笔者的态度比以往热情了许多。

有记者曾经问笔者，你评价对比一下你和李大霄所长？笔者回答说，李所长明显更受媒体和散户的欢迎，是当红人士，肯定比笔者强，笔者也有少许的优势，笔者在国内的民营机构、大户中有一些影响力。

4. 赚取第一桶金的股，清华同方

1999 年，笔者在业内已经有了一定的知名度，但是经济实力有限，刚买了的一套房子，股票账户里只有 18 万元的保证金。

这时，笔者在华融信托郑州营业部兼职工作并专职炒股，之前工作过的那家金融机构被撤销了，那家金融机构曾经发动过两次期货大战。

这年，笔者有了女儿，在之前笔者对钱没有欲望，炒股就像玩游戏一样，但是有了女儿后，感觉到了男人身上的责任感。

1999 年 5 月，起了 5.19 行情，这年的 7 月 1 日《证券法》将正式生效。

在行情开始前，笔者看了一下账户，18 万多。

行情结束空仓的时候，账户里资金变成了 80 多万元。

资金的增多，起到最大作用的一个股票是清华同方，这个股是 32 元多买的，67 元多卖的，当然也有资金杠杆的作用。

有了将近 100 万元的资金，我顿时感觉自己有了一些底气，钱是现代男人的胆，这话是有道理的，笔者问自己，是不是该做些什么了，总不能一辈子窝在郑州这个二线城市吧，自己是闯过大世面的人啊？

5. 倾家荡产差点逼死自己的股

正好有一个机会来到了北京。

笔者是从北京西客站下的火车，出站的时候，知道自己是一个北漂了，两眼茫茫，对前途还有些忐忑，连手机都没有，那时在北京买手机需要固定电话担保。

在北京的第一年，非常顺，笔者帮一个企业炒股赚了不少钱，笔者自己的资金账户也涨到了一个历史新纪录。

笔者原来给自己定的目标是成为千万级别的大户，这时感觉定得低了，最起码应该先实现一个"小目标"啊。

于是，接受了券商介绍的融资，有点晕头了，光想着赚钱，忘记了风险。

2001 年，我重仓了一个南方证券的重仓股，结果遇到了国有股减持的黑天鹅，大盘走熊，行情连续大跌，笔者的股海生涯也进入了最痛苦的阶段，持股数量比较大，想跑也跑不了。

幸好遇见了 2002 年的 6.24 脉冲行情，笔者果断地把持股全部卖掉，偿还了所有借款，我还钱的时候，那家券商还嘲笑笔者，"花大侠，也害怕了？"现在这家券商已经不存在了。

这轮熊市中，笔者管理的资金赔了不到 10%，但是 10 倍杠杆融资有保底协议，笔者自己的钱全部赔光了。这时，女儿才两岁，北京的房子才开始还房贷。一家证券报发了一篇长篇报道《著名京城私募退出江湖》，这篇报道笔者至今还保留在家里，而那些笔者获得炒股冠军的报道都给扔了。这个时候的感觉，就像好不容易从井底下爬到地面上，又掉进了井底下一样，连续一个星期晚上没有睡好觉，晚上抑制不住自己的眼泪，甚至思考过死亡的问题。

最后还是扛住了，并立誓一定要东山再起，重新来过。一个人最辉煌的时刻，也许不是在功成名就之时，而是能扛住最艰难时刻，并在最艰难时刻对未来依然抱有信心。

6. 确立自己独门赢利模式的股，深中集

A 股市场有过四轮的残酷跌势，1994 年的 333 点，2001~2005 年的 1000点，2008 年的 1664 点，2015 年的 2850 点。笔者认为，最惨烈的还是 2001~

2005 年这次，因为在这轮熊市中，全国的证券公司基本上都资不抵债了。

那段时间没有行情，笔者也没有资金，只得一边反思总结 A 股的实战技术，一边为券商、软件公司做炒股技术讲座，笔者去过全国上百个城市的证券营业部，替全国大部分知名的软件公司讲过课。

"要成为一个优秀的操盘手，必须要死过一次，或者重伤过一次，这次重伤又没有击倒你"，笔者觉得这句话是有道理的。

在 20 世纪 90 年代，笔者曾经参加过一个业内操盘手的研讨会，在这次会上有 32 个人，都是各地的精英，这 32 个人至今还在炒股的，只有笔者一个了。

此时，笔者最大的收获，就是觉悟总结了"盲点套利"理论，把自己原来认可的技术分析、基本面分析等大众炒股理论彻底推翻了。

2004 年，社会暴发了"非典"疫情，股票市场依然很差，但是笔者投资的深中集成为这个年度深市涨幅最大的股票，虽然由于本金原因，赚的钱不多，但是在北京大户圈子里树立的威信，也为自己重拾了信心。

7. 咸鱼翻身的股，丝绸股份

要问笔者这辈子最大的贵人是谁？笔者自己认为是尚福林和山西煤矿老板，因为尚福林主持领导了股改，造就了 A 股历史上的一次最大牛市，1000 点涨到了 6124 点。笔者也通过这次牛市改变了命运，实现了财富自由。

在这轮股改牛市中，笔者记忆最深刻的股票是丝绸股份，这只股票的股改方案是给予二级市场的投资者现金选择权。

当时丝绸股份的股价在 3 元左右，而大股东给予的现金选择权是 3.5 元，笔者感觉到机会来了，只要有资金，笔者就能实现无风险的利润，利润的大小要靠资金的规模。

笔者写了一页 A4 纸的投资方案，到山西见了一个煤矿老板，想从他那里私募 1000 万元的现金。

他半信半疑地问笔者："这个投资计划的最大风险在哪里？"

我回答说："最大的风险是，咱们建完仓后，大盘暴跌，别人亏得一塌糊涂，咱们只赚了 10%。"

他继续问："你敢不敢在协议里写一条，我的这笔钱赔了，自己找一根绳子吊死？"

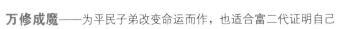

笔者回答说："敢。"

就这样，我从他那里私募了 2000 万元的资金，经他介绍，从其他的三十几位煤矿老板手中共募集了几个亿的资金，三十几份协议，每一份都写有"如果甲方的钱一年期结束后赔了，乙方自己找一根绳子吊死"。

笔者就是这样实现的财富自由。有机会的时候，还需要有办法有胆识把握住，并在行情结束的时候保住利润。

8. 赢利额最大的股，攀钢钢钒

说起笔者自己赢利额最大的一只股，是在 2008 年大熊市中实现的，许多人也许不相信，但事实确实是这样的。

攀钢钢钒，这只股因为整体上市原因提供了 9.58 元的现金选择权（后调成了 10.58 元），2008 年的惨烈熊市导致这只股一度跌到了 6 元多。

笔者是从 8.2 元开始建仓的，越跌越买，跌到 6 元多的时候还在加仓。6 元多的时候，有的股友实在坚持不住抛掉，我却把剩下的资金全部买进，随后就涨停。在大盘从 3000 点跌到 1664 点的过程中，许多股票腰斩甚至更多，甚至连工商银行都连续三个跌停，攀钢钢钒从 6 元多涨到 9 元附近。

男人发财，40 岁不晚！

2008 年的股票投资收益挺好的，攀钢钢钒的贡献很大。2009 年初，笔者受到中国证监会稽查总队的调查，最后结论是没有非法行为。

9. 发扬骑士精神的股，华发股份

2014 年 5 月，大盘已经长时间固守 2000 点重要关口，即使是在 2013 年6 月底发生了钱荒，沪市指数也只是短暂击破 2000 点，随即收回，考虑到基本面情况再结合历史底部经验，笔者觉得历史性的机会即将来临。

投资者进入股市，一方面是要获得正常的理财收益，另一方面就是要获得牛市的超额暴利，甚至改变命运。

笔者是王阳明的信徒，奉行"知行合一""致良知"，应用到生活中，就是"学雷锋从身边人做起，从能接触到的亲朋好友做起"。每一轮大牛市都会爆出大牛股，并造就一批财富自由的幸儿，当然在牛市结束的时候还要保住胜利果实，否则是悲剧角色。

人在不同的处境下境界是不同的。

笔者刚来北京的时候，为一个大户当股市操盘手，这个大户是个退役军官，性格粗鲁，说话喜欢带脏字。笔者不是很习惯，但是笔者一直隐忍。后来，笔者自己的账户资金达到 1000 万元时，就忍不住了，当他再次跟笔者说话有脏字，笔者拿起他桌上的茶杯摔在了地上，说："咱们是平等的，你说话干净点，你愿意合作就继续合作，不愿意咱们今天就结束吧。"这个家伙粗是粗，但是不傻，并没有因为我的举动而翻脸，我们现在依然是哥们儿、股友，但是他说话带脏字的坏毛病改掉了，他媳妇为此还谢过笔者！

笔者在没钱的时候，考虑问题多是站在自我的角度，在股市发财后，就想着有机会报效国家，为周边的朋友做些事情。

在意识到市场即将出现牛市机会后，最重要的就是选股，考虑到房地产行业的强势背景和国家即将在广东设立自由贸易区，以及股市投机的技术成面，几番比较，笔者确信华发股份在 2014 年 6 月底时的价格值得赌注一把。在与我们羽毛球队、乒乓队、歌友会、爬山队的股友交流股市机会时，笔者说了看好华发股份的看法，并开玩笑地与大家约定，大家一定要在未来的行情中赚一笔大钱，买一辆奔驰车。

2014 年 7 月，波澜壮阔的牛市来了，指数从 2000 点左右一口气涨到 5100 点，华发股份的股价从 6 元涨到 24 元。我们这个群体的股友大多也成功地在 5000 点上方逃顶，不少股友履约买了奔驰汽车！！！

箭客行 2
笔者在 2015 年的股灾

如果你爱他，送他去股市；如果你恨他，送他去股市。这句话在 2015 年的 A 股，体现得淋漓尽致。

2015 年 6 月 5 日，周五，沪市指数开盘 5016 点，收盘 5023 点，站上 5000 点整数点大关。在这天笔者写私人操盘日志博客的时候，特意加了一句，"市场已经进入高风险区域，短线是天堂，中长线是地狱，如果你的钱是亲生的，当前的市场只能做短线，千万不能有长线持股不动的想法。"

这个周末，笔者有三场朋友约会。

周五的一场是一个非常有实力的房地产老板约请笔者的饭局，这个饭局

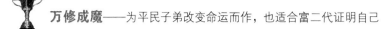

的主题是大老板想拿巨资请笔者帮他炒股票。如果是一般的企业家在这个点位提出这个要求，笔者会告诉他股市已进入高风险区，拒绝合作的，但是这个大老板对笔者有旧恩，他曾经在2000点多一点的时候就想请笔者帮炒股票，那时笔者因故没有答应，这次笔者犹豫了一下然后答应了，笔者担心，如果我不答应帮他炒，或许他还会去找别的高手，这样很可能会把钱赔了。但是，笔者多了一句嘴，说现在指数有点高，笔者会做得比较谨慎，而且以短线为主，对收益率不能期望太高。

要是笔者当时不说这句话就好了，可能是因为这句话，让他感觉到我信心不足，导致他给了我一个亿的资金，还给了另外一个高手五千万的资金。在今年（2016年）春节2700点停止合作的时候，据说那五千万亏了三千多万，我这一个亿赚了六百万。

星期六是第二场，聚会的都是一些私募的朋友，大家谈到行情的时候，大家最感兴趣的话题有两个，一个是部分公募基金狂拉小盘高价股，哪个基金的重仓股不到一个月就翻了一倍；另一个是讲疯狂的配资，说南方一些省份的配资可以1配10，一千万可以配一个亿。有一个年轻的小伙子忽然对1比10的配资发声了，跟笔者说，"花老师，你帮我看看，有一个盈利模式你看有没有问题，我先买进一个100块钱的小盘股，股价高容易建仓，然后拉高，最后用1000万配资1个亿在高位边拉高边接货我的底仓，配资的那部分能出多少是多少，最坏是配资公司选择平仓把那1000万赔了，但是综合来算，还是暴赚。"笔者回答他："这个模式没问题，你就不害怕，配资公司赔了钱不会找你算账？"小伙子问："你刚才不是说场外配资不是违法的吗？"笔者说："是啊，但是玩场外配资的人，多数不是好惹的。"

后来，股灾发生的时候，听说这个小伙子1比10配资的那只股票连续跌停，这个小伙子与我们这帮人失去了联系，大家都说找不到他人，就连他的女朋友也失踪了，可能是把钱赔光了。笔者有种直觉，这个小伙子可能没有把钱赔光，反而是大赚了一把，远走高飞到国外快活去了。顺便说一句，这个小伙子原来很喜欢与笔者讨论孙子兵法和三十六计。

最后是星期日那场约会是我们几个羽毛球俱乐部的球友，星期天下午打完球后去八号公馆洗澡，一起聊聊股市，晚餐的时候，笔者本来就想给几个球友警示一下风险，谁知在央视工作的李小鸟率先问笔者："花哥，你在《百战成精》里说，市场大行情涨到高市盈率的情况下，很容易出现暴跌，现在是不是很危险了，我想收手不干了，把融资还了，把房子贷款还了。"笔者回答他，也是同时告诉另外两个股友，"现在的关键点就是保，别买单，不跌则已，一跌肯定会非常狠的，但是牛市最后一段又比较有诱惑力，所以笔者认为是，短线是天堂，中长线是地狱，现在收手不干也是可以的，但是在高位的时候个股短线挣钱也很快，大家都很疯狂，也可以控制仓位做短线，每只股仓位不能大，并随做好空仓的准备，一旦势头不对，卖股票要果断，千万不能犹豫，否则会死人的。"

晚上回家后，笔者又专门发微信告诉几个比较熟悉的股友，如果笔者说清仓，一定要把股票全卖掉，如果犹豫，可能会死人。

这轮行情的最高点是 2015 年 6 月 12 日出现的，5178.19 点，一个值得人玩味的数字。当时我持有的股票是华泰证券，针对的题材是江苏银行即将 IPO 上会（华泰证券持有江苏银行的股份，属于受益股）。6 月 15 日星期一大盘大跌 103.36 点，6 月 16 日星期二大盘再大跌 175.56 点，技术出现负连续，并且跌破了我的操作系统的短期生命线，笔者赶紧把华泰证券卖掉了，好在两天大盘大跌时它的股价还是涨的，然后在笔者的花友微信群中说，笔者把华泰证券卖了，空仓了，暂时也不敢买股票了，要把这轮行情的收益保住。笔者说过这话后，与笔者交往时间比较长的股友，比如说避暑山庄的，爬山队的，基本上都把股票卖掉了，但是一些新结识的股友比较犹豫，他们还想观望观望，绝大多数人是不愿意空仓喜欢永远持股的。

我们每周二收市后，爬山队股友集体爬山，这时大多数爬山队的股友都已经大幅减仓了，少数人有少部分仓位，只有晓禧和张老实是满仓。讨论行情时，笔者说这个位置股价有可能反抽，但速度可能会很快，动作慢的话不如不做，笔者是暂时不打算再进了，如果明天反弹，还得卖。说完后，笔者专门点了三个股友，晓禧、张老实、恩莲，笔者说："别人我不担心，就担心你们三个被这次可能的暴跌伤住，你们都有价值投资的思维倾向。"

晓禧说："没事，花哥，我盯着 30 日线呢，一破我就砍。"

笔者说："前些时，股票涨得太猛，如果跌破 30 日均线再砍，损失太大，甚至有看不下去的可能了。"

事实证明笔者的担心是对的，晓禧是跌破 60 日均线才砍的，张老实是晓禧苦口婆心地再三劝导下，跌了 1000 点后才把大部分股票卖掉的。

6 月 17 日，周三上午大盘又跌了 100 多点，但是下午指数出现逆转，收盘的时候沪市指数反而上涨 80.47 点。

6 月 18 日，周四，跌 162.37 点。

6 月 19 日，周五，跌 307 点，千股跌停。

接着是端午短假期。在端午节假期 6 月 20 日我发了一条微博，"【周末谜语】谜面：第一阶段，关门打狗，第二阶段，温水煮青蛙，第三阶段，痛打落水狗，第四阶段，温水煮青蛙，第五阶段，坐老虎凳、灌辣椒水。谜底打一股市用语。"

6 月 23 日周二，大盘上午一度跌了 100 多点，下午收盘时拉回，涨 98.13 点。

在下午笔者看见一个股友发微博，让大家不要怕，"洗洗更健康，不到 6000 点非好汉！"笔者转发并跟他开玩笑说，"小心没大错啊，现在趋势已经坏了，这轮下跌有可能跌到 3000 点以下。"

没想到，这下子把马蜂窝捅了，几百个网友骂，跳着脚骂，笔者一看骂人的微博介绍，有公务员，有中学老师，有医生，有退伍军人，有边远地区的人，好家伙，在股市里赔钱的人，真恶毒，笔者估计连周星星都不一定能扛住，于是，笔者就在收市的时候把这条微博删了，然后去爬山了。

晚饭的时候，笔者看了一下微博，依然是一大片的谩骂，可想象出骂人者是跳着脚骂的。

有一次笔者同一个台湾演员讨论笔者写的股市小说《操盘手》改编成电影电视剧时，他说过一句话，"你们大陆演员演贪官和坏人，演得真像啊，演得真是好。"

由于骂人的网友集中攻击笔者的一个事情是，笔者把那条写要跌破 3000 点的微博删掉了，他们要求重新发出来，否则就骂个没完，于是吃完晚饭的时候我按"疯子"们的要求又发了条微博，"【我现在的市场感觉】①5178 点可能是重要头部，即使不是今年最高点也是附近。②今年下半年沪指可能跌破 4000 点，明年可能跌破 3000 点，年底 1 赢 2 平 7 亏的定律可能会依然有效。③银行股、券商股基本面可能下行，30 元以上股可能是重灾区。④融资者、中长线者、有最低仓限的公募基金投资者可逢高离场？"

结果，这条微博又是一大波骂声。没办法，笔者拉黑了 200 多个疯子，这是笔者开微博拉黑骂人者最多的一天。

也许是天意，这条微博再次提醒了一些头脑尚属清醒的股友。

我们微信群里美女环球小姐启涵看见了这条微博后，问笔者发这条微博是赌气，还是心里真是这么认为的，笔者说："我是真心这么认为的"。于是，她第二天就把满仓加融资的股票全卖掉了，后来她听配资公司的人说，她是这个配资中极少数赚钱卖掉的幸运者，有不少人其后把钱赔光了，环球小姐到底是环球小姐，素质就是比一般人高。

笔者知道第二天卖掉股票还有微信群里的一位上海的女股友，她满仓加融资 2 个多亿第二天割掉的，回撤了几千万，卖掉后，她的股又涨了一些，在群里的发言有点后悔的意思，我鼓励她，"不用后悔，也许你这次卖股票是人生最重要的一次行为，如果今天大盘不涨，这么大量的股还不好卖呢。"

也有舍不得的，群里的一位广东的女企业家，问笔者，"现在管理层一直在出利好，我的投资顾问说已经跌到位了，我的股票属于有题材的好股，是不是可以不卖，长线持有？"我回答说，"大行情后的熊市暴跌，最怕三种思想，①我的股好，不用怕；②等反弹，少赔一点再卖；③做长线，留给孙子。你的股能不能抗跌，我拿不准，但是大多数人，持股不动，也许人生最惨痛的一次教训即将发生。"这位女企业家到底没卖，她后来跟我说，这次股灾确实是她人生最惨痛的一次教训，连续多天晚上睡不着觉。

6 月 24 日，星期三，大盘上涨了 113.66 点。这是最后的逃命机会，大多数个股连续跌停的走势开始了。

6 月 25 日，星期四，跌 162.37 点，一大片跌停。

6 月 26 日，星期五，跌 334.91 点，千股跌停。

6 月 27 日、28 日，周末休市。

6 月 29 日，星期一，跌 139.84 点，一大片跌停，这天指标股上涨修饰指数，如中国石油这天上涨 3.99%。

6 月 30 日，星期二，上午千股跌停，市场非常绝望，根据我的实战经验，我此时做好了短线抢反弹的思想准备，并发了一条微博，"接到了好多求救的私信和 v 信，说什么的都有，没法一一回答，这里统一回答一下：再坚持 4 个小时吧！罗文《万里长城永不倒》"。11 多点，笔者看见许多股票在

跌停板上出现了密集坚决的大买单，于是也在几个自选股的跌停板上买进了一些，临近中午收市的时候，指数出现了迅猛的急拉。下午指数继续上漂，尾市收盘的时候，上涨 224.19 点，指数收在 4277.22 点。

7月1日，星期三，上午指数还算平稳，由于昨天的反弹短线收益还可以，我就把股票全卖掉，落袋为安，抢反弹可不能犹豫，玩成了中线，赚钱不卖亏钱卖。尾市一个小时，风云突变，大盘急速跳水，前两天护盘的中国石油也顶不住了，下跌 223.52 点，千股跌停。

7月2日，星期四，大盘再跌 140.93 点，千股跌停，虽然这天沪市指数只跌了 –3.48%，但是指标股中石油倒是涨了 8.75%，工商银行上涨了 5.84%，这两只指标股我都少量买了一些。

7月3日，星期五，指数跳空低开，大跌 225.85 点，千股跌停，市场极度恐慌。这天尾市笔者开始少量地抄底，记得买重庆水务。笔者计划，按照操作系统的指引，稍微谨慎些分批抄底，先是指标股，再是绩优股，最后是超跌股。

又到周末，笔者应邀去北京的郊区古北水镇参加一个机构的股票研讨会，这个周末估计全国持股的股民绝大多数心情不好，这点笔者可以从参会者的表情看出来，大家不太像来参加股市研讨会的，倒是像来参加股市英雄们的追悼会的。

顺便说句，北京城虽然颇有盛名，但是城里特好玩的地方还真是不太容易找，钓鱼台不错，但是要吃顿饭才能进，这价钱一般老百姓够呛！周边的古北水镇、雁栖湖还不错。

会议周六开了半天会，发言的人中有好几个眼睛是红的，也有边发言边骂娘，"臭不要脸的中国股市"。

本来下午是要在古北水镇玩半天的，但是网络媒体刊登了重大消息，"7月4日，21 家券商发布联合公告表示，以 2015 年 6 月底净资产 15% 出资，合计不低于 1200 亿元，用于投资蓝筹股，这些资金并非由券商直接投入市场，而是需要在 6 日上午 11 点前全部打入中国证券金融公司账户，由证金公司统一进行投资。"

接着又有进一步的救市消息，停发新股，上个星期认购新股冻结的资金周一开市钱退回。

大家一下子兴奋了，有好多参会的人，选择了提前回城了，要选股大战了。

7月6日，周一，大盘开盘时高开，有一半的股是以涨停板开的盘，但是指数其后就一路下行，虽然尾市指数还是上涨了88.99点，但是绝大多数股票跌停，指标股和少数绩优股上涨拖住了指数。

"大家盼望解放军，结果国家给全体A股套牢者每人发了套军装，但是乌合之众没有战斗力，又迎来了一天千股跌停"。

"那21家券商进没进啊？别不是利用早上的高开，乘机跑了，凑足了1200亿，孙子兵法玩得不错啊！"

"再跌，只有自杀了，不是吓唬人的，真心话，我的人生真是失败"。

这是那天收市后的一些股民写的微博。

7月7日，周二，大多数股票跌停。

7月8日，周三，大多数股票跌停。

这天晚上，一个大户请笔者在亚运村的无名居吃饭问股票，这个大户是个美男子，气质特别好，但是那天他的神情不太对，他跟笔者说话的时候，眼睛不看着笔者，老是看着旁边。

笔者安慰他，"别着急，现在千万不能卖，这几天我天天在买，明天会继续买的，你没看我的博客题目是，千载难逢的机会就在眼前"。

7月9日，周四，这天早上醒得比较早，打开手机的时候，看见一个合作大户给笔者发了微信，半夜3点多发的，用语音发的，但是又什么都没说。笔者明白他的意思，因为前几天抄底，他的账户在这几天浮亏了1000多万，虽然仓位只占了1/3，但这是他的账户历史上最大的一次回撤，他担心了。笔者给他回了个微信，"何总，不要着急，现在机会挺好的，股灾财是股市中的最佳机会，现在只能加大仓位买，不能卖。这样的暴跌，我经历过几次，最后都是赢家，市场转机就是这两天就可能出现，转机出现后，许多股会连续涨停的，我和我的朋友都在从银行往股票账户里转钱。"

开市前，一个大官的二代打电话问我的看法，笔者把那条微信的内容重复地告诉了他。通完电话，我发了微博，"股灾财是股市第一利润，高于大牛市利润和无风险套利利润"。

这天开盘的时候，大多数个股依然是跌停开盘，但是许多跌停的股票有连续的大买单吞吃筹码，我就把剩下的资金先买进了一半，看着自选股上的一些股跌停上巨单快被吃开，还有一两百万股卖单的时候，就把全部的资金打出了。

9点45分的时候，几乎所有跌停的个股跌停封单都被买开了，指数开始回升，于是，笔者在微博上放歌《万里长城永不倒》《陪我看日出》，之后一路上扬，直至绝大多数股票涨停。这天股指的最低点是3373.54点，收盘指数3709.33点，笔者买的好几只股由跌停冲向涨停。

7月10日，星期五，大多数个股开盘就涨停。前几天是大多数个股跌停卖不掉，这天是大多数个股涨停买不进，A股真是个神经病！

7月13日，星期一，大多数个股开盘就涨停。

7月14日，星期二，大多数个股开始震荡，我就选择了减仓。

之后的两个周，笔者一直在选择逢高减仓，直至清仓，清完仓后，我想我该奖励一下自己，去旅游一趟，先是开车去了趟承德的避暑山庄，说了好几年了要去的，这次真去了，然后飞到了张家界，在张家界、边城茶峒玩了一段时间，我的朋友在边城茶峒开了一间"悠然居"客栈，真的不错。

在笔者旅游的时候，指数有几天小反弹，看微博的时候，有几个股友评论说，"花大侠，踏空了吧，是不是心如刀割？"

哈哈！真可爱，在股市里你对牛弹琴，牛不但不欣赏你，牛还会跟你弹几首幽默的曲子呢！2015年的股市，对于笔者来讲，可以说意义非常，买一支中超球队还养不起，拼不过国企，但是买一支中甲球队，那是没问题的，以后生活上可以放大方一点，对人也宽容一点。下个人生目标，就是把《操盘手》《股囧》拍成大电影、电视剧，追求精神上的财富，争取在历史上雁过留名。

8月18日，返京，这天股灾2.0又开始了，指数由这天的4006.34点一口气跌到2850.71点，许多个股又是5个跌停左右，市场又是腥风血雨，哭声一片。

笔者听一个股友说，我们两个共同认识的一个股友，他的股票连续5个跌停后，那天晚上睡着后，以后再也没有醒过来。

我们爬山队的一个小伙子跟我说，他的前女友给他打电话求助说，"家里给她在北京买房子的首付款跌没了3/4，问怎么办？"小伙子说，"你别着急，先放着别动，等反弹到 3300 点左右卖掉，你赔了多少钱我给你补上。"

笔者心里想，这个小伙子真不错，不但挣了钱，还有骑士精神，以后人生发展空间可能会不小，笔者有机会能帮他就帮他一下，可惜那个女孩没眼光，当初把这么优秀的一个小伙子放弃了。

箭客行 3
花狐狸神话破灭记

不守操作系统就会被熊惩罚，熊会咬得你失眠，操作系统的发明者也不例外！

2015 年虽然有两次股灾，但是笔者的投资生涯达到了一个空前的顶峰，绝对金额的投机收入创造了历史最高，虽然此前笔者已经连续 11 年实现了正收益（2004~2014 年，2003 年做银河证券的重仓股东风汽车时曾经被套），这其中包括非常残酷的 2008 年（世界金融危机），那年笔者拥有的账号中最差的收益也有 25% 以上，这点中国证监会稽查总队和交易所可以给笔者做证，因为 2009 年中国证监会曾经对笔者 2007 年、2008 年的所有交易记录进行过调查（结果是没有违法事实）。但是笔者认为自己的精神境界通过 2014 年、2015 年的股市财富积累得到了升华，2015 年 10 月，笔者曾经自己暗暗地做了一个决定，忘记此前所有的人生不愉快和芥蒂，对所有能接触的人尽量友好。2015 年年末，好像社会对笔者的认可也达到了空前，可能是因为我公开预警躲过了两次股灾并抄底成功，年底笔者受邀参加了搜狐、网易的年会，获得了新浪微博财经最有影响力大 V 荣誉，参加了举足轻重的顶级企业家私人年末家宴。笔者自己认为，笔者 2007 年实现了财富自由的升华，2015 年实现了人格尊重升华。

2015 年 12 月，笔者的市场感觉还非常良好，11 月底笔者就判断出了 12 月保险举牌重仓股有很好的机会，12 月中旬的时候就认为 2016 年是平衡势（有可能破 3000 点，网易年会上发言），12 月的几只股票操作也比较顺利。

12 月 30 日的时候，笔者持仓比较重的三只股票是山推股份、雪迪龙、格林美（其他股票数量比较少），总仓位 25% 左右，此时格林美停牌，雪迪龙小幅盈利，山推股份盈利近 20%，应该是比较主动的。

12 月 31 日上午尾盘的跳水以及下午尾盘的指数急速跳水，其实已经显示了盘面警示，收盘并跌破了 30 日均线，但是笔者没有给予足够的重视。可能是之前的顺利使得自己太自信了，只想到每年年初是资金相对宽松的时间，也是基金机构操作最为积极的传统时间，虽然也有 1 月 8 日的大小非股解禁敏感日和注册制的利空消息，我感觉大盘不会出现太大的问题，并且先入为主地制定了作战计划，围绕着 1 月 8 日的环保大会和亚投行开业这两个题材（雪迪龙、山推股份）争取 2016 年首战开门红。

2016 年 1 月 4 日，是股市熔断制度实施的第一天，开盘指数直接下泻，跌破了最后一个支撑线 60 日均线（平衡势暂时取代 30 日均线的生命线），按照花氏操作系统，上午就应该果断地清仓规避风险，但是几件事情让我有了心理障碍。第一件事情是，2015 年 11 月 27 日那天大盘跌破 30 日均线后笔者清仓了当时的持股红旗连锁，红旗连锁其后几天股价表现不错并涨停了；第二件事情是有几个比较重要的朋友在 2015 年年底时问我股票时，笔者告诉了他们雪迪龙和山推股份，其中有一个明星股友说看见大盘大跌，他和另外几个明星满仓这两股了，笔者心中暗暗叫苦，但没法告诉他大盘有点不妙，破生命线了。中午躺在床上睡午觉的时候，笔者还在想，他刚满仓笔者自己今天卖掉了是不是有点不合适，该怎么解释？

下午大盘开盘的时候笔者还在犹豫，是现在立即砍仓，还是等到下午尾市再决定，大盘一下子就跌停熔断了，这天直接收市了。

忽视了熔断制度（新鲜事物）对市场的影响，是一个很大的判断失误。一个重要的新鲜事物出现一定会受到主力机构重视的，当初股指期货出现时大盘就跌了 800 点，这次熔断制度的实行，又有 1 月 8 日的大小非解禁、注册制的利空消息配合，主力做空很正常啊！长时间的顺利让自己放松了阶级斗争这根应时刻紧绷的玄，对于新鲜事物出现这个盲点我这几天做了总结，股市经验都是用金钱血泪写就的一点也不夸张。

1 月 5 日，大盘低开收阳，笔者还没有意识到严重性，没有想到清仓，想观察一下，自己现在的资金量今非昔比，看看能不能争取把雪迪龙和山推股份低位加仓利用反弹救出来，1 月 6 日大盘果然上涨，好像风波就要过去的样子。这天山推股份还是盈利的，雪迪龙只是小亏，殊不料晚上传来了人民币大幅贬值的消息，1 月 7 日大盘直接低开下挫，开盘不久就又熔断跌停了，该死的熔断制度！

人在不同的处境、不同的状态下，能力是不同的（这个定律以后在不顺的时候要心里清楚）。在第二次熔断后，扳本心理已经压过了对操作系统的服从，当天晚上熔断制度被叫停，这个政策消息强化了笔者短线看多的想法，虽然也想过大盘可能还会跌，但认为应该先出现修复性的反弹，主观期望心理占据了上风。第二天大盘高开，随后恐慌盘立刻杀出，指数急速变绿，笔者看见低位有承接盘和反击力量，我当时认为这是最后的杀跌，选择了加仓股票。

笔者这个人是唯物主义思想，不太相信迷信。不知道形成了独门习惯，就是仓位超过 10% 就暂时不吃牛肉，空仓的时候可以吃，因为每次有仓位时吃牛肉，第二天大盘下跌概率很大，屡试不爽。那段时间约饭局见面的股友很多，周末的时候，有一个大型饭局，菜里面就有牛肉，好像还不止一道；另外一个小饭局，是云南菜，我专门说了一句，不要点牛肉，但是有一个菌类菜里面还是有牛肉，我笑着说，没事，如果明天大盘不跌，这个戒律我以后就破了，但是心里面想，这是不是神灵在暗示我什么呢？

周日晚上，饭局结束后，是一个开赛车的小伙子送笔者回家的，小伙子很帅，20 岁多点因为飙车上了新闻媒体头条。他说，"他拿了点钱试水股市，10 月到现在，30 万已经变成 8 万了。"

周一，大盘直接低开，我就直觉到坏了，该涨不涨理应看跌，牛肉的神灵提醒是不是起作用了，就硬着头皮在上午砍掉了一些仓位，想向下做个 T+0，尾市接回，大盘再度大跌，尾市跳水，沪市指数收在 3016 点，6 个交易日跌了近 600 个点，尾市的时候我看见自选榜上的盐田港一直在异动，有大买盘承接，股价不跟随大盘下跌，就一狠心，重仓猛地砸了进去了，神灵再帮我一次，同时也接了一些雪迪龙。盐田港，赌对了，周二它没有任何消息的情况下，股价开盘开在了涨停板附近，不能贪，便把手中的盐田港大部分倒了出来，只留了一点，对不起了盐田港的庄家，谢谢照顾老花的神灵。雪迪龙这天涨势也不错，在大盘收十字星平盘的情况下涨了 3.93%，继续持有了。

周二晚上，几个歌友和乒乓球队的队友约在大董烤鸭店吃饭，天真冷啊！大家聊天的时候谈到，今年的股市真是邪门，以往的死对头，从来不卖股票的价值投资者，全都害怕了，大多已空仓了。吃完饭回家，一家上海的私募基金的老总给我打电话聊股市，他也谈到他认识的机构大户几乎全部崩溃了，他也觉得机会临近了，他前两天刚杀出来的，想周三再杀回去，我们交流个股的时候，都看好低价股，认为2016年上半年低价重组股机会应该更大一些，他说他看好阳光城，我说我看好山推股份。

周三，笔者知道有几个熟悉的大户杀进去了。周三上午大盘还好好的，下午就传来了一位官员的讲话，说现在股价估值还高，政府希望市场自由波动，大家要习惯股市高波动，这番讲话毫无疑问地动摇了原本就很脆弱的市场信心，一大批绝望的资金在下午杀了出来。对于这种情况，笔者当时有一种直觉，这次A股快速暴跌有可能是某些大机构策划的，但是弹簧已经压到目前的状态，无论如何不能现在看空清仓，这样做说不定会两面都被抽大嘴巴，只有硬着头皮坚持硬顶，尾市我采取了少量的加仓。

周四沪市指数大幅低开，指数开在了去年下半年股灾2.0版时的低点2850点的附近，2874点，在这个点位我采取了重仓加仓，其中有两个账号加到了满仓，这天尾市收出了100多点的大阳线，但是市场没有放量，为了控制仓位，笔者尾盘减了一些仓位，第二天周五开盘时继续减，以使仓位保持在一个能让自己心态平稳的水平线上。周五市场继续恐慌杀跌，看得出来许多私募基金熬不住了，他们有清盘线的压力，周五尾市沪指大跌106.68点，悲观气氛继续弥漫市场。

周末，周六打完乒乓球，一个爬山队的队友开车接笔者去参加一个大户饭局。饭局在电影演员金巧巧火锅店，大部分菜都是牛肉，指数都跌到这份上，有什么可怕的，只管吃；第二天打完羽毛球，一个羽毛球球友请客，坐球友的车到饭店，一看又是金巧巧火锅店，原来请客的球友与金巧巧是邻居，又是一顿牛肉，得，想开一点，负负得正，已经2900点了还有什么可怕的。

2016年1月14日，周一，大盘直接低开在了2847点，把2850点重要的心理关口跌破。周末的时候，刚被拉进了一个新的微信群，群的名字就叫"口令2850"，大家约好了大盘跌破了2850点一起抄底，结果只有笔者一个人在2850点下方买了，其他人均在这个点位按兵未动，看样子在这个群里，只有笔者有项羽的气质（巨鹿之战），为了追求效率，笔者新开仓了股票兰州民百。这天大盘小涨，周二大盘上涨 93 点，笔者的市值恢复得挺多的，已经快接近解套了，谁知出现了意外的事，晚上媒体公布春节前发行 7 家新股，这毫无疑问会影响市场信心，因为笔者自己的信心也被这条消息打击了，连忙在第二天早上开盘控制了仓位。

周三、周四大盘果不其然受到新股发行消息影响下跌；周五 22 日，沪市指数再度考验 2850 点，最低到 2851 点，笔者这天开仓了新品种江泉实业。

大盘平稳了两天，但是外围市场的坏消息还在影响市场，A 股明显跟跌不跟涨，一些私募清盘、大股东质押爆仓的消息也在继续打击持股人的信心。

2016 年 1 月 26 日，恐慌盘再度出现，大盘大跌 188 点，沪市收在了 2749 点，把市场在 2885 点一线筑底的希望给泼灭了。这天看盘的时候，笔者感觉胸口有点疼了，晚上笔者看了一下账户里的市值，其中最危险的一个账户是 5100 点时接朋友的（当时怕他赔钱答应做的）一个亿，从 5100 点到 2015 年 12 月 30 日时，市值达到了 1.2 亿，而 26 日那天是 1.05 亿，半仓，如果再跌 10%，就会产生浮亏。以往每天我都是晚上一到 11 点就睡着了，这天是两三点才睡的，第二天起床时也起晚了，担心司机在楼下等得着急，起床后没洗脸就直接下楼了。

到了操盘室，笔者给两个合作伙伴发短信，告诉他们不要担心，目前机会大于风险，他们的心态都很好，很快回短信鼓励我，其中一个年轻有为的老总告诉我，他当天准备往账户里加钱。

笔者几十年的经验告诉我，一定要坚持，连我都感觉难受了，这个市场的杀跌一定是进入了最后阶段，即使指数再跌，也会很快就复原的，这时候只能买不能卖。1 月 27 日，市场见到了当年来最低点 2638 点，我在这天又把仓位加到了 80%，当天晚上我们爬山结束后，一个美女队友请大家吃饭，笔者还跟她开玩笑，你明天在这个指数位下方买吧，如果赚了是你的，如果赔了，我保底赔给你。

后面的大盘走势，大家可以自己看 K 线图，市值已经恢复得比较多了，离解套只有一步之遥，其实记录这个过程不是关键，关键是自己总结提高，以后做好，下面笔者把对这段股市的经历总结一下：

（1）2016 年 1 月是笔者近年来最大的一次市值回撤，一度超过了 10%，前一次是 2010 年 11 月回撤了 10%。这是一次失败，是一次教训，主要原因在于自己，由于骄傲，放松了风控，没有严格执行操作系统，如果执行了，什么样的熔断都害不了你，这种错误以后绝对不能犯，为了让自己记住这次教训，春节期间，夜晚找个没人的地方，裸奔 100 米以上。

（2）从现在起，要严格按照操作系统操作，欢迎股友监督，以后再有违反操作系统的现象，欢迎大家批评指正，特别欢迎爬山队、避暑山庄的股友批评监督。

（3）花氏操作系统比花荣更重要，无论是谁，无论你持有什么股，违反操作系统就会受到惩罚，往往第一步错了，后面就会受到心态影响很难对。

（4）暂时的失败不可怕，现在的市场是最悲观的时候，这不是常态，市场会恢复正常状态的，不能灰心丧气，要想办法尊重客观今后做好。

注：后来，熔断的亏损市值全部打回，2016 年赢利 10% 多一点。

箭客行 4
怎么捕抓 A 股的翻 10 倍股

股市的最重要规律之一就是牛熊交替。

职业投资者最重要的使命就是在熊市中避险保存实力，在牛市中抓住大牛股。

在近几次牛市中都出现过一批超级大牛股，它们的涨幅都在十倍左右。下面就来看看 A 股股改后三次牛市里面涨幅十倍左右的股，分析研究它们上涨的基因，供下次牛市中参考，以增大抓住大牛股的概念。

一、2005~2007 年牛市的十倍股分析

（一）中信证券（600030）

2004 年 12 月 31 日收盘价 5.91 元，2007 年 11 月 5 日最高价 117.89 元，涨幅 1994.74%。

涨升原因分析：

（1）券商受益于牛市，券商收入（经纪费用、开户数等）猛增。

（2）券商自营持股大增。

（3）五朵金花行情，中信证券是券商金花的龙头。

（4）股改 10 送 3.5，中信证券是第一批股权分置改革股。

（5）股价跌了 5 年，超跌严重且低价。

（6）流通市值适中，绝对价格低。2004 年 12 月 31 日总股本为 248150 万股，总市值为 146.6566 亿元，流通股本为 40000 万股，流通市值为 23.64 亿元，绝对价格 5 元左右。

（7）在行情启动前期，该股走势显示有主力机构资金主持。

（二）中国船舶（600150）

2004 年 12 月 31 日收盘价 7.49 元，2007 年 10 月 11 日最高价 300 元，涨幅 4005.34%。

涨升原因分析：

（1）因贸易全球化，波罗的海指数飙升，航运业景气，造船业全世界进入景气度。

（2）重组，资产注入，从沪东重机名称演变成为中国船舶，母公司中国船舶集体上市，乌鸦变凤凰。

（3）股改 10 送 3.2。

（4）股价跌了 5 年，超跌严重。

（5）2004 年 12 月 31 日总股本 241493120 股，总市值 18.09 亿元不到，流通股本为 77000000 股，流通市值 5.7673 亿元，绝对价格低于 10 元。

（6）股价启动之前有主力机构资金关注。

（三）云南铜业（000878）

2004 年 12 月 31 日收盘价 4.18 元，2007 年 10 月 15 日最高价 98.02 元，涨幅 2344.97%。

涨升原因：

（1）全球资产价格牛市，行业景气度高。

（2）股改 10 送 3。

（3）股价跌了 5 年，超跌严重。

（4）2004 年 12 月 31 日总股本 798688800 股，总市值低于 34 亿元，流通股本 280800000 股，流通市值不到 12 亿元，绝对价格低于 5 元。

（5）机构资金主持明显。

（四）三只股的共同特点

（1）个股行业进入高度景气度，基本面业绩超预期，个股是行业中的龙头。

（2）股权分置改革送股给流通股东带来了实惠，吸引了大量资金入场。

（3）个股和市场都超跌，中线超跌、长线超跌。

（4）个股流通股本小，流通市值小，绝对价格低。

（5）有主力资金关注。

（6）如有重组预期等，这是锦上添花。

二、2008 年 10 月~2009 年 8 月小牛市十倍股分析

（一）顺发恒业（000631）

2006 年 4 月 27 日收盘价 0.67 元（因从 2006 年一直停牌到 2009 年），2009 年 7 月 23 日最高价 16.88 元，涨幅 2519.4%。

涨升原因：

（1）*ST 兰宝破产重组为顺发恒业，公司转型于房地产开发与经营，乌鸦变凤凰。2003 年、2004 年、2005 年连续三年业绩亏损从而 2006 年暂停上市。

（2）在 2006~2009 年停牌期间进行了股权分置改革，公司以现有流通股股份 114660000 股为基数，以资本公积金向方案实施日登记在册的全体流通股股东每 10 股定向转增 6 股，相当于每 10 股流通股获得 2.440 股的对价，非流通股股东持股数量不变。

（3）是恢复上市同时摘星摘帽更名。

（4）对价格低，才 0.67 元。

（5）总股本 240369558 股，总市值不到 1.62 亿元，极度小。

（6）四万亿刺激下房地产进入景气阶段，个股重组后，主营变更为房地产。

（7）股价超跌，股价在停牌前跌到 0.67，长线超跌、中线超跌。

（8）有主力资金关注。

（二）三安光电（600703）

2008年11月7日最低价5.89元，2010年1月20日最高价78元，涨幅1324.27%。

涨升原因：

（1）个股所在的LED行业进入高度景气度，由中国大陆市场带动的大规模LED照明与户外广告牌应用，预期将刺激2009年全球LED产值大幅成长15.7%，创下86.77亿美元的新高纪录。三安光电是国家科技部认定的"半导体照明工程龙头企业"。

（2）个股在暂停上市的一年内进行了重组，从S*ST天颐重组为三安光电，基本面乌鸦变凤凰。

（3）个股在暂停上市的一年里进行了10送2的股权分置改革。

（4）个股在2006~2007年大牛市中没有什么表现，恢复上市后也只是恢复上市冲击到15.25，然后就跟随大盘一路下跌到5.98，跌幅60%多，惨烈。个股长线超跌、中线超跌。

（5）绝对价格低，5元左右。

（6）在2008年11月7日，总股本小，共246184949股，总市值小，不到14.6亿元；流通股本更小，共70338557股，流通市值更小，不到4.2亿元。

（7）个股基本面独特优秀，有长线资金关注。

（三）南岭民爆（002096）

2008年12月27日收盘价0.98元（复权价），2009年12月11日最高价14.35元（复权价），涨幅1464.28%。

涨升原因分析：

（1）民爆行业因四万亿刺激基建而进入高度景气度，个股是民爆行业龙头。

（2）个股股价在2008年跟随大盘暴跌，从35.98跌到最低5.20，跌幅85.54%，跌幅巨大，长线超跌、中线超跌。

（3）总股本小总市值小，2008年12月27日总股本为8813.34万股，总市值不到4.6亿元。流通股本更加小，流通市值更加小，2008年12月27日流通股本为2472万股，流通市值不到1.3亿元。

（4）股价绝对价格低，2008 年 12 月 27 日为 5.20 元。

（5）个股行业独特，易引起资金关注。

（四）共同特点

（1）个股行业进入高度景气度，基本面业绩超预期，个股是行业中的龙头。

（2）大多数个股有重组或者股改的过程，乌鸦变凤凰。

（3）个股和市场不到一年时间跌幅巨大，中线超跌、长线超跌。

（4）个股流通股本小，流通市值小，绝对价格低。

（5）有机构资金不断关注。

三、2014~2015 年牛市十倍股分析

（一）协鑫集成（002506）

2014 年 4 月 28 日收盘价 1.91 元，2015 年 8 月 18 日最高价 19.40 元，涨幅 1015.7%。

涨升原因分析：

（1）个股在暂停上市期间进行了破产重整，基本面大大改善，乌鸦变凤凰。

（2）个股所在行业为新兴高科技行业（计算机通信制造行业），国家政策支持，行业景气度高。

（3）个股绝对价格低，1.91 元。

（4）个股总股本小，总市值小，在 2014 年 4 月 28 日总股本 84352 万股，总市值不到 16.2 亿元。个股流通股本小，流通市值小，在 2014 年 4 月 28 日流通股本 43477.5 万股，流通市值不到 8.4 亿元。

（5）个股经历 2010~2013 年 3 年多的下跌，股价从最高 52.80 元（除权价 5.45 元）跌到了 1.91 元（除权 0.64 元），跌幅 96.38%（除权跌幅 88.25%），跌幅巨大，中线超跌、长线超跌。

（二）中科曙光（603019）

2014 年 11 月 6 日发行价 5.29 元，2015 年 5 月 28 日最高价 169.99 元，涨幅 3213.42%。

涨升原因分析：

（1）新股发行制度改革，有利于新股和次新股的炒作。

（2）个股所在行业为新兴高科技行业（计算机软件），国家政策支持，有利于吸引市场注意力。个股是行业龙头。

（3）个股绝对价格低，5.29元。

（4）个股总股本小，仅3亿股，在2014年11月6日总市值不到16亿元。流通股本7500万股，流通市值不到4亿元。

（5）市场处于牛市，同时掀起了炒新股次新股的热潮。

（三）同花顺（300033）

2013年12月31日收盘价3.34元（复权价），2015年6月5日最高价134.56元（复权价），涨幅4028.74%。

涨升原因：

（1）个股所在行业为互联网金融，行业新颖，个股是行业龙头。

（2）个股是互联网时代的券商，大大受益于牛市。

（3）个股流股本小，在2013年12月31日流通股本为6146万股，当天收盘价为23.75元（未复权），流通市值低于15亿元。

（4）个股经历2010~2013年3年多的下跌，股价从最高100.10元跌到了23.75元，中线超跌、长线超跌。

（5）有长线机构资金追捧。

（四）共同特点

（1）个股行业或新兴高科技或高度景气度，个股是行业中的龙头。

（2）重组能极大地改善个股基本面，乌鸦变凤凰。

（3）个股和市场三年时间跌幅巨大，中线超跌、长线超跌。

（4）个股流通股本小，流通市值小，绝对价格低。

（5）新股发行制度改革，加大新股次新股炒作的热度。

（6）重组和次新是市场资金追逐的两大主线。

四、启发

（1）我们可以从牛股启动的价格和总市值感受到此前熊市的惨烈。

（2）牛股的共同特点是小市值券商股、景气行业小市值龙头、资产重组股、次新优质股。

（3）出现契机，大盘超跌低位，个股低价且市值低。

（4）大股东实力强且有金融投资基因。

箭客行 5
规律，统计，应对，概率

人的智慧由三个部分组成：

（1）历史阅历。

（2）统计技能。

（3）哲学思维，逻辑四维和博弈能力。

股市也是这样。

一、规律

（一）A 股的宏观规律

1. 涨跌周期运行

涨久必跌，跌久必涨，个股与大盘均是这样；老是牛市其他行业没人干，没有牛市股票行业会垮。

2. 价格由供求关系决定

改变供求关系的因素：

正反馈，负反馈；

新股的扩容与投资者力量的扩容比较；

综合指数涨跌。

3. 大资金的短线进出影响股价涨跌

主力机构的操作与消息刺激的作用。

（二）A 股的阶段规律

1. 时间与常规事件规律

每年不同时间与主力资金状况形成的规律。

常规事件引起的投资者操作欲望。

2. 国家队的逆反操作

要注意大机构与市场的逆反操作。

3. 热点惯性

每个阶段由于市场机构的偏好，会形成阶段强弱势板块，比如说有时候是大盘股强，有时候是创业板强，一旦形成阶段规律，要注意服从。

二、统计

（一）软件数据

板块指数排名、总金额榜、量比榜、内外比榜、利好榜的情况。

（二）追踪数据的连续性

这几个榜的强度与连续性。

（三）分析可操作性

与自己的能力相比。

三、操作

操作包含应对和概率控制。

历史规律是值得尊重的，其力量也是强大的，特别是在显示数据与历史规律表现一致的时候。

但是更值得尊重的是现实客观数据，有时市场会发生周期转换，认识到这种转换也是非常重要的，股市操作要更尊重现实客观数据。

如果阶段看不清楚，选择场外观望，或者保守性处理。

（一）概率评估

（1）目标板块的评估。

（2）整个系统的评估。

（3）效率和风险度的评估。

（二）操作

（1）手段与目的相匹配。

（2）用分批行为增大概率。

（3）有底线的风险优先，高效率优先。

箭客行 6
股市中的哪些钱比较好赚

股市投资是风险投资，结果是两个方向都有可能。因此，高水平的投资人不仅只注意进攻，还更加注意防范风险。进入股市的首要问题，就是要清楚地知道，哪些钱是一般的能力能相对容易赚到的，哪些钱是看得见但是难以赚到的，甚至容易赔。这个问题一定要事先想清楚，并且形成文字纪律约束控制住，防止自己随机冲动。

按照大数原则，排除运气成分，根据笔者自己的经验和观察周围股友（平均水平）的经历，笔者做了下面的总结，供有缘人参考。

一、股市中容易赚的钱

（一）牛市中的中段结合的强势股

（1）这是股市中最常见的简单赚钱方式，我自己的几次财富跳跃都是通过这种方式实现的，如 2005~2007 年、2014~2015 年，笔者觉得大多数人也应该加强这个方面的意识。

（2）尽管这是最容易赚的钱，但是做起来也不是那么容易的。

在牛市中最需要注意的要点有：

要注意价量配合进入初步上升通道的股（相对成交量要大）。

持仓要适当进行组合，不能只持仓一只股，防止落入小概率中。

在重要均线通道未破坏前，不能盲目杀跌，当然有能力在大盘短线超买时控制仓位或者调仓低位的筹码集中股更好。一般情况下，大盘牛市时，比较强烈的调整，时间往往不会超过两整天，就会出现反击走势，强势股反击得会比较强烈。通常大盘初中期的上升通道，以有效跌破 30 日均线为预警线；在大盘出现较长时间大幅度上涨后，或者短线连续急涨后，以跌破 10 日均线为预警线。

在大盘上涨幅度比较大，许多外行也赚钱不菲的情形出现时，要防止大盘高位的急跌杀伤力，相信许多人对 2015 年的股灾的痛苦难以接受。笔者自己这辈子在股市中最大的两次成功，就是不但 80 分地把握住了这两次大行情，而且 90 分地避免了这两次大行情后的股灾杀伤力。笔者自己股海人生最痛苦的经历，就是被 2001~2005 年的熊市所伤，那段记忆不堪回首，但也永远忘记不了。虽然，由于个人能力的问题，也由于股市复杂性的问题，笔者以后在股市中还会犯错误，但是这种一次亏损超过总资产 15% 的大错误不会再犯。亏损总资产 5% 的错误也要尽量地避免，如果出现必须惩罚自己，用戒尺打手板必须是实打实的。

（二）平衡势中的超短线强势股

（1）这是股市最常见的波动方式，短线技术比较纯熟的人是能够获得一定稳妥的收益的，如每年 15% 左右。但是，如果想获得更高的收益，甚至是暴利，认为难度比较大，必须有特殊的运气（小概率，无法事前确认，这就是赌博），或者特殊的优势，比如操纵市场、利用内幕消息，但是这是非常危险的事情。败给市场是痛苦的，但至少拥有自由；败给法律，尤其是所谓的成功者败给法律，那种心灵上的打击和凌辱是一般人想象不到的。笔者读过岳飞的故事，铁汉大英雄岳飞在狱中，被狱卒收拾得服服帖帖的文字，让人接受不了。但这就是现实。

（2）在平衡势中做超短线强势，必须要有成熟稳定的技术，这种技术必须有高概率的验证。

在平衡市中最需要注意的操作要点有：

要注意大盘的状态，技术指标情况，只有在大盘相对安全时做，要先看大盘后看个股，不能不顾大盘埋头做个股。

在平衡势中做个股的成熟技术，笔者已经在上次红豆语音讲过了，笔者认为比较重要的技术都会通过语音的方式或者线下授课的方式总结，新浪的哥们儿说这种方式比文字方式防盗版要好一些，线下的方式可能更能让人记住珍惜。那个盘中技术，一定要背住，理解，应用，那就是股市专业技术的看家本领之一，如果没有新浪会员这回事，我是不会轻易出来的，即使说出来也没关系，能学得很好的人不会太多。

这个阶段的操作，要短线，要控制仓位，大资金要注意进出的效率问题，如果一旦出现失误，要立刻止损出局，不能拖。

笔者自己最近两次在平衡势中出现两次比较大的失误，一次是 2016 年的熔断失误，另一次是 2017 年的森源电气失误。熔断失误的主要原因是制度（卖出反应时间不够就跌停熔断了）和资金规模（2016 年初，资金规模历史最高，一卖就要砸股价，心里接受不了）。森源电气的失误，与面子（因为朋友买了以及公开了）和单股资金规模有关（一卖就要砸股价）。

对于这两次失误的总结：

在个股的具体操作上，只有在牛市中发扬骑士精神，在平衡势中自己没有这个能力，这点自己要注意，也顺便提醒一下股友。

资金规模大了，要注意进出效率的问题，在没有到达大盘底部之前，要适当地注意大市值个股（宁肯涨幅小一些），要注意一只股的持仓量问题，如果大盘微妙，杀跌下手狠一点。

也说明了上次语音技术的有效性，在非牛市背景下，消息股不能信，不管这个消息多么硬，越硬越影响自己不遵守原则纪律，存有侥幸心理。反而，是利用自己总结的纯技术操作把这两次损失打回来的。

笔者做这个花荣股市实战系列教程，一方面是为新浪微博的有缘股友总结的，另一方面更是为自己总结的，把最新的经验教训用文字系统化。

（三）大盘底部的人生赌注股

（1）大盘的底部和对于牛市起涨点把握对股海人生是至关重要的，笔者自己的两次财富飞跃，都是这样的。所以，在人们对于股市失去了兴趣时，坚持是十分重要的。股市是周期运行的，牛市和熊市，头部的杀伤力和底部的机会，是反复循环的。

（2）大盘的底部特征是，成交量到达了一个地量，新股 IPO 难以进行或者频繁破发，很少有连续上涨的板块，普通人对股市不太关心，或者人心涣散。指数因利空等因素出现偶尔的大跌，能在几天内收复。

在大盘的底部，最值得关注的股票有五类：低价小市值绩优股，螺旋桨筹码集中股，有资产重组征兆的低价股（最好是借壳上市），强势活跃金融股，最新上市的形象好的股。方法是，控制仓位（不要超过 30%）前提下的中短线结合，尽量把成本做低。一旦大盘连续异样的价涨量增，有起行情的征兆时，再投入 30%，如果不对则需尽快地退出。剩下的 40% 资金，需要确认牛市后再投入。在熊市的底部，留有余力，心情优雅。最怕的是，知道是底部或者时牛市的起点，但是没钱了。

（四）满意的明确的盲点套利项目

（1）盲点套利是职业投资者在熊市中的最重要的获利方式，是评价投资者水平的最重要方式，这个思维一定要有，一定要精。

（2）盲点套利知道容易，执行有一定难度，这个难度主要是投资者想当然和过去的错误习惯造成的。

盲点套利的注意点：

盲点套利主要存在于衍生品种，双轨价格，以及特殊事件的制度设计上。

盲点套利的标准要高，依据要硬，不能有形无实（这样伤人会很厉害的）。

盲点套利要有耐心，不能见利着急。熊市对股价的杀伤力是会超出投资者预期的，熊市中的投资者的心态也是脆弱的。对于盲点套利项目的买进、持有都得有耐心，要采取定投的方式（价格定投，时间定投，技术指标定投），只有在最后阶段才能重仓。只要没到最后时间，股价就可能出现意外。

条件硬的盲点套利不能错过，有把握的中等利润要高于不确定的上等利润。为了保持心态，可留有 30% 的资金进行常规操作。

（五）日常的固定收益

（1）固定收益是职业投资者的生存保证，任何稳定的小利润，都不能错过。

（2）最好除了股市的收入，还有其他的收入。股市操盘手是高素质的，不仅仅能在股市中赚钱，不做股奴，在其他领域也会有一定的建树，也应该有其他的兴趣。

二、股市中不容易赚的钱（容易亏）

（一）熊市中的大多数股

在熊市指数下降通道中不能做基本面的永炖机和技术面的永炖机，要把持股时间、操作频率降下来。

（二）大牛市的头部杀伤力

在股市大涨较长时间后一定要警醒和控制仓位，并且见到危险要跑得快。

（三）在平衡势中长线

无论什么理由，在平衡势中操作不能超过半仓。失误是不可避免的，控制仓位也是在控制风险，给自己留有后续的机会。在平衡势中，不能有赚大钱的想法，如果你来股市中是想依靠技能赚钱的。

在平衡势中，如果出现失误，一定要及时清零纠错，不能让一个小错误，发展成大错误。在平衡势中，有人想纠错，但没有纠成错，最常见的原因，在不利的情况下还想追求好结果，例如，想等反弹一点再卖。还有就是仓位过重，在平衡势中一定要事先顾虑到这点，这是血的教训。

（四）在底部过早满仓

指数的底部不一定是个股的底部，而且牛市起涨后的第一波热点是难以事先预计的。

（五）逻辑不硬的操作

在股市中，大多数情况下，亏钱比赔钱容易。

盈利模式一定要硬，统计结果是大概率的，并且要有组合的思维。

选股的依据要硬，不能赌，不能不考虑大盘因素。

避免情绪化操作，情绪化的追涨，情绪化的杀跌，情绪化的控制不住仓位。

A股中的绝大多数投资者都是比较顾及战术的，但没有战略性考虑，这也是许多老股民、战术高手的资金账号难以大进阶的重要原因。

职业投资者的股市技术，除战术技术外，还有战略技术、博弈技术、资源技术。

作业：以往你获得的较大收获的原因是什么？你曾经出现的比较大的失误原因是什么？

箭客行7
炒股哪些重要习惯必须养成

在A股中投资，炒股技术中的心态习惯占比达到六分，可见其重要性。但是，绝大多数投资者并没有意识到这点，这无疑会成为技术提高的瓶颈，所以今天想来谈谈这个问题。

1. 保持中性心态的意义

（1）股票投机/投资可能陪伴你的一生，应将其当作一件提高生活幸福感的事。如果你的心情时刻受到账户里资金变动的影响，那么这将是一件痛苦的事情，轻则影响睡眠，重则影响身体健康，家庭和睦。物质生活或者精神生活都需要快乐的投资。

（2）有压力的交易只会让交易产生诸多情绪交易，对决策生产不利影响，最终受到严重的损失或者影响收益。情绪化交易容易让交易者卖在中短期最低点，追在最高点，出现愚蠢性操作。

（3）让你的好心态成为竞争优势，以这个优势战胜市场，适应股市的波动规律。

2. 如何保持中性的心态

（1）交易的时候忘记钱，以闲余资金投资。用一笔不该用来投资的钱来生财时，心理上已处于下风，故此在决策时也难以保持客观、冷静的态度。融资融券不是不可做，而是尽量地用作超短线和无风险套利模式上。

（2）需要了解自己的性格，对自己有正确的认知，克制自身性格上的弱点。正视自己的错误，不去怨天尤人。通过总结，改正错误不仅能提高炒股水平，并且可以中和自己的心情。股市中，绝大多数人都存在的情况是，在高位危险时情绪状态好，在低位孕育大机会时情绪败坏。

（3）扬长避短，放弃一些事后看来是很好的机会，主要把精力与资金投入到自己能够把握的及可操作性强的明显机会上来。主观地利用潜意识调和自己心态，虽错失了部分收益，但避免了相对的风险。逻辑不硬的随机性交易必须放弃。

（4）忘记过去的价位，不少投资者因为受到过去价位的影响，造成投资判断有误。如果已经出现了失误，在合适的时机把这个失误了结，重新再战，容易更早地使得心态回复正常状态。

（5）不胡思乱想，股市中的人最大特点就是想象力丰富，面对现实。完美主义者的下场就是失败，如果局部的失败能换取整盘的胜利，为何不可？要整体历史地研究看待大盘的 K 线系统，不能被局部气氛渲染。

3. 有哪些好的习惯要保持

（1）建立风控系统：设立止损位，利用均线系统并设立纪律，阶段性的撤退是为了最后的胜利。应有概率思维来分配仓位，稳定的小收益在长期复利的作用下才能取得大收益（但前提是永远不能让本金沉下去）。

（2）有知者无畏：恐惧和贪婪是股市投机大忌，主观地去逆人心（大涨时去悲观地思考风险，大跌时去乐观地思考机会），勿因眼前价格涨落影响而轻易改变决定，基于当日价位的变化以及市场情绪面而临时做出决定是十分危险的。

（3）做出适当的暂停买卖：当你感觉你的市值已经很难增长，或者开始亏损的时候，不妨去休息一下。短暂的休息清零能令你重新认识市场，帮助你看清未来投资的方向，避免亏损。

（4）遇到机会，不孤注一掷，要选时分批投入，手中有现金是非常好的保持心态的方法。在时间要选时，在仓位上，要分为强势爆破点短线、无风险品种、赌注股三个组合，在赌注股上操作一定要控制好仓位分批。

（5）在指数处于低位时，如暴跌后，低位放量时，低位出利好时，优先考虑超跌的庄股，低价的具有赌注性的个股；而在指数处于高位时，指数不明朗时，有利空影响市场时，优先考虑绩优蓝筹股。

4. 新经验总结备忘

（1）怎样从开盘半小时预测全天的走势？大盘低开或者平开后，30分钟后大盘依然处于上涨，大盘当天强势可能性大；30分钟后大盘就下跌，大盘当天弱势可能性大。大盘高开，30分钟后依然飘红，大盘当天强势可能性大；30分钟后大盘变绿，大盘当天弱势可能性大。

（2）怎样寻找短线异动股目标？主要看MACD金叉（红柱线必须长），量比排名靠前（红色的），买卖比靠前的（K线组合处于低位的），大盘指数上扬时看涨速排名靠前的，大盘指数下扬时看涨速排名靠前的，找领涨板块中龙头领涨股，短线异动窗口。

（3）操盘技术为什么重于分析技术？大资金的操盘技术主要有：制造短线低点，制造短线高点，引导市场抛盘，引导市场跟风盘，选择最佳拉升股价时机，选择降低仓位时机，建仓中初期不影响股价，建仓末期使仓位脱离成本价，出货末期砸低股价，犹豫不决时选择可接受结果，等等。

大资金必须会用这些技术，小资金必须明白大资金的这些操作技术，这样才能更好地发现机构的操作目的，不被机构的操作技巧所骗。

箭客行 8
花荣股海投机技术精缩

一、花狐狸炒股法

（1）花狐狸炒股法=六分心态+三分技术+一分运气。

（2）六分好心态=客观统计+大数原则+中庸组合+可接受结果+清零重来+复利是第八大奇迹。

（3）三分技术=仓位控制技术+博弈操作技术+资源获利技术。

（4）一分运气=好人自有好报+人自助天必助+综合资源+没有主观意愿。

（5）盈利模式=强势模式+平衡势模式+弱势模式+题材爆破点模式+无风险套利模式+人生赌注股模式+阶段规律博弈模式。

二、大势判断系统

大势判断系统=大盘成交量+指数均线趋势+市场平均市盈率+政策导向+修正指标。

修正指标=心理线+涨跌板数+确定性+MACD。

三、万能测股法

花式万能选测股法=大盘+题材热点+主力+均线趋势+MACD+K线逻辑+心理障碍。

四、股市判断逻辑

股市判断逻辑=超越+连续+反击+逆反+规律+过度+混沌+目的 or 结果。

五、人生智慧

人生智慧=见多识广+比较出高下+适者生存（自我角度）+专业技能+王阳明哲学（精神）+社会资源+总结提高。

六、经典选股法

强势选股法=多头单边贴近均线趋势+大量能+热点倾向+MACD 红柱区+日 K 线可追高（热点板块）+中短组合重仓。

均衡势选股法=量比排行靠前+初步多头+MACD 金叉附近+半日 K 线可追高（热点板块）+短小组合。

弱势选股法=不做不算错+中线超跌+短线超跌+超短线堆买盘+轻仓一个股。

爆破点选股法（股海日历）=社会大题材+报表期间规律+股东大会、大小非定增解禁、公告、小停牌日前后的股价波动规律+ST 戴帽摘帽保壳期的股价波动规律+承诺爆破点及其注入资产研究+要约收购、回购、增持事件的规律统计+商品期货关联品种的滞后联动性，主要产品涨跌价周期的滞后性+再融资股权登记日前后的股价波动规律+主要流通股东的操盘习惯及处境研究。

七、必用工具

必用工具=逆回购判断法+大盘与买卖力道对比逻辑+个股与大盘对比逻辑+突然异动股要学会利用百度+强势时的短线精灵窗口+平衡势时的买卖比选股法+强势时大盘跳水时涨速排名+主力规律。

八、大资金操作技术

（1）模仿技术=股票市场模仿+周边市场模仿。

（2）板块效应=题材热点板块效应。

（3）正反馈技术=规律正反馈+公开信息正反馈+……

（4）点火技术=底仓+市场短线习惯+短线量能。

（5）关联技术=无风险品种（杠杆品种）+关联品种强势+股权登记日。

（6）双轨价格技术=大宗交易+特殊定价增发+其他制度双轨+……

九、新机会实务

新机会实务=无风险机会（无风险品种+杠杆+主动性投资）+低投入高收

益机会（人生赌注股）+股市投资者与国家队的博弈（意外大跌+阶段量能）+……

箭客行 9
常见机构的风格统计研究

A股投资的关键词，笔者认为应该是：①大势。②主力机构。③热点。④题材。⑤选时。⑥组合。

笔者把A股股票翻了几遍，总结了一下近几年市场中比较活跃的主力机构的活动规律和风格。笔者的研究方法比较侧重于经常出现的机构重仓股的走势特征（对比大盘）和股票信息面变化特征，这方面主要注意了十大流通股东和F10内的业内点评信息，特别对大涨幅的个股的持股机构做了研究，现总结如下：

1. 中国证券金融股份有限公司

风格规律：持股规模越大的表现越好，持股规模小的表现一般；如果短线涨幅比较大，会有明显的减仓行为，而且减仓时机常常在上午或者下午尾市，抛压非常明显且持续，有一定震撼力，对利好消息有滞后性的反应，有高抛低吸的短线行为，在大盘股出现行情的时候可以观察加分考虑。

2. 中央汇金资产管理有限责任公司

观察的标的股有：工商银行、新华保险。

风格规律：长线持股风格，在市场比较差的时候容易逆势，在每年年底两个月的时候容易出现波段行情。

3. 中国人寿保险股份有限公司

风格规律：持股的基本面比较好，重仓股走势比较温和，很少出现大阳线，在大盘下跌时比较抗跌，可以作为强势时大盘调整时段的短线过渡品种，有时重仓股喜欢出现大买单的托单，但不会玩真的，出现这种情况时，收盘时也很难涨幅超过5个点。

4. 君康人寿保险股份有限公司

风格规律：长线持股，大多数时间不动，一旦上涨或者下跌常常有一定的持续性和力度，比较适合短线追涨杀跌玩。

5. 中国平安人寿保险股份有限公司

风格规律：长线机构，波段表现，多数时间跟随大盘随波逐流。

6. 国华人寿保险股份有限公司

风格规律：喜欢跟随大势，喜欢跟随热点。

7. 阳光人寿保险股份有限公司

风格规律：风格类似安邦，但表现得要稳健一些。

8. 全国社保基金系列组合（指一只股中有多只社保组合持有）

风格规律：持有的个股通常基本面比较好，走势相对温和，在大盘相对低位时容易算先企稳，适合抄底。喜欢在月底、季度底和月初异动。

补充说明：

从目前社保基金投资组合的专用代码来看，每个代码由三位数组成，第一位代表投资方向，其中"1"代表股票投资、"2"代表债券投资、"3"代表债券回购；后两位数字则代表基金公司名称，其中"1"为南方、"2"为博时、"3"为华夏、"4"为鹏华、"5"为长盛、"6"为嘉实。

9. 多券商客户信用交易担保证券账户（见标的股的十大流通股东）

风格规律：在低位一旦启动常常容易有比较大波段的涨幅。

10. 浦江之星系列私募

风格规律：股性比较沉闷，在大盘上涨时重仓股常常落后于大盘涨幅，但是容易停牌重组。这个机构感觉像是锁仓的或者融资的。

11. 中植系、海航系、杉杉系

都是做资产重组，往壳股公司注入资产的机构，操作上要耐心。

12. 东方证券股份有限公司

风格规律：做题材的模式，属于风格比较硬的机构。

13. 华泰证券股份有限公司

风格规律：风格偏硬，持股的基本面成长比较好。

14. 中信证券股份有限公司

风格规律：过去老庄股的走势风格，有题材配合。

15. 国信证券股份有限公司

观察的标的股有：中牧股份、南山铝业、南纺股份、新疆城建、青岛啤酒、鲁银投资、亚泰集团、科达股份、华友钴业。

　　风格规律：有中线题材配合。其他券商没风格，基本上是瞎炒。

　　16. 汇添富系

　　风格规律：喜欢持有新兴行业的个股，在牛市后期喜欢猛攻小盘股，在公募基金中属于主动性投资风格硬朗的。中邮基金系的股票，与这个基金近似，有时可能会有些基本面题材配合。

　　17. 神州牧私募基金

　　风格规律：车轮战压重组的风格，有选时进退，有高抛低吸。王亚伟的基金与这个基金类似，有时也会做基本面的成长股。

　　18. 淡水泉私募基金

　　风格规律：长线波段基本面成长股，上市公司的基本面调研比较好。比较适合抄底或者超跌抢反弹使用，不适合强势时持有。

　　19. 重阳私募基金

　　风格规律：股性比较沉闷，不适合散户跟，容易急疯。

　　20. 安盈鑫享私募基金

　　风格规律：这个机构持有的股走势强，可以在低位时技术性跟踪。

　　21. 有几个牛散也可以适当地注意

　　风格规律：百度了解他们的风格就可以：任元林、徐志英、郭宏伟、景华、徐开东。

　　这是一个研究方法。投资者应该经常研究大涨幅的股票涨升原因，除基本面变化、热点因素等原因外，也要研究十大流通股东起的作用。由于市场是变化的，对于上述机构风格的变化、新出现机构的风格特点，要经常总结统计分析，这样可以了解最新的动向。

箭客行 10
让财富成为优秀的副产品

　　毫无疑问，每一个投身股海的人都有一个股海梦，凭借低门槛和相对公平的股海投资，让自己成为年轻的富豪，骄傲的爸爸，电影《百万英镑》中的那两个绅士。

笔者欣赏股海有梦的人，也认为股海梦相对于其他行业的梦更为实际、更有可能实现，笔者自己曾经也是个股海梦中人，现在也是，并以此为豪。笔者是一个桥梁工人的后代，一个普通的不能再普通的人，一个曾经两手空空的北漂，通过股海奋斗，变成了一个骄傲的爸爸，电影《百万英镑》中的那两个绅士。

遗憾的是梦圆的时刻有点晚，笔者是 2007 年 43 岁时才挣得了人生的第一个一千万，人生的第一个一千万真的很难（有了第一个一千万后，后面的路一马平川，人也如虎添翼），路途上的艰辛、迷茫、打击、屈辱等一言难尽，不过这也证明，好梦圆的时刻不怕晚，股海财发的也不怕晚，任何人任何年龄在股海中都有机会。

一个从国外回来的并成为家族企业理财者的富二代与笔者探讨过一次股海梦和股海人生的话题，笔者对于这个话题的最后总结是，让财富成为优秀的副产品。

一、正确的方法和能圆梦的武功

笔者对 A 股的理解是，A 股投资是零和游戏，是一个数千万个账户参与的博弈场。你如果想成功，瞎赌乱蒙可不成，必须要有方法和武功，这方法能保证你成为"1 赢 2 平 7 亏"中的那个 1，否则你的梦很难圆，并会成为帮助别人圆梦的输家。

目前市场中存在着的股市投资方法很多，有的股民朋友已经掌握了其中的一种两种，或者正在学习、总结、加深掌握其中的一些方法，一定要注意，你必须首先要了解你正在使用、学习、加深掌握的方法到底行不行。别上贼船了吧？炒股的首要问题就是要清楚你正在形成习惯的这个方法，到底是使将来的你自己成为那个"1"？那个"2"？还是那个"7"？经验教训证明，好的投机方法必须经过下列因素的验证：①抑制情绪；②理性有序清晰；③死机清零；④稳定持续；⑤清楚平时工作内容，努力方向，不断修正、完善、提高；⑥一张白纸最好，否则要先倒脏水再装新水；⑦不是孤芳自赏，而是能为他人认可，有助于事业的发展。

如果你没有投资方法，你将会成为做噩梦的赌博者和消费者；如果你的投资方法与这 7 个因素冲突，你的命运还不如没有投资方法的赌博者；如果，你在一轮较大的行情结束后，或者大盘已经进入空头市场的时候，你对自己的投资结果不满意，那么你就必须将原来的方法推倒重来。

建设自己的投资方法的途径是：

根据那 7 个因素和自己的感悟总结出适合自己的方法，这条路挺难的，代价也很大，阵亡率也是不言而喻的，除非你是上帝派到人间专门来干这事的？根据那 7 个因素，区分借鉴现有的方法，并结合自己的情况，总结出适合自己的方法。我自己的投资方法，除了符合那 7 个因素外，还包含了 5 个思维：花氏操作系统、花氏万能公式、无风险套利、强势爆破点、人生赌注。《千炼成妖》等股市书籍阐述的就是这些原理。把有效的自己满意的方法知行合一，形成本能习惯，稳健持续地赚大把的银子，并把一切黑天鹅和大失误牢牢的挡在自己的门外。小失误是不可避免的，市场不存在完全完美的方法，笔者不羡慕长坂坡七进七出的赵子龙，笔者羡慕智慧老道的司马懿，也羡慕能自己掌握命运的王思政。

建立自己的有效投机方法这个工作一定要做，如果你没能力做，或者偷懒不做，那么你的梦一定难圆，只会帮助别人圆梦，甚至在可能的股灾发生时，你人生中的最大一次失败就发生在股市里。

二、基础素质与人生规划

笔者一直认为，人的基础素质是与专业素质紧密相连的，没有足够高的基础素质，专业素质也不可能高到哪里去。

人的基础素质主要包括四点：明辨是非，社会资源积累的能力，有干劲和韧性行动力，优秀的习惯。

1. 明辨是非

智慧开启的方法：

（1）睁眼看世界，客观熟悉历史，人间见多识广，不坐井观天。

（2）事物没有绝对的好坏，不同的事物整体一比较就高下立分。

（3）网状思维，多角度看问题，不只站在某一个习惯角度看问题，有自我利益角度。

（4）实事求是，看根据，看逻辑，看客观。

2. 社会资源积累的能力

目前的社会资源主要包含：与你合作的人际关系，无成本的资金杠杆，有效的信息渠道，你的社会平台。

（1）与你合作的人际关系。网下申购新股与网上申购新股效率不一样吧，定向增发买股与二级市场买股成本也不一样吧？

（2）无成本的资金杠杆。如自己的 100 万元资金翻一倍，你的财富也不过增加了 100 万元，如果你有 2 个亿的无成本资金赚了 50%，分成了 20%，那就是你的财富增加了 2000 万元，私募基金渠道提供了这个可能，如果你没有私募基金，那想办法啊！

（3）有效的信息渠道。你的投资方法是枪，资金是子弹，有效信息是猎物。

（4）你的社会平台。你的武功练成后，要有展示自己的平台，只有傻瓜才会认为现代英雄是默默无闻，偷偷地在证券大厅里扫地？

3. 有干劲和韧性行动力

质变是由量变积累的，厚积薄发是股市英豪的特点。不分是非，过分捷径，半途而废，不与人分享，是平庸猪圈思维的典型表现形式。

4. 优秀的习惯

优秀是习惯，运气是给有准备的人准备的。

人生规划：

你的人生目标是什么，你就该怎样去行动，两者必须是匹配的，不能是矛盾的，当然前提是符合客观实际。

例如，在股市中，你是只有 10 万元保证金的年轻人，在耐心地等到机会来临时，每个股海人生都会有几次大机会（类似 2018 年上半年这样），你必须加杠杆博，成功了你就把同龄人同层次人甩开一条街，失败了通过打工把这 10 万元钱赚回来。如果你是亿万富翁，那就应该以保值增值为首要目标，不要轻易冒险，别又掉回井底下了。如果打比赛，那就必须更激进。如果你有 500 万元，可以拿 50 万元钱博，450 万元保值增值。这只是举例，不同的人有多种不同的人生目标，你的投资方法需要与之匹配。

三、让财富成为优秀的副产品

1. 要懂得协作的力量

笔者接触的人比较多，笔者发现普通人与精英的最大区别就在于：普通人大多是一根筋，在考虑问题自我的同时，也是缺乏圈子的单打独斗，有的人甚至不能处理同周边人的关系（因为炒股，有时候这是能影响情绪和状态的），而精英很善于与人合作，善于整体地提升自己，同时把周边的能量也发挥出来，并让他们接受、认可和看到希望，而不只是所谓的简单的"股市技术指标"这一项。

2. 要懂得阶段攻略

人生在不同的阶段，人生战略是不同的，你的股市技术运用要配合这个战略。穷人与富人的股市战略是不同的，穷攻富守；年轻人与年长者的股市战略也是不同的，年轻人要激进一些，这个激进不是胡来，而是在正确的基础上可以尝试杠杆，可以发展事业，年长者不仅要考虑自己，也需要考虑家人和公司员工，要借助社会的资源，要发挥年轻人的活力。目标高低的实现方法也不一样，你追求的目标要与手段匹配。

股市功能是理财、发财、改变命运，不是赌博更不是搏命，实现这些愿望要有具体的原则和手段，并且知行合一地实行。

股市投机的目的是让生活更美好，不是为了让自己变成一个生活中只有股市的苦行僧，你挣了钱，也应该奖励自己一下，同时让钱发挥它应有的效力，为社会做更多的有意义的事情。

如果，你还欠缺什么，想办法，通过努力去补足，别的穷人都行（现在是赢家），难道你不行，在股市中，王侯将相宁有种乎？

箭客行 11
投资风水学趣谈

相信风水学的人认为，人生的定位走向由三方面因素决定：命，运，愿。命是先天因素，例如，你出身的家庭、地区、相貌、体质、智商、血型、星座、属相等。

愿是后天努力，你的兴趣爱好，你的刻苦努力，你的为人见识，你的选择胆量，等等。

还有一个因素是人生运气，大多数相同阶级的人运气是差不多的，但风水师认为，人的运气是可以调整的，如果你遵从风水学，顺势而为，可能相比你正常的人生走向，好运气会更多一些；反之亦然。后天行为和重大社会变动可能会改变你的先天命运，而风水学无法改变你的阶层属性，风水学只能让你在本来所属的那个阶层更顺一些，或者坎坷更多一些，风水调整是个巧劲，没有后天努力所需精力代价那么大，只需要用心注意调整一下即可事半功倍，相对容易。多数普通人，不太注意风水学的作用。

对于风水学，有人相信，有人不相信，认为是迷信。见仁见智，笔者也不知道谁对谁错，笔者只是从兴趣和心理暗示的角度上有所研究，下面趣谈一下，信则有，不信则无。

一、姓名学

（1）姓名在寓意好的基础上，尽量地取"低""贱""缺"，忌讳取"高""贵""满"。你的名字暗示你的定位，取低，相当于你定位于锅底，无论往哪个方向走，都是往上走；取高，相当于你定位于山顶，无论往哪个方向走，都是往下走。

相对比较好的取名的字（或者意）有：草，叶，树，小，平，石头，狗蛋，等等。如周小川，郭树清，郭沫若，陈平，石光荣，这些名字容易运气比较顺。

不太好的取名的字（或者意）有：贵，满，锋，天，伟，彪，宏，圣，山，鼎，大，等等。比如周永康，高岗，祁同伟，这些名字比较容易坎坷。

（2）如果投资求财的话，尽量取带水，带木的字，世界上最好的公司名字有，亚马逊，苹果，长江实业，新浪，等等。尽量不要取带火，带金的字，火把金银烧化了，金与金同性相斥。土是中兴的。

（3）如果你对现状是满意的，就尽量选择那些寓意固定的名字，例如，城，石，宁，静，等等；如果你对现状不满意，希望进步，就取那些动挪的字，例如，通，达，讯，等等。

（4）如果你已经是成人，也没有必要改变已经用了很长时间的本名。可以起个好的网名，这样也会对增强运气有些作用。许多成功者，都有一个后起的好名字。

（5）举例说明：同音字中，锋就不好，容易坎坷，与人发生矛盾；峰就更不好，不容易聚财；蜂就比较好，取飞行物为名的字，蜂是最好的，其次是鸟，大猛禽不好，如座山雕。炜，炒股不太容易发财；伟，一般；苇，就特别的好。泽熙，这个名字就不太适合平民适用，镇不住；叶荣添这个名字就非常的好，随便一个小年轻都容易成名。

二、镇宅物

山不在高，有仙则灵；水不在深，有龙则灵。一所宅子必须要有镇宅宝物，一所宅子如果没有镇宅宝物，则不容易为这所宅子带来额外的好运气。

镇宅宝物不在于贵重值钱，而在于意念和精神。比较常见的物件，传家名表，名人用过的物件，有意义的物件。笔者的镇宅之宝是，杨志发亲笔签名的兵马俑画册，兵马俑就是杨志发发现的。

三、信仰

每个人都应该有一个信仰或暗示，它能激励你，保佑你。

（1）笔者的信仰是王阳明。

（2）笔者追求的精神是骑士精神，暗示自己、激励自己是骑士。

（3）笔者的激励吉利语是：天灵灵，地灵灵，太上老君快显灵！每当打乒乓球打到 10 平时默念一遍，就容易超水平发挥。每当做重要事情前，遇到困难坚持不了的时候，默念一遍，都能增强能量。

箭客行 12
怎样让人生过得更有趣

怎样让自己的人生过得更有趣一些？可能许多人都问过自己这个问题。

笔者认为，人的阅历越传奇、越正能量、个性化越容易有趣。

崇尚精神的人都认为：人的生命长短，不是以时间岁数计算的，而是以经历过的难忘事件数量计算的。

人的愉悦感能量，也与自己拥有的气场有关，向内能接近最大化地发掘自己最大化的潜力，向外能接近最大化地发挥自己的能力。

另外，人的趣味，也与人不同阶段的需求有关。

马斯洛理论把人的需求分成生理需求、安全需求、归属与爱的需求、尊重需求和自我实现需求五类，依次由较低层次到较高层次排列。

这样，一个人如果注意下列事情，可能会活得更有趣一些。

（1）儿童少年时代学会一项需要童子功的技能（音乐类、运动类或语言类），这项技能持续保持，并能用一辈子。

（2）养成读书及自学的习惯。读书最好是既读专业书，也读闲书，历史书必须读。其中，闲书、历史书不要一口气读，最好在每个星期的固定短时间读、持续不断地读。

（3）学会写作能力，讲话能力（微笑，大方不紧张），遇到机会要积极面对。

（4）自己学会组织各种活动，积极参加配合各种活动，特别是跨出学校的活动。

（5）中小学时的学习成绩不要求突出，但要过得去，免得被老师、同学、家长歧视。

（6）树立一个或者数个人生榜样，多接触一些人生、事业的成功者。有可能的话，成为名师的学生。

（7）上大学时，最好是异地读书。青年时代，走万里路与读万卷书同等重要。

（8）要学会赚钱技能，要打工技能和独立技能两条腿走路。

（9）要学会理财，特别是无风险、固定收益理财。

（10）争取在30岁以前有100万元、40岁以前有1000万元、50岁以前有1个亿、60岁以前有10个亿以上。人生必须是事业赚钱与股市理财两条腿走路。

（11）如果可能的话，男生可以结婚晚一点。因为你的综合实力越强，你的选择优势也会更强，人生伴侣非常重要。但从大学起就要有异性朋友，要有性生活。

（12）去下列地方旅游：珠江三角洲、长江三角洲、北京、日本、美国、中国台湾、朝鲜、欧洲。

（13）组织或者参加一个有价值的微信群（最好是有线下活动），这个群是活跃的，正能量的，有趣的，流动的。

（14）有运动时间和爱好。运动能提高人的免疫力和使人产生愉悦。

（15）建立一个好微博，用心经营，并经常阅读一些好微博并与之交流，这是一个有效率的接触世界的天地，除了你喜欢的人，有趣的人，不喜欢的名人也要关注。

（16）多接触社会，参与社会，多接触陌生人，结识有趣有用的人，与有趣的人交往共事是人生最大的乐趣。

（17）每个阶段（年计划或三年计划或五年计划）设立一个自己愿意实现的任务目标，这个目标按照现在能力衡量可以高一点，最好能冲破你现有的地盘的，然后尽一切努力并寻求外力帮助（你要有交换），实现它。

（18）别让过去的失败捆住你的手脚，否则永远难成大事。主角配角都能演，台上台下都自在——面对人生，要练就能屈能伸的个性。不只为了糊口，还要有抱负。另外思想不能太义和团，义和团思维倾向的人不容易快乐，并且容易让人敬而远之。

（19）冲出内心看世界。世俗的存在是一种硬道理，你只能适应它，你却不能改变它，没有谁可以告诉你它存在的道理，也没有人能告诉你，你可以跟随它，你也可以放弃它，但你不能藐视它。当你适应它的时候，要备份一份本色，保持一份清醒，并学着去原谅这个世界和自己。

（20）人的际遇就像过山车一样，起伏不定，你首先要有往前走的锐气，一种看透世间百态的眼光，一颗虚怀若谷的心和时刻沉思带有前瞻性的头脑，最好个性中还残留一点点天真未泯的因素，才能冷静而不失快乐地走好人生旅程！

（21）你有什么好的补充吗？你对哪一条最感兴趣？你能罗列出自己人生中的难忘的事情吗？

【智慧照亮人生】

（1）操盘手的能力=东邪西毒的武功+天赋+习惯训练+资源+机会。

（2）当你养成了一种好习惯，你会感谢昨天坚持的自己。

（3）悲剧将人生的有价值的东西毁灭给人看，喜剧将无价值的东西撕破给人看。

（4）浪漫的精髓就在于它充满种种可能，所以女人、艺术家更喜欢炒股。

（5）理性的人知道自己什么时候该感性，而在感性的时候知道自己的底线在哪儿。

（6）利己是本能，利他是觉悟；本能是兽性，觉悟是人性。

（7）人，可以真实地活着，但不要太认真。水至清则无鱼，人至察则无徒。小事情，难得糊涂，你随和，生活才随和。

（8）世上没有白费的努力，也没有碰巧的成功，一切无心插柳，其实都是水到渠成。

（9）当天上掉馅饼的时候，脚下可能有个陷阱等着你。

（10）一个人孤独久了，心中便会有千军万马。许多单独炒股的股民就是这样。

第六部分

股 中 对

关键语：
> 苏格拉底曾说过："问题是接生婆，它能帮助新思想诞生。"
> 爱因斯坦曾说过："提出问题比解决问题更重要。"
> 花荣曾说过："学源于思，思源于疑"。

股中对 1
小资金弱势打板能致富吗

原问题：花老师一直提倡低风险顺势盈利，但确实有高手通过打板战法发家致富，还有人说做超短模式是小资金迅速成长的唯一方式，您对这个问题怎么看？

笔者答：

一、为什么熊市中防守第一

（1）金融市场是高风险市场，股谚说股市投机的结果是 1 赢 2 平 7 亏，笔者观摩多次的炒股比赛结果也证明了这点。从 7 亏进到 2 平的最有效手段就是加强防范风险的措施，从 2 平进到 1 赢的最有效手段是加强操作的大概率胜率和胜利的盈利幅度。

（2）熊市操作具有高风险逆势的特征，亏钱的概率和幅度都比较大，这点从公私募基金的操作结果，以及众多投资者的实战结果来看，是有目共睹的，是公认的事实。笔者自己的 20 多年投机经历也印证了这点，这就是笔者提倡低风险投机、无风险投机、顺势高概率投机、顺势高盈利幅度投机的原因。

（3）在股市中最常见的风险是熊市系统风险以及高成本投机，长线持股不动、高频率短线交易是最常见的两种 A 股操作方式，再加上操纵市场、内幕交易，这四种操作方法可以被称为 A 股四大傻操作法，其恶果比赌博一点也不差。

二、熊市中是否有打板奇迹

（1）A 股确实有许多股市打板奇迹，这与许多期货奇迹一样，是编造的谎言，没有可信的长期持续实例。但是这种选择性告知的幻想谎言符合许多人暴富的心理，所以有人愿意吹这样的牛，也有人愿意相信这样的牛，一些无良媒体也推波助澜。

（2）打板操作存在着理论可能，但是以这种操作方式的成功率是小概率的，持续操作、多案例操作必定落在小概率中，久赌必输，这是非常简单的数学概率统计原理。股票市场除了把贪婪人性杠杆性地放大，再结合股市本身有降低智商的功能，使得不少人理解不了这个简单道理，良言难挡该死的鬼。

（3）现在中航证券和新浪微博有实盘比赛，欢迎打板高手来展示实力，可以快速成名成家的。另外，笔者正在筹办"实盘公开表演秀"的活动，腾讯有兴趣联合举办，欢迎打板高手来表演展示实力，表演成功有高额奖金啊！锦衣夜行不符合民族精神，打板高手们不会憋坏了吧。

三、超短模式是小资金迅速成长的唯一方式

（1）炒股欲获得成功，正确的方式是使用正确的方法。正确的方法是不论你是谁，资金大小的。当然，大资金和小资金的优劣势是有区别的，但是基本原理是一致的，不能因为是小资金就违反基本原理，如顺势、交易成本的控制、大概率原理等。

（2）超短模式确实是熊市中笔者比较认可的一种操作方式，强势中统计结果印证的小资金打板技术也可以使用，但是这种操作不是全天候的，也需要把握时机，操作的时候也要把爆破点分析清楚，选股条件要硬，要符合阶段统计结果。过于感性不顾大盘背景的频繁超短模式，笔者称这种玩法为永

动机玩法，是所有常见炒股方法中亏钱最多的方法，没结婚的人没兴趣找异性朋友，结过婚的人容易与家人（子女）搞不好关系。

（3）笔者这几十年，专门研究股市武功，各门各派都花费了相当的精力，笔者的研究结果是，上乘武功主要有：无风险套利，强势短线爆破点投机，弱势严重超跌反弹（安全品种），底部人生赌注股。这些方法与其他方法的区别是，是高概率的赚钱方法，是能靠能力致富的，是能够做成职业和事业的，不会让你人生最大的失败发生在股市中。

股中对 2
怎样精准预测股市

原问题：怎样精准预测股市？预测股市有哪些方法？
笔者答：

一、预测股市有哪些方法

常见方法：
（1）波浪理论。
（2）江恩理论。
（3）易经。
笔者解：
（1）数浪高手对同一图形的看法事前都不一样。每一个波浪高手，包括艾略特本人，很多时候都会受一个问题的困扰，就是一个浪是否已经完成而开始了另外一个浪呢？经常是，甲看是第一浪，乙看是第二浪。但是，该理论事后解释能够非常完美。艾略特本人一生打工和养病。A股没有发现令人信服的波浪理论杰出人物，民间波浪高手有一些性格固执孤僻、身体状况不佳。

（2）江恩比艾略特要强一点点，因为他是业内人士和职业炒家。儿子在盘点遗产的时候，江恩四个交易账户都是亏损的，留下的遗产加起来不超过10万美元（10万属于中产阶级水平）。江恩与艾略特的相似之处是两人身体都不好，江恩与利佛摩尔的相似之处是两人的老婆都跑了。A 股没有发现令人信服的江恩理论杰出人物，民间时间之窗高手有一些性格固执孤僻、身体状况不佳。

（3）《易经》指《连山》《归藏》《周易》三本易书。其中《连山》《归藏》已失传，传世的只有《周易》一本。现在的《易经》一般即《周易》。从本质上来讲，《易经》是阐述关于变化之书，长期被用作"卜筮"。"卜筮"就是对未来事态的发展进行预测。《周易》，是周文王在坐牢的时候，他研究《连山》《归藏》所作的结论。易经的理解难度极大，据说能学会的人很少，500 年也不一定能出一个。近几百年没有发现过易经高手，用易经炒股的人中未发现有说服力的赢家。

二、股市投资的真谛

预测市场的投资注定失败！

愚蠢的人，总是情不自禁地追随预测的人；少数有点聪明的人，会追随其他有点聪明的人；真正站在投资思想最顶峰的人，不预测，只应对。但是这种应对是有阅历经验、有规律总结、有现实统计的应对，不是受追涨杀跌感觉的胡乱应对。

A 股的投资真谛就是在宏观不确定的股市里寻找微观确定性，其关键词是：

核心词是确定性、高概率和保本。

锦上添花词是增大概率、独门信息规律手段、优势资源杠杆。

这个确定性不能是感觉性确定性，也不能是你分析的确定，而必须是制度性的确定，双维高概率的确定性，优势逻辑的博弈性。

这六个词已经在《万修成魔》有详细的论述，现在默写一遍，看看记住了没有。

股中对 3
散户怎样快速变成股市大户

原问题：一个散户要想变成股市千万大户，您要是这个散户，您现在会做哪些事情？

笔者答：在股市中发财，成为优秀的职业操盘手，需要有三方面的基础支撑：第一，素质与资质；第二，股市专业技术；第三，事业平台资源。为此笔者会做如下事情：

一、素质与资质

（1）通过证券行业与基金行业从业资格考试。

（2）熟读《博弈论诡计全集：日常生活中的博弈策略》。

（3）熟读《心理学的邀请》。

（4）熟读《简单的逻辑学》《逻辑思维训练》。

（5）熟读《悲惨世界》《人生的枷锁》，观看电影《肖申克的救赎》《偷天陷阱》《百万英镑》《赌博启示录》。

（6）熟读《王阳明传》《李鸿章发迹史》《袁世凯传》《半截英雄——后唐庄宗》《红顶商人胡雪岩》《底牌》（阿梅），观看电影《炼金术》（张嘉译主演）。

（7）爱好羽毛球、乒乓球、网球、健身、快走、唱歌、听轻音乐中的至少两项，看中国男子足球国家队比赛、中超联赛，并分析输赢原因。

（8）旅游地区：北京、上海、深圳、哈尔滨、西藏（或新疆）、开封、兰州、三亚、义乌、中国澳门、中国香港、中国台湾、日本、美国、德国、朝鲜（不全部要求，但不能是一地井底之蛙）。

（9）不酗酒、不抽烟、不熬夜、定时饮食、有社交生活、肯助人、爱读书、积极参与社会活动、做重要事情时认真（事先有调查、过程严谨提前、过后有总结）。

二、股市专业技术

（1）熟读《证券法》《操纵市场认定指引》《内幕交易认定指引》《公司法》《借壳上市》。

（2）精读《股票操作学》，会用行情软件中的自选股、大盘买卖力道、短线精灵等功能。

（3）精读《百炼成精》《千炼成妖》《操盘手1》《操盘手2》《三个白股精》《投机的逻辑》《生死期货》《庞氏骗局》。树立正确的投机观。

（4）批判性读《波浪理论》《江恩理论》《价值投资》《各种软件应用原理》，了解对手情况。

（5）常用赚钱工具品种：股票、股指期货、国债期货、债券、基金。不轻易玩境外市场（语言不过关的情况下）、高杠杆品种。

（6）可以开通融资融券、*ST交易权限。不排斥非股票领域的赚钱手段，有最好。

（7）经常定期阅读东方财富网、证券之星网、有用的股票APP、资讯微博，了解必要的财经信息，可以跟股友分工加工信息与跟踪信息，组成互助组。

（8）熟悉公募基金、私募基金、券商自营、券商资管、保险公司、咨询公司、软件公司、培训机构、上市公司大小非、上市公司股权激励、定向增发机构、大户的情况，可以结识这些行业的朋友。你要有自己的社交渠道。

（9）要有两年的独立交易阅历，要多接触不同类型的投资者，了解他们，并对他们进行总结（避免教训、学习经验）。

（10）定期地总结自己的操作，定期地统计市场个股的涨跌幅排行榜并总结原因规律。

三、事业平台资源

（1）要有自己对外联系交流的窗口，如微博，这是一个现代的个人名片，一定要经营好，外观、内容都要尽量地好，要给人愿意打交道的感觉。

（2）要给自己制定一个5年规划，包括炒股资金的积累，炒股技能的完善，事业平台的完善，社会资源的拓展和巩固。

（3）要有一个私募公司的平台，并且积累销售渠道及其他们需要的条件。销售渠道的排序是：第一，声誉，第二，自媒体铁杆粉丝，第三，银行渠道，第四，第三方理财渠道，第五，高净值集中群体单位（如高档小区物业、高尔夫俱乐部等），第六，与其他强人合作，第七，券商。

（4）要建立自己的微信圈子，主要包括信息交流圈子和潜在客户圈子。自己的产品销售，不要硬销售，尽量用利益、榜样、暗示的方式。

（5）要在自媒体、微信群活跃，展示自己的能力。开放自己，打破行业、区域、年龄限制，要往强势圈子、先进圈子、开放圈子里混。

（6）要会借势，借微博大 V 的势，他的能力你不一定认可，但是他的优势客观存在着，优势的力量很重要。

（7）要多结识强人，多参加社会活动，多组织社会活动，为此，要敢于吃亏投入付出，你在弱势阶段时，不这样每人跟你玩。大多数人的最大缺点就是自尊心太强，不愿意先投入怕吃亏和有攻击性。

（8）和培养同级别的事业合作伙伴，技术层面的、渠道拓展方面的、其他有现金流流入方面的，借强人的势来做同级别的事情。

（9）避免和改掉的坏毛病，不顾操作系统的永动机操作、永炖机操作，把握机会时没有策略地急躁孤注一掷，由于防守而攻击性不足，这三个方面是常见操盘毛病。

（10）缺乏胆气，创业时胆气比其他更重要。要注意时间的力量，人常高估短时间你能做的事情，低估长时间能做的事情。

（11）培养定时做事情的好习惯。如果你是一个普遍人，想娶一个好老婆的话，如果能顶住家里的压力，晚点结婚，等事业有成了，可以娶更优秀的老婆，这是许多事业成功男人的经验。当然，年轻时就有一个与你一起创股票业的伴侣更好。

（12）事业突破期在大盘起行情后，之前大量的时间和精力都是在积累资源培养操盘能力，在行情或者有把握的机会来临时，厚积薄发，全力细致，不能让行情和机会空过，同时要保住胜利成果。

（13）上面 31 条的努力，是让你成为这样的一个人：能借势、有势帮助的人，有自己的核心竞争力和特点，客观资源条件已经准备好了，一旦行情机会来临就化蛹成蝶。

股票投机事业是伟大的，是比其他事业容易发财的，在中国没钱的人活的是比较憋屈的，年龄越大会越憋屈，一定要成为有钱人，股市发财，40多岁不晚，要开放自己，给自己写一段话激励自己，在心中树立一个榜样赶超，下次大行情来临时，改变自己的状况。为此，从现在做起。

我们的事业是光明的，一定要成功，一定能够成功！加油！

股中对 4
买股票被套了该怎么办

原问题：如果你买股票被套了会怎么办？

笔者答：

花式万能选测股法 = 大盘 + 题材 + 主力 + 均线趋势 + MACD + K 线逻辑 + 心理障碍。

笔者选股和买卖股的主要依据是上面的这个万能选测公式。

如果笔者买股被套了，后续的处理原则有四个处理方式：

一、市场处于强势的时候

当指数处于多头上升趋势、市场成交量能比较大、有板块热点的时间，我称之为强势市场阶段。

在这个阶段，笔者买股被套了（通常是追高强势股），通常不会轻易地割肉，而是采取逢低逢强加仓的后续措施。

主要的处理方式有：

（1）如果遇到实质性黑天鹅利空，会选择第一时间卖掉。

（2）如果满仓一只股，这只股又已经丧失了当初的选股理由，会在其技术指标 MACD 处于不良状态时卖掉 3/4 换股，剩下的 1/4 等到 MACD 处于高点时再卖。

（3）当大盘 10 日均线破位时卖掉 2/3，当大盘 30 日均线破位时无理由清仓。

（4）当市场长时间上涨后，市盈率高企，泡沫明显的时候，一旦大盘连续弱势走势（两三根中阴线）出现，考虑清仓。

（5）在大盘出现明显的二八现象，二强八弱，而你的持股全部是八时，应第一时间换进 1/3 仓进那个二强，1/3 变成现金，1/3 暂时留守；第二时间确认那个板块强时，需要把那个弱势板块换成强势股。在大盘处于强势时，跟随强势股是非常重要的，许多人在大盘强势时不会操作热点强势大盘股的缺点一定要改进，不能思维固化。

（6）大盘处于强势过程中，偶尔（不是实质性利空）出现暴跌，不轻易杀跌，反而在大盘止稳的时候补仓。

（7）在持有的个股持股理由没有丧失的时候，不割肉，并在其再次走强时加仓摊低成本。

（8）为了保证上述 7 条的实施，要学会组合的思维、分批的思维、先大盘后个股的思维，坚决反对不管大盘只考虑个股的思维，反对同一时间满仓一只个股的思维，反对只固执一类个股的僵化思维。

（9）严格来说，在大盘强势时，只按操作系统操作，不考虑个股的暂时浮亏的，也不能有自己的想法，顺应大盘，顺应操作系统就可以了。

二、市场处于弱势的时候

当指数处于空头下降趋势、市场成交量能比较小、板块热点无或者稍纵即逝的时间，我称之为弱势市场阶段。

在这个时段，只要你有持股，无论是否盈亏，逢高卖掉不会有大错误，持股只能是超短线的。

主要处理方式有：

（1）空仓不做不算错。

（2）有股要设立止损位，止损位不能超过你炒股账户总市值的 5%。千万不能出现套牢总资产 30% 甚至 50% 以上的情况。

（3）弱势抢反弹，一次只能一个品种，5 个交易日内要解决战斗。

（4）市场连续转强进入强势阶段时，要果断，但要分批。

三、市场处于平衡势的时候

市场处于横向波动时，操作原则应该是短线，持股是否加仓或者卖出的原则比较简单。

（1）题材爆破点是否存在，是否临近，是否丧失变化。

（2）大盘个股的MACD指标有较强的指导作用。

四、人生赌注股

有的人在每年有赌注股，在弱势中持有赌注股暂时被套是正常的，要安心不能轻易割肉。

赌注股的操作要点：

（1）赌注股的选择要严格，同时只能有一只，不能数量太多。

（2）赌注股的仓位要控制好，不能重仓被套，只能轻仓被套，要考虑有多次加仓的机会。

（3）赌注股在仓位比较重的情况下，在弱势的情况下，不管盈亏，有部分仓位应高抛低吸降低持股成本。

（4）在强势中，还没有启动的赌注股仓位不能超过50%；在弱势中，如果爆破点不清晰，或者离爆破点还有时间距离，仓位不能超过20%。否则容易影响操作状态，出现心理障碍类型的失误。

股中对5
上班族怎样在股市年赚20%

原问题：上班族怎样在股市年赚20%以上？

笔者答：

在股市中比较容易赚钱手段有下面几个，我们可以根据这几个手段把利润指标分解一下：

一、固定收益

1. 逆回购+货币基金

利润指标：1.5%。

操作要点：每天闲置资金的204001上午高点，每周一的204004的上午高点，每周四的 204001，每月底、每季度底的 204001，节假日的 204007、204014。

节假日的货币基金，资金紧张时的可交易货币基金低点。

2. 新股认购、可转（交）债

利润指标：1.5%。

操作要点：新股市值要以银行股、螺旋规律股、大盘强势阶段的热点股为主，大市值的新股要积极认购，同时可转（交）债要积极申购。

3. B 股的现金选择权

这个盈利模式作为补充，不计入利润指标。

二、每年一次的中级吃饭行情

利润指标：10%。

操作要点：只做大成交量能的多头市场主流热点行情，小反弹不做，如只做 2016 年 11 月的行情，2016 年下半年其他时间不操作。

选股一定要跟随市场的资金热点。

三、偶尔的市场大跌

利润指标：2%。

每年市场都会出现几次偏大的下跌，耐心地等着，抓住其中的一两次就可以。主要目标是主力重仓股，如国家队最重仓的强势股。

四、赌注股的技术波动机会

利润指标：3%。

每年精选 1~2 只人生赌注股，熟悉其规律，根据大盘和个股的技术指标高抛低吸。动用 20%以下的账户资金。

五、年报、半年报规律的个股

利润指标：4%。

根据高送转的规律、业绩预报时间规则、ST 摘帽规则，抓住 5 次机会（3 胜 1 平 1 亏），对的两次每次盈利 2%。

六、股指期货机会

利润指标：3%。

只做主单边波段行情，以市场比较差的时候做空为主。

七、自己的个性技术

利润指标：2%。

要总结自己的独特技术。

八、技术保证

要熟读《百战成精》《千炼成妖》《万修成魔》，总结自己的盈利模式，与股友交流盈利模式（必须逻辑硬）。

股中对 6
机构对付散户的常用手段

原问题：庄家机构是怎么收拾散户的？有什么常用特殊手段？

笔者答：知己知彼，百战不殆，只有在机构里混过，当过大户的人，才会知道机构大户的真正操作习惯。没有见过，只靠猜和幻想，那是不行的。

一、在股市里，股价的涨跌是由供求关系决定的

在单位时间内，必须买的人多于必须卖的人，股价上涨；反之，股价下跌。单位时间里必须买卖比越大，股价上涨得越快；反之也是这样。所以，有些机构大户，利用这个原理，用买卖行为影响股价。

二、正常人进股市都是希望赚钱的，而且越快越好

机构大户与散户一样，都是希望在股市赚钱的，赚快钱，这是所有人的正常思维（国家队除外），所以机构大户的操作行为也是服从这个目的，在市场平稳（正常）情况下，机构大户不会与散户故意做对，为了让散户赔钱

而砸盘，导致机构大户自己赔更多的钱。那种认为机构大户故意与散户反做的观点，要么是莫须有，要么是不愿意自己承担责任。但在特殊事件，机构大户的买卖存在博弈思维。

三、国家队是特殊的

目前，市场中存在着国家队这一特殊现象，我们也需要特别注意。国家队的进场目的主要有两个：

1. 为了维护市场稳定

这样，国家队的操作容易高抛低吸。在市场涨幅比较大的时候，在所持股涨幅比较大的时候，必然会出现强大的抛压；在市场出现较大的下跌时，指标股经常在下午最后一个小时出现护盘走势。国家队最听领导的话，领导的话是：防止井喷，防止断崖；稳中有涨，涨幅有限。

2. 国家队也要赚钱

考虑到国家队的资金性质，国家队也需要赚钱的，因此市场不会太悲观，在正常情况下是能控制市场走势的，是有可能定期发动中期行情的，裁判也可能会为此配合吹黑哨的。

对付国家队要注意反中线技术对沪市指数箱体低吸高抛操作，要注意研究国家队重仓股的波动规律（如对于国家队来说，没有市值大的股，要改变歧视大盘股的习惯），要注意国家队持股是整体算账不执迷于个股成本，在敏感时刻要注意裁判吹爱国哨。

四、机构大户的常见博弈思维和手段

（1）在大盘处于强势时，股价适中的机构重仓股一旦遇见散户的集中买盘，容易很快出现机构买盘助涨。

（2）在大盘处于相对低点时，股价处于低位的机构重仓股一旦遇见散户的集中买盘，容易很快出现机构买盘助涨。

（3）在大盘处于强势时，股价适中的机构重仓股一旦遇见散户的集中卖盘，卖盘结束后，容易很快出现机构买盘拉升报复。

（4）在大盘处于强势时，股价适中的机构重仓股遇见消息，不论利好利空，都容易出现强势，当然利好对股价强势刺激更大。

（5）在大盘处于熊市氛围中，机构重仓股一旦遇见散户的集中买盘，容易很快出现机构卖盘。

（6）在大盘处于熊市氛围中，机构重仓股一旦遇见散户的集中卖盘，有些机构无能为力不动，有少数机构会做反 T+0 操作。

（7）在大盘处于熊市氛围中，机构重仓股只要遇见消息，不论利好利空，都容易出现跌势，当然利空对股价弱势刺激更大。

（8）在大盘强势时，大盘出现短线调整时，机构重仓股容易短线出现强势。

（9）在大盘由熊市转牛市的初期，非热点的机构重仓股容易比大盘的强势慢一拍，并且容易类似对敲的高换手迹象。

（10）在大盘由牛市转弱市的初期，机构重仓股容易比大盘的弱势慢一拍，但是扛不住大盘连续下跌。

（11）在机构重仓股（包括涨幅很大的刚上市开板新股），只要由大量散户买盘，机构就容易出货；如果买盘很稀少，机构有可能还会短线折腾以吸引买盘。

（12）主力重仓股出现明显的盘面异动，必须马上就涨，只要不马上涨，这种盘面异动属于不怀好心的孙子兵法。

（13）见利好、见散户大买盘，股价走势还不强的主力重仓股更坏，要么是主力机构已经没钱了，要么是机构本意就想出货。

（14）非主力重仓股，散户短线买盘大就涨，卖盘大就跌，但幅度都不会太大。

（15）大盘股出现价涨量增的强势机构动作，比小盘股更为可靠。

（16）下列情形的主力重仓股比较适合积极关注，笔者自己的操作经验是：

大盘低位时股价低位的机构重仓股，最好故意用大单子买。

大盘强势时走小幅上升通道的机构重仓股，用小单子买。

牛市时大盘处于强势调整时的相对低位机构重仓股，分散组合用小单子买。

大盘出现强势，二八现象时，用大单子买龙头股。

落后大盘涨幅的主力重仓股一旦出现强势启动征兆时，用大单子买。

属于热点时的主力重仓股可以用大单子买。

股中对 7
怎样快速提高炒股水平

原问题：普通股民怎样才能快速提高炒股水平？

笔者答：在 A 股中持续平均年盈利 15% 以上是相对容易的，每隔几年还有暴利的机会，不要高智商，不需要太高的要求。但是 A 股的现状事实是 1 赢 2 平 7 亏，这主要原因是，大多数投资者没有经过必要的学习，入错了门，没有必要正确的工作量，养成了坏习惯，拒绝资源交换思想碰撞的机会。只要投资者针对这几项内容进行改正和提高，就能快速地提高炒股水平，例如，一个不会空仓避险的投资者，如果学会了空仓避险，就能立刻超过 1000 万不会空仓的傻瓜，超过 90% 的公募基金经理。

下面我们就来具体地提出改善措施。

一、达到基础要求

1. 最基本的常识要知道

第一个要求是，最基本的常识要知道，如 K 线常识，均线常识，成交量的变化，MACD 指标的使用，阶段涨跌幅规律统计，量比、涨速、成交量、换手排名的意义，上市公司基本面的熟悉度，融资再融资方式，股市里的所有交易品种，交易规则，证券法规，市场各个群体的情况，你自己现状的优劣势（怎样发扬和客服压制），你的投资目的和手段。

第二个要求是，错误的知识必须否定，错误的习惯要纠正，例如，如果你原来喜欢波浪林论、江恩理论、其他的预测理论、永远不空仓的价值投资理论、不看大盘只做个股的习惯，只认消息不用技术追踪，观点、仓位、操作简单粗暴极端，你的这些知识和习惯如果融入了操作，效果又不理想的话，必须放弃和克服。从头来过，从《百战成精》《千炼成妖》开始。

基本常识没有掌握是赤手空拳上阵赌博，使用错误的理论是拿大刀长矛同热兵器作战，都同样的可怕，那不是投资，那是消费。

2. 了解 A 股的特殊性

特殊性之一，周期波动，政府高低位调控，融资高于投资。

特殊性之二，好公司与好股票不等同，坏公司与还股票不等同，实业常识经验不能用于股市。

特殊性之三，没有投资价值，是博弈市。

特殊性之四，题材、热点、大势、资金实力很重要，比其他因素重要。

3. 要有大盘和选时的概念

必需的概念之一，会看大盘，看大盘做个股，看大盘决定仓位，要会空仓避险。把握简单机会，放弃难度大的机会。

必需的概念之二，要允许自己犯小错（特别是踏空错误），要敢于纠错（可以赔小钱，不能赔大钱），要用操作系统（生命线）保护自己不出大错。

必需的概念之三，除非极强势道，其他市场阶段的无风险机会要全部洞悉。

必需的概念之四，要有赌注股的概念，要有改变命运的行情（时间）意识，每轮行情结束时警醒地保住胜利果实。

4. 有进步的渠道

有圈子进行分工合作，新知识出现快速学会，新盈利模式创造条件实现，虚心地结交有特点的其他成功者。

二、与众不同的努力

许多人认为，股市中的能力只是分析判断预测能力，其实不然，股市中的能力包括下面四个方面：

（1）分析、判断能力，但这只是基本的能力，比较低级别的基础能力，这必须学会并不断地加强进步。许多股民停留在这种能力的某个阶段，就停步不前了，不可以。

（2）资源渠道能力，如场下打新与网上打新的区别，低价定向增发与市价买股的区别，B 股机会与 A 股机会的差别，有知者无畏与猜测赌博的区别，先进盈利模式和传统预测的区别。

（3）资金操作能力，在二级市场，胜率最高的技术是操作市场和内幕交易，两者如果结合则是胜率极高的，但是操纵市场和内幕交易是违法的，千万不能做。但是，熟悉法规和上市公司习惯，高手能够不操纵市场不内部交易，但是可以达到其目的。比如买卖股票时的大小单运用，比如了解上市公司大股东的承诺内容和时间，等等。

（4）盈利模式设计能力，这是股市中的最上乘武功。

三、养成好的操作习惯

最常见的好的操作习惯：

（1）要对市场熟悉，经常把所有的股票翻一遍，每周要把所有的上市公司公告看一遍，对手中股要经常去股吧看看。

（2）操作上要中庸，如股票组合的中庸，持仓时机的中庸，高抛低吸操作的中庸，性质把握程度的中庸，对待朋友的消息和特长的中庸，等等。对性质结果要求严格，对过程不要求完美。追求永远的 80 分，反对在 100 分和 0 分中抉择。

（3）追求在未知中追求有知，不确定中追求确定，搞不清楚时按照坏的可能性处理，最后的防线不能放弃，重新清零是实力能力的最重要部分。

（4）有正反馈思维，大家好才是真的好，众人添柴火焰高。

四、功夫在剑外

功夫分招式和内功，一项专业技能要想达到一定的高度，必须要有基础素质和综合资源的保证。下面的努力也不能忽视：

1. 智慧的提高

智慧的内容含量主要是：历史，哲学，统计。

智慧的提高方式，见多识广，事物比较，自我角度，有人性良知。

2. 现代社会的资源

你的劳务互助圈子，业务人际关系，资金杠杆能量，有效信息交流，状态纠错股友，能量交换与拓展渠道。

3. 保持自己的状态

人是有状态的，人在不同的状态、不同处境、不同的激励、不同的背景下，能力是不同的。所以，要有好的生活习惯，有好习惯和规律的生活，抓大放小，尽一切努力保持自己处于好的身体状态，好的精神状态，好的处境状态，好的背景状态，接受可接受的结果，避免在两极端中做选择。

没钱活得难受，太有钱容易完蛋。炒股的人应该，君子发财，40岁不晚！按照现在的标准，40岁应有1个亿，50岁有6个亿，60岁有10个亿，这样就得了，别再多了。

4. 奖励激励自己

炒股是为了让生活更美好，不是为了成为股奴，要让生活更有趣。

股中对 8
制订自己的个人股市理财计划

原问题：怎样制订自己的个人股市理财投资计划？

笔者答：

一、你的投资目的是什么

1. 家庭理财

这种目的，资金量通常比较大，投资策略必须可靠稳定不能出现大失误，必须选时，不能盲目价值投机。

2. 改变命运

这种目的，资金量必须是可以接受的范围内，即使全部亏掉也不会影响你的日常生活，在弱势中要有长线打算，在强势中动用融资杠杆。

3. 娱乐消费

这种目的，资金量最好不要超过5万元（小康）或者10万元（中产），做好亏光的准备，反正是赌博消费，随便玩。也可以作为新股民学习用，那就得认真学习、严谨对待。如果你有家庭理财任务或者改变人生命运的任务，最好不要有娱乐消费的账户存在和娱乐消费的想法，因为一旦坏习惯养成，难以克服改正。在股市中赌博，比在赌场中赌博危害更大。

二、个人股市理财投资计划

每个周末跟踪、修正一次。

（一）家庭理财投资计划

1. 固定收益投资计划

必须包含的内容：逆回购，债券，债券分级基金，现金选择权，要约收购，转债，可交换债，新股申购，债券申购。这部分的年收益，争取要达到7%左右。主力资金不操作股票时，就细致地做这些。

2. 选时操作

主力资金的操作思路。只在大盘成交量明显比较大均线趋势多头的时候才操作，其他时候不操作。操作时，用技术分析手段只投机行情波段热点板块，不长线持有冷门股。

3. 稳健赌注股操作

选择一只明显有长线机构活跃的筹码集中股，或者是一只具有明显大题材的个股，根据这两只股的中线技术指标高抛低吸。动用的资金不能超过理财资金的20%，而且同时只能持有一只股，要有三次建仓的准备。

4. 市场平稳时发现盈利模式

统计分析市场，发现市场处于平稳时的获利机会，设计出盈利模式，用盈利模式找股来做短线。动用的资金不能超过理财资金的20%，快进快出，小利即可，并且不能和第3条操作同时使用。

（二）改变命运投机计划

1. 激进赌注股操作

找寻3~4只具有基本面质变可能的小市值个股，在大盘低位分批买进1~2只，赌题材爆发获得暴利。这种研究要格外上心认真，不能出现退市的失误。

2. 强势市场的杠杆操作

在大盘处于强势时，找到正在爆发的强势股3~4只，加杠杆买进持有，在行情结束时退出。或者本金做中线波段，杠杆资金做短线。

（三）娱乐消费

1. 学习计划

用小资金练手，结合你学习的股市技术进行作业，来加深印象和评判技术是否可行。绝对要防止盲目扩大资金，孤注一掷。二年内的股龄，你的胜利可能是运气造成的，千万别以为自己是高手，盲目过大投入资金。

2. 娱乐计划

娱乐也要有技巧，娱乐也需要认真对待，娱乐也要有帮手。只有赢钱才会有乐子，老赔钱也会缺乏乐子的。但是有些人的财商不适合炒股，偏要玩，一定要控制资金。

（四）笔者 2018 年的中线计划举例

2018 年的中线理财计划，主要跟踪的品种是：转债及对应的股票（转债接近或低于面值时），可交换债对应的股票（接近或低于面值时），现金选择权及要约收购（大盘暴跌时），国债期货（低位时做多投机），特殊的债券基金及了解清楚的高收益债券（要去公司调研），年内可能出现意外大跌（次新金融股），年内可能出现的中级行情（当时的主流热点）。

学习 CDR 等新知识。

熟悉相关知识，用技术分析跟踪其中的机会，耐心地等待机会，在机会来临时出击，希望获得 30% 左右的收益。

股中对 9
股市必须知道哪些潜规则

原问题：一般人不知道的股市实用潜规则有哪些？

笔者答：下面的几条，是笔者自己总结的一些股市操作经验，感觉有一定的实用性，但不一定百分之百准确，也许会有一些变化，可以继续观察修正，提高自己的市场感觉。

（1）目前的市场由主力控制；该主力控制的核心策略是：逆人心，发新股（特别是大盘股）；控制的标的：以金融股为主，一般以券商股为主，敏感时刻动用银行股，有时候中字头国家队重仓股也会异动。

（2）次新股中的金融股，如果上市时连续涨停不是太多，在开板后调整比较充分后，容易受到机构的再度有一定力度的炒作，特别是其中的小盘次新金融股，如第一创业证券、中原证券、张家港行等，这条经验时根据统计规律得出的。

（3）有的针对二级市场机构实施定向增发项目，上市公司的大股东（或者第三方）与参与定向增发的机构有对赌协议，及对参与定向增发的机构有保底协议，如果知道哪些实施定向增发项目有保底协议，对于猎庄能提高准确率。

（4）曾经有卖壳经历但卖壳失败的上市公司，容易继续进行卖壳努力，特别是那些基本面不好的民营公司，或者是同一大股东有多家上市公司中的基本面差的那家上市公司。一般情况下民营公司股票停牌前的走势容易抗涨抗跌，而国企股票停牌前的当天容易异动。

（5）有的股票先公布利好（如高送转），然后再有减持行为，对于这种股票一定要中线警惕，使用孙子兵法进行股东减持的股常常中线走势会比较差，而且出现阳线后会很快出现比较大的抛压，这类股不宜追高操作。

（6）上市公司开股东大会，如果股东大会的内容比较有利于大股东（大股东需要回避的那种），如果大盘背景还可以，上市公司的股价容易在股东大会召开的前一天出现强势走势，为中小投资营造投票的好心情。

（7）定向增发新政（规模不超过总股本的20%），容易导致那些准备实施定向增发，又有高送转潜质的上市公司，在年报中报时倾向高送转，而且在高送转之后有填权的意愿（提高定向增发的价格）。

（8）上市公司停牌后，复牌时涨跌的最关键因素是停牌期间大盘的涨跌幅度，停牌股票的补涨补跌力度常常还会超越大盘。那些公布重组终止的股票（排除基本面特别坏的），如果有大盘指数补涨空间，常常在复牌第一天有短暂的小仓位低吸机会。

（9）上市公司公布利好公告，董事会决议到送交易所公告期间，常常有一两天的时间差，这期间存在信息透露的可能，而比较大的利好容易在周末公布，在周四大盘走势不太好的时候，如果主动买盘比较多，这类股票在周末公布利好有一定的逻辑和力度。

（10）绩优成长股，基本面还可以的股票，如果分配方案一般，导致年报（半年报）公布后出现一定的短暂下跌，这时这些股票容易出现较多的大券商的研究报告推荐，在大盘安全时，这里面有一定的短线套利机会。

股中对 10
每次赢利1%简单炒股法

原问题：请问股市里有没有成功率极高的简单炒股法，哪怕每次赢利1%？

笔者答：这个问题问得挺好的，也是我自己的激进账户追求的目标，这几年我一直在按照这个追求在探索、实验和总结。下面我就把激进账户超短线投机的经验总结如下：

一、超级短线的核心要素

（1）买进的时机要研究大盘的阶段规律，要认识到本阶段大盘波动的规律特征是强势特征、弱势特征、平衡势特征。

（2）无论是大盘处于什么样的阶段特征，买点应该选在一个星期内的相对低点。

（3）强势中大盘高低点判断：指数贴近重要均线时是低点，出现非实质利空大阴线时是低点，指数在 MACD 强势区时是量价关系好的个股低点，指数温和调整时是涨幅不大的筹码集中股的短线低点。高点与上述条件相反。

（4）强势中的操作原则是重仓，持有的股票数量多一些，服从大概率。

（5）均衡势中的大盘高低点判断：MACD 指标处于金叉位置时是低点，MACD 指标处于强势区位置时是具有爆破点个股的低点。

（6）均衡势中的操作原则是不超过半仓，股票数量不超过 4 只，并且要做好一次补仓的准备，但不能补仓两次以上。

（7）弱势中的大盘高低点判断：只有在个股大面积跌停后的指数止跌时是低点，无风险套利品种出现满意收益率时是低点。

（8）弱势中不操作不算错，要操作是轻仓操作，一个星期内无论如何要解决战斗，不能久拖，短线变中线，中线变长线，长线变贡献。在弱势中，要防止追击操作，即第一笔操作谨慎小仓位获利后，加大仓位操作，这时候容易被套，赚小钱赔大钱。

（9）超短线的盈利模式必须要统计追踪分析盈利模式，只有在高概率时操作，一旦概率不高要立即停用改进该盈利模式、启用新盈利模式。

（10）盈利模式主要是根据板块热点、个股题材、大盘特征对应股、《千炼成妖》招式、熟悉的有波动规律的个股。

二、均衡势短线选股法（内外比选股法）

（1）点软件（以银河海王星为例，可以免费下载）中 A 股栏（也可以用 61、63 来把沪市深市分开选）。

（2）点软件上方的内外比正排名。

（3）在内外比正排名中根据万能选股公式选股。

（4）量比突出、热点板块、有题材爆破点的个股优先。

三、强势短线选股法 A（量比比选股法）

（1）点软件中 A 股栏（也可以用 61、63 来把沪市深市分开选）。

（2）点软件上方的量比正排名。

（3）在量比正排名中根据万能选股公式选股。

（4）内外比突出、热点板块、有题材爆破点的个股优先。

四、强势短线选股法 B（异动窗口选股法）

（1）点出任何一个个股分时窗口。

（2）点击软件右下角的"主"字。

（3）出现新窗口，点击该窗口左上角的"全部"。

（4）点击"浮出"。

（5）在该窗口中根据万能公式选股法选择。

五、弱势短线选股法（先超跌后抗跌选股法）

（1）先选择该短线下跌波跌幅最大的三板股票。

（2）选该中线下跌最大一类的股票。

（3）选当天抗跌且放量的股票。

（4）选筹码集中股或者有爆破点的股票。

六、卖股票的讨论

（1）短线操作的要领是见利后只要股价走软就先卖一半。

（2）剩下的一半根据大盘阶段特征卖。

（3）把股票卖在最高点是世界难题，谁也做不好，只要赚钱卖就是对的，赔钱卖就是错的，反正股市不会关，还有下次。

（4）在所持股票异动时可以考虑 T+0 操作。

七、短线加强版技术

（1）杠杆性分级基金。

（2）低风险、无风险的品种的大资金操作。

（3）注意观察"板块指数"中强板块中的龙头股。

（4）注意"高贝塔值"板块中符合万能公式、热点、题材爆破点个股，这点尤其重要。

股中对 11
大牛股启动前的常见征兆

原问题：请问，超级大牛股在启动前都有哪些常见迹象征兆？

笔者答：经过笔者多年的观察总结，A 股中的大牛股主要有下列形式，下面笔者把这些大牛股的主要形式和启动前的征兆总结如下：

1. 有重大社会题材，特别是突发的重大社会题材

如近期的雄安新区概念龙头，以往的第一批自贸区龙头，奥运会概念龙头，香港回归概念龙头，浦东新区龙头，等等。这类社会题材，越是突发性的，涨幅越大，但是事先征兆迹象较少，一些可以提前知道的社会题材，大牛股的产生初步征兆则是走出初步独立的上升通道。

2. 股价经过重大打击的但又不会退市的周期股

其中的国企股，特别是央企股在低位走强时，特别是逆势走强时，或者是走出个股独立行情时，或者是期货关联品种出现单边牛市时，这都是这类

股票走牛前的征兆。

3. 牛市中的小盘金融股

在牛市的尾期，金融股容易先期走强。在牛市进展到一段时间后，如果金融集体冲击涨停板，其中小盘金融股容易成为黑马股。

4. 筹码特别集中的螺旋桨图形个股

筹码特别集中的螺旋桨图形的个股，非常容易出现重大题材，这类股可以用少量的资金根据其技术指标高抛低吸。

5. 有重大利益逻辑的不会退市的 ST 股

有些国企 ST 股，地方政府已经无偿地给了它大量的资金补助，这类股票卖壳收回地方政府的辅助资金是显而易见的。如去年年底的银鸽投资。

6. 牛市中的长期横盘股

牛市中有一类股票，不跟随大盘上涨，长期横盘，又不是弱势股，这类股是有人在大量收集筹码准备做大菜。如曾经的杭萧钢构。

7. 基本面上尚可的低市值低价股

这类股票容易在熊市的末期容易先于大盘见底，并形成箱体横向震荡走势，这是一些大资金的操作模式。当大盘走强时，常常强于大盘并走出上升通道成为长牛。

8. 牛市后期补涨并冲击涨停的冷门股

这类股通常是后入市的大机构的杰作，常常放巨量连续上涨，这类股票的初步走势特征是，先期量比开始放大，连续放大几天后，然后直接冲击涨停，连续快速单边上涨，一旦见顶就容易出货。新机构操作常常是简单粗暴，快进快出。

9. 股价遭受过比较大打击但又没有实质性利空的主力重仓股

在市场中，常常会出现这类现象，一个主力重仓股被一个跟庄的机构出货导致股价大跌，然后主庄反击，这类股容易短线走势极强。

10. 内部高管特别看好并大举高价重仓买进的股

内部人是最了解上市公司的，他们的大举的货真价实的行动，能够说明什么的，注意是大举的行动，而不能是正常的行动。

如果，有消息说领导暗示他们的员工买，也需要注意。

股中对 12

怎样做到买完股票马上涨

原问题：怎样发现市场短线热点股，做到买完马上涨？

笔者答：

一、怎样发现短线热点

1. 从重要新闻中发现

如像雄安新区这样的突发大新闻，或者是"一带一路"大会这样的时点新闻。过去也有过北京奥运、香港回归、"非典"疫情，等等。

新闻的震撼力要大，要能引起市场共鸣，不能是不能调动市场热情的力度有限的新闻。

2. 从市场价量关系中发现

有时市场也会有主力创造的热点行情，如 2014 年的金融股行情，以往行情的网络股行情，五朵金花行情，等等。

不管是重要新闻造就的热点，还是主力机构认为制造的热点，都必须在市场的价量关系中得到体现。

怎样从市场价量关系中发现：

（1）从电脑券商的行情软件中发现：

1）在券商的行情软件下方有一个"板块指数"，点击"板块指数"。

2）进入"板块指数"页面后，点击上方的"涨跌排名"。

3）涨幅排名第一的板块，即为热点板块，集体涨幅越大、涨势越强，热度越强越可靠。

4）优先考虑龙头股，龙头股是最先涨的，涨幅力度最强的那只（或者几只）。

（2）从手机行情 APP 中发现：

1）在手机行情 APP 中点击下方"行情"。

2）进入"行情"页面后，点击"资金"。

3）进入"资金"页面后，分别点击"行业板块""概念板块""地区板块"。

4）涨幅排名第一的板块，即为热点板块，集体涨幅越大、涨势越强，热度越强越可靠。

5）点击排名第一的板块，选择资金流入最多、价量关系最好的股票作为标的。

二、发现热点后，确定能买不能买

1. 用换手率判断

观察 A 股换手率的第一版，红色多的时候可以买，绿色多的不能买。

2. 用权重判断

当出现二八现象时，即 20% 的大盘股是市场热点且指数上涨时，可以买，而且需要考虑立即换股；如果只有 20% 的小市值股时是市场热点且指数下跌时，不可以买。

3. 用强度判断

当市场热点的强度（上涨力度、上涨面积）比较明显时可以买，当市场的强度比较弱时不能买。

4. 用题材持续力度

第一时间可以抢买，第一次调整时接近 10 日均线可以买；当大盘的 PSY 达到 90 以上时最好不买，当题材还比较远时短线不能过分追高。

三、买时的具体操作

1. 参照的技术指标

突发大题材第一时间抢买，或者在第一次强势调整时（10 日均线或者意外大跌）买。

如果持续多日量比非常大，可以阶段性地作为选股重点。

当大盘处于调整时，且大盘调整到位或者接近到位时操作。

最好是考虑最强的龙头股，不要考虑跟风弱热点。

2. 仓位的控制

热点板块振幅比较大，最好时局部仓位买，要做好补仓的准备。

四、止盈与止损

止盈考虑是暴涨后走软，就考虑分批的止盈减仓。

破 10 日均线后，需要考虑止损。

股中对 13
暴跌后的自救解套和抄底

原问题：暴跌后的自救解套和抄底？

笔者答：A 股的暴跌是常见现象，怎样避免在暴跌中受伤？怎样在暴跌后自救解套？怎样利用暴跌后的反弹抄底做超短线赢利？是每一个职业股民需要研究的课题。

下面，笔者就来记录一下自己的经验教训，与大家讨论交流一下：

一、怎样避免在暴跌中受伤

（1）按照稳健防守思维操作，战略上藐视熊市，战术上重视熊市，要控制好中长线仓位，市场没有出现暴跌，中长线的仓位无论如何不能超过一半，尽量不能超过 1/4。

（2）要有一半以上的仓位是现金或者固定收益产品。这一半以上的资金只用于超短线、暴跌后抄底补仓或者是固定收益产品。2015 年以来，A 股出现过 4 次股灾，第一次，笔者完美躲过并抄底成功，第二次，因为旅游，所以没受伤也没抄底，第三次，也就是 2017 年年初那次，用于熔断的原因和自己的失误，有部分仓位被套，但是由于仓位控制得还可以，有资金补仓和抄底，2017 年的收益依然是正收益。这次只是浅套，笔者觉得被套的股票后续逻辑比较硬，况且在此前的过程中一直在中国建筑、中国电建上有赢利，手上的现金也比较多，自救会比较容易，自救的目的不是保本，而是市值创新高。

（3）要注意市场主力的主流品种，这一两年庄家国进民退，国家队成为市场中最重要的庄家，这导致大资金进出灵便的大盘股走势要明显强于中小市值的股，这点一定要注意。

（4）要经常地对市场进行统计，发现市场的阶段规律。例如，现在的市场走势与国家队的风格密切相关，"反技术、逆人心、重蓝筹"这个口诀非常重要。

二、怎样在暴跌后自救解套

（1）要甄别自己手中被套的股是否依然存在持有逻辑，其逻辑是否够硬，如果依然存在够硬的逻辑则可以考虑低位补仓摊低成本，如果持有的逻辑不存在了就需要考虑换股并加倍资金，但是换的股一定要逻辑硬，不能是那些指数反弹时可能的补跌股（前期的抗跌股）。

（2）补仓加仓的时机要看准，不能在市场下跌过程中去买，要等到市场明显止稳（补仓的个股也明显止跌，如短线技术指标金叉接近到位）再补仓，并在下跌过程中停止短线。

（3）只要是暴跌，止跌后的短线个股机会也是比较多的，不一定非要把所有资金都用来补仓原有的股，也可以进行一些新强势品种的超短线操作，盈利的钱和原套有品种的钱综合考虑。

（4）在大盘达到相对的高位或者再度出现危险时，不管原有的股票是否全部解套，一定要有一次清仓操作（除非是小仓位的赌注股），不能玩长线价值投资。心理一定要有一个卖出时机预算，止损止盈位要清醒并知行合一，这点很重要并不能受其他任何因素影响。

三、怎样利用暴跌后的反弹抄底做超短线

（1）做超短线也要看大盘，顺应大盘趋势，只在大盘处于强势中操作，不要逆势操作，更不能因为有股票被套有报复急躁心态。

（2）做超短线也要考虑分批建仓，通常是两次，只要赚钱卖就是对的，也可以分批卖，如今的市场很难一次性地获得大利润，这点也要清醒。

（3）做超短线的品种通常应该是前期强势被套的主力重仓股，即使有题材的大盘强势股，严重超跌有逻辑的股。

（4）既然是超短线，就不能变成重仓中长线。如果资金比较大，可以考虑进行多个品种的操作，如果小盘股投入资金过大，容易出现退出资金

万修成魔——为平民子弟改变命运而作，也适合富二代证明自己的困难。

四、怎样调适受伤的心态

（1）只要受了伤，谁的心态都会受影响的。但是受伤的心态不利于下个阶段的解套和抄底行动，甚至容易错上加错，一定要自我调适好。

（2）处理睡眠问题：银杏浓缩丸，或者，黑退素。

（3）多运动，去 KTV 唱一下歌，看一下石团长的视频。

（4）多复盘，选选股，要考虑技术指标和硬逻辑，不能出现幻想。

股中对 14
停牌股复牌涨跌及幅度判断

原问题：怎样寻找会大停牌注入资产的股？怎样判断停牌股复牌时的涨跌？

笔者答：

一、寻找可能大停牌股的意义

（1）如果市场不出现比较大的行情，涨幅较大的个股多出自大停牌股中。

（2）大停牌是制度要求，停牌原因主要是：整体上市，注入优质资产，借壳上市，资产重组。

（3）中小市值个股大跌后，处于相对的低位，众多机构被套，只有采取特殊措施才能解套自救，预计大停牌个股的数量会增多。

（4）操作大停牌股相对容易心态稳定一些，技术水平选时要求低一些（但是选股要求高）。

二、怎样寻找可能大停牌股

（1）大股东曾经做过解决同业竞争、注入优质资产承诺的公司可能会大停牌。

（2）与专业重组中介（或购并基金）有合作的公司可能相对容易大停牌。

（3）大股东有未上市的其他优质资产的中小市值公司容易大停牌。

（4）大股东持股比例高，上市公司手中有大量现金的中小公司容易大停牌。

（5）大股东发生了变化，新大股东实力强的（或者新大股东就是玩重组的高手）公司容易大停牌。

（6）走势强的 ST 股（壳干净），再大幅计提后，或者大规模处理资产后，容易大停牌。

（7）筹码特别集中，或者流通股东中有做"大停牌高手"的机构的股容易大停牌。

（8）大股东市值管理迹象比较明显的股票（如股权质押比较大、高管、员工持股数量大）容易大停牌。

总之，你判断一个股票未来可能要大停牌，必须逻辑要硬，不能无逻辑的瞎猜。

三、怎样操作可能大停牌股

（1）大停牌股的判断只是一个概率，因此也要适当地考虑大盘指数位的高低，不能在大盘高位时赌股票停牌。

（2）大停牌股是否赌中与持有时间有关，因此是中线投资，但是也要考虑大盘涨跌因素，进行短线高抛低吸以及根据大盘进行仓位管理。

（3）赌大停牌股也需要考虑其他市场重要因素，最好是赌大停牌股与硬逻辑、防守型、阶段主流热点、个股技术走势相结合。

（4）在大盘走势不强的时候，最好是只赌一只大停牌股，并做好无限制补仓的准备，不能一次性买进，股票下跌后无资金补仓，那样容易发生心理性操作错误。

（5）大股东注入资产前，股价走势容易受到压制；购买外在资产，股价容易先涨一波。

（6）优先选择定向增发、有对赌协议的中小市值个股。

四、怎样判断停牌复牌股的涨跌

（1）股票停牌期间大盘指数的涨跌很重要，个股的补涨补跌作用会很明显。

（2）个股停牌时处于K线的相对低位或者高位很重要，指数指标的指引涨跌作用会比较明显。

（3）停牌期间出现的利好因素强度很重要，这是决定绝对涨幅的关键因素。

（4）停牌股的流通股东中是否有主力机构很重要，有时股票停牌就是主力发动个股行情的计划手段之一。

（5）停牌股流通市值的大小很重要，流通市值越小越可能大涨。

（6）公募基金持有数量少的容易大涨，公募基金持有数量多的不容易是大黑马。

股中对 15
"晚间复盘特点股总结"的作用

原问题：请问，你微博上的专栏"晚间复盘特点股总结"的设计原理是什么？

笔者答：

一、总金额榜

笔者这个总金额榜是从全市场的总金额榜第一板中，根据万能公式选出来的4只，优先原则是：相对低市值的个股优先，新面孔优先，有板块效应的龙头股优先，有突发有力度消息股优先。

这个榜单监控大市值强势个股的连续性，只有这个榜单上的4只股全部连续上涨，就代表大盘处于强势中，如果3只上涨就说明大盘是平衡势，如果2只或2只以下上涨，就说明市场处于弱势中。

二、量比榜

笔者这个量比榜是从全市场的量比榜第一板中，根据万能公式选出来的4只，优先原则是：总金额榜也上榜者，底部连续2日放量者，创出新高放量者，有板块效应的龙头股。

这个榜单监控中小市值强势个股的连续性，只有这个榜单上的 4 只股全部连续上涨，就代表可操作机会处于强势中，如果 3 只上涨就说明机会是平衡的，如果 2 只或 2 只以下上涨，就说明机会把握难度较大。

三、内外比榜

笔者这个内外比榜是从全市场的内外比榜第一板中，根据万能公式选出来的 4 只，优先原则是：量比榜也上榜者，有未来不久题材者，小流通市值者，筹码集中股。

这个榜单监控中小市值潜力个股的有效性，只有这个榜单上的 4 只股全部连续上涨，就代表可操作机会处于强势中，如果 3 只上涨就说明机会是平衡的，如果 2 只或 2 只以下上涨，就说明机会把握难度较大。

四、利好榜

笔者这个利好榜是从全市场当天晚上公布利好的个股中，利好力度相对比较大的 4 只股，优先原则是：符合万能公式，符合当前市场热点，筹码集中股，绩差股。

这个榜单监控主力操作的积极性，只有这个榜单上的 4 只股第二天全部上涨超 4 个百分点，就代表可操作机会处于强势中，如果 3 只超过 4%就说明机会是平衡的，如果 2 只或 2 只以下上涨超过 4%，就说明机构操作不积极。

五、综合榜

笔者准备投入实战的候选股。

六、次日跟踪总结

以次日中午收盘价计：

（1）总金额榜中个股上涨超过 1%算合格。

（2）量比榜中个股上涨超过 3%算合格。

（3）内外比榜中个股上涨超过 1%算合格。

（4）利好榜中个股上涨超过 4%算合格。

（5）总体市场机会可操作性达 70%算合格，16 只股必须有 11 只个股合格，市场才算进入可操作时间。

（6）敏感时间，PSY 顶板钝化，周三、每月最后一周，每季度最后一周分别要减分，比正常仓位要保守稳健。

（7）用综合榜检验自己当时的选股状态，以及作为实战后选股。

（8）这个评判数据是初步数据，将根据自己的状态、大盘总体市盈率做一些微调。

股中对 16
输家、赢家和高手的思维区别

原问题：股市中的输家、赢家和高手有什么思维区别？

笔者答：普通人的观念里，股市中没有高手，只有赢家和输家。大众心理，不分析输赢的逻辑，也不管输赢是阶段偶然性的还是长时间持续性的，是否能够复制性，不管这些，只管此时此刻的结果是输是赢。

职业操盘手认为股市里有高手，但是他们的评判结果要更复杂，他们研究这个结果的逻辑，是持续时间的输赢结果还是周期运气轮流转的结果，是有逻辑的有目的可复制性胜利还是一根筋的赌性胜利，是否有系统阅历资源的后续保证，昙花一现的赢家常有，常胜将军非常少了。

下面笔者就输家、赢家、高手这三个概念结合近期炒股比赛的选手表现，做一些解析和总结。

一、输家

输家=永动机 or 永炖机+没有碰上好运气+没有遇到牛市。

暂时的输家=总结提高+遇到牛市+成为稳健高手。

永远的输家=不进步成为习惯 or 只有战术的改进没有整个系统的改进。

二、赢家

赢家＝有操作系统选股选时 or 有好运气＋顺势（顺大盘的势＋顺热点板块的势）＋有合理的盈利模式有耐心＋有资源。

暂时的赢家＝有好运气（没有防守）。

这种特别容易出现阶段性的高收益和传奇，因为有平民性，有意外，有上帝的眷顾，没有防守，没有阅历积累，没有进步。

持久的赢家＝有持久不变的有效盈利模式 or 有顺势的有效盈利模式＋有趣的生活。

三、高手

高手＝不输 or 胜多负少 or 有大胜无大输。

运气高手＝周期的胜利 or 运气的胜利 or 资源的胜利。

能力高手＝有基础素质＋有阅历＋有网状操作系统＋没有明显坏习惯＋清零＋应变顺势的盈利模式。

顶级高手＝能力高手＋运气高手。

炒股比赛的意义＝争取无形资产＋发现自己的弱点并改进（阅历深刻）＋对股市的综合理解（压力＋策略＋事业）。

股民最终的追求＝有目的的持续赢（偶尔小失误不可避免，坦然接受）＋技能的持续修正进步＋把股海投资做成一个事业＋积蓄资源并用资源支撑能力。

【智慧照亮人生】

（1）看轻了也就看清了，看清了也就看轻了，人生没有命中神，只有合适的命中缘。

（2）绝不要让你不能做的事妨碍你能做的事。

（3）心美一切皆美，情深万象皆深。

（4）有时候，坚持了你最不想干的事情之后，便可得到你最想要的东西。

（5）世间事飘忽不定者多，万事随心，随不了心便随缘，随不了缘便随时势。

（6）这世上的百般算计，有时却比不上一颗单纯的心。

（7）飘风不终朝，骤雨不终日。

（8）心存善意，定能途遇天使。

（9）六种零故障心碎治疗法：维他命 E，睡眠充足，摄取充足的水，与你喜欢的异性聊天，打羽毛球，心中认定这是自己的命。

（10）A 股中最愚蠢的人更喜欢嘲笑比他们聪明的家伙。

中篇

精图谱

（秘密联络图）

千万种野心，最大是你！

一个人应能利用别人的经验，以弥补个人直接经验的狭隘性，这是教育的一个必要的组成部分。

没有学识的经验比没有经验的学识好。

精图谱 1

大行情起涨

图 2.1 是沪市指数 2013 年 10 月 30 日至 2014 年 10 月 28 日的 K 线。

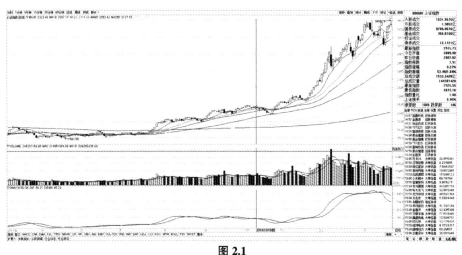

图 2.1

精图笔记:

（1）2014 年 7 月 22 日之前，沪市大盘持续弱势，距离前一个强势高点 2009 年 8 月 4 日的 3478.04 点时间跨度已经长达 5 年。此前创业板已经出现一阶段的单独上涨行情。

（2）消息面：此前新股发行已经停止相当长时间，这时新股重新启动发行。

（3）7 月 22 日，金融指标股领涨，多数股票普涨，指数价涨量增收复

10 日均线、30 日均线。

（4）之后几日大盘指数连续价涨量增，并且在新股发行敏感日（资金紧张），指数权重股银行板块强行上涨。

（5）指数上涨初期，表现比较好的板块有：点火股银行股、题材热点第二批自贸区概念股、价量关系强势股。

精图谱 2
牛市上涨

图 2.2 是沪市指数 2014 年 7 月 7 日至 2015 年 7 月 1 日的 K 线。

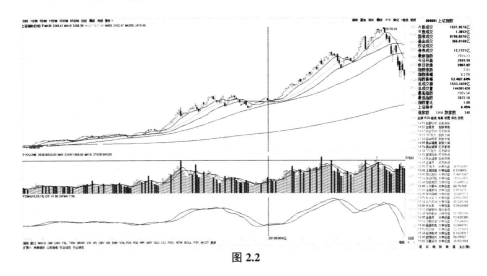

图 2.2

精图笔记：

（1）在市场强势确立之后，初涨阶段指数涨得比较缓慢，每当指数连续连涨 4~6 根阳线后会出现整理，整理的方式是横盘，或者小阴线回调，回调到重要均线（30 日、20 日、60 日）时受到支撑再度走出连续阳线。

（2）在指数缓慢上涨时，之前点火板块银行股因为流通市值大走势一般，而前期先期走出强势的创业板指数股走势比较强，其他有题材的股（自贸区概念、迪士尼板块、个股题材）走势偏强。

（3）经过几个月的上涨后，券商基本面好转，券商板块在利好刺激下，走势强劲，超出此前的其他板块（让人不敢追），但一口气翻倍单边上涨。由于券商股、金融股市值比较大，在上涨到位后会引发指数震荡。此时可能其他大盘指标股对冲指数。在券商板块上涨过程中，中小市值股资金被虹吸，走势比较差，许多老股民显得不适应。

（4）在券商股震荡之后，是新热点板块的天下。指数也出现单边上涨。

（5）在指数单边上涨过程中，中小市值强势股、强庄股走势很强，越不敢追高越涨，这个时候第一个板可以用少部分资金适当追。

（6）在牛市中后期，个股的消息题材很重要，特别是停牌复牌的股票出现连扳，成为大赢家。但是一些准备停牌的股在停牌前压价不涨。

（7）在牛市中后期，最初的两次大震荡，都是逢低抄底的机会。注意，不能破重要均线。

（8）在牛市的后期，可以融资的中小市值股走势强劲。

精图谱 3
见顶暴跌

图 2.3 是沪市指数 2015 年 5 月 22 日至 2015 年 9 月 22 日的 K 线。

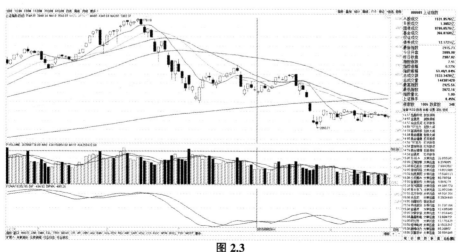

图 2.3

精图笔记：

（1）大盘是 2015 年 6 月 15 日于 5178.19 见顶的。

（2）在见顶前，在 4000 点上方已经出现过两次比较大的震荡，但是指数都在 30 日均线受到支撑，翻身再涨。

（3）在 4800 点上方已经出现管理层的警示消息，比如说查配资。

（4）在见顶前，小市值个股的表现比较疯狂，有许多股连续涨停，并出现高价股。

（5）在 6 月 15 日、6 月 16 日连续两天下跌，指数跌破 10 日均线，这就需要高度警醒，需要把仓位控制在 25% 以下，而且应该持有大市值低涨幅稳健股（空仓也可以考虑）。

（6）6 月 19 日指数跳空跌破 30 日均线，这是清仓信号。长时间大行情后凌厉跌破 30 日均线，这是比较明显的见顶信号，也是最后防线。同时，6 月 19 日接近半年底，这也是一个敏感危险期，半年底这个时间点在高位容易导致见顶，在低位容易出现大跌，这个时间点必须记住并注意。

（7）6 月 25 日反抽 30 日均线再度下跌，进一步印证见顶，这时是可以考虑期指做空的。

（8）在大盘见顶的暴跌时，不应该做反弹，即使做，也应该是指标股的小仓位快进快出。

（9）抢反弹的时机应该是 7 月 9 日，而且应该在个股涨停封不死时就清仓，此后应该消息一阶段，等待第二次股灾后再操作。

（10）见顶高位的注意点：轻仓，稳健股，10 日均线破要高度警醒控制仓位，跌破 30 日均线轻仓（提前也可以，不能拖后，高位宁肯踏空，不能被套），大行情的顶部暴跌不看准了不要轻易做反弹，看准了可以适当做空期指（非指标股指数）。

精图谱 4
中级行情

图 2.4 是沪市指数 2017 年 12 月 13 日至 2018 年 4 月 27 日的 K 线。

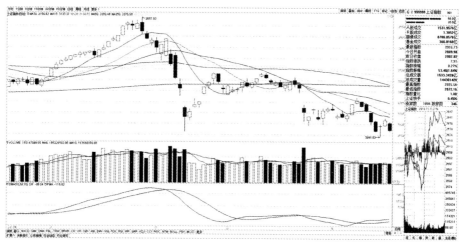

图 2.4

精图笔记：

（1）2017 年 12 月 28 日大盘股启动大盘价涨量增，市场出现中级行情征兆。

（2）之前一段时间大盘股的走势明显强于中小市值个股，蓝筹股价值投资的情绪明显占据上风。

（3）2018 年 1 月 2 日开始后，大盘股中国石化领涨大盘股明确中级行情展开，同时对小市值个股进行资金虹吸。

（4）中级行情持续了一个月，始终是大盘股的行情，许多投资者由于不习惯持有大盘股踏空整个中级行情，持有小盘股还会亏钱。

（5）弱势市场，每年的 12 月、1 月容易出现中级行情，这种中级行情的主流热点容易是含指数权重板块股，2010 年 10 月是煤炭股，此后常常是银行股、保险股、地产股。

（6）中级行情见顶后，大盘连续暴跌，大盘股、小盘股都跌幅很有杀伤力。

（7）中级行情见顶的时候，可以对弱势指数考虑做空期指。

（8）在中级行情见顶大跌时，无风险品种价格也会受到影响。

（9）在中级行情展开时，短线技术好的投资者对于次新强势股也可以考虑，但是做主流热点最职业，弱势股不能做。

精图谱 5
独立指数行情

图 2.5 是创业板指数 2012 年 9 月 25 日至 2015 年 7 月 3 日的 K 线。

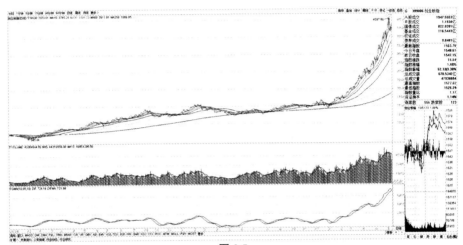

图 2.5

精图笔记：

（1）创业板指数在 2012 年 12 月 4 日见大底 585.44 点。2012 年 12 月 4 日是主板的一次中级行情的起点，此次中级行情的热点是小市值银行股。

（2）主板的此次中级行情是 2013 年 2 月 18 日见顶的。主板见顶后，创业板指数明显强于主板，继续走强，独立走势形成。

（3）创业板指数是 2013 年元月走出多头行情的，此前创业板个股走势弱于主板中热点股银行股，走出多头行情后创业个股开始活跃。

（4）在 2013 年 4 月 15 日创业板指数受到 60 日均线支撑后，走出了依托 30 日均线（60 日均线）的单边缓慢上升通道。在 2014 年 2 月 15 日见到 1571.40 点。

（5）创业板指数走出独立行情时，可以依据创业板指数的操作系统进行短线个股操作，同时考虑到主板的风险情况。

（6）创业板指数单边上涨时，指数权重股表现强于大多数创业板个股。

（7）随着沪深交易所的上市公司规模的扩大，注意某个指数的机会也是一种创新，注意指数权重股的强势也是只得加强的思维。

精图谱6
突发热点雄安板块

图 2.6 是雄安概念股首创股份（600008）2017 年 4 月 1 日前后的 K 线。

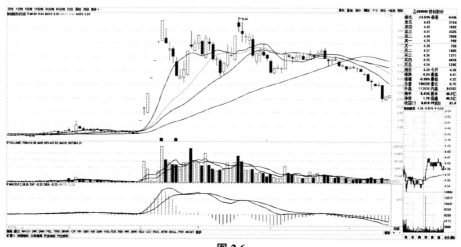

图 2.6

精图笔记：

（1）雄安新区设立的消息是在 2017 年 4 月初清明节假期发布的，突然性比较强，意外性也比较强，这样的消息对市场冲击应该是最强的，常常能激活市场。

（2）在清明节前，大盘走势还比较弱，是比较典型的弱势特点市场。

（3）由于没有直接概念股。市场分析受益概念时，主要从地域公司、地域地产、地域水特点来找寻炒作概念，许多概念股开盘就封上涨停。这种涨停是由众多不同性质的资金抢筹造成的。

（4）许多概念股在第二个、第三个涨停板打开涨停，随后又放量封死涨停，继续连续一字板。在第二个、第三个涨停板打开涨停时，应该是跟风买进机会，特别是再度冲击涨停的时候。

（5）在雄安概念连续涨停板时，其他板块表现一般，甚至有些有被虹吸现象。

（6）雄安概念股的骨干股票在多个涨停之后开始放量，有消息透露：有大机构出货。随即，这些股票放量跌停。

（7）随后，雄安概念股高位震荡，其他非概念股股价下跌。

（8）雄安概念股见顶后，市场出现 300 点左右的下跌。

精图谱 7
退市股的跌势

图 2.7 是退市股退市昆机（600860）2017 年 2 月 23 日以后退市前的 K 线。

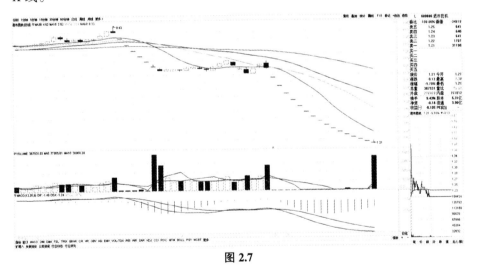

图 2.7

精图笔记：

（1）可能暂停上市股票一般在暂停上市前都会出现一波大的下跌。

（2）暂停上市一年的股票，如果在这一年内无法凭借主营扭亏为盈回到主板，将有 30 天的退市整理期，在这期间还会有一波大的连续跌停的下跌。

（3）主板上市公司退市后，进入代办股份转让系统。

（4）创业板公司退市后不一定像主板一样，必须进入代办股份转让系统。如符合代办股份转让系统条件，退市公司可自行委托主办券商向中国证券业协会提出在代办股份转让系统进行股份转让的申请。

精图谱 8
业绩高增长个股

图 2.8 是业绩高增长股方大炭素（600516）2017 年 2 月 26 日~2017 年 10 月 10 日的 K 线。

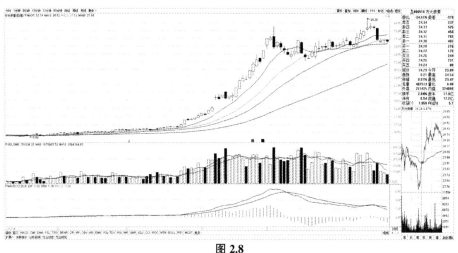

图 2.8

精图笔记：

（1）2017 年 4 月、5 月大盘出现了一轮比较的下跌，在这次下跌中方大炭素明显比较抗跌。

（2）2017 年 5 月底，沪市指数在大盘指标股走强带动下走出缓慢的上升通道，但这阶段中大多数中小市值股一直在下跌。

（3）方大炭素从 5 月底到 6 月 23 日缓慢上升，但是日成交量明显放出，在 6 月 23 日开始放量上涨，后持续单边上涨，到 8 月 4 日股价翻两倍，成为这个阶段中涨幅最大的股票。

（4）分析其上涨逻辑：

第一，大股东方大集团旗下股票一向比较活跃。

第二，后爆出消息，公司 2017 年净利预增逾 52 倍。

（5）应对该股股价上涨前以及上涨初期的 K 线增加熟悉度，这是一种比较经典的平衡势中牛股上涨前的征兆。

精图谱 9
业绩稳定突出个股

图 2.9 是著名绩优股贵州茅台（600519）2015 年 8 月 10 日至 2018 年 6 月 19 日的 K 线。

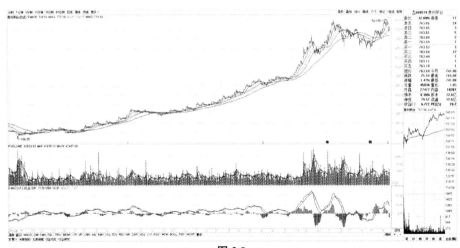

图 2.9

精图笔记：

（1）贵州茅台是沪市著名的品牌稳定绩优高价股，是上证 50、沪深 300 指数中的重要权重指数股，它有很强的独特股性，这种独特的股性不得不熟悉，不得不利用。

（2）贵州茅台由于持有的长线机构众多，市值大，难以短线操纵，因此在牛市中往往表现一般，所以不适合在牛市中过重的仓位持有。

（3）牛市重势，熊市重质。在熊市中，公募基金有最低持仓要求，因而贵州茅台在熊市中许多长线机构抱团取暖的重要标的，在熊市中比较抗跌，甚至走出逆势的单边行情。在熊市中机构防守品种"喝酒吃药"，以绩优白酒股和品牌绩优医药股为主。

（4）如果贵州茅台在牛市中表现一般，在大盘指数进入指数头部嫌疑区域，又不想空仓的情况，可以根据技术指标状态把贵州茅台作为短线防守投机品种。

（5）在牛市的起步阶段，如果贵州茅台不是热点，不适合持有仓位过重。

（6）贵州茅台的股性，是一旦启动往往会有较长时间的缓慢爬升走势，一旦股价沉闷不动也是很长时间不动的，不能在此时买进埋伏。

精图谱 10
强势热点板块

图 2.10 是阶段热门股绿地控股（600606）2017 年 11 月 20 日至 2018 年 3 月 22 日的 K 线。

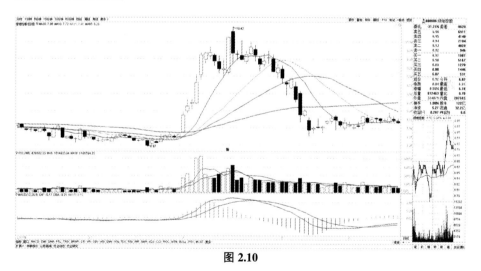

图 2.10

精图笔记：

（1）在市场非强势阶段，有时会出现强势热点板块，当这个强势热点板块整体启动，有多个个股冲击涨停时，这时这个热点板块属于可操作板块。如果，强度不够，则不能贸然在弱势中操作所谓的热点板块。

（2）操作热点板块时，必须买那些表现最强的冲击涨停的龙头个股，这些个股往往走势的连续性比较好，可以适当追高。而那些弱势股看似安全，反而操作难度大。

（3）当这种可操作强是热点板块出现第一次调整时，在股价调整到位（通常是 10 日均线附近）时，可以再次买进。

（4）这种热点板块股一旦有效跌破 10 日均线（常常是第二次考验 10 日均线），要注意板块热点结束，需要及时撤离。

精图谱 11
个股大题材

图 2.11 是大题材股外高桥（600648）2012 年 12 月 5 日至 2013 年 11 月 15 日的 K 线。

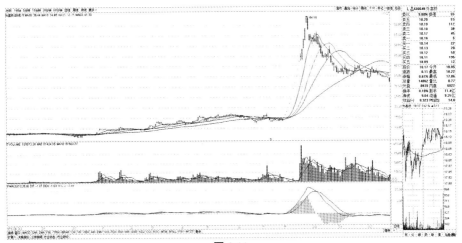

图 2.11

精图笔记：

（1）题材是第一生产力，尤其是比较大的题材，比较大的题材有三类，一类是即时生效突发的，如雄安新区设立的题材，第二类是未来的某一个时点兑现现在已经明确的，如奥运题材，大家可以研究一下 2007 年、2008 年时的奥运概念股中体产业的 K 线走势；还有一类是未来的某一个时点兑现现在尚处于模糊状态的，如 2013 年时的第一批自贸区设立题材。

（2）中国的第一批自贸区是上海自贸区，骨干股票是浦东股，外高桥是其中的龙头股之一，在消息处于朦胧期时，股价走势明显强于大盘和其他股票。

（3）在上海自贸区被正式批准后，上海自贸区概念骨干股票拉出连续涨停，成为当年涨幅最大的一个群体。

（4）在弱平衡势中，大多数时间应该空仓观望，实战操作要甚之又甚，一般的基本面分析、技术分析已经对付不了熊哥了，必须要有特殊手段，这特殊手段就是选时要选在意外的大跌后，选股要选无风险套利的品种，或者题材特别大、热点特别强的龙头股票。

（5）在市场处于强势时，遇到有大题材的个股，应该坚决纳入自选股中，操作上也不能轻易放弃，如2014年的第二批自贸区概念股，尽管不如第一批概念股强，但表现也十分突出。

精图谱 12
筹码集中股崩溃

图2.12是筹码集中股奥瑞德（600666）2016年11月8日至2018年6月19日的K线。

精图笔记：

（1）在2017年4月26日之前，奥瑞德是一只筹码集中股，走势呈现独立状态，在大盘跌势中比较抗跌。

（2）而其后出现了连续跌停的情况。

（3）在熊市中，什么股都没有用。早下跌，晚下跌，早晚下跌；早套牢，晚套牢，早晚套牢；早割肉，晚割肉，早晚割肉。

（4）在熊市中，很容易出现补跌和意外的情况，如抗跌的股票补跌，停牌的股票不跌，出利好的大跌，重组失败、再融资失败也是常见现象，不得不防。

（5）螺旋桨个股的操作方式是，如果股价处于抵抗的时候，股价原理30日均线可以小量地老鼠偷油，在股价贴近30日均线时要防止股价崩溃。

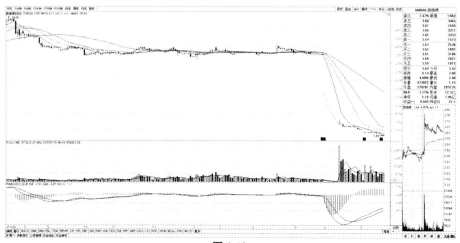

图 2.12

（6）在市场接近底部的时候，最顽强的个股也可能出现补跌，包括无风险套利的品种都有可能出现意外的价格。

（7）在熊市中一定要警惕，要防不可预知的黑天鹅，无论你再看好某个品种，也要留有 3/4 的资金以上。

<h2 style="text-align:center">精图谱 13
牛市重组黑马</h2>

图 2.13 是重组黑马股中航沈飞（600760）2016 年 7 月 25 日至 2017 年 4 月 7 日的 K 线。

精图笔记：

（1）在市场比较大的底部，以及在大盘上涨过程中，进行长时间停牌进行重组的股往往成为阶段涨幅最大的黑马，在合适时间我们选股时要注意这点。

（2）在市场比较大的头部，以及在大盘下跌过程中，进行长时间停牌的股非常容易出现停牌进行的项目失败，即使停牌进行的项目成功也容易出现补跌和连续大跌的走势，在合适的时间，我们要注意避免买这种类型的股票。

（3）壳资源迹象明显的股，有过大股东避免同业竞争承诺的股，有过事

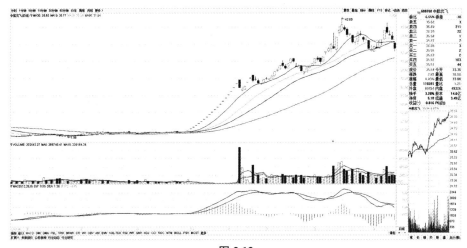

图 2.13

先公告的股，有过重组迹象意愿的股，从他们的走势特点以及信息逻辑分析中可以发现相关迹象。

（4）抓大停牌股可以使用分散组合、分批定投的方式，也需要考虑大盘的因素和时间效率的因素。

精图谱 14
弱势热门次新龙一

图 2.14 是熊市热门板块龙头次新股贵州燃气（600903）2017 年 11 月 7日至 2018 年 6 月 15 日的 K 线。

精图笔记：

（1）如果市场出现一个比较强的热点板块，这个板块中的次新一旦走势很强，这个次新股比较容易成为这个板块中的龙一。

（2）在 2017 年 12 月，由于天然气供应紧张并且涨价，引发了天然气板块成为市场炒作热点，贵州燃气成为龙一。

（3）当时的大盘市场背景还可以，贵州燃气的价格流通市值都比较适中，连续放巨量拉大阳线涨停，成为这个阶段涨幅最大的股票。

（4）这类股票的要点是，第一连续放巨量，第二拉大阳线连续涨停（不

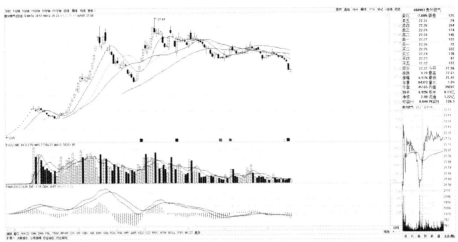

图 2.14

是一字板），涨升幅度巨大，可以适当追高，阶段时间关注。

精图谱 15
牛市热点板块

图 2.15 是牛市阶段热门板块股光大证券（601788）2014 年 7 月 7 日至
2015 年 5 月 26 日的 K 线。

精图笔记：

（1）当市场大牛市已经初步确立后，券商股是最大的受益利好板块，往
往会出现较好的行情，这种情况已经在牛市中多次出现。

（2）在 2014 年爆发的牛市中，11 月券商股集体上涨，一口气单边强拉，
涨幅巨大。

（3）券商股爆发行情时，连续放巨量，拉大阳线涨停，可以适当追高。

（4）由于券商股是指数权重股，它们上涨时，其他小市值股资金被虹
吸，不但不涨，还可能下跌。

（5）在券商股（或者银行等指标股）连续上涨时，可以适当做多沪深
300 期货。

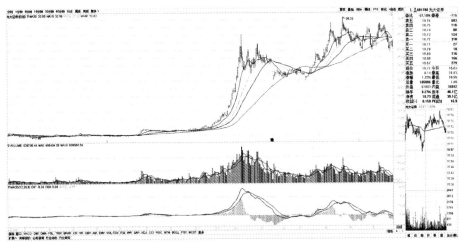

图 2.15

精图谱 16
暴跌时上市的次新强势股

图 2.16 是次新股万林股份（603117）2015 年 6 月 29 日至 2015 年 11 月 11 日的 K 线。

图 2.16

精图笔记：

（1）游资机构大户是 A 股市场中最活跃的机构大户力量，他们的操盘风格是：不怎么看长线大势，更注意短线机会，买卖勇悍果断，喜欢制造涨停与核按钮（跌停），是永动机中的战斗机。

（2）由于次新股流通市值小，机构大户（特别是公募）少，收集筹码容易，历史股性活跃，上市第一年容易高送传，游资大户选股比较偏好次新股。次新股的评判标准是刚上市至小非解禁这段时间。

（3）次新股是弱势市场中最活跃的板块，是许多熊市永动机格外关注的板块，在大盘出现暴跌后，次新股更容易率先活跃并可能出现黑马，当市场出现热点板块时，属于热点板块中的次新股也更容易表现得比老股票强势。

（4）在 2015 年 7 月大盘见顶暴跌后，万林股份就出现了股价快速翻倍的行情，成为这个阶段涨幅最大的股票。小资金、注意短线效益的资金，对于次新股的股性以及战法机会要多加研究。

精图谱 17
牛市尾期的次新强势股

图 2.17 是次新股星光农机（603789）2015 年 4 月 27 日至 2015 年 7 月 9 日的 K 线。

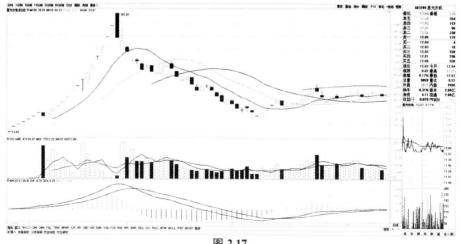

图 2.17

精图笔记：

（1）在牛市的尾期，由于最新上市的次新股收益筹码相对容易，这样经常受到新入市的机构关照，而成为牛市尾期的大牛股。

（2）在牛市尾期，如果哪个板块成为热门股，相应的热点次新股一旦走强就需要格外注意，如在 2007 年牛市尾期大盘绩优股是热点，新上市的中海油服、中国神华就受到市场的短线炒作；而在 2015 年的牛市尾期，小盘股是市场热点，星光农机就表现疯狂。

（3）对于这类股的注意，要成为牛市尾期的一种重要战法，可以适当地追高。

（4）由于股价严重透支，这类股一旦见顶，往往跌幅巨大，并可能成为中长线跌幅最大的股，这点也要格外注意，在高点要及时退出，并长时间不要再碰。

精图谱 18
要约收购股

图 2.18 是要约收购股建新矿业（000688）2018 年 2 月 14 日至 2018 年 6 月 18 日的 K 线。

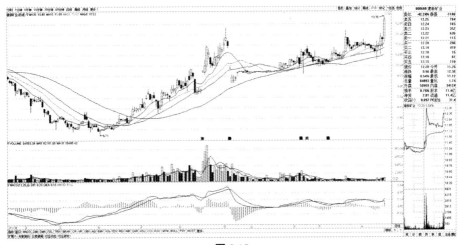

图 2.18

精图笔记：

（1）2017 年 9 月 5 日，建新矿业停牌进行了大股东股权转让，这次大股东股权转让涉及全额要约收购（证券法要求），要约收购价为 9.77 元。

（2）2018 年 2 月 7 日公司股票复牌，正好遇到股市大盘暴跌，股价跌破了 9.77 元的要约收购价，阶段最低价到过 9.17 元。这时，该股存在着无风险套利机会。

（3）公司大股东股权转让以及要约收购说明书是要报到深交所审批的，可以通过深交所的网站股权转让一栏查到进程情况。

（4）股友张建在深交所网站上查到了这个公司的要约收购报告书的进程情况，告诉了笔者，笔者逢低买进了这个股，两天后公司公布要约收购书，股价从低位涨到 9.77 元附近横盘。

（5）在实施要约收购前夕（笔者买进后不到一个月），大盘处于弱势的情况下，建新矿业股价逆势一举越过 9.77 元的要约收购价，股价曾经达到 11.84 元，避免了太多人履行要约收购而导致公司退市。

（6）这是弱势市场中很好的一个无风险套利的操作案例。

精图谱 19
平衡势黑马股

图 2.19 是黑马股泰禾集团（000732）2017 年 11 月 23 日至 2018 年 1 月 31 日的 K 线。

精图笔记：

（1）在 2017 年 12 月，沪市指数结束上升通道进行调整，大多数中小市值个股表现不尽如人意，但是 12 月底沪市指数突然有启动中线行情的征兆出现。

（2）12 月 22 日，泰禾集团董事长黄其森在接受媒体采访时称："2018 年，泰禾集团销售额的目标是再翻一番至 2000 亿元。同时，2018 年将继续降低土地成本，争取在明年上半年将负债率降至 79%，下半年降至 75%。"12 月 25 日，泰禾集团股价高开高走收获涨停，并伴随成交量明显放大。12

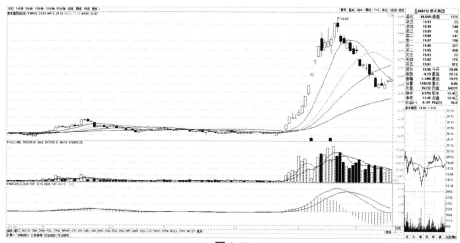

图 2.19

月 26 日，泰禾集团临时停牌。12 月 27 日，复牌后的泰禾集团再次涨停，单日成交量放大至 4.29 亿元。

（3）交易所披露的龙虎榜数据显示，除活跃游资外，机构席位与深股通资金均在近期现身泰禾集团买卖榜单，股价上涨的资金因素呈现多元化。需要注意的是，深股通、沪股通的交易风格是"逢指数大跌买进、逢指数大涨卖出"，追涨停很少出现。

（4）观察深股通、沪股通的操作规律，也是我们值得研究的一个操作战法。

精图谱 20
指标股

图 2.20 是指标股工商银行（601398）在 2014~2015 年的 K 线。

精图笔记：

（1）大盘指标股的股性也很有特点，也是职业投资者必须熟悉的。

（2）大盘指标的第一个股性是：在市场处于阶段底部后，主力用于发动行情（大行情或者中级行情）的点火板块。

（3）在牛市的中间时期，大盘指标股由于市值大，涨升幅度通常会落后

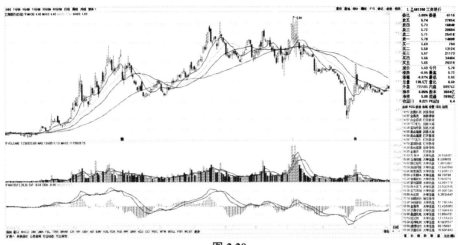

图 2.20

于中小市值的个股（除非是成为阶段市场热点时）。

（4）在市场出现暴跌的时候，会有大主力尾盘拉升大盘指标股 PS 指数；在大盘暴跌时，大盘指标股可能逆势上涨，而大盘反弹后，大盘指标股则可能停止活跃。

（5）沪市权重最大的板块是银行板块，做股指期货的人一定要注意这个板块的动向。

精图谱 21
平衡势板块热点龙一

图 2.21 是黑马股罗牛山（000735）2018 年 1 月 4 日至 2018 年 6 月 18 日的 K 线。

精图笔记：

（1）2018 年上半年大盘处于整体弱势之中，但是由于有"海南国际旅游岛"建设的国家战略消息，海南板块走势比较强。

（2）其中海南股罗牛山因海南赛马概念，股价暴涨，成为海南板块中最强股。

（3）在市场弱势中，如果一个有题材的热点板块出现，应该重点关注那

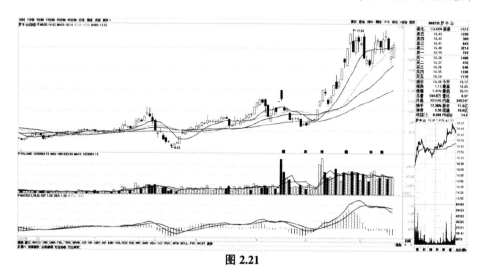

图 2.21

个有题材的有量能配合的最强股，这类个股的特征是连续拉带巨量的大阳线，有多个涨停，短线思维。

（4）在市场弱势时，热点板块中的弱势股不能碰。

精图谱 22
周期黑马股

图 2.22 是周期股华菱钢铁（000932）2016 年 12 月 20 日至 2017 年 11月 18 日的 K 线。

精图笔记：

（1）周期性行业是指和国内或国际经济波动相关性较强的行业，周期性行业的特征就是产品价格呈周期性波动的，公司业绩在某个时期是绩优股，某个时期是亏损股。汽车、钢铁、房地产、有色金属、石油化工等是典型的周期性行业，电力、煤炭、机械、造船、水泥、原料药产业也是周期行业。

（2）华菱钢铁是一个钢铁股，业绩曾经巨亏，公司被标注"ST"符号，股价一度跌到 1.52 元，公司准备进行重组，重组预案是变成券商行业，当时金融行业属于热门景气行业。

（3）在公司重组还没有完成的时候，证券市场和宏观基本面都出现了变

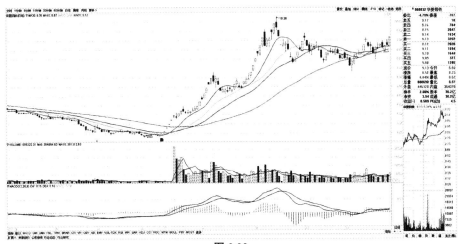

图 2.22

化，股市转为熊市，证券行业不景气，而钢铁行业进行了供给侧改革，钢铁行业转为景气，钢铁价格达到历史新高。这个时候大盘不好，券商股连续大跌，而钢铁股因为价格长线超跌而业绩暴涨，股价也逆势暴涨。

（4）华菱钢铁果断取消了重组预案，股价跟随钢铁板块暴涨，最高价格达到 10.77 元，要知道这可是在大盘处于大熊市背景（大盘曾几次暴跌）中发生的。

（5）对于周期股的基本面分析以及股性风格，职业投资者一定要熟悉，这个战法也是一个周期性的有效战法。

精图谱 23
暴跌后的黑马股

图 2.23 是黑马股四川双马（000935）2016 年 3 月 9 日至 2016 年 12 月 20 日的 K 线。

精图笔记：

（1）2016 年 7 月 8 日四川双马公布关于筹划重大事项停牌进展公告，随后公布了重大资产重组。

（2）2016 年 8 月 22 日股票复牌，复牌后连续四个涨停，第五个涨停没

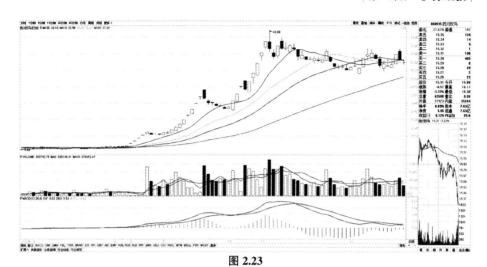

图 2.23

有封死，收盘涨幅接近 9%，随后横盘波动。

（3）这个时候大盘情况属于温和态势，四川双马阴阳交间的横盘 5 天后，股价继续强势大涨，涨幅比第一波还要大。

（4）这个案例告诉我们，有资产重组重大题材的个股，在第一波连续涨停打开后，如果大盘背景还可以，股价整理时很强，很可能再出现一波大涨幅，在股价再次出现上涨征兆时可以适当追高。

【智慧照亮人生】

（1）你的责任就是你的方向，你的经历就是你的资本，你的性格就是你的命运。

（2）复杂的事情简单做，你就是专家；简单的事情重复做，你就是行家；重复的事情用心做，你就是赢家；用心的事情娱乐做，你就是名人。

（3）美好属于自信者，机会属于开拓者，奇迹属于执着者。

（4）选择很重要，你今天的生活状态是由三年前的选择决定的，做好当前选择。

（5）经营自己的人脉，你的收入是 10 个身边常联系朋友的平均收入。

（6）经营自己的专业，不要封闭，在广度和深度上做扎实。

（7）经营自己的人格和情商，不媚上欺下，处理好人际关系。

（8）经营自己的事业梦想，不抛弃不放弃。

（9）股人的几个层次：知己所求为慧，明己所得为贤，明知不可得还做无谓努力，即为愚蠢。

（10）塑造自己过程很疼，但最终你能收获一个更好的自己！

第二部分

中 小 创

精图谱 24
暴跌后次新黑马股

图 2.24 是次新黑马股宏川智慧（002930）2018 年 3 月 28 日至 2018 年 6 月 18 日的 K 线。

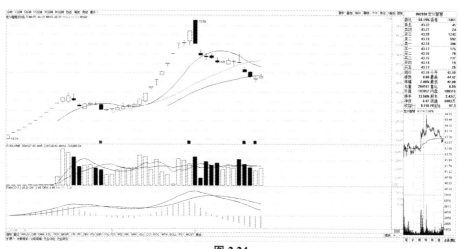

图 2.24

精图笔记：

（1）2018 年 2 月至 2018 年 4 月，大盘走势比较差，大盘股小盘股被通杀。

（2）宏川智慧是新上市的次新股，统计数据表明，新股上市涨停板的数量越多后市潜力相对越大，涨停板数量越少的股表现往往不佳。

（3）在大盘出现一波大跌后，经常会有一些次新股表现得比较突出，成为黑马股。

（4）宏川智慧暴涨前的征兆是：连续 5 根小阳线+1 个涨停板。

精图谱 25
中级行情的强势次新股

图 2.25 是次新黑马股华森制药（002907）2017 年 10 月 20 日至 2018 年 3 月 13 日的 K 线。

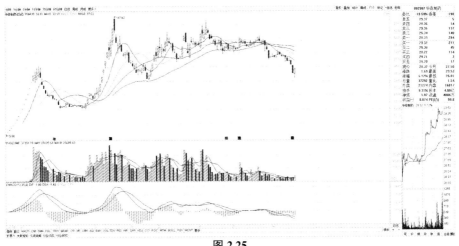

图 2.25

精图笔记：

（1）2017 年 12 月底至 2018 年 1 月大盘出现了一波中级行情，这轮行情的主流热点是大盘股，而非次新股。

（2）次新股华森制药在 12 月底连续放巨量拉升阳线涨停，股价快速上涨 200%。

（3）华森制药股价爆发时的方式是：筑小平台后三个连续涨停，后强势调整，再连续涨停。

（4）总结：在大盘处于上涨的时候，次新股一旦表现连续强势，容易成为黑马。

精图谱 26
公募基金强势次新股

图 2.26 是次新成长股海天味业（603288）2018 年 7 月 12 日前的 K 线。

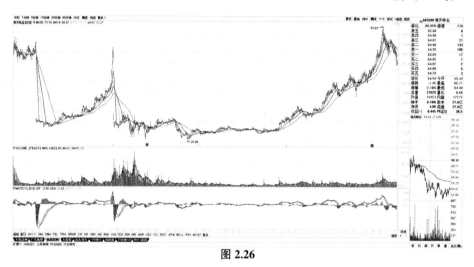

图 2.26

精图笔记：

（1）酒类股、医药股、家用电器股、绩优消费股是弱势市场中最常见的防守类品种，这类股票在弱市场中常常有独立的强于其他板块的表现。

（2）这四类板块中次新股，如果业绩稳定良好成长性好，容易成为弱势中公募基金关注的股票。走强的方式是长线缓慢上升通道的方式。

（3）而游资主力也喜欢关注次新股，但是他们不喜欢公募基金重仓的股，游资主力更喜欢筹码比较分散且有题材故事的次新股。

（4）喜欢投资投机次新股的股友，要分清楚公募基金重仓次新股与游资主力短（急）炒次新股的风格不同，并采用不同的持仓捕捉方法。

精图谱 27
游资主力次新黑马股

图 2.27 是次新黑马股兰黛传动（002765）2015 年 6 月 12 日至 2015 年 9 月 9 日的 K 线。

图 2.27

精图笔记：

（1）这几年，在没有明显的市场炒作热点的情况下，游资主力逐渐把注意力集中在次新股上面。

（2）游资机构炒作次新股的时机常常是：大盘暴跌之后，大盘突发行情时，市场暂停新股发行时。

（3）游资机构选择次新股时，喜欢避开公募基金喜欢的次新股，可能是担心股价长高后出现公募基金的强力抛盘。

（4）游资机构偏爱的次新股是小市值股中有题材的个股，不喜欢流通市值偏大和过早打开涨停板的个股。

精图谱 28
次新股的风险

图 2.28 是次新股第一创业（002797）2018 年 7 月 12 日前的 K 线。

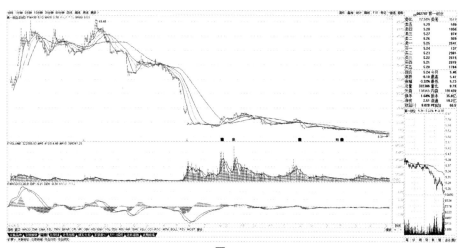

图 2.28

精图笔记：

（1）次新股是"双刃剑"，涨跌的速度要高于老股，如果操作不好，也容易出现快速的短线亏损。

（2）次新股的主要风险之一是，当次新股定位过高，一旦进入下跌通道，跌幅常常比较大，跌的时间也比较长。

（3）在大盘出现明显跌势的时候，次新股由于一些短线资金使用"核按钮"，比一般股票更容易跌停及连续大跌。

（4）当大小非解禁时，容易出现急跌；大小非公告减持预案时也容易出现下跌。

精图谱 29
熊市中弱势基本面股的跌势

图 2.29 是券商股西部证券（002673）2017 年 1 月 16 日至 2018 年 6 月 18 日的 K 线。

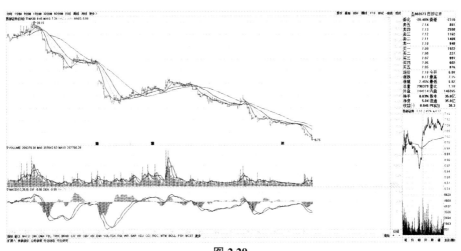

图 2.29

精图笔记：

（1）市场进入熊市后，证券行业首当其冲，证券股的业绩会跌得比较厉害，股价也常常下跌得比较多，只有证券股见底后，市场才会见底。

（2）在熊市中，有一个常见的现象，长时间停牌的股票容易补跌，因此，在熊市中尽量避免那些可能长时间停牌的股。

（3）在熊市中基本面趋坏的股，特别是公募基金重仓股和融资余额比较多的股不能碰，这类股容易长时间下跌。

（4）在熊市中，基本面最好、股价最坚挺的股，也容易在熊市接近底部的时候出现补跌，因此长时间看，熊市绝大多数股不宜长线持仓，不能因为短中线的抗跌表现，就长线忽视风险。

精图谱 30
弱势中的指数权重股

图 2.30 是指数权重股海康威视（002415）2016 年 9 月 26 日至 2018 年 6 月 18 日的 K 线。

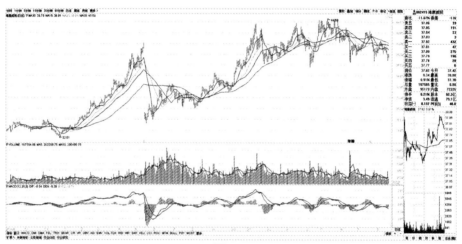

图 2.30

精图笔记：

（1）有时候，在弱势中有些主力机构会发动板块中级行情，此时这个板块中指数权重如果有强势股，应该加大注意力。

（2）弱势中的板块行情，如果该板块的指数权重比较大，容易得到市场响应，持续时间会相对久一些，操作上也容易把握一些，不含指数的板块热点把握难度要大一些。

（3）在市场持续下跌时，有时候大主力救市或者 PS 指数，也会对某些指数权重股进行买进，从而导致它们走势阶段比较强。

（4）一些指数基金如果出现什么新情况，如发行、解散等，也会对相关的指数权重股股价有所影响，要适当注意。

精图谱 31
弱势中的大题材股

图 2.31 是黑马股西部建设（002302）2016 年 11 月 23 日至 2017 年 8 月 11 日的 K 线。

图 2.31

精图笔记：

（1）在弱势市场中也会因为大题材而产生一些独立走势的黑马股。

（2）在 2017 年中国将举办全球"一带一路"大会，"一带一路"题材股出现了一批强势股，其中西部建设表现最为强势。

（3）操作这类题材股的时候，也要适当注意大盘的阶段高低点和安全时间段。

（4）要注意，弱势中一旦题材兑现，热点题材股也会杀伤力比较大。

精图谱 32
典型个股螺旋桨

图 2.32 是典型个股螺旋桨走势的乐通股份 002319 的 K 线。

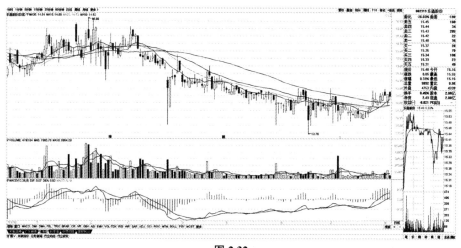

图 2.32

精图笔记：

（1）有一些股票的 K 线组合图形像一组螺旋桨排列，总体上波动比大多数股票要小且有一定的规律，但是每日的波动经常有明显的上下影线。

（2）在大盘稳定时，小资金可以适当地老鼠偷油，在低位小单买进，然后略挂高卖出，可以赚点小钱，也适合弱势中的小资金比赛或者模拟比赛投机用。

（3）在操作上也要注意时机，在股价贴近重要均线时（30 日均线、60 日均线）股价容易下跌一个台阶，在股价远离重要均线时可靠性略强。

（4）在大盘大跌时，目标股又没有明显大抛盘时，这类股有时喜欢拉尾盘。

（5）操作这类股票时，要注意大盘，要注意均线，要注意前期的波动规律，只能小资金，如果大资金买容易引发盘中机构大户出货。

精图谱 33
日线大挂单

图 2.33 是日线大挂单股通裕重工 300185 走势 K 线。

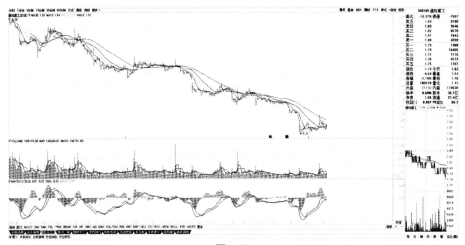

图 2.33

精图笔记：

（1）许多投资者投资中小创股票的原因是，中小创股票市值小活跃，易有业绩和股本扩张力。

（2）但也有一些中小创股票股本扩张过于迅速，股本比较大，在买卖挂盘上甚至经常是 5 位数的挂单，这类股票如果没有特殊题材，通常股性比较呆滞，涨跌通常落后于大盘和多数股票。

（3）有一些流通市值并不是特别大的股票，由于里面有机构重仓持有，有时也会挂单比较大（保险机构、国家队和部分公募基金）。有些职业大户会利用机构的操作习惯进行套利，如在弱势大盘安全时买高两三个百分点，等机构的大挂单挂上时卖出。需要注意的是，对一个股票不能短时间反复用，要打一枪换一个股票。

（4）在市场底部或者有初涨时，则应该以挂单 2 位数的股为主要选股目标，这类股更容易涨，大户也更易提高市值。但是在弱势时，小挂单的股不宜仓位重，想卖时很困难，硬卖容易造成或者引发核按钮。

（5）作为职业投资者，研究一些有特点股的盘中挂单也很有意思，有时能发现一些特殊的机会。

精图谱 34
形象好的次新股

图 2.34 是形象股华大基因（300676）2018 年 7 月 14 日至 2018 年 6 月 18 日的 K 线。

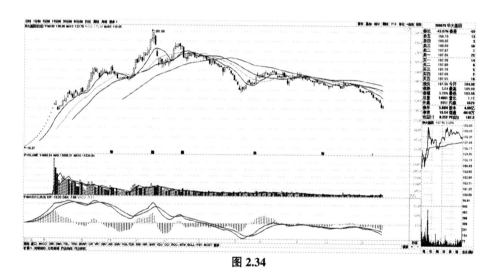

图 2.34

精图笔记：

（1）在上市的新股中，每隔一段时间总会有极少数的基本面特别吸引市场关注的股票，如华大基因、贵州茅台等。

（2）这些股票上市时新股涨停板的数量往往会超越一般的股票。

（3）即使定位高，如果打开涨停后继续走强，有时还会走出一波上涨行情。

（4）这类股如果在熊市中上市，经历过熊市的充分调整后，一旦出现大行情或者中级行情，这类股有可能还会受到机构关注，表现强于一般股票。

精图谱 35
创业板＊股的暴跌

图 2.35 是创业板＊金亚（300028）2018 年 7 月 18 日前的 K 线。

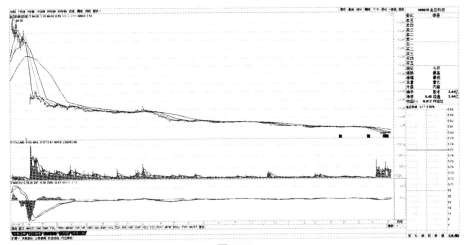

图 2.35

精图笔记：

（1）与主板退市规则相比，创业板退市标准出现不少变化。概括起来即多元标准、直接退市和快速程序。

多元标准：包括公司财报被会计师事务所出具否定意见或无法表示意见的审计报告在规定时间未能消除的；公司净资产为负而未在规定时间内消除的；公司股票连续 120 个交易日累计成交量低于 100 万股，限期内不能改善的。

直接退市：创业板公司退市后不再像主板一样，必须进入代办股份转让系统。如符合代办股份转让系统条件，退市公司可自行委托主办券商向中国证券业协会提出在代办股份转让系统进行股份转让的申请。

快速程序：缩短退市时间，避免该退不退、无限期停牌现象。出现以下三种情形时将启动快速程序：未在法定期限内披露年报和中报；净资产为负；财务会计报告被出具否定或拒绝表示意见。

（2）创业板开通的条件。具有两年以上（含两年）股票交易经验的自然人投资者均可申请开通创业板市场交易，需现场签署《创业板市场投资风险揭示书》，文件签署两个交易日后即可开通交易。

如不满两年交易经验的自然人投资者申请开通创业板市场交易，签署《创业板市场投资风险揭示书》时，应当就自愿承担市场风险抄录"特别声明"。风险揭示书必须由营业部负责人签字确认。文件签署五个交易日后即可开通创业板市场交易。

之所以有这个规定，一定是有道理的，在熊市的时候，在经济周期处于下行的时候，对于不是十分了解创业板股票的投资者不要轻易长线。

（3）为了更好地提醒投资者注意投资风险，根据《深圳证券交易所会员客户高风险证券交易风险警示业务指引（2016 年修订）》第二十六条规定，自 2018 年 6 月 27 日起金亚科技股票复牌交易的三十个交易日期间，金亚科技证券简称将调整为"＊金亚"。金亚科技证券代码不变，股票价格的日涨跌幅限制比例不变。"＊"是警示可能退市的意思。

（4）"一元退市法则"，即 A 股上市公司的股票出现连续 20 个交易日平均收盘价低于 1 元的，立即无条件"终止上市"的规则。

精图谱 36
牛尾黑马股

图 2.36 是牛市黑马股全通教育（300359）2014 年 4 月 23 日至 2015 年 5 月 19 日的 K 线。

精图笔记：

（1）在牛市尾期，是投资者情绪最为昂奋、个股行情最为疯狂的时候，这个时候可以适当地追击强势股。

（2）在牛市尾期，券商研究报告特别是金牌研究员极力特别看好的小盘股容易成为黑马。

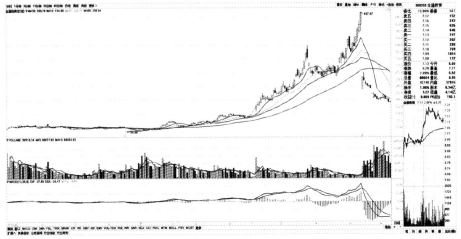

图 2.36

（3）刚刚发行大量基金份额、操作风格激进的公募基金独立重仓持有的小盘股容易成为黑马。

（4）上市公司发布比较大利好的中小市值个股容易成为黑马，前期长时间独立横盘的个股一旦启动也容易成为黑马。

精图谱 37
基本面恶化的黑熊股

图 2.37 是黑熊股乐视网（300104）2015 年 5 月 6 日至 2018 年 6 月 18 日的 K 线。

精图笔记：

（1）在企业界，经常会有一些非常能折腾的企业家，这些企业家热衷于盲目扩张，其作为大股东的股票也非常活跃。

（2）但是，这些企业折腾的时间终究是有限的，风光后往往是快速地跌落，其股价也会跌得比较惨，乐视网只是其中的一例，这类企业数量不算少。

（3）在 A 股，基本面稳健成长性持续的企业数量比较少，而且具有运气的不确定性，因此只能波段跟随热点，别被券商的造梦报告忽悠成长线了。

（4）相对来说，A 股的投机技术层级，"盲点套利 + 短线爆破点"要优于

"长线价值永炖炉+短线技术永动机"。

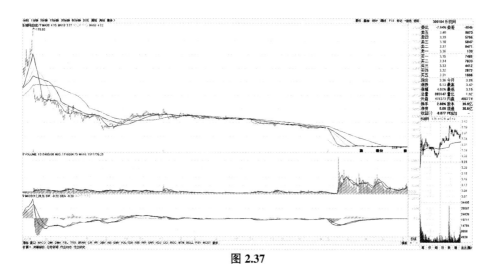

图 2.37

<h2 style="text-align:center">精图谱 38
地天板</h2>

图 2.38 是活跃股超频三（300647）2018 年 6 月 20 日的 K 线和当日分线。

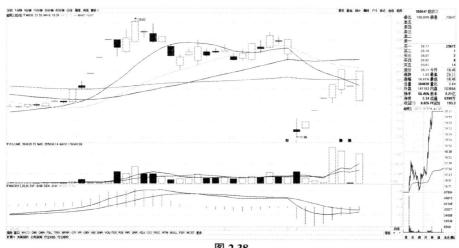

图 2.38

精图笔记：

（1）抓地天板是一种高风险的娱乐技术，只适合小仓位娱乐性操作，不能重仓赌，一旦失误短线损失会比较大。

（2）地天板出现的常见情况之一是，筹码集中股出现意外情况连续跌停，在数个跌停后突然在跌停板出现超级大买单，然后冲击涨停。

（3）地天板出现的常见情况之二是，正处于极强势上涨的次新股或者小盘股，受到大盘大跌的打击而出现跌停板（也可能是输个跌停），在跌停板出现超级大买单，然后冲击涨停。

（4）大盘出现股灾连续跌停，个股也连续跌停，大盘出现止跌有主力机构进场，部分强势股会在跌停板出现超级大买单，然后冲击涨停。

精图谱 39
牛市两融标的

图 2.39 是两融标的股得润电子在 2015 年牛市阶段的 K 线。

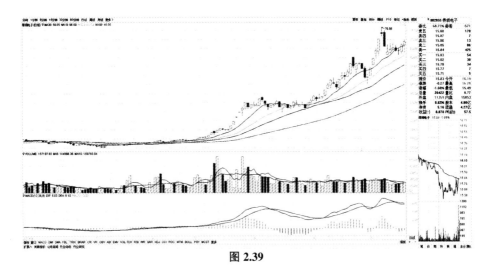

图 2.39

精图笔记：

（1）在牛市中，投资者的情绪会正反馈，人们融资交易的积极性比较高。

（2）在市场出现热点时，其中的融资标的股票更为活跃。

（3）在大盘活跃时，可融资的股票标的中相对小市值的股更为活跃。

（4）在牛市，融资余额表较多的股票在相对低位也更为活跃一些。

精图谱 40
熊市两融标的

图 2.40 是两融标的股电广传媒 000917 在熊市阶段的 K 线。

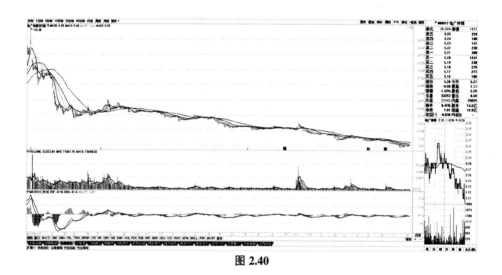

图 2.40

精图笔记：

（1）在牛市的顶部区域，融资余额较多的相对高价股最为危险，一旦市场下跌趋势出现，容易连续跌停。

（2）在熊市下跌途中，融资余额较多的股相对危险，容易多杀多。

（3）在熊市的相对高点，可融券的股中，基本面、技术面、形象面差的股可适当融券做空，并注意其做多的风险。

（4）在熊市急跌波段中，大小非抵押融资比例大的股有一定的危险，一旦平仓容易连续跌停。

【智慧照亮人生】

（1）一个人想要在这世界上成功，他必须表现得像个傻瓜，却很聪明。

（2）处在幸福两端的人，即特别幸福和特别不幸的人，都倾向于残酷。处在幸福中间的人，则会具有温和恻隐之心。

（3）一个人要从远处回，从高处下，从深处出。

（4）跌跌撞撞的成长，又美又疼才是本质。

（5）不要叫醒长线持股者，让熊把他咬醒。

（6）聪明的男人要冷静的女人来对付，但是愚蠢的男人需要相当聪明的女人才能对付。

（7）何为爱情？一个身子两颗心；何为友谊？两个身子一颗心。

（8）科学是系统化的知识，能力是习惯化的技术。

（9）教育应该在厌倦之前结束。

（10）对有些人来说，生活就是不断破墙而出的过程，而对另外一些人，生活是在为自己建起一座座的围墙。

第三部分

非 A 品种

精图谱 41
股指期货

图 2.41 是股指期货中证 1809（IC1809）的局部 K 线。

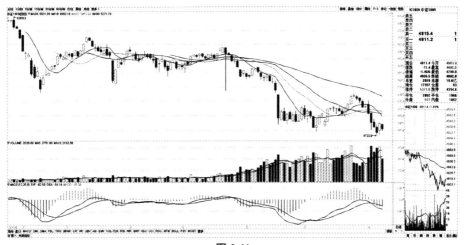

图 2.41

精图笔记：

（1）在相关指数机会强势，个股不容易把握时，可以注意相应的指数期货。

（2）在市场处于熊市时，职业投资者可以注意逢高做空的机会。

（3）在仓位重且卖出存在流动性困难时，可以用股指期货进行对冲。

（4）在市场明显出现趋势机会时，可用指数期货放杠杆。

精图谱 42
期　权

图 2.42 是期权 50ETF 沽 9 月 2900（10001220）的局部 K 线。

图 2.42

精图笔记：

（1）2015 年 2 月 9 日 50ETF 期权正式上线，它是以"华夏上证 50ETF 基金"作为标的资产的欧式期权。

（2）开户需要符合参与条件，其中通过交易所期权知识测试最为重要。

（3）保证金制度、有强行平仓制度、有投资者分级制度、有限仓制度。

（4）震幅大，对于小资金来说，交易成本有点大，实质上没有表面上获利那么容易，这点许多新手容易发生错觉。

（5）适合大资金进出困难时对冲蓝筹股使用。

精图谱 43
老三板

图 2.43 是创智 5（400059）2018 年 6 月 20 日前的 K 线。

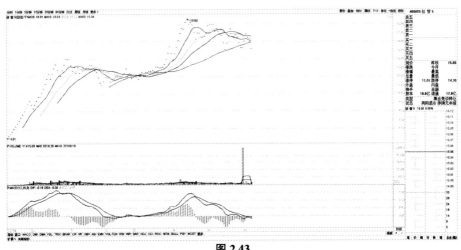

图 2.43

精图笔记：

（1）注意老三板中的基本面转好个股的机会。

（2）注意老三板中具有银行债转股以及资产重整的机会。

（3）注意老三板中存在转主板的机会。

（4）注意老三板的交易规则风险。

精图谱 44
B 股

图 2.44 是陆家 B 股（900932）2018 年 6 月 20 日前的 K 线。

精图笔记：

（1）注意 B 股市场的转板机会。

图 2.44

（2）注意 B 股的回购以及现金选择权机会。

（3）A 股强势时，对应的 B 股可能会慢半拍反应。

（4）在市场底部时，低市盈率 B 股可能具有投资价值。

精图谱 45
企业债

图 2.45 是 16 万达（136143）2018 年 6 月 20 日前的 K 线。

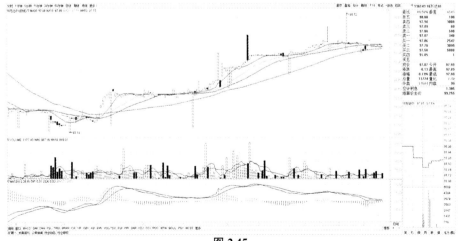

图 2.45

精图笔记：

（1）注意大幅折价企业债的年化收益率机会。

（2）注意即将到期的企业债年化收益率机会。

（3）注意即将回购的企业债年化收益率机会。

（4）注意企业兑付风险和流动性风险。

精图谱46
转　债

图2.46是宝信转债（110039）2018年6月20日前的K线。

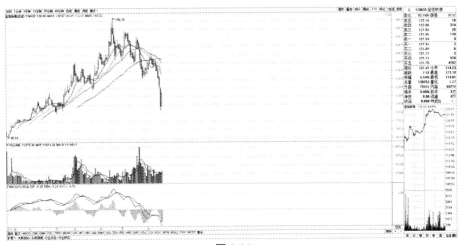

图2.46

精图笔记：

（1）新债发行时，如果转债具有价值可以申购。申购时要考虑新债未上市这段时间大盘的趋势和正股的可能趋势。

（2）当大盘转暖时，低于面值且正股市价低于转股价不多时转债具有短线机会。

（3）在大盘强势时，注意转债强制回购带来的机会，以及转债折价转股带来的套利机会。

（4）在大盘弱势时，注意转债的年化收益率机会和转债回购机会。

精图谱 47
德国 30

图 2.47 是德国 30（513030）2018 年 6 月 20 日前的 K 线。

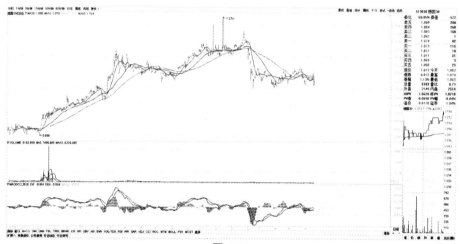

图 2.47

精图笔记：

（1）世界上有多个股市，不同的股市牛熊周期可能是不同的。

（2）国内首只专注欧洲股市的基金——华安德国 30（DAX）ETF 及联接基金正在发行，其挂钩德国 30（DAX）指数，囊括戴姆勒克莱斯勒、宝马、大众等 30 家国际知名公司。

（3）当 A 股处于熊市，德国股市处于牛市时，可以投资该基金。

（4）投资 ETF 基金时，要注意基金的净值以及 ETF 基金的套利原理，并以此来决定是二级市场买卖或者直接申购赎回。

精图谱 48
美元债

图 2.48 是美元债（501300）2018 年 6 月 20 日前的 K 线。

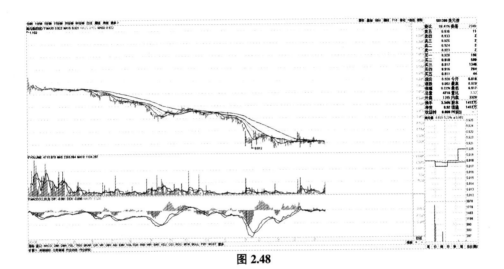

图 2.48

精图笔记：

（1）海富通全球美元收益债券型证券投资基金（LOF）主要投资于全球债券市场。

（2）该基金与美元债的收益有关，对于美国的债券利息变化比较敏感。

（3）该基金与人民币兑美元升值贬值比较敏感，如果人民币处于贬值趋势，该基金可能会处于涨的趋势。

（4）买卖该基金要注意该基金的净值，申购赎回需要注意成本。

精图谱 49
原油基金

图 2.49 是原油基金（161129）2018 年 6 月 20 日前的 K 线。

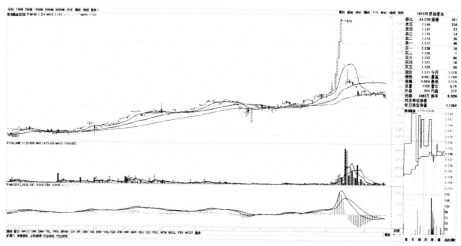

图 2.49

精图笔记：

（1）易方达原油证券投资基金是个 QDII 基金，它的走势主要与国际原油期货的价格共振。

（2）需要注意的是，国际原油交易市场的交易时间与 A 股市场有时间差，A 股市场这个基金走势往往落后于国际期货市场。

（3）当国际原油市场出现比较大的波动时，该基金跟随走势。

（4）操作该基金时需要注意基金的即时净值以及净值的变化趋势，申购赎回操作要注意该基金的申购赎回成本。

精图谱 50
纳指 100

图 2.50 是纳指 100（159941）2018 年 6 月 20 日前的 K 线。

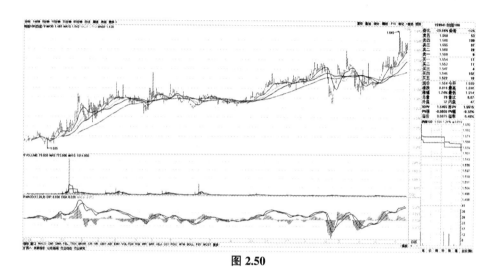

图 2.50

精图笔记：

（1）世界上有多个股市，不同的股市牛熊周期可能是不同的。

（2）广发纳斯达克 100 交易型开放式指数证券投资基金主要投资于标的指数的成份股、备选成份股、境外交易的跟踪同一标的指数的公募基金（包括 ETF）、依法发行或上市的其他股票、固定收益类资产、银行存款、货币市场工具、股指期货等金融衍生品以及法律法规或中国证监会允许基金投资的其他金融工具，但须符合中国证监会相关规定。

（3）当 A 股处于熊市，美国纳斯达克市场处于牛市时，可以投资该基金。

（4）投资 ETF 基金时，要注意基金的净值以及 ETF 基金的套利原理，并以此来决定是二级市场买卖或者直接申购赎回。

【智慧照亮人生】

（1）好人更得有一门绝技。

（2）股市最大的不幸，不是没赚过钱，而是曾经赚过大的。

（3）世上或许有一段不可替代的感情，却没有一个人是不可替代的。

（4）你以为双手叉腰，小脚跺地，就是撒娇了？告诉你，那叫撒野！双手叉腰，小脚跺地，胸部一颤一颤的，那才叫撒娇！

（5）做事情可以失败，但不可以在没有第二次机会的时候失败。

（6）用功不求太猛，但求有恒。

（7）我不爱股市，我爱钱，所以我顺势。

（8）关于未来的三个关键词：和谁、在哪、老去。

（9）"牛×"是一个不断发现自己以前是"傻×"的过程，"傻×"永远觉得自己最"牛×"。

（10）活着的意义……是在你快死的瞬间划过你脑海的那些事啊……

下篇
那一箭的风情
（功夫在诗外）

有道无术，术尚可求；有术无道，止于术。

只有拥有上乘的基础素质，才能拥有上乘的专业素质。

第一部分
花氏哲学

关键语：

哲学，是对基本和普遍之问题的研究。其按其词源有"爱智慧"之意。哲学是元知识、元理学，即所谓大道至简。

哲学任务就是对现实世界进行元理层面的把握，把多综合为一或把一区分为多，一和多都是元理。元理也要清晰表达、系统构造，这样的元理系统才适用于阐释世界或指导实践。

哲学是元理，科学是原理、方法、事实，元理与原理划分并非绝对，实用依据可以是：元理是需要时刻记着即时可用的元初理论，原理是可以查工具书利用的基础理论。

古代中国主要有儒家、道家、法家、墨家等哲学流派，其中尤其以儒、道、墨三家影响深远。

非哲人的人生，基本上全是由天生客观（时代、地域、家庭）决定，个人努力占的比重不大。哲人的人生，则是三分是运气，七分靠打拼。只要愿意打拼，就会比别人强。

花氏哲学，是笔者自己对哲学的理解，以及对 A 股和生活的感悟。许多股民的专业技术达到一定水平后，就无法继续提高，笔者认为是基础素质的问题，而股市哲学能够比较快地提高人的基础素质，并从而提高股市的专业技术。

不一定对，仅是个人小系统的类哲学笔记。

第 1 回
我

思维和存在的关系是哲学体系的基本问题。

我是谁？我从哪里来？要到哪里去？这是三个最经典的哲学问题。

学习哲学的第一个问题是认识"我"，即自知之明。

中国有句经典名言："人贵有自知之明"。在古希腊一座智慧神庙大门上，也写着这样一句箴言："认识你自己"，古希腊人还把它奉为"神谕"，是最高智慧的象征。

现实生活中，懂哲学的人不多，有自知自明的人也不多。所以，许多人的小聪明、小技能无法升华成为智慧和道术，这样的人生是由运气决定的。学习哲学，是希望自己的人生由自己的智慧决定。

人类的我有三类，本我，自我，超我。

一、本我

本我是由一切与生俱来的本能冲动组成，是人格的一个最难接近而又极其原始的部分。它包括人类本能的性的内驱力和被压抑的倾向，其中各种本能冲动都不懂什么逻辑、道德，只受"快乐原则"的支配，盲目追求满足。

本我的极端就是动物，未开化的人类本我心理比重比较大。

二、自我

自我是人格中意识部分，是来自本我经外部世界影响而形成的知觉系统，是在现实的反复教训下，从本我中分化出来的一部分。这部分在事实原则指导下，既要获得满足，又要避免痛苦。自我负责与现实接触，是本我与超我的仲裁者，既能监督本我，又能满足超我。

自我是人类社会的必然和需要，否则人也是动物。

三、超我

超我是道德化的自我，是人格中最后形成的而且是最文明的部分，它反映着儿童从中生长起来那个社会的道德要求和行为标准，它是从自我中分化出来的那个能够进行自我批判的道德控制部分，与本我处在直接而尖锐的冲突中。

超我是现代文明的产物，能够引领进步。一个社会中，超我的人有一定数量并成为精英，这个社会就是现代文明社会。

四、实我

实我，意思是实际真正的我。人是复杂的，并不是完全只是"本我""自我""超我"其中的一种，是多种情况的混杂，不同时间、不同处境下这种混杂也是变化的。

本我，自我，超我构成了人的完整的人格。人的一切心理活动都可以从他们之间的联系中得到合理的解释，自我是永久存在的，而超我和本我又几乎是永久对立的，为了协调本我和超我之间的矛盾，自我需要进行调节。若个人承受的来自本我、超我和外界压力过大而产生焦虑时，自我就会帮助启动防御机制。防御机制有：压抑、否认、退行、抵消、投射、升华，等等。

人们或许可以把超我与本我之间的关系与骑手与马之间的关系作个比较。马提供牵引能量，而骑手有决定目标的权利，并引导这匹有力的马向着目标移动。但是在超我与本我的关系中，我们经常会发现不太理想的情况，骑手被迫由马带着去一个折中的地方。（骑手：超我；马匹：本我；行进的实际方向：自我）

总而言之，超我是有逻辑性的，有理性的，能够忍受紧张的，是人格的执行者。

本我经过父母传承、社会教育、周围群体的习俗感染，才能有超我。杂交、科学、平等自由竞争容易产生精英超我，单一、理想化、世袭则容易产生极端的自我。

自我是马和自己的混合体，被三个主人所控制，这三个主人是本我、超我和他我（外界环境）。

五、网状思维

社会是由我和众多的他我构成的，众多的他我又是不同的，而一个事物的形成是由我的努力和一些他我的努力共同促成的。

一根筋思维是只看到我，没有看到他我，或者不顾他我。

网状思维是不仅看到我，也看到他我，并估计到他我集合的力量。

由于历史原因，东方人的心理本我成分、一根筋思维成分普遍比较重，只要你的思维是超我、网状思维比较多一些，更容易获得成功，但是要内圣外王，否则也可能出现"枪打出头鸟""超前一步是谬误"的现象。

六、股市中的我

股市中的大忌就是本我，股市中的本我经典表现就是"恐惧""贪婪"，这是赔钱的最主要原因。长线炒股、永动机、做庄内幕交易均属于本我。

股市中的超我是操作系统、盲点套利、统计选时、防范风险借助社会力量属于超我。

但是，人的天赋、能量、基础是不同的，超我必然是要打折扣的，这就需要中庸、组合、清零、等待和提高，这就是自我。

自我是能够不断提高的，一种是思想系统的提高，一种是资源阅历的提高，这种提高必须是有意识有理论的刻意提高。不能只是本我的慢慢觉悟。

部分自我的固化，就是技能、习惯。这需要上万次的重复、惩罚和激励。为了尊严、自由，自我提高是值得的，不吃苦中苦，难做人上人。

第 2 回
场

同一物质表现为两种最基本的现象形态，一种是实物、粒子形态；一种是场、波的形态。

人也是这样的，一个人在世上的体现形态也是两种，一种是身高体重样貌；另一种是气质、精神、性格。

一个事物，一个团体，一个平台，一个环境，也是这样的。

场是精神力量，场是客观存在，场是一种能量和力，场是实际意义上的但是不可视的哲学，场是人与自然的关系，场是人与社会的关系，自然现象、社会现象，宇宙发生的一切都与场相关联，场是暗物质，场是起作用的能量。

场是"我"的扩展，是"我"的特征，是"我"的气域。

"我"的研究是内在，是自己对自己的影响；"场"的研究是外在，是你对别人，别人对你的影响。

一、每个人都有场

个人的场与个人的思想、金钱、权力、名气有关。

人一旦拥有强气场，就会让人感觉极具神秘感、魅力、吸引力，他的每一个行为和动作，都会影响身边的人。

1. 思想灵魂

强大的思想灵魂是一个人的存在感和吸引力之所在，是他身上无与伦比的光环，这是个人场最核心的很难丧失的内容。

2. 金钱

物质基础决定上层建筑。

在和平和法治时代，金钱的力量是不容置疑的，能解决许多人力无法解决的问题。

3. 权力

权力能决定一部分人的命运，当然也是带有气场的。

4. 知名度

知名度与熟悉有关，熟悉与心里认可有关，有名气的人容易让别人主动走向他。

二、场的分类

1. 强大且吸引人

这属于最佳的气场，又叫强场。这类人很容易感染别人，在交际场中往往顺风顺雨。

2. 强大但有排斥力

这属于最差的气场，又叫弱场。这类人不招人喜欢，并且容易招致厄运。

3. 中间状态

具有一定吸引力或排斥力的弱气场，普通人都属于这类，又叫中性场。

4. 吸引力和排斥力都强大

容易有传奇，但难以坚持到终点。

三、场的作用

1. 与运气有关

吸引力、排斥力都会与运气进行循环反馈。

2. 同类相吸、同频共振

同类相吸，同频共振，同类异频相补，异类相斥。

3. 强压弱

强气场遇到弱气场，彼此都会产生潜意识心理暗示，竞赛场上这点尤其明显。

4. 环境场

个人场与环境场顺应则锦上添花，个人场与环境场相克则削弱个人阳场。

四、怎样增强自己的阳场

1. 追逐阳场

通过增强自己的思想技能、金钱数量、权力低位、胜利名誉来加强阳场。

平凡人快速增强气场的五个奥秘：微笑、风度、经验、勇气、技巧。

2. 消除弱场

有时一件运气不好的琐事把你的场陷入紊乱，例如，重仓阶段被套，只要摆脱这个事件就能消除弱场，恢复到正常状态。

清零、平静是解决一切问题的气场。

3. 改变环境

如果对现状不满意，通过环境气场的转变，改变自己的运气和气场。

好的环境会帮助人更好地成长与发展，最好的环境气场要与一个人的命理喜忌相符合，环境包括自然环境与人文环境两部分，自然环境是宇宙先天形成的，人文环境是后天人为的建设。

4. 近朱者赤

向你希望成为的人学习。

欣赏一个人，始于颜值，敬于才华，合于性格，久于善良，终于人品。人生就是这样，和漂亮的人在一起，会越来越美，和阳光的人在一起，心里就不会晦暗；和快乐的人在一起，嘴角就常带微笑；和聪明的人在一起，做事就机敏；和大方的人在一起，处事就不小气；和睿智的人在一起，遇事就不迷茫。

第3回
势

势，是指事物、力量表现出来的趋向。

"势"是一个令人着迷的词，从古到今，从中到外，人们一直都在使用它，觉得它不可或缺、无可替代，但又拿不准它的确切含义。

与人生做事有关的"势"有，局势、形势、态势、姿势、情势、国势、水势、火势、风势、伤势、时势、运势、走势、涨势、跌势等；另一方面，势又指某种影响力，如权势、地势、山势、势力等。

笔者个人认为与"势"有关的最重要的一个词是，"顺势者昌，逆势者亡"。

顺势而为是一种人生大智慧，值得每一个欲成事者去领悟和采纳，炒股也是这样。

势的社会实践应用分为几种方式：明势，寻势，等势，顺势，借势，造势，变势。

一、明势

明势，即清楚势的方向和力度。

（1）明势需要有自知之明，还需要懂事非。

（2）明势需要足够的阅历。

（3）明势需要知行合一，需要克服习惯、烙印障碍。

（4）明势对一些人很简单，对另外一些人来说很难。例如，许多人把熊市说成牛市，许多人在熊市中坚持做永炖机、永动机。

二、寻势

一个人如果对现状不满，又有一定的基础素质，可以通过寻势迁移来改变命运。

（1）不同行业的寻势。

（2）不同地域的寻势。

（3）新旧事物换代的寻势。

（4）迁移的前提是基础素质，基础素质不够怎么着也没有用。

三、等势

有时候，一个时期没有明显的顺风势，你也不愿意迁移行业、地域等。那就需要等势。

等势时期的工作：

（1）保存实力，不逆势赔本。

（2）做好力所能及的工作和利润，不能什么都不做地荒废光阴。

（3）考虑借势。

（4）考虑造势。

四、顺势

顺势而为是成事聪明人的最优选择。

顺势的主要方式：

（1）正常的顺势需要数量组合，防止单一的小概率。

（2）一个势发展到极端会出现转势，要抓住转势的利益，防止转势的打击。

（3）如果实力足够大，逆势、转势能赚大钱，但是一般人没有这个实力。

（4）大趋势中回档小趋势可以不用太计较，太计较容易浪费大趋势，专业人士可以通过技巧避免回档小趋势的损失。

五、借势

借势是有一定实力的人经常采用的一些成事技巧。

借势的主要方式：

（1）借人势。

（2）借制度势。

（3）借杠杆势。

（4）借技术势。

六、造势

造势是有大实力的人偶尔采用的成事技巧。

（1）造势就是认为转势，造势时机需要选择在原趋势衰竭时，否则造势会失败。

（2）造势需要消息共振以及反势力量引导。

（3）周期行业，包括股票期货行业，会有大主力在行业需要的时候造势。

（4）业内人士需要熟悉了解大主力造势的规律习惯。

七、转势

绝大多数势都不是永恒的，会反向转折，甚至消失。

转势需要掌握的原则和技巧：

（1）一个势持续到一定程度，一定会转，或者消失的，转势往往预示着反向趋势的开始，也即一个新机会新风险的开始，可能机会还不小。

（2）原势越大，转势也越大越急。

（3）原势的开始阶段容易反复，原势的后续往往速度比较顺畅，这与反馈有关。

（4）要注意，今天的优势、劣势可能被明天的趋势改变。

第 4 回

是　非

是非这个词汇，是指事理的对与错，黑与白，真实客观与欺骗隐瞒。

是非之心，指分辨是非得失的能力。

智慧的第一步就是辨别是非，只有辨别是非后才可以有恰当的行为，才能有智慧的努力方向。

一、事物无绝对，绝大部分事物是灰色的

1. 事物无绝对，角度不同看法不同

例如，看山，横看成岭侧成峰，远近高低各不同。

2. 评判事物，标准不同，结论就不同

例如，评判武功的高低，以江南七怪的标准，全真七子的武功就是高，以东邪西毒的标准，全真七子的武功就一般。

3. 评判事物有不同的体系价值观

例如，股市中对一个个股的短线状态，技术分析人士与基本分析人士可能就不一样。

4. 扭曲是非的事情经常存在

人是有利益愿望倾向的，这也会影响是非的判断。空仓和满仓的人，常常有自己的利益倾向。

二、是非是比较出来，比较出高下、是非、好坏

1. 是非是比较出来的

两刃相割，利钝乃知；二论相订，是非乃见。不怕不识货，就怕货比货。

2. 应该是综合比较

事物和事物的比较应该是综合比较，总体比较，长远比较，不能只是断章取义的比较。

3. 同一种价值观才有比较

事物只有在同一种价值观下才有比较，不同的价值观无法比较比较。价值观不同时，需要先比较价值观。

4. 价值观的比较

实践是检验真理的唯一标准。例如，在股市里，到底是"盲点套利"门派的技术好，还是波浪理论技术好，要评判两者代表人物的财富结果。

三、比较需要基础素质

1. 见多识广

见多识广的人，比较的能力强；反之则要差一点。例如，没有去过北上

广的老乡，有可能认为铁岭是大城市。

2. 需要良知

符合多数人的利益、符合人类社会现代化进程的看法即为良知。人类社会现代化进程的评判标准是物资生活水平的进步、科技的进步、精神文明的进步。

大丈夫行事，论是非，不论利害；论顺逆，不论成败；论万世，不论一生。良知反对实力主义、利益主义。

3. 自我角度

在无契约、良知冲突的情况下，个体的人评判事物应该站在个体的角度，只有整体的个体角度均衡集合才能形成符合大多数个体人长久利益的整体利益。

4. 契约精神

事物经常是变化的，如果评判事物的标准变化过于频繁，人类就容易发生混乱争斗。这样就需要一个标准契约，契约也是判别事物是非的标准。

四、比较能力是元智慧

1. 比较能力是元智

见多识广很重要。如果没有见识（教育），或者只有一种（教育），则不存在比较能力，也不存在智慧。

所以，股市高手的阅历很重要，要有多种角度（机构、大户、个人），足够阅历（牛熊周期），不同技术的熟悉比较（可以亲历，也可以逻辑分析）。

社会及个人不断发展和智慧的动力和渠道就是开放。

2. 坏人的常见伎俩

坏人的常见伎俩是，控制利用大众的封闭无知，用 A 的少数优点比较 B 的少数缺点，即选择性告知、强化。最典型的例子就是非法传销。

3. 逻辑与眼前利益

比较能力的一个常见误区是，长远利益与短期利益的冲突。最为典型的一个现象是，"侯景骗局""庞氏骗局"，你看中的是骗子的利息，他看中的是你的本金。

遗憾的是，这两种骗局是拙劣的，但是在历史上、生活中、股市交易时一再有效。

4.利益均衡

自我角度是利益最大化，别人不愿意；他人角度是自己利益最小化，自己不愿意。这都不太容易可行。

比较出客观后，需要的是可行行为，这就需要利益均衡和契约。

所以，换位思考与个人利益的结合很重要，我为人人，人人为我，实现双赢的最优策略是符合现代人价值观的。

现代人的思维是良知、长远、多赢、最优，这需要熟悉历史，现在统计的全面，有逻辑，愿忏悔。

第5回
智　慧

智慧是文化进程中独创的执行力。

智慧是对事物能迅速、灵活、正确地理解和解决的能力。

智慧，是生物所具有的基于神经器官一种高级的综合能力，包含有：感知、知识、记忆、理解、联想、情感、逻辑、辨别、计算、分析、判断、文化、中庸、包容、决定等多种能力。智慧让人可以深刻地理解人、事、物、社会、宇宙、现状、过去、将来，拥有思考、分析、探求真理的能力。

与智力不同，智慧表示智力器官的终极功能，与"形而上谓之道"有异曲同工之处，智力是"形而下谓之器"。智慧使我们做出导致成功的决策，有智慧的人称为智者。

智慧=元智+历史+统计+逻辑+角度+终智。

一、元智

（1）判断是非是智慧的第一步，是元智。

（2）不时地对自己进行总结，归纳，这样，有助于自身智慧的提高。

（3）碎片智慧的作用有限，系统智慧则比较实用，文字总结是提高系统智慧的捷径，笔墨是智慧的犁铧。

（4）与有智慧的人共舞。想成为什么样的人，就要与什么样的人交往，物以类聚，人以群分。

二、历史

智慧是怎么来的？主要是两条，一条是生活的历练，另一条是主动地修炼。熟悉历史就是一种智慧的修炼。

1. 过去的一切都是智慧的镜子

记忆力并不是智慧；但没有记忆力还成什么智慧呢？历史是一面镜子，它照亮现实，也照亮未来。

一切历史都是当代史。

读史可以明智。

2. 历史智慧简单实用

历史知识是最简单智慧，最常见实用的智慧，可以信手拈来。

3. 历史书需要对照

了解真史也需要见多识广，读多种版本的历史，戏说电视剧不是历史。

4. 历史是财富

历史公用财富矿，是精神矿，也是物质矿，你不能放弃，要出结果。

三、统计

1. 统计是生活的历练

得到智慧的一种有意思办法，就是用青春去买。青春多经历，多阅历是值得的，青春没有错误，但是 40 岁以后不能犯错。

2. 统计是对现实的客观了解

知己知彼，百战不殆。

3. 发现现实的规律

特别是发现那些可复制的规律，然后复制之。

4. 成功者与失败者

对于成功者与失败者的路径、原因研究，非常的重要。

四、逻辑

1. 逻辑的概念

逻辑指的是思维的规律和规则，是对思维过程的抽象。

2. 逻辑的重要性

A股中股民多数没有逻辑，有的是愿望、情绪、技术信仰和赌性。你有逻辑，不会犯简单低级错误，就容易脱颖而出，成为赢家。

3. 股市中逻辑

股市中逻辑必须是硬逻辑，不能是前提模糊逻辑，或者幻想逻辑。

什么是硬逻辑？例如，制度、规则、面值、净值、资金实力，这些就是硬逻辑。

什么是前提模糊逻辑？例如，波浪，图形，技术指标，这就是前提模糊逻辑。前提模糊逻辑也不是没有用，可以利用愚蠢，在硬逻辑有效的情况下，前提模糊逻辑才有用。

什么是幻想逻辑？没有依据，只是自己个人的幻想。

4. 逻辑训练

没有经过高等数学、高等物理训练的人，可以看看网上免费的逻辑训练课。

五、角度

1. 站在法律、契约的角度

这是现代人的基本要求，智慧的人更不能例外。

2. 站在强者的角度

在符合规则的前提下，要站在强者的角度考虑问题，强者能决定结果。

3. 站在潜规则的角度

既要了解明规则，也要了解潜规则，这是智慧的一部分。

4. 站在自己的角度

只有自己强大了，才能让智慧更有说服力，才能光大智慧。

六、终智

1. 一个好汉三个帮

如果你想走得快，那么你就一个人走；如果你想走得远，那么就一群人一起走。

个人的智慧只是有限的，群智是不会枯竭的，智慧同智慧相碰，就会迸溅出无数的火花。

2. 要防止反智的伤害

人生可能会遇到反智力量，所以要注意反智的伤害，智慧外露，不如深藏，谨慎是智慧的长子。

智慧有三果：一是思考周到，二是语言得当，三是行为公正。

3. 要防止欲望失控

欲望是智慧的陷阱，即使在最聪明的人身上，本能也一定先于智慧。

智慧的标志是审先度势之后再择机行事。

遇事做最坏的打算的人，是具有最高智慧的人。

4. 智慧的体现

一定的压力，最大的决心，会产生最高的智慧。

智慧的土壤中生出三片绿芽：好的思想，好的语言，好的行动。

凡过于把幸运之事归功于自己的聪明和智慧的人多半结局是不幸的。

人类的智慧掌握着三把钥匙，一把开启数字，一把开启字母，一把开启音符。

决定问题，需要智慧，贯彻执行时则需要耐心。

七、作业

你能把股市中常见的智慧和愚蠢总结一下吗？

第6回
因果律

因果律是指所有事物之间最重要、最直接（可以间接）的关系。表示任何一种现象或事物都必然有其原因，即"物有本末，事有终始""种瓜得瓜，种豆得豆"之意。

因果律是人类社会中非常重要的一个概念，哲学、物理学、佛学、道学、法学都非常重视研究它。

你今天的一切是由昨天决定的，明天将取决于你今天的作为。

因果律在股市投机套利领域也非常重要，笔者认为在股市投机套利学领域最重要的几个词是：确定性，因果律，概率，操作系统，博弈，技能，组合。

这篇文章只研究因果关系，其他几个概念会专文论述。

一、因果关系三种类型

1. 单因果关系

一个原因决定一个结果。

在股市中，一个原因就能决定一个股的短线涨跌，这个原因就是这个股的爆破点。

找寻爆破点是职业操盘手的重要技术和工作。

寻找爆破点的方法，是统计阶段涨幅的股票规律和习惯。

2. 双因果关系

一个原因已经存在，还需要另外一个原因配合出现，才能出现一个结果。

这种情况是股市常见现象，例如，一个比较好的投机项目，需要具备的价格优势和短线效率两个原因，才能出现年化收益率满意的结果。

3. 多因果关系

多个原因的集成才能导致一个结果。

其实股市中的涨跌结果，大多数是由于多种原因造成的，因此股市中的许多涨跌现象是无序的，是混沌的，是一种概率。

我们研究分析股市，就是放弃混沌，发现和把握其中的大概率、确定性。

二、股市中的因果

1. 最关键的因果

总的供求关系决定大盘系统的涨跌，其他的因素都要通过供求关系来影响股市的涨跌。

大盘的供求关系，常常体现在即时的成交量能上。

趋势的反馈对于大盘的涨跌也很重要，趋势形成一阶段后，场内的情绪和场外的资金会接受反馈方向的指引。因此，指数越是高位，市场越热；指数越低，市场越冷。

2. 个股的因果

个股的涨跌主要受个股的供求关系影响。但是除短期的特殊情况外，大部分时间个股的供求关系会受大盘的供求关系和反馈影响。

个股短线涨跌爆发力与单位时间内的买卖压有很大的关系。

3. 制度的因果

股市中可交易的品种，有一些有定价制度和供求关系制度，它们也能影响这些品种的涨跌。

定价制度，主要有面值、净值、现金选择权、要约收购价，另外时间和流通性也会决定年化收益率。

供求关系制度，主要有要约收购制度，举牌制度，大小非减持制度，公募基金最低持仓制度，等等，对个股的波动也会有影响。

三、客观与人为

1. 趋势的客观

趋势的客观主要指市场的成交量能，如果成交量能足够大就会产生投机溢价，如果流通性不足就会产生价值折价。

涨跌与流通性都会有反馈的力量存在，直到极端情况出现才会发生反转。

2. 价值的客观

价值的高低，主要取决于分红的满意度。

价值的高低还与不同品种的加权年化收益率有关。

如果没有有利的投机趋势环境，分红不满意的大盘和个股具有重力，这种重力如果没有足够的成交量支撑，会导致市场价格下跌。

3. 人为因素

人是主观能动动物，有人的地方必定有人为因素，A股股市中最常见的人为因素有：

国家在市场极端情况下会反向平准市场。

机构大户的买卖行为会导致市场和个股的波动。

历史习惯会导致市场和个股出现反馈现象并影响供求关系。

四、常见现象解释

1. 基本面分析

个股的价值决定股价的下限，严格来说是分红满意率和趋势供求关系的加权收益率决定股价的下限。

如果价值在空中时，相对的价值不具备涨跌的单因果关系。

2. 技术分析

趋势交投的热度足够时，由于短线交易者最易接触的涨跌引导因素就是图形和技术指标，并且人们的天性又是追涨杀跌，因此技术分析决定着股价的波动效率。

技术分析要服从趋势，只有在顺应趋势下才可以发挥作用，例如，牛市中大部分技术分析买点比较准，卖点则不准；在熊市中正好相反。利好利空也有类似现象。

3. 公募最低持仓

公募基金有最低持仓制度，在熊市中也要保持这个持仓额，因而就演绎出抱团取暖和防守品种的现象。

4. 大盘股和小盘股现象

小盘股的绝对抛压力量小，大盘稳定时活跃性更强，不担心流通性时，容易成为黑马。

大盘股的流通性强，在需要建仓效率时，活跃性更强。

指标股能够撬动指数，涨跌能引导市场情绪。

五、因果的应用

（1）投资需要对市场的客观因果关系了解，这样才不是赌博。

（2）股市投资要不断地统计总结，发现实用的因，新的因。

（3）人生需要阶段性的规划，不断地积累因，因是计划、修炼、坚毅，遇到了缘，就会产生果。

（4）菩萨畏因，众生畏果。懂哲学的人，用因求善果，用因避恶果。

（5）其实《百战成精》《千炼成妖》《万修成魔》就是对因的总结。

第 7 回
概率

概率也称"或然率"。它反映随机事件出现的可能性大小的量度。

第一个系统地推算概率的人是 16 世纪的卡尔达诺。卡尔达诺的数学著作中有很多给赌徒的建议。

影响股市的因素非常多，因此笔者认为股市中的涨跌及其分析的正确率也是一种概率。股市整体来看是混沌的，但是在某些阶段和局部存在着确定性和大概率，职业投机者和波段交易者的任务就是捕捉这些确定性和大概率，并通过操作手段增强这些确定性和大概率。

一、概率和收益

1. 确定性和大概率

追求确定性和大概率是金融投机市场的第一原则。

确定性和大概率必须是硬性的，不能是感觉的，在 A 股中技术分析、基本面分析基本上不是大概率。

2. 久赌必输

重复的次数多了必然落在概率上，所以久赌必输。

3. 职业投资者

职业投资者的工作，就是发现并顺应大概率，增强大概率，增强效率。

不是大概率的事情不做。许多职业高手追求：7 胜 2 平 1 亏的战绩，那一亏不能是大亏。

二、概率和组合

组合能够防止黑天鹅，让大概率落地。

组合的方式有：

1. 品种组合

同时持有的品种越多，越容易落在即时的大概率趋势上。

2. 成本组合

持有的成本越低，给予自己的机会越多，获利的概率越大。

3. 组合和效率

组合能增大概率，但是可能会影响效率。这是一个矛盾，要处理好这个矛盾。

一般情况下，应该根据概率预估概率的大小来决定组合的数量，概率越大组合数量越小，概率降低组合数量增大。

越是短线越可以组合数量小，越是长线越是要加大组合的数量。

杠杆是为确定性服务的，是为短线服务的。

三、概率和智慧

在证券市场中，获胜概率最高的方式是内幕交易和操纵市场，内幕交易和操纵市场结合起来可以说是无敌的，但也是违法的。

电子化大数据交易背景下，违法基本上不可能不受到法律惩罚，坚决不能做。

有些事物有内幕交易、操纵市场的功效，但又不是内幕交易和操纵市场，是合法的，这需要智慧的力量。

1. 类内幕交易

例如，医药类上市公司申报新药，这个申报新药的过程在药监局的网站上是公开透明的，一般情况下，审批批准与否会先于上市公告一两天，有个时间差，这就会有内幕交易的机会，又是合法的。

类似的情况还有大股东的承诺，证监会的 IPO 审批进程（IPO 影子股），大盘新股的绿鞋制度，转债的回购条款等事物，这些都是公开信息，由于人们的盲点给了有心人机会。

2. 类操纵市场

A 股市场上存在着大量的追涨杀跌的短线交易者，他们有着自己的交易信仰，例如，打板敢死队专门买打板的股票，如果你有一定的资金实力，在牛市中动用一定资金量买那些涨幅 7%~8%的股票，可能就会增大短线获利的概率。

3. 抱团取暖

机构大户由于共同的投资理念，抱团取暖能够增大抗风险和获胜的概率，这种抱团取暖如果与某种习惯规律（如吃药喝酒）结合起来，能够进一步增大威力。

所以，券商营业部组织投资俱乐部，能够增强客户的获胜概率，特别是在股票数量众多而市场成交量不够的情况下。

四、概率和反馈

1. 大概率现象会造成反馈

市场经常出现的大概率会出现反馈加强现象，例如，新股上市会涨，涨会吸引买盘。

注意和利用 A 股中的反馈现象也是一种技术。

2. 反馈到极端会逆反

既要分析和利用反馈现象，也要小心极端现象的反馈出现极端逆反。

反馈逆反现象主要出现在高低位的极端情况下，以及强大机构与重散户大对手盘的情况下，这种现象常出现在期货品种中，在机构重仓股的高低位价格时也常常出现。

我们分析反馈现象时，要站在机构的角度，而不能一味惯性思维。

3. 阶段规律

市场每个阶段是有规律的，如某个阶段的强势股涨停后会大概率第二天高开，这个规律就可以打板套利。另一个阶段的强势股涨停后会大概率第二天低开，这样你打扳就会赔钱。每个阶段的强弱势股的连续阳线数量也会有类似的情况。

所以，我们每个阶段复盘时要注意这些规律。复盘工作的重点是发现规律，而不是以自我为主的只是选股。

五、概率和分析

1. 价格和时间

股市的概率分析，主要分析是价格和时间。

有时价格可以用买力和消息在替换，比如说某股还有一个星期时间大股东要增持1000万股，或者某个股在某个时间要被ST。

2. 股东实力和利益

如果某个机构股东，它有强大的背景，它处于不利的情况时，它为了利益是有比较大的可能扭转不利的情况，这中间就会有机会。

许多机构为了防止出现内幕交易，在资产重组前会公告明牌，在市场处于低位时，这种明牌公告需要跟踪把握。

3. 大盘背景和效率

在大盘背景处于强势时，热点龙头是最有效率的。

股市中的效率主要体现在：高准确率，弱势中的盲点，强势中的热点。

第8回
习　惯

习惯，是指积久养成的思想、行为方式。

习惯让我们减少思考的时间，简化了行动的步骤。好习惯让我们更有效率；坏习惯也会让我们封闭，保守，自以为是，墨守成规。在我们的身上，好习惯与坏习惯并存，而获得成功的可能性就取决于好习惯的多少。人生仿佛就是一场好习惯与坏习惯的拉锯战，把高效能的习惯坚持下来就意味着踏上了成功的快车。如果你希望出类拔萃，也希望生活方式与众不同，那么，你必须明白一点：是你的习惯决定着你的未来。

习惯的衍生词是：本能、技能、嗜好、瘾病等。

一、优秀是一种习惯

我们每天高达 90% 的行为是出于习惯，就是说，倘若我们能看清并且改掉坏习惯，看清并且坚持好习惯，我们至少就能在人生路上得 90 分。

起先是我们造就习惯，后来是习惯造就我们。

思想（且不论好坏与否）——行为——习惯，这就是人生的规律。人们大半是依据他的意向而思想，依据他的学问与见识而谈话，而其行为却是依据他们的习惯。

人类一生的工作，精巧还是粗劣，都由他每个习惯所养成。

习惯形成性格，性格决定命运。

好的习惯越多，则生活愈容易，抵抗引诱的力量也越强。

习惯不是最好的仆人，便是最坏的主人。习惯使社会阶层自行分开，不相混杂。会成为什么样的人，全看重复做什么样的事。

习惯是一种顽强而巨大的力量，他可以主宰人生。卓越不是单一的行动，而是我们的习惯。

人格乃是我们所有的各种习惯系统的最后产物。

命好不如习惯好。

二、怎样养成好习惯

1. 自我总结评估

我们培养好习惯和构建富有成效的日常行为规则的第一个步骤便是自我评估，自知之明是自我改善的开始。第一步，你必须确切知道你希望培养的好习惯，以及你需要改变的坏习惯究竟是什么？

哲学是对习惯的攻击性武器，要学习一些哲学、逻辑常识，不能完全被早期结果性的教育所束缚。事实上年少时的学校、社会教育便是一种早期的习惯，这种习惯有好的，也有不好的。

青年时代是培养习惯，希望和信念的一段时光。一个人的后半辈子均由习惯组成，而他的习惯却是在前半辈子养成的，所以一代人有一代人的习惯。人自幼就应该通过完美的教育，去建立一种良好的习惯。

教育是什么？就单方面讲，只需一句话，就是要养成良好的习惯。

2. 要强制和重复

习惯比天性更顽固。克服以往的坏习惯要有强制手段并重复客服，培养新的好习惯也需要有强制手段并重复多遍。比如，在纸上写下我们希望养成的习惯，并把它贴在洗手池上方的镜框上，这样，每天早晨起床之后和每天晚上睡觉之前，你便会得到它的提醒，让自己再一次注意到自己的目标。

一个钉子挤掉另一个钉子，习惯要由习惯来取代。

最强壮的狼也有它脆弱的地方，要想做到最好，仅仅靠自己是不行的。要有代价的培训强制，要有好习惯的人来引领，近朱者赤。

快速使人养成一个习惯的因素是外在压力和足够的代价。

习惯之始如蛛丝，习惯之后如绳索。一件事坚持做九十九天，它会变成一种习惯，百天就是一种责任。

3. 要升级

当你全部依照习惯行事，你的进取精神就会因此而丧失。

最为聪明的生活方式是保持优良习惯，同时又培养更优良的新习惯。

千万不要任由过去的习惯扼杀了你的未来，升级习惯是命运的关键。

人是不可能十全十美的，只有不断取长补短，改正缺点，才能越来越完美。

智慧不会感到孤独，因为它甚至能和最异己的东西结合。

4. 习惯产生的三条基本规律

（1）找出一种既简单又明显的暗示。

（2）清楚地说明有哪些奖赏。

（3）产生一种渴求来驱动习惯回路。

其中最重要的是触发渴求的方式，让创造新习惯变得容易。

5. 习惯改变的黄金法则

（1）用同样的暗示，提供同样的奖赏，但要插入一个新的惯常行为。

（2）为了保持新习惯，我们必须要相信改变是可能的。

（3）当我们和一群拥有同样习惯的人一起努力时，改变的概率就会更大。

（4）改变习惯非常重要的一方面——信仰，在某个群体中培养出来的认知。

一次只做一点改变，这样才更容易坚持。一次性改变太大，结果很难坚持下去。

三、生活中的好习惯、坏习惯

1. 常见的好习惯

锻炼是一个能带来全面改变的关键习惯。

至少把每月收入的 1/10（也可以是时间的 1/10）用于适合自己的某种投资。

重要的事情定时干，定期总结，定期计划，定期睡眠，定期锻炼，定期股市分析，定期读书，……

手头有重要的事情要优先尽快做完。

出门列物品清单。

记重要事情日记。

与人友善，做人做事懂得双赢与交换。

永远镇静理智，大事尽全力，小事不计较。

学会换位思考，学会站在强者角度思考，网状思维。

复杂的事情简单做，简单的事情认真做，认真的事情重复做，重复的事情娱乐化做。

2. 常见的坏习惯

拖延和等待是世界上最容易压垮一个人斗志的东西。讨饭三年懒做官。

长期不吃早餐。

吸烟酗酒熬夜不定期上网看手机。

口舌生非，无端树敌。

疲劳过度。

自我角度过于强烈，一根筋思维。

遇事情绪化，把小打击激化成大打击。

固执己见，不听人劝告，不接受善意的批评，强调理由为自己解释。

做事情准备不足，或者质量不高，或者做人做事追求"一头沉"。

不懂哲学地贪小便宜、眼前便宜。

四、股市中的好习惯、坏习惯

1. 常见的好习惯

有操作系统，有个股的评判公式。

看不清楚时，按照坏的可能性处理。

接受可以接受的结果，不赌完美结果和不可接受的结果。

中庸、组合、争取 80 分。

重仓买股票习惯于尾盘，早盘、盘中实现需要买股票不要超过 1/4 仓。

最有把握的机会（硬依据）短线上杠杆。

操作有逻辑，有坐标指引，应对思维，不一根筋。

对不同意见重视。

出现新鲜事物，喜欢探究。

2. 常见的坏习惯

股市最坏的习惯，就是经常欺骗自己（没有硬依据），又轻易原谅自己（被一块石头绊倒多次）。

没有操作系统。

熊市永炖机、永动机、扳本机。

完全信仰基本面分析，或者完全信仰技术分析（其实概率不够）。

没有绝对把握的长线杠杆。

玩归零游戏。

操作一根筋，看问题绝对化。

喜欢预测。

反感不同意见。

固执于就习惯，泯顽不化。

五、利用别人的习惯

1. 每个人都有习惯

一个人的习惯往往别人都知道，而自己却是唯一不知道的人。

市场中常见主力机构都有习惯，我们要统计研究并利用。

2. 传统历史习惯

社会、市场、团体都有历史习惯，这种习惯力量非常强大，我们要了解并且顺从。

3. 防止别人利用习惯

在极端的博弈情况下，要防止大主力利用大众的习惯反向操作。

第 9 回
博　弈

博弈的中文本意是：下棋。

本书所讲的博弈，是指在一定的游戏规则约束下，基于直接相互作用的环境条件，各参与人依靠所掌握的信息，选择各自策略（行动），以实现利益最大化和风险成本最小化的过程。简单说就是人与人之间为了谋取利益而竞争。

通俗地讲，博弈就是指在游戏中的一种选择策略的研究，博弈的英文为game，我们一般将它翻译成"游戏"。而在西方，game 的意义不同于汉语中的游戏。在英语中，game 即是人们遵循一定规则的活动，进行活动的人的目的是让自己"赢"。而自己在和对手竞赛或游戏的时候怎样使自己赢呢？这不但要考虑自己的策略，还要考虑其他人的选择。生活中博弈的案例很多，只要有涉及人群的互动，就有博弈。

一、博弈有四个要素

（1）参与人：参与博弈的决策主体。谁参与了博弈？

（2）规则：对博弈作出具体规定的集合。谁在何时行动？他行动时知道什么？他能选择什么样的行动？

（3）结果：对于参与人行动的每一个可能的集合，博弈的结果是什么？

（4）赢利：在每一个可能的结果上，参与者的所得和所失。参与人在每个可能结果上的偏好（即效用函数）是什么？

二、一个完整的博弈的内容

（1）博弈的参加者，即博弈过程中独立决策、独立承担后果的个人和组织。

（2）博弈信息，即博弈者所掌握的对选择策略有帮助的情报资料。

（3）博弈方可选择的全部行为或策略的集合。

（4）博弈的次序，即博弈参加者做出策略选择的先后。

（5）博弈方的收益，即各博弈方做出决策选择后的所得和所失。

三、博弈论

博弈论又被称为对策论，既是现代数学的一个新分支，也是运筹学的一个重要学科。

博弈论主要研究公式化了的激励结构间的相互作用，是研究具有斗争或竞争性质现象的数学理论和方法。博弈论考虑游戏中的个体的预测行为和实际行为，并研究它们的优化策略。生物学家使用博弈理论来理解和预测进化论的某些结果。

博弈论已经成为经济学的标准分析工具之一。在金融学、证券学、生物学、经济学、国际关系、计算机科学、政治学、军事战略和其他很多学科都有广泛的应用。

智者都懂得在恰当时机接受别人的妥协，或向别人提出妥协，毕竟人要生存，靠的是理性，而不是意气。

策略思维是关于了解对手打算如何战胜你，然后战而胜之的艺术。我们每个人都会在工作中和日常生活中用到策略思维。生意人和企业必须借助有效的竞争策略才能生存下去；政治家必须设计竞选策略，使自己得以当选，还要构思立法策略，使自己的主张得以贯彻；橄榄球教练必须制定策略，由球员在场上实施；父母若想教会孩子良好的行为举止，自己至少应该变成业余的策略家（而孩子是职业选手）。

我们学习博弈论知识的目的是使自己能成为一位更精明的投资者、经理人、谈判者、运动员、政治家或更高明的父母。

四、经典博弈游戏

1. 囚徒困境

囚徒困境是博弈论中非零和博弈的代表性的例子，反映个人最佳选择并非团体最佳选择。虽然困境本身只属模型性质，但现实中囚徒困境的例子屡见不鲜，包括股市。

"囚徒困境"是 1950 年美国兰德公司的梅里尔·弗勒德和梅尔文·德雷希尔拟定出相关困境的理论，后来由顾问艾伯特·塔克以囚徒方式阐述，并命名为"囚徒困境"。两个共谋犯罪的人被关入监狱，不能互相沟通情况。如果两个人都不揭发对方，则由于证据不确定，每个人都坐牢 1 年；若一人揭发，而另一人沉默，则揭发者因为立功而立即获释，沉默者因不合作而入狱 10 年；若互相揭发，则因证据确实，两者都判刑 8 年。由于囚徒无法信任对方，因此倾向于互相揭发，而不是同守沉默。

2. 智猪博弈

在博弈论经济学中，"智猪博弈"是一个著名的纳什均衡的例子。假设猪圈里有一头大猪、一头小猪。猪圈的一头有猪食槽，另一头安装着控制猪食供应的按钮，按一下按钮会有 10 个单位的猪食进槽，但是谁按按钮就会首先付出 2 个单位的成本，若大猪先到槽边，大小猪吃到食物的收益比是 9：1；同时到槽边，大小猪收益比是 7：3；小猪先到槽边，大小猪收益比是 6：4。那么，在两头猪都有智慧的前提下，最终结果是小猪选择等待。

3. 美女的硬币

美女的硬币，是一种数学模型。属于金融学的定价权重模型了。

一位陌生美女主动过来和你搭讪，并要求和你一起玩个游戏。美女提议："让我们各自亮出硬币的一面，或正或反。如果我们都是正面，那么我给你 3 元，如果我们都是反面，我给你 1 元，剩下的情况你给我 2 元就可以了。"听起来不错的提议。如果我是男性，无论如何我是要玩的，不过经济学考虑就是另外一回事了，这个游戏真的够公平吗？

通过数学计算可以知道，只要美女采取了最优策略这个方案，不论男士再采用什么方案，都不能改变输的局面。

五、历史博弈论

1. 社会理论

中国历史上的博弈论应用主要在权力博弈上，比较典型的是法家文化、儒家文化、道家文化。

2. 军事理论

主要是《孙子兵法》《三十六计》。

3. 民间理论

摆脱愚昧，利用愚昧，假装愚昧。

六、股市博弈论

1. 零和游戏

每个阶段要分析和了解当前的市场是零和游戏，负和游戏，或者正和游戏。

零和游戏选择对手玩，负和游戏不玩，正和游戏积极玩。

2. 中庸策略

把组合策略、80分策略形成习惯，犹豫不决时按照坏的可能性处理、按照可接受的明确结果处理。

不接受混沌、模糊、两个极端选择的策略。

3. 间接策略

优势制度策略，主动策略，短线策略。

第 10 回

社　会

社会，即是由人与人形成的关系总和。人类的生产、消费娱乐、政治、教育等，都属于社会活动范畴。社会指在特定环境下共同生活的人群，能够长久维持的、彼此不能够离开的相依为命的一种不容易改变的结构

局部看，"社会"有"同伴"内涵，为共同利益而形成的人与人的联盟。

整体上，社会，是由长期合作的个体，通过发展，组织形成团体，一般指在人类社会发展中形成的默认小到机构、大到国家等组织形式。

社会是共同生活的个体通过各种各样关系联合起来的集合。这种关系叫作"社会关系"。

个人与社会是相互依存、相互制约、相互促进、对立统一的关系。

个人对社会具有依赖性。首先，个人的生存离不开一定的社会条件。其次，个人的发展依赖于社会。个人对社会的依赖性使个体的发展和社会的发展具有一致性性，也有矛盾性。社会对个体既有促进作用，又有制约作用。社会的全面发展和进步，推动着个人的全面发展和进步。

个人的发展需要适应社会。

一、参照系

1. 法律规则

法律是具有普遍性的社会规范；

守法是对自己的一种保护，也是聪明的行为；

法无授权不得为，法无禁止不得罚；

契约是当事人间的法律。

法律的三个关键词是：原告，证据，条文。

2. 潜规则

"潜规则"是相对于"元规则""明规则"而言的。它是指看不见的、明文没有规定的，约定俗成的，无局限性，却又是广泛认同、实际起作用的，有些人（特别是权利人）愿意"遵循"的一种规则。

潜规则对于人际关系和做事情可能有疏通作用，违反潜规则可能会引起潜规则受益者的不满。

3. 自我规范

对现实的抽象就是对现实的毁灭。

天才是自创法则的人。

思想无内容则空，直观无概念则盲。

聪明人有自己的做事做人规范，有些可能是潜意识的，但是有意识的更为有效，如王阳明的"知行合一"。

电脑有操作系统，股市投机有操作系统，处事做事也应该有合适的操作系统。

4. 柔性处理

系统原则是刚性不变通的，临界点的处理则体现人的阅历、能力。

二、社交

什么人是精英？

必须有人生四行：自己得行，有人说你行，说你行的人一定得行，身体得行。

1. 天然社交

天然社交指的是亲友，邻居，同学，同事，等等！

天然社交，人与人的相处，百分之七八十都是通过非语言接收的。也就是说，当你的人格水平达到一定程度时，自然而然就会有一种气势或气场，这才是真正影响一个人的核心。

2. 资源社交

资源社交主要指的是成人在社会上的交往。

资源社交是精英的必需，普遍人则容易拒绝资源社交。

资源社交的规则主要是，资源利益交换，价值观认同，互助互补结盟。

等价的交换，才有了等价的友谊。

只有迈出你的圈子，才知道这个世界有多大。

废话是陌生人交往的第一步。

去慢慢发现一个新朋友的需求，满足他；相反他就会来满足你，变得令你不那么讨厌他！

3. 贵人

生活中的成功者除了自身的才华和能力外，在从默默无闻到扬名立万的过程中，无一不是得到贵人的提携。贵人就是在人生中给你指点和帮助，令你的人生道路豁然开阔并最终走向成功的人。

说贵人重要，并不是要否定个人才华和能力的重要性。恰恰相反，它正说明有本事的人很多，要想走向成功，就看谁能遇到命中的贵人了。有了贵人相助，便可站出众人之外，甚至一飞冲天。

发现、寻找、追寻人生贵人，是传统智慧。

传统智慧的核心有两个：第一，摆脱愚蠢，利用愚蠢；第二，有贵人相助。

4. 自媒体

自媒体是人们与社会交往的一个窗口，做好自媒体需要注意下面三个内容：

（1）吸引新粉的手段。

标题党必须有，但是没有内容的标题党会有抗体作用，新粉喜欢的内容必须是半生半熟，全生没兴趣，全熟没水平，开头是半生半熟，结尾是出乎意料、情理之中的。

蹭热点必须有，但是须有独特角度，不能是大众角度、源头角度，同一个热点，主流热点不如花边热点、衍生热点，挖矿的不如卖水的。

共鸣效应必须有，与人们的实际利益有关，与广泛团体利益有关，他们会推波助澜。

（2）吸附老粉的手段。

专业聪明的极端，有细节很有专业有传奇有意外有回味。

愚昧娱乐的极端，愚昧幽默，封建迷信，玩花活、漏破绽。

固定专栏与悬念，固定专栏养成习惯，悬念引起回头，最常见的悬念就是预测结果、打赌对错。

（3）调味内容技巧。

人的天性：色，钱，权，运，霉。

文字的魅力：爱恨情仇，生死离别；英雄翻车，败者逆袭。

参与性：有派系归属性，有对抗参与性。

三、团队

一个人可以走得很快，一群人会走得更远！

一个人干不过一个团队，一个团队干不过一个系统，一个系统干不过一个趋势。

团队＋系统＋趋势＝成功。

你能整合别人，说明你有能力；你被别人整合，说明你有价值。在这个年代，你既整合不了别人，也没人整合你，那说明你离成功还有很远！

四、现实

哲学的义务是，去除因误解而生的幻想。

我们所有的知识都开始于感性，然后进入到知性，最后以理性告终。没有比理性更高的东西了。

必然性的三个环节为：条件、实质和活动。

多少人死在青春的路上，却在垂老之时被埋葬。

人生有三把钥匙：接受改变离开。不能接受那就改变，不能改变，那就离开。

如果不是相互喜欢，你的痴情就是别人的负担。

短暂的总是浪漫，漫长总会不满。

一见钟情，明明是见色起意；日久生情，不过是权衡利弊；连白头到老，都只是习惯使然。

第一眼就喜欢的人，多半这辈子都和你没什么关系。

在这个世界，永远都是：适者生存，强者为尊。

爱情这个东西，始于颜值，陷于才华，忠于肉体，迷于声音，败于现实。

不吃苦中苦，难做人上人。

第 11 回
竞　争

竞争是个体或群体间力图胜过或压倒对方的心理需要和行为活动。

高尚的竞争是一切卓越才能的源泉。

竞争是生物学的一种生物之间的关系之一（无论是同种或非同种，有时也可能是以族群为单位）、化学反应中有时具有的一种效应、社会科学上的基本关系之一，也是经济学上的推动市场经济发展的推动力。

竞争具有以下特点：

（1）它必须是人们对于一个相同目标的追求，目标不同就不会形成竞争。

（2）这个追求的目标必须是较少的和比较难得的。对于数量很多、轻而易举即可得到的目标的追求，不能构成竞争。

（3）竞争的目标主要在于获取目标，而不是反对其他竞争者。竞争虽然是人与人之间的一种相互排斥或相互反对的关系，但是一种间接的反对关系，而不是直接的反对关系。

（4）竞争按照一定的社会规范进行。为了防止竞争发展成为人们之间的一种直接反对关系，就必须制定一些各方都必须遵守的规则。涉及政治、经济领域的一些大规模竞争，往往需要法律、制度来维持，否则就会变成暴力或战争，导致社会动乱。

一、竞争力（实力）

21 世纪的竞争已经不再是人才的竞争，也不再是人脉的竞争，而是系统的竞争！

竞争不是比谁努力，而是比谁更努力。

有些游戏，要么 NO.1，要么 over。

唯一能持久的竞争优势是胜过竞争对手的学习能力。

胶着的零和游戏，我们都在熬着，等着对手犯错误。

天下武功，唯快不破。

差异化是企业竞争力的核心，相对优势是最大的优势。

创新是唯一的出路，淘汰自己，否则竞争将淘汰我们。

股市短线技术的竞争是与自己的竞争。

世界上的竞争，从古到今，无非是三种资源的竞争：一是体力竞争，二是财力竞争，三是脑力竞争。

赢家永远有两个竞争者：一个是时间，一个是自己。

不要去同那些没有任何东西可失去的人竞争。

狭路相逢，勇者胜。

一个理发师脸刮得不干净，另一理发师就能找到活干。

人的核心竞争力有一半来自不紧不慢的事：读书、锻炼身体、与智者交友，以及业余爱好。

如果某人天生有强烈的好奇心，这就是一种天赋；迷人，是一种天赋；

有恒心，是一种天赋；有责任感，也是一种天赋……当你发现自己对某件事物有特别的渴望，能快速学习，完成后自我满意度很高时，那就是你天赋之所在。

你知道你能做到，别人觉得你不一定可以做到，那么，少废话，做到再说，其他的怨气都是虚妄。自己没有展露光芒，就不应该怪别人没有眼光。

人生中有些事是不得不做的，于不得不做中勉强去做，是毁灭；于不得不做中做得好，是勇敢。

别人都说，人到了暮年，比起自己做过的事，会更后悔没有做过一些事情。

二、手段

如果你知道去哪，全世界都会为你让路。

复杂的事情简单做，你就是专家；简单的事情重复做，你就是行家；重复的事情用心做，你就是赢家。

越是竞争激烈，越是需要调整心态，并且调整与他人的关系。

三个误区如下：过高地估计了自己，过低地低估了别人；以自己的尺度衡量别人；面对严重问题，常常抱侥幸心理。

谈恋爱，显然是个递进关系。

一匹马如果没有一匹马紧紧追赶着它，就永远不会疾驰飞奔！

处处抢先，事事占便宜的人多半要付出更高的代价。

知己知彼，百战不殆。

做自己最擅长的事，最易成功。

当我们搬开别人脚下的绊脚石时，也许恰恰是在为自己铺路。

如果你想要造一艘船，先不要雇人去收集木头，也不要分配任务，而是去激发他们对海洋的渴望。

说有上辈子的人是在骗自己；说有下辈子的人是在骗别人。

要破坏一件事，最刁钻的办法是：故意用歪理为这事辩护。

思想必须以极端的方法才能进步，然而又必须以中庸之道才能延续。

在要说一些事之前，有三件事要考虑：方法、地点、时间。

只要拿对手喜欢的或忌讳的东西去诱惑或打击他，他就必定上钩，从而授你把柄。

晏子二桃杀三士，这个故事告诉我们，在生活中，在社会上，他人的竞争，就是你的机会。

做事有"心计"的人，追求的最佳目标不是最有价值的那个，更不是最辉煌或自己最喜欢的那个，而是最有可能实现的那个。

预测未来最好的方法就是去创造未来。

男人无所谓忠诚，忠诚是因为背叛的砝码太低；女人无所谓忠贞，忠贞是因为受到的引诱不够。

三、挫折

挫折，是指人们在有目的的活动中，遇到无法克服的阻碍。心理学上指个体有目的的行为受到阻碍而产生的必然的情绪反应，会给人带来实质性伤害，表现为失望、痛苦、沮丧不安等。挫折易使人消极妥协。挫折包含三个方面的含义：一是挫折情境，二是挫折认知，三是挫折反应。

人生难免会遇到挫折，这是不可避免的，而挫折有着正面和负面的影响。它既可使人走向成熟、取得成就，也可能破坏个人的前途，关键在于你怎样面对挫折。没有河床的冲刷，便没有钻石的璀璨；没有挫折的考验，也便没有不屈的人格。正因为有挫折，才有勇士与懦夫之分。

生活总是让我们遍体鳞伤，可是后来，那些受过的伤终将长成为我们最强壮的地方。

有时候你以为天要塌下来了，其实是自己站歪了。

当人生要给你一个大嘴巴时，抬起手与他击一下掌。

超越自然的奇迹多是在对逆境的征服中出现的。

年轻没有挫折！年轻不怕跌倒，就怕没有悟到！

年轻时候受的苦不算苦，老了受的苦才真的苦。

"虚惊一场"这四个字是人世间最好的成语，比起什么兴高采烈，五彩缤纷，一帆风顺都要美好百倍。但是虚惊也需要反省。

遇到挫折怎么处理？第一，改变方法，绕过障碍物、另择一条路径，实现目标。第二，无法从困难逾越，修改目标，改变行为的方向。

每个障碍，都有解决的办法——或者跨越，或者钻过，或者绕开，或者

万修成魔——为平民子弟改变命运而作，也适合富二代证明自己

突破。

从未失败就意味着从未成功；从未挫折就意味着从未胜利；从未反思就意味着从未经历；从未跌倒就意味着从未登顶。

有了长远的目标，才不会因为暂时的挫折而沮丧。

但凡不能杀死你的，最终都会使你更强大。

人的一生最辉煌的时刻并不是功成名就的时候，而是从悲观和绝望中产生对人生的挑战和对未来辉煌期盼的那一时刻。

四、进化（变化、升级、新事物）

那种一朝学成而终身受用的观点已经过时，人们再也不能通过一段时间的集中学习，获得一辈子享用的知识技能，教育不再随着学校学习的结束而结束，也不仅仅偏爱那些在 18 岁之前就成绩出众的人。

不景气淘汰了不争气之人。

现实生活中，群体与群体之间、群体中各成员之间，总是处于竞争与合作状态之中，有竞争，也有合作，往往两者并存，从而使社会生活变得千姿百态。

同欲者相憎，同忧者相亲。

说服一个人，要用利益，不要用对错。

"卓越"并非一种成就，而是一种精神。卓越精神掌握了一个人或一个公司的生命与灵魂，它是一个永无止境的学习过程，本身就带有满足感。

人与人最有趣的差别正是取决于每个人的精神力量的不同。

那些顶尖人物都是不以分内之事为满足的。他们比常人做得更多，走得更远。他们不图回报，因为他们知道最终将尝到硕果。

第 12 回
生　活

生活是什么？生活是柴米油盐的平淡；是行色匆匆早出晚归的奔波；生活是错的时间遇到对的人的遗憾；是爱的付出与回报；生活是看不同的风

景，遇到不同的人；是行至水穷尽，坐看云起时的峰回路转；生活是灵魂经历伤痛后的微笑怒放；是挫折坎坷被晾晒后的坚强；生活是酸甜苦辣被岁月沉淀后的馨香；是经历风霜雪雨洗礼后的懂得；生活是走遍千山万水后，回眸一笑的洒脱。

一、年龄

不同年龄的人有不同年龄的优缺点，要扬长避短。20 岁靠体力生活，30 岁靠脑力生活，40 岁靠人脉生活，50 岁靠思维生活，60 岁靠擅长生活。

有条件的话，大学毕业的时候去拜访几个各行各业的成功者，给他们送一个礼物，请他们吃一顿饭，让他们给自己在本子上提一句话，讲几句人生感悟。

20 多岁的年纪不是用来脱单的，是用来脱贫的。

成长是什么？我想是年龄，学历，人脉，经验，执行力，策划力，魄力，阅历一起成长。

人的精神有三种境界：骆驼、狮子和婴儿。第一境界骆驼，忍辱负重，被动地听命于别人或命运的安排；第二境界狮子，把被动变成主动，由"你应该"到"我要"，一切由我主动争取，主动负起人生责任；第三境界婴儿，这是一种"我是"的状态，活在当下，享受现在的一切。

年轻是女人的通行证，沧桑是男人的信用卡。

二、圈子做人做事

人都是生活在圈子中的，从一个圈子到另一个圈子，一个阶段的圈子是相对固定的。在这个圈子里，别人对你的态度，决定了你的命运。

圈子很重要，要生活在一个合适的圈子里；如果你生活的圈子不适合，要想办法改变自己的生活圈子。

人生的三把钥匙：接受、改变、离开。不能接受就改变，不能改变，那就离开！

低调做人，你会一次比一次稳健；高调做事，你会一次比一次优秀。

不说硬话，不干软事。

喜怒形于色是需要资本的。

做事要的不仅是精准，而是要在精准之上。

会读书不一定会做事，会做事不一定会做人。

三、目标

人生如同故事。重要的并不是有多长，而是有多好。

每个阶段都要有目标，既有大目标，也有阶段性的小目标，没有目标，哪来的劲头？

目标有两种，大家都应该有的目标，应该完成、做好、合格；还要有一种自己的个性目标，这个目标是为了出人头地，让自己更优秀。

成功的秘诀在于对目标的执着追求。

取长补短：结果是长的不长，短的不短，做木桶倒正合适。那做人呢？谁不愿意自己的长处比别人更长。正所谓一招鲜，吃遍天，谁还顾得那短。

如果认准一个目标，那么就遇事要忍，出手要狠，善后要稳。

大多数人高估了自己1年内能做到的事情，也低估了自己10年内能做到的事情。

再遥远的目标，也经不起执着的坚持。

如果你想一步登天，那么你必将摔得体无完肤。

哪有毫不费力的精彩，只不过是人后的十分努力！只有极其努力，才能看起来毫不费力。

赢得好射手美名并非由于他的弓箭，而是由于他的目标。

远期的浪漫目标不一定会达到，但是能够用来瞄准方向。

四、人生

生存法则之一：远亲不如近邻。生存法则之二：收买心先收买胃。生存法则之三：事常与愿违。生存法则之四：否极泰来。

试金可以用火，试女人可以用金，试男人可以用女人。

想得到不一样的精彩，就得做不一样的事情。

人，有了物质才能生存；人，有了理想才谈得上生活。

赚钱是一种能力，花钱是一种水平，能力可以练，水平是轻易练不出来的。

能够在这个世界上独领风骚的人，必定是专心致志于一事的人。伟大的人从不把精力浪费在自己不擅长的领域中，也不愚蠢地分散自己的专长。其实，这个伟大的秘密一直摆在我的眼前，只是我的眼睛看不到它。

生存与公平无关，与实力有关。

天平上的生活和生存：什么叫生活品质，他的生活是花 8 个小时去买菜，然后做一顿饭；而我们的生存却是花 8 分钟买包方便面吃掉！

人生必修的三大课程就是生存之道、提高之道和守成之道！

生活会给某些事、某些人一巴掌，但是你的决定、你的行动决定了这个巴掌有多响。

世界对你好，因为你值得，偶尔欺负你，相信它是无意的。所有不快乐，是为了让你日后笑着说出来。

人真的要自己争气。一做出成绩来，全世界和颜悦色。

五、成熟

什么是成熟？喜欢的东西依旧喜欢，但可以不拥有；害怕的东西依旧害怕，但可以面对。

人只因承担责任才是自由的。这是生活的真谛。

幽默就是一个人想哭的时候还有讲笑话的兴致。

所谓成长，就是实现独立生存、完成独立思考能力的自我奋斗。所谓成熟，就是对内消除傲慢，对外消除偏见的自我修行。

黑与白之间，存在数千个深深浅浅的灰色。

这世界上有太多的能人，你以为的极限，弄不好只是别人的起点。所以只有不断地进取，才能不丢人。

六、精彩

生活可以将就，生活也可以讲究。

生活是种律动，须有光有影，有左有右，有晴有雨，滋味就含在这变而不猛的曲折里。

生活最沉重的负担不是工作，而是无聊。

如果你有两块面包，你应当用其中一块面包去换一朵水仙花。

浪漫是一种自我修养，是生活的格调。不管什么年龄，总要保持一种浪漫情怀。

为女人打架的男人，无论在什么年龄段都是惹女人喜爱的。

世界上最伟大的事，是一个人懂得如何做自己的主人。

没有一个人是完全幸福的。所谓幸福，是在于认清一个人的限度而安于这个限度。

快乐有人分担，也就分外快乐；一个人再怎么幸福，没有外人知道，心里也不满足。

原来世上有种幸福，可以让人哭到心痛。

第 13 回
命　运

命运指人的生死、贫富、祸福等一切遭遇。

命运，即宿命和运气，是指事物由定数与变数组合进行的一种模式，命与运是两个不同的概念。命为定数，指某个特定对象；运为变数，指时空转化。命与运组合在一起，即是某个特定对象于时空转化的过程。

命由天定，由父母定；运由己生，由社会定。

一个人的一生命运，又称之为人生，三分天注定，七分靠打拼。

影响人生的最重要因素是家庭，社会，教育，行当，技能，爱情，欲望，机会，贵人，胆识。

下面笔者就试着分析研究一下其中的哲学智慧，钩沉一下人生的心理地图。

一、家庭

1. 基因遗传

绝对遗传：肤色，下巴，双眼皮，大眼睛，长睫毛，大耳垂。

有半数以上的遗传：身高，胖瘦，头发，青春痘。

后天可塑的遗传：声音，腿型，智商，鼻子。

2. 性格习惯

一个人的性格和他的原生家庭有着密不可分的联系，而这种联系会影响他的一生。

3. 父母注意点

而作为父母请你一定记得：

你们的基因会部分遗传给孩子，在规划孩子的特长教育时要注意这点，顺势而为。

你们的性格习惯也会影响到孩子！你们正在重新创造一个文化。过去不对的事情，不要持续下去；过去好的经验，要把它传承下去。你会影响孩子未来的家庭幸福。

4. 孩子注意点

无论如何，请记住，原生家庭只能影响你的 18 岁以前，你的 18 岁以后则由你自己头脑和双手决定。

真正的强大，是学着靠自己的努力去升华自己。

二、环境

社会作为一个动物本能组成的形态，有其固有的规则，其中"金钱、权利、思想"为驱驾整个人类体系的三驾马车。

国家的命运或者说形式决定大部分普通人的个人命运，当个人的知识和能力达到一定的高度，精英可以决定国家的命运。

固化社会环境中（经济落后地区），个人改变命运难度大。

流通社会环境中（经济发达地区），个人改变命运相对容易。

三、教育

1. 教育的方式

人类社会的教育方式主要有以下几种：

（1）智慧教育。

（2）固化教育。

（3）技能教育。

（4）宗教教育。

2. 选择的方式

既要顺应社会大势，又要有利于个人，综合考量。

例如，"基本面分析""技术分析"是固化教育，波浪理论、江恩理论是宗教教育，我们需要学习，可以通过从业资格考试，也可以了解大多数业内人士的投资性格。《万修成魔》是智慧教育、技能教育，提高我们的实战赚钱能力。

3. 教育的功能

可以改善我们命运和技能。

是否能成为精英、成功人士，还取决于我们的天赋、能力、机遇和资源。

四、行当

1. 行业也是有势

行业也是势的，顺势而为当然容易，逆势而为当然难。

2. 不同的行业有不同的竞争

强势行业竞争也激烈，尽量选择你能够处于优势位置的最强行业，不能选择你可能失败的强势行业，也不能选择大多数人都失败的弱势行业。

3. 富守穷攻

富人买债券，中产阶级买股票，穷人上杠杆。

年轻时（30岁前）以前多闯荡多尝试，成年后（30岁后）集中精力做自己的优势行业。

五、技能

人生最重要的技能有：

（1）学习的技能。

（2）专业的技能。

（3）谋生的技能。

（4）创意的技能。

六、婚姻

（1）婚姻是人生中一次重要洗牌。

（2）婚姻像一本书，它的封面是艺术，里面是账簿。

（3）美满的婚姻是人生最大的幸福之一，不幸的婚姻无异于活着下地狱。

（4）好的婚姻，至少有一部分是阴谋。

七、欲望

1. 生理需求

生理需求也称级别最低、最具优势的需求，例如，食物、水、空气、性欲、健康、睡眠、呼吸等。

2. 安全需求

安全需求同样属于低级别的需求，其中包括对人身安全、家庭安全、财产所有性、生活稳定、工作职位保障、健康保障以及免遭痛苦、威胁或疾病等。

3. 社交需求

社交需求属于较高层次的需求，例如，对友谊、爱情、隶属关系以及性亲密的需求等。

4. 尊重需求

尊重需求属于较高层次的需求，例如，成就、信心、名声、地位、被他人尊重和晋升机会等。

5. 自我实现需求

自我实现需求是最高层次的需求，包括针对真善美至高人生境界获得的需求，因此前面四项需求都能满足，最高层次的需求方能相继产生，是一种衍生性需求，例如，道德、公正度、接受现实能力、问题解决能力、自我实现、创造力、发挥潜能等。

八、机会

1. 人生的大机会

人生有七次成功的机会，两次机会之间相隔大约 7 年，大概 25 岁以后开始出现机会，经过 50 年的时间，75 岁以后就不会有什么机会了。第一次因为太年轻资历不深，通常以失败告终；最后一次因为年岁已高无力再操控；另外还有漫长的人生路会无意与两次机会失之交臂，真正属于个人的成功机会只有三次（股市中大牛市有类似的现象）。

2. 自我努力的机会

思路决定出路，能力决定命运，细节决定成败，态度决定资格。

九、胆识

生命是罐头，胆量是开罐器。

榜样的力量是无穷的，亲友级的榜样对自己影响更大！

想过不一样的生活，就要做不一样的事情。

天下无难事，只怕有心人。天下无易事，只怕粗心人。

失去金钱的人损失甚少，失去健康的人损失极多，失去勇气的人损失一切。

运气，就是机会碰巧撞到了你的努力。

知者无畏！

守业最好的办法就是不断地发展。

【智慧照亮人生】

（1）自由不是让你想做什么就做什么，自由是教你不想做什么，就可以不做什么。

（2）三样东西有助于缓解生命的辛劳：希望、睡眠和微笑。

（3）一个行为的道德性不取决于它的结果，而仅取决于该行为背后的意图。

（4）小人常为英雄的缺点或过失得意，英雄则是惺惺相惜的。

（5）当人类欢呼对自然的胜利之时，也就是自然对人类惩罚的开始。

（6）把你紧系在一个特定的东西上，便会陷入不幸。

（7）我们对一个人的质疑和反驳，必须从接受他的前提开始，提出的质疑和反驳才是有效的。

（8）历史首要的并不是物质生产力的发展，而是精神获得知识的努力。

（9）真理是整体，不是断章。

（10）利益是人类行动的一切动力。

第二部分
残唐人物志

关键语：
要知山下路，须问过来人。

第1回
传檄而定

檄：讨敌文书；定：平定。比喻不待出兵，只要用一纸文书，就可以降服敌方，安定局势。

传檄而定的前提是占据一个有利的位置，或者是拥有一个令人信服的旗号。

（1）

李存勖是李克用的长子，幼时相貌出众，聪慧而且忠厚沉稳，喜欢独来独往，很受李克用的喜爱。

李存勖十一岁时便跟随父亲出征作战，得胜后便随父亲进见唐昭宗。

唐昭宗见了这小孩，非常惊讶地说道："这孩子真是长相出奇！"然后轻抚着他的背说："小儿日后必定是国家的栋梁之材，不要忘了为我大唐尽忠尽孝啊！"

唐昭宗在赏赐李存勖翡翠盘等物品时，说了一句"此子可亚其父"，意思是说使他的父亲成为亚军，超过其父，因而李存勖得名为"亚子"。

渐渐长大的李存勖几乎是文武全才，他善于骑马射箭，还精通《春秋》，懂音律，听戏演戏都很在行。称帝后与伶人同台演戏，还取了艺名"李天下"。

（2）

公元 908 年，李克用不幸生了毒疮，自觉不好。他临死时，拿出三支箭，交给儿子李存勖，郑重地嘱咐他说："梁朝是我的仇家，这你知道。燕王刘仁恭、刘守光父子是靠我的推荐担任卢龙军节度使据有幽州的，契丹的耶律阿保机曾经和我相约结为兄弟，他们却都背弃了我，归顺梁朝，跟我作对。这三件事，都是我遗留下来的恨事。如今给你三支箭，你千万别忘记你父亲未了的心愿！"

（3）

李存勖接过了箭，答应一定给父亲报仇。李克用一死，李存勖就继承了他的爵位，做了晋王。他继位以后，下令把这三支箭供奉在宗庙里。以后每次出兵作战，他就派人去拿出这三支箭，放在一个锦囊里，让人背着，走在队伍的前面，等到作战回来，再放回宗庙。

（4）

李存勖将自己的音乐才能用于军队，自写歌词，自谱曲子，让将士一起放声高唱，称为御制军歌，作战前都要齐唱军歌鼓舞士气，所以将士们在作战时都忘掉了生死。

唱歌打仗可算是李存勖用兵之一绝。河东兵都穿着黑衣，铠甲也用黑衣包裹，所以被称为"鸦军"。

（5）

李克用死后不久，晋军与梁军对峙潞州。李存勖想立即出兵解围，但是有人认为服丧期间不宜出兵，李存勖则对众人分析道："敌人以为我们正在服丧，肯定不会出兵作战，况且又认为我年轻，刚刚接替父亲之位，肯定没有治国能力，更不用说领兵打仗了。这样，敌人一定会精神懈怠毫无防备，如果这时我们突发奇兵，先发制人，那一定会成功的。"

说服了众人，李存勖立即整军出发，直扑潞州的梁军。部队路过三垂岗，李存勖不由得想起二十年前父亲在此地饮酒所说的那番激励自己的话，异常感慨，暗下决心要将梁军彻底击溃。趁着漫天浓雾，率领周德威等将领分兵直捣梁军的营寨，梁军果然毫无防备，被李存勖杀得丢盔弃甲，狼狈逃窜。这次突袭成功大大挫败了梁军的锐气。

朱温闻讯，惊讶得张大了嘴，半晌才挤出一句话来："生儿子就应当生李亚子这样的!

（6）

公元913年，朱温病重，被其次子朱友珪弑杀。朱温的另一个儿子朱友贞又诛杀朱友珪，夺取帝位。

乘着后梁内乱，李存勖出兵打破幽州，活捉了刘仁恭、刘守光父子，把他们押回太原杀了，完成了李克用的一项遗愿。

（7）

公元916年，耶律阿保机即位称帝，这就是辽太祖。

第二年，契丹军进攻幽州，号称有百万之多。李存勖正在黄河沿线跟后梁军作战，他派了部下三个大将前去救援，把契丹军打得大败，解了幽州之围。

过了几年，耶律阿保机又率领大军南下。李存勖亲自带领骑兵做先锋，再度打败契丹军。李存勖算是完成了李克用的另一项遗愿。

（8）

契丹败退，北疆暂保无忧。李存勖开始调兵南下，推锋至黄河岸边，与梁军夹河对峙，争夺黄河沿岸各处要点。

李存勖的后唐与朱友贞的后梁多年交战，处于僵持中。

李存勖采用郭崇韬的建议，亲率奇兵乘虚袭汴。后唐军倍道兼程，向汴州进，并攻克后梁都城汴州，朱友贞自杀。后梁灭亡。

（9）

李存勖攻克后梁都城汴州后，其实后梁所剩的地盘还大于后唐，所剩的将领兵力也很多，如魏王张全义仍然占据着洛阳。

李存勖传檄而定，树张全义为归附榜样，天下归附。

"擒敌擒王，占据首都，树归顺榜样，传檄而定"，传统大智慧之首。

（10）

李自成攻克明都北京后，也有传檄而定的机会，但是他自己不成器，不懂收拢人心，激怒已经归附的吴三桂，并败于吴三桂与清兵的联军，致使占领区复叛。

（11）

李存勖在战场上出生入死，不惜生命，充满智慧；但是在政治上，却是一个昏庸无知的蠢人。称帝后，他认为父仇已报，中原已定，不再进取，开始享乐。他自幼喜欢看戏、演戏，即位后，常常面涂粉墨，穿上戏装，登台表演，不理朝政；有一次上台演戏，他连喊两声"李天下"！一个伶人上去扇了他个耳光，周围人都吓得出了一身冷汗。李存勖问为什么打他，伶人阿谀地说："'李'（理）天下的只有皇帝一人，你叫了两声，还有一人是谁呢？"李存勖听了不仅没有责罚，反而予以赏赐。

伶人受到皇帝宠幸，可以自由出入宫中和皇帝打打闹闹，侮辱戏弄朝臣，群臣敢怒而不敢言。

（12）

李存勖后被提升为直御（亲军）指挥使的伶人郭从谦趁乱中射死。

李嗣源攻入洛阳，派人从灰烬中找到了李存勖的一些零星尸骨，葬于雍陵。

李嗣源称帝。

第2回
兴教门之变

将士百战铁衣残，

不及盈盈歌舞鲜。

伶人伎者称将相，

英雄豪杰俱心寒。

唐庄宗自幼喜欢看戏、演戏，打败后梁后，常常面涂粉墨，穿上戏装，登台表演，不理朝政，并自取艺名为"李天下"。

（1）

李家后唐和朱家后梁在黄河岸边展开拉锯战，谁都无法打败对方。

中门使郭崇韬为庄宗分析局势并献计："臣认为可以派兵把守魏州，应付段凝（敌将），然后再坚守杨刘，陛下自己亲自率领精锐骑兵长驱直入，日夜兼程奇袭敌人的老巢，降将（康延孝）说汴州没什么军队守卫，肯定会望风而降。如果成功，俘虏后梁的皇帝，梁军自然会倒戈投向我方，半月之间天下必然平定。如果不用此计，臣恐怕难以预料后果了。因为今年秋天收成不好，军粮才够用半个月的。所以陛下现在当机立断就能一举成功，否则后果难测。帝王做事顺应天时，必有神灵保佑。望陛下果断行事！"

李存勖听了郭崇韬这一番话，一下子站了起来，兴奋地说："你的话正合我意，大丈夫胜则为王，败了也不过是当个俘虏，大计定了！"

（2）

千里奔袭梁都汴州是一件很冒险的事情，于是庄宗招募死士组建敢死队。

第一个报名参加敢死队的人名字叫作郭从谦，此人不但是个帅哥，还是个伶人。

（3）

李存勖领兵从杨刘渡河，一路战无不胜，活捉王彦章，夺汴州灭后梁，再迫使段凝投降。郭崇韬的灭梁战略不到十天便取得了全面成功，而此前半个月还处于危机之中。

（4）

由于灭梁建立首功，郭崇韬被任命为镇州和冀州节度使，晋封为赵国公，还获赐铁券，可以免除十死。

郭从谦被任命为从马直指挥使，负责指挥皇宫卫戍部队。

郭从谦不仅打仗勇敢，箭射得准，还很擅长人际关系。因与郭崇韬同籍，所以平时视郭崇韬为叔父，又认睦王李存义（庄宗的弟弟）为养父。

（5）

占领汴州后，父亲的三件遗愿全部实现，庄宗开始享乐胡来。

伶人们迎来了春天，甚至过着为所欲为的生活。他们不仅可以和皇帝李存勖称兄道弟，甚至可以做官。

伶人周匝才艺双绝，深受李存勖宠爱。

周匝对他说："我前期被俘能够不死，是陈俊、儲德源的功劳啊。希望陛下用两个州来报答这两个人。"

陈俊、儲德源都是后梁的伶人，算起来是周匝的同行。这样的人，岂可做一个州的最高长官？

可是，李存勖不仅答应下来，而且任用他们为刺史。和李存勖一起出生入死，立有战功的人还没有封赏，却将两个手无缚鸡之力的戏子封为刺史，李存勖手下的大将岂能心服口服？

后伶人党与功臣党多次发生冲突，两党矛盾尖锐，而庄宗往往偏向伶人党，这样功臣党日益不满。

（6）

郭崇韬因为做事正直，在言语上得罪了刘皇后和庄宗身边的一些伶人、宦官，但又拿他们没办法。

（7）

为了统一天下，庄宗李存勖命令李继岌任都统，郭崇韬任招讨使，出兵攻打蜀国。

由于郭崇韬的尽心尽力，很快后唐军就灭了蜀国。

（8）

刘皇后和部分伶人害怕郭崇韬回来后对自己不利，就设计捏造罪名冤杀了郭崇韬。

（9）

在冤杀郭崇韬后，李存勖虽然十分懊恼，但是郭崇韬死都死了，只好把郭崇韬的家人都杀掉以防他们报仇，在这个过程中，伶人们频频出手指认郭崇韬的党羽——实际上都是不肯和他们同流合污的一些人，于是很快就将政治斗争的规模给扩大了。

睦王李存乂因为是郭崇韬的女婿被杀，此后，李存勖又听信伶人景进的谗言，说功臣朱友谦与郭勾结内应，冤杀了功臣朱友谦一家，康延孝被杀。

大将李嗣源被诬陷，许多将领人人自危，有些将领开始反叛。

（10）

久受唐庄宗猜忌的李克用养子李嗣源，被形势所迫与叛兵合流，举兵反攻打进洛阳。

（11）

李存勖亲率部分军队去征讨李嗣源，但在路上，许多士兵都跑进李嗣源的阵营里，同时，李嗣源又占据了大梁，李存勖只好返回洛阳，准备联合他的长子魏王李继岌西征归来会兵一处，再进剿李嗣源。

（12）

皇宫卫戍部队中有一个叫作王温的军官，秘密联络同志意图谋反，被郭从谦发现并交给庄宗。

谁知庄宗李存勖竟然说：你背着我依附郭崇韬、李存乂，又挑唆王温造反，你想干什么？

（13）

郭从谦冷汗直冒，退下后，他立刻找到从马直军士，给他们造了个谣。"主上等到邺都之乱平定后，就会把你们全部坑杀。"于是，兵变发动。

李存勖这时候还能打，带领侍卫冲杀过去，将郭指挥使和他的叛军赶出门外，并迅速关上了大门。郭从谦可不是善类，在门外又重新组织人马，见攻不进去，就开始放火。火势一大，李存勖的守卫全都跑了，郭箭法很准，向李存勖射出一箭，李存勖听得风声，慌忙躲闪，没有闪过，箭正中其面门，痛得他哇哇怪叫。众侍卫赶紧把他从城楼上扶下来，拔出箭来，血柱直冲苍天。

李存勖流了太多的血，忽然觉得口渴。侍卫急忙跑进宫里跟刘皇后说了这件事。这位刘皇后正在收拾财宝，准备逃跑，听说丈夫中了箭，也不去探望，只端了一碗乳浆，叫侍卫给丈夫喝。

这位皇后肯定不懂医学，因为人在失血过多的情况下一旦接触到奶浆，就会加速死亡。果然，李存勖喝完这碗乳浆后，就一命呜呼了。

（14）

几个戏子很怕乱军进来侮辱主人的尸体，就把尸体拖到一平台上，在上面扔了一些李存勖生前摆弄过的乐器，一把火烧了。

（15）

李嗣源入洛邑后，假意封郭从谦为景州刺史，却在景州将之灭族。

（16）

"不说硬话，不办软事"，这句话多么重要。

第3回
魏国夫人

庄宗攻魏，裨将袁建丰掠得一女，年不过六七龄，生得聪明伶俐，娇小风流。

庄宗爱她秀慧，挈回晋阳，令侍母亲曹氏。

太夫人教她吹笙，一学就会，再教以歌舞诸技，无不心领神会，曲尽微妙。转瞬间已将及笄，更觉得异样鲜妍，居然成了一代尤物。

唐主随时省母，上觞称寿，自起歌舞，曹氏即命刘女吹笙为节，悠扬婉转，楚楚动人，尤妙在不疾不徐，正与歌舞相合。

唐主深通音律，闻刘女按声度曲，一些儿没有舛误，已是惊喜不置，又见她千娇百媚，态度缠绵，越觉可怜可爱，只管目不转睛，向她注射。

曹太夫人看在眼里，便把刘女赐予庄宗为姜。

当时庄宗的正室，为卫国夫人韩氏，次为燕国夫人伊氏，自从刘女得幸，作为第三个妻房，也封为魏国夫人。

刘氏生子继岌，貌颇类父，甚得唐主欢心，刘氏因益专宠。

（1）

刘氏父亲以卖药算卦为生，人称刘山人。

庄宗在魏州时，刘山人前来认亲，李存勖令袁建丰审视，建丰谓得刘氏时，曾见此黄须老人，挈着刘氏，偏刘氏不肯承认，且大怒道："妾离乡时，略能记忆，妾父已死乱兵中，曾由妾恸哭告别，何来这田舍翁，敢冒称妾父呢？"

因命笞刘叟百下。可怜刘叟老态龙钟，那里经受得起？昏晕了好几次，方得苏转，大号而去。

（2）

庄宗明知此人就是刘后的亲生父亲，但也不便说破。庄宗喜欢唱戏，就穿上与刘叟一样的衣服，背上药囊卦筹，命其子李继岌头戴破帽相随，直入刘氏寝宫，说："刘山人来探望女儿。"

刘氏大怒，不好对庄宗如何，只好把气撒在继岌身上，将其痛打了一顿赶出宫去。

（3）

刘夫人善歌舞，唐主欲取悦刘氏，有时也粉墨登场，亲自表演，自取艺名"李天下"，有一次表演得兴头上时，四顾而呼曰："李天下，李天下何在？"

伶人敬新磨上前打了他几个耳光，庄宗一时不知所措，左右伶人大惊失色，抓住敬新磨责问道："如何敢打天子？"回答说："李天下者，一人而已，哪得二人？"李，取"理"字的谐音，理天下者即指皇帝。听到此话，左右皆大笑，庄宗也非常高兴，厚赏新磨。

（4）

张全义久居洛阳，在后梁时已经封王，家富于财，庄宗入洛之后，张全义便又投靠了新朝。

有一次庄宗夫妇造访其家，刘后自念母家微贱，未免为妃妾所嫌，不如拜全义为养父，得借余光，乃面奏唐主，自言幼失怙恃，愿父事张全义。唐主慨然允诺。

刘后遂乘夜宴时，请全义上坐，行父女礼。全义怎敢遽受？刘后令随宦强他入座，竟尔亭亭下拜，惹得全义眼热耳红，急欲趋避，又被诸宦官拥住，没奈何受了全礼。

唐主在旁坐着，反喜笑颜开，叫全义不必辞让，并亲酌巨觥，为全义上寿。全义谢恩饮毕，复搬出许多贡仪，赠献刘后。俟帝后返宫时，赍送进去。

越日，刘后命翰林学士赵凤，草书谢全义。凤入奏道："国母拜人臣为父，从古未闻，臣不敢起草！"

唐主微笑道："卿不愧直言，但后意如此，且与国体没甚大损，愿卿勿辞！"

赵凤无可奈何，只好承旨草书，缴入了事。

（5）

有一女国色天香，为庄宗所爱幸，竟得生子。

刘后很怀妒意，时欲将她摔去。可巧李绍荣丧妇，唐主召他入宫，赐宴解闷，且谕绍荣道："卿新赋悼亡，自当复娶，朕愿助卿聘一美妇。"

刘后即召庄宗爱姬，指示庄宗道："陛下怜爱绍荣，何不将此女为赐？"

庄宗不言。不意刘后即促绍荣拜谢，一面即嘱令宦官，扶掖爱姬出宫，一肩乘舆，竟抬入绍荣私第去了。

唐主愀然不乐，好几日称疾不食，不过始终拗不过刘后，只好耐着性子，仍然宠幸刘后。

（6）

刘皇后贪婪至极，拥有大量的财富，仍不满足，又以皇后的名义经营商业，甚至樵果菜蔬也不放过，往来兴贩，乐此不疲。

（7）

河南令罗贯，人品强直，系由崇韬荐拔，伶宦有所请托，罗贯守正不阿，屡将请托书献示崇韬。

崇韬一再奏闻，唐主亦置之不理，伶宦等尤加切齿。张全义亦恨罗贯，密诉刘后，刘后遂谮贯不法，庄宗含怒未发。

会因曹太后将葬坤陵，先期往祀，适天雨道泞，桥梁亦坏，庄宗问明宦官，谓系河南境内，属罗贯管辖，当即拘贯下狱，狱吏拷掠，几无完肤，至祀陵返驾，且传诏诛杀罗贯。

（8）

后唐灭蜀，前蜀旧臣纷纷献宝求荣，郭崇韬大敛金银，珠宝满仓。监军李袭见他中饱私囊，却不分自己一杯羹，于是怀恨在心。

庄宗遣宦官向延嗣，促令大军还朝。延嗣到了成都，崇韬未尝郊迎，及入城相见，叙及班师事宜，崇韬且有违言，延嗣好生不乐。

因与李从袭僚谊相关，密谈情愫，从袭得间进言道："此间军事，统由郭公把持，伊子廷诲，复日与军中骁将，及蜀土豪杰，把酒狎饮，指天誓日，不知怀着何意？诸将皆郭氏羽党，一或有变，不特我等死无葬地，恐魏王亦不免罹祸！"言已泣下。

延嗣道："俟我归报宫廷，必有后命。"

（9）

向延嗣还洛，入诉刘后。

刘后亟白庄宗，请早救继岌。

庄宗怒气上冲，复遣宦官马彦珪，速诣成都，促崇韬归朝，且面谕道："崇韬果奉诏班师，不必说了。若迁延跋扈，可与魏王继岌密谋，早除此患！"

彦珪唯唯听命，临行时入见刘后道："蜀中事势，忧在朝夕，如有急变，怎能在三千里外，往复禀命呢？"

刘后再白庄宗，唐主道："事出传闻，未知虚实，怎得便令断决！"

后不得请，因自草教令，嘱彦珪付与继岌，令杀崇韬。

（10）

崇韬方部署军事，与太子魏王继岌约期还都。

适彦珪至蜀，把刘后教令，出示继岌，继岌道："今大军将还，未有衅端，怎可作此负心事？"

彦珪道："皇后已有密敕，王若不行，倘被崇韬闻知，我辈再无生理了。"

继岌道："主上并无诏书，徒用皇后手教，怎能妄杀招讨使？"

李从袭等在旁，相向环泣，并捕风捉影，说出许多利害关系，恐吓继岌，令继岌不敢不从。乃命从袭召崇韬议事，继岌登楼避面，指使心腹将李环，藏着铁椎，俟立阶下。崇韬昂然入都统府，下马升阶，那李环急步随上，出椎猛击，正中崇韬头颅，霎时间脑浆迸裂，倒毙阶前。

(11)

庄宗被郭从谦射死。

刘后与存渥奔晋阳，途次昼行夜宿，备历艰辛。刘后恐存渥分离，索性相依为命，献身报德。存渥见嫂子多姿，风韵不减，乐得将错就错，与刘后结成露水缘。及抵晋阳，李彦超不纳存渥，存渥走至凤谷，被部下所杀。

刘后无处存身，没奈削发为尼，把怀金取出，筑一尼庵，权作羁栖。

偏监国李嗣源，不肯轻恕，竟遣人至晋阳，刺死刘后。一代红颜，到此收场。

(12)

无逻辑之人得无逻辑之果。

第 4 回
生存三把剑

张全义的头脑中有三把剑：第一是隐忍；第二是财富；第三是女色。

作为由平民而土豪的张全义，面对世事变迁、风云变幻，他始终牢记一条原则，握紧头脑中的三把剑。有了这三样利器，任你城头变幻大王旗，我自畅通无阻，无往而不胜。

事实也确是如此。

(1)

张全义家世为田农，曾在县里做小吏，多次受到县令的困辱，于是就逃亡加入了黄巢的暴乱贼军。

(2)

黄巢攻入长安建立大齐政权时，任命张全义为吏部尚书、充水运使，主管大齐的水运事务。

（3）

黄巢失败时，张全义到河阳投降唐将诸葛爽，屡立战功，诸葛爽表请唐廷任他为泽州刺史。唐昭宗赐其名张全义。

（4）

诸葛爽病死，大将刘经与张全义立诸葛爽之子诸葛仲方为留后。

刘经与诸葛爽另一大将李罕之发生冲突，刘经为李罕之所败，退守河阳。

诸葛仲方年幼，刘经派张全义前去抵敌，张全义竟与李罕之结为同盟，调转矛头进攻刘经，刘经被打败。

刘经和诸葛仲方被迫逃往汴州投靠朱温。

（5）

于是李罕之自领河阳节度使，任命张全义为河南尹，治理洛阳。

张全义初到洛阳时，那里"白骨蔽地，荆棘弥望，居民不满百户。全义麾下，才百余人，相与保中州城。四野俱无耕者"。

张全义从他的部下中选出 18 人为屯将，每人发给一面旗一张榜，到周围 18 县的残存墟落树旗张榜，招抚流散逃亡的民众，劝耕农桑，恢复生产。张全义为政宽简，除杀人者要偿命处死以外，其余都从轻处罚。无严刑，无租税，民归之者如市，又选壮者教以战阵，以御寇盗。数年之后，都城坊曲，渐复旧制。诸县户口，率皆归复，桑麻蔚然，野无旷土。

洛阳周围 30 里内，有蚕麦丰收的农家，他一定亲自到访，召来全家老幼，赏给酒食衣料，表示慰劳。民间言"张公不喜声伎，见之未尝笑，独见良麦佳茧则笑耳"。对于有田荒芜的，他就召集民众查问原因，有因为缺牛耕地的，便要求有牛的邻里负责助耕。"由是邻里有无相助，故比户皆有蓄积，凶年不饥，遂成富庶焉"。

（6）

李罕之是张全义的"刻臂为盟，永同休戚"的患难之交，又是他的上级，因军中乏食而经常向张全义求取军粮及缣帛，次数多了，张全义不满。

文德元年，张全义趁李罕之外出打仗时，派兵袭取了河阳，自任河阳节度使。

李罕之无奈，投奔李克用，讨得援兵三万回攻河阳，围困日久，城中食尽，张全义部"啖木屑以度朝夕"，向朱温求救，朱温派兵救援才得解围。

朱温安排大将丁会守河阳，令张全义依旧担任河南尹。张全义感谢这一次救命之恩，从此听命于朱温。

（7）

朱温建梁称帝后，又令张全义兼河阳节度使，进封魏王，赐名宗奭，想是朱温要他以当年辅弼周天子的召公为榜样努力为后梁效劳。

（8）

一次，朱温兵败。路过洛阳，住在张全义家中。

朱温兽性大发，竟然淫辱了张全义的妻子、女儿和儿媳。

张全义的儿子要杀朱温。

张全义止之曰："吾为李罕之兵围河阳，啖木屑以为食，惟有一马，欲杀以饷军，死在朝夕，而梁兵出之，得至今日，此恩不可忘也！继祚乃止。"

（9）

不久，朱温宣张全义入朝，至于什么事，谁也不知道，显然朱温还是不放心张全义，要拿他开刀，张府上下一阵恐慌。

关键时刻，张全义的妻子储氏单枪匹马面见朱温："全义只是一个种田的老翁，30年来在洛阳周围为你开荒种地，征收赋税，支援你打天下。现在他已老朽，活不了几年了，要背叛你何必等到今天？"

就这样，张全义不但活了下来，还取得了朱温的信任，并与他结成了儿女亲家。

（10）

后唐灭了后梁，庄宗李存勖赶走朱氏恢复唐朝。

后梁的天下兵马副元帅张全义见风使舵，没做任何抵抗，打点金银珠宝，装满几马车，自洛阳赴汴州去觐见"泥首待罪"，用泥涂了自个儿一头一脸，做出一副龟孙样儿。

这一手果然奏效，李存勖不仅未问罪，高兴地卸下几车珠宝，还设宴款待了张全义这位富豪。酒喝罢，李存勖下令，任命张全义为尚书令，继续做魏王、河南尹。

(11)

张全义不顾年迈，连忙"俯伏感涕"。

张全义本名张言，"全义"是唐昭宗赐的，朱全忠登基，给他改名"宗奭"，如今江山恢复李唐，这就又叫回唐皇帝赐的"张全义"。

(12)

张全义在后唐受到尊崇，先被封为魏王，后改封为齐王，任命为守太尉、中书令、河南尹并兼领河阳。可是他处理政务很马虎，凡百姓词讼，以先诉者为得理，以是人多枉滥，为时所非。另外，他与河南的一个县令罗贯有私愤，便通过刘皇后在李存勖面前说罗贯的坏话，结果罗贯被杀，"冤枉之声，闻之远近"。

(13)

赵在礼据魏州发动兵变，李存勖打算亲自征讨，大臣们则主张派李嗣源前往，李存勖本不答应，最后在张全义的力荐下才同意。可是李嗣源到魏州后，便与变兵合流。张全义闻变后，忧惧不食而死，终年七十五岁。

(14)

天成年初，李嗣源册赠张全义太师，谥号"忠肃"。

第 5 回
谋事与谋身

一个封建王朝的朝廷大臣中有着各色人员，在这些人员中，有一类优秀的人凭借自己的能力成了主宰、把握大局的人物，他们判断问题比别人准确，懂得如何抓住时机，能更好地解决问题，历史上称这类人为能臣。

伊尹、姜子牙、管仲、诸葛亮、魏征等人就是这样的能臣。郭崇韬应该也算一个。

（1）

郭崇韬不仅在军事上有谋略，他还非常喜欢读书。在镇州攻下以后，李存勖派他去验收镇州的府库，有人用珍宝向他行贿，他一概回绝。最后只是买了些书籍而已。

他和其他的将领不同，不是贪求财物，而是对书籍感兴趣，因为书中可以学到很多治国之道和军事谋略。

（2）

后唐灭梁，郭崇韬功劳最大，是他建议奇兵偷袭，才得以灭掉后梁。因而，灭梁之后，郭崇韬被委任为枢密使，也就是国防部长，很得庄宗信任。

（3）

长期以来，郭崇韬以清廉著称，赢得了世人的尊敬，也赢得了皇帝的信任和同僚的敬佩。可是，自从进了开封，郭崇韬如突然换了一个人似的，让大家不敢相认。

他大开府门，公然接受贿赂。

庄宗知道了，也很不爽，找来郭崇韬问："吃饱了吗?"

郭崇韬听了，不慌不忙，告诉庄宗，后梁刚灭，降臣众多，人心惶惶，此时行贿，是买一个平安。如果自己不收，他们就会更加惊慌不安，不知新朝会怎么处理他们，甚至可能激成变故。现在一收他们的钱财，他们不就安定了吗？

庄宗点点头，没说什么。

（4）

过了一段时间，后唐慢慢腾出时间，消化了后梁势力，局势渐渐平稳下来，敌友矛盾也慢慢缓和下来。这时，新的问题出来了，国家初创，连年战争，国库一贫如洗。庄宗想想，还是增加百姓的赋税吧。

郭崇韬拦住了，战乱之后，百姓一贫如洗，哪有钱粮？他让人到自己府上去，把收受的钱财全部上缴国库。同时，拿出一本账簿，告诉皇帝，这些都是当时后梁大臣们所送之物，他们这样做，目的很简单，就是想为了解除国家财政困难。

后梁的那些大臣见了，又是惭愧，又是感动，而且，再也不敢以腐败官员的眼光看待郭崇韬了。

（5）

郭崇韬在李存勖的身边任职，尽职尽责，对李存勖不对的地方敢于进谏。这样得罪了刘皇后和一些宦官，庄宗有时也有不满。

（6）

郭崇韬虽然忠贞不二，但他为了自己的权力，也是想办法排挤他人。为完全控制枢密院的大权，他让一个比他年轻的宦官张居翰和他一起担任枢密使，而让曾经在他之上的李绍宏做宣徽使，这使李绍宏怀恨在心，纠集其他宦官对他攻击，郭崇韬渐渐树立了政敌。

（7）

郭崇韬也有害怕的时候，他对儿子们说："我辅佐陛下，得罪了许多人，常为他们所诬陷，我想避开，去地方做官，免得以后大祸临头。"

儿子郭廷说反对他这么做："大人功名到现在这个地步，一旦无权，就等于是神龙离开了水，必为蝼蚁所制，大人还是考虑其他办法吧。"

有一个属下献计道："现在您功高盖世，虽然有小人陷害，也不能离间您和陛下的关系。为今之计，应该力辞官职，陛下肯定不许，这样便会堵住小人之口，不会再说您贪图权势。然后，再趁现在皇后未立之机，上奏立刘氏为后，迎合陛下之心，到时不但陛下高兴，刘氏也会感激你的，内宫有刘氏撑腰，外有陛下为您做主，谁会对您怎么样呢？"

郭崇韬听了，非常赞同，便照计行事。

（8）

但是，郭崇韬还是常被宦官和伶人们诽谤诬陷。

河南有一个县令叫罗贯，人很正直，由于秉公执法而得罪了宦官和河南尹张全义，张全义又在他的义女刘皇后面前诬陷他，宦官也在李存勖的耳边说他的坏话，郭崇韬明知罗贯冤枉，极力为他排解，而李存勖竟然听信谗言，将罗贯斩首示众，为不让郭崇韬劝止，李存勖竟自己将宫殿门关上，不让他进去。

（9）

郭崇韬一直在寻找更好的脱身避祸之计。

机会终于来了，出使蜀中的人回来报告说那里的政治非常腐败，可以趁势攻取，李存勖就动了心，和郭崇韬商议进讨之事，在大将的人选上，本来应该是当时任诸道兵马总管李嗣源，但郭崇韬认为这是个很好的立大功的机会，有了大的战功，便可以制约那些排挤他的宦官了。于是他对李存勖说："契丹经常侵犯我国边界，全仗总管李嗣源来抵挡保护边疆。臣以为您的儿子德望很高，但应该再立战功以服众人。而且按照旧例，由亲王为元帅掌握讨伐兵权，一可以助士气二可以威慑敌人，这样取胜也就不难了。"李存勖对自己的儿子李继岌很是宠爱，但还是推让一番："小儿年幼，怎么能独自领兵呢？爱卿选择一个副将辅佐他吧。"郭崇韬一直没有提供人选，他的目的是让李存勖选自己，那他便可以去征讨蜀中，立功自保了。李存勖明白后便对郭崇韬说："副将还是爱卿当最好。"君臣之间在这件事上配合得很默契。最后由李继岌任都统，郭崇韬任招讨使，出兵攻打蜀国。

(10)

临出兵时郭崇韬还对李存勖推荐了以后蜀中统帅的人选，以表忠心："臣本无才，勉强当此重任，凭陛下在四海的威望和众将士的舍死苦战，这次肯定会得胜还师。如果以后选人治理蜀中，就用孟知祥吧，他忠信而且有谋略，朝中如果缺人辅佐，张宪、李琪和崔居俭都可以重用。"李存勖点头答应，还专门设酒宴为众将送行。

(11)

郭崇韬的军事谋略确实非同一般，很快就灭掉了蜀国。

(12)

郭崇韬在进军蜀地的时候，对李继岌说："蜀地平定之后，大王就是太子了，等到将来登基后，最好全部除去宦官，优遇士族，不单单是罢黜宦官，就连骟过的马也不要骑。"宦官们因此对他恨得咬牙切齿。

(13)

由于灭蜀基本上是他一个人在谋划指挥，军事战略就不用说了，就是平定之后所有的政事也是郭崇韬来管理，旧将的招抚，官吏的设置，军队与朝廷的奏报往来都是经他之手，而李存勖的儿子魏王李继岌却被冷落了。李继岌并没有什么野心，再加上年轻，所以和郭崇韬也没什么冲突。但李继岌身边的宦官们却是一帮贪财的小人，见郭崇韬的门前车水马龙，送礼巴结的人络绎不绝，自己却没有机会捞到一点油水，就千方百计地在李继岌面前挑拨是非，陷害郭崇韬。

(14)

郭崇韬本人的做法也有些不太小心，他毫不避讳地住进了降将王宗弼的家里，王宗弼也是个钻营的小人，前蜀后主王衍投降后，王宗弼便将宫中的珍宝财物全部弄到自己的家里，等郭崇韬到了后，他便挑选王衍的姬妾和珍宝供奉郭崇韬，然后请求郭崇韬任命他为蜀地镇守长官，郭崇韬答应保举他，其实这也是为了安抚他这样的降将，因为郭崇韬出兵之前已经向李存勖推荐了孟知祥。

(15)

庄宗派宦官向延嗣带诏书到达蜀地，命郭崇韬班师回朝，但郭崇韬在向延嗣到的时候没有按照礼节去郊外迎接，可能是因为他平时就与宦官有矛盾吧，但此举进一步激化了双方矛盾。

向延嗣回去之后，更是添油加醋地挑拨一番，吓得刘皇后哭着请求李存勖想办法保全儿子李继岌。李存勖又看了看蜀地的报告书，不满地说："人们都说蜀地金银珠宝不计其数，怎么蜀地进奉得这么少呢？"向延嗣趁机说道："臣问过很多蜀人，都说蜀地的珍宝都进了郭崇韬的府内，还说郭崇韬捞到黄金上万两，白银四十万两，名马有一千匹，还有王衍的美姬六十，乐工一百犀玉宝带一百条。他的儿子郭廷诲也有金银十万两之多，绝色的艺妓七十，其他的财物也是应有尽有。而魏王府却只得到几匹马而已。"

李存勖最初听说郭崇韬想要留在蜀地时便有点不快，现在又听说他把蜀地所有的珍宝艺妓和乐工都弄进自己的府里，不由得怒容满面。马上命宦官马彦圭火速赶往蜀地去调查郭崇韬是否班师，如班师则已，假如有意推迟逗留，就和李继岌除掉他。

(16)

马彦圭也和郭崇韬素有矛盾，便阴险地到刘皇后那里说："祸乱如果发生，就在瞬间，怎么会有时间在数千里之外再请求圣上降旨呢？"刘皇后一听就慌了，又去找李存勖说，李存勖这时还没有昏庸到透顶的地步，他说："还没有了解事情的真相，怎么能下明确的命令呢？"

刘皇后见李存勖不肯下令杀郭崇韬，便自己写了一道教令（皇后的命令叫教令），让马彦圭交给李继岌，让他先动手杀掉郭崇韬。

(17)

郭崇韬班师稍微迟了一些，这并不是因为他有异心，而是蜀地刚刚平定，山林之中盗贼很多，而孟知祥又没有到任，郭崇韬便派将分路去招抚各地，他怕一旦班师之后，地方会再发生混乱，没想到这给马彦圭当成了借口。

(18)

马彦圭到达后，郭崇韬已经定下了出发班师的日期，而且安排了留守等待孟知祥到任的将领。

(19)

马彦圭将刘皇后的教令交给李继岌，李继岌说："军队将发，郭公又没有其他过错，我怎么能做这种负心之事？你不要再说了！"宦官李从袭等人痛哭流涕地说："圣上既然有口谕，大王如果不当机立断，万一中途机密泄露，我们就没命了。"李继岌说："圣上没有正式诏书，单凭皇后的教令怎么能杀朝廷大臣！"李从袭见李继岌不肯听从，再一步用往事挑拨，李继岌毕竟年轻没有经验，不由得就站在了他们一边。

(20)

第二天早晨，李从袭以李继岌的名义召郭崇韬议事，李继岌则上楼躲开，等郭崇韬进来后，左右的伏兵出来用锤打死了郭崇韬。他的五个儿子也被杀，其中两个死在蜀地，另外三个被杀于其他地方，家产被全部没收。

(21)

等到后唐明宗继位后，才下诏让郭崇韬归葬故乡，赐还太原的旧有家产。

第6回
少年勇将

唐中和四年，李克用被宣武节度使朱温围困在汴州上源驿，亲随将领战死无数，史称上源驿事件。李嗣源时年十七，拼死翼护李克用，在乱兵流矢之中将其救出，因而备受重用，得以统领亲兵。

后被其子李克用收为养子，为十三太保之一，赐予姓名。

（1）

光化元年，李嗣昭出兵青山口，欲攻打邢州（治今河北邢台）、洺州（治今河北永年），结果被梁将葛从周击败。

李嗣源率部赶来增援，在高处摆开阵势，大叫道："我只杀葛从周，其余士卒都不要妄动。"他纵马驰入梁军阵中，出入奋击。李嗣昭随后进击，终于反败为胜，击退梁军。

此战，李嗣源身中四箭，名动天下。

李克用为嘉奖李嗣源，将其麾下五百骑兵命名为横冲都。从此，两河地区皆称李嗣源为李横冲。

（2）

李嗣源为人"质厚寡言，执事恭谨"，每当有战功的时候，从来不在众人面前夸耀。平时，就经常带领将士们修理准备兵器和军用物资，廉洁自律，不贪也不与其他人发生什么矛盾。李克用有一次试探他，让他到自己的府中去，说你随便拿东西吧，以前立功很多，但没有重赏过你。李嗣源就只拿了几卷丝织品和几千文钱走了。回去之后，又将这些东西都分给了部下。在其他时候也是这样，不管赐给什么贵重物品他都分给了属下。

（3）

天祐五年，李克用病逝，世子李存勖袭任河东节度使、晋王。

同年五月，李存勖亲自援救潞州（治今山西长治），命李嗣源与周德威分兵两路，攻打梁军所筑夹城。李嗣源指挥士卒砍掉梁军布置的鹿角阵，并以柴草填平沟堑，从东北角攻入夹城。周德威随后也攻破夹城西北角。李存勖趁机发动总攻，终于击破梁军，取得夹城大捷，彻底解除潞州之围。此战，李嗣源率先攻入夹城，功居第一。

（4）

天祐八年，李嗣源随李存勖参加柏乡之战。李存勖见梁军军容强盛，担心晋军怯战，便有意激李嗣源出战以鼓舞士气。他向李嗣源赐酒，道："你看到梁军的白马都、赤马都了吗？真令人胆战心惊。"李嗣源大笑，认为梁军虚有其表。他饮掉杯中酒，而后挺身上马，率部直冲梁军白马都，生擒两员骑校。晋军士气大振，皆奋勇向前，由辰时一直打到未时，终于击溃梁军，取得柏乡大捷。此战，李嗣源在梁军阵中往来冲杀，斩获颇多，因功升任代州刺史。

（5）

同光二年，唐庄宗在南郊祭天，并赐李嗣源铁券。不久，李嗣源平定潞州叛乱，擒获叛首杨立，被调为宣武军节度使，兼任蕃汉内外马步军总管。同年十二月，契丹南侵。李嗣源又率军北征，在涿州大败契丹。

（6）

同光三年，李嗣源调任成德军节度使，移镇镇州。

此时的唐庄宗早已荒怠政务，纵容宦官、伶人乱政，还无罪诛杀郭崇韬、朱友谦等功臣。李嗣源因位高权重，也受到庄宗的猜忌。

十二月，李嗣源自镇州入朝，庄宗竟让诸军马步都虞侯朱守殷对他进行监视。朱守殷暗中告诫李嗣源，称他已到"德业振主者身危，功盖天下者不赏"的地步，让他早做打算。但他却不为所动。

当时，李嗣源常遭流言毁谤，幸有枢密使李绍宏为其开脱，方免遭杀害。李嗣源的人缘明显比郭崇韬要好很多。

（7）

同光四年二月，魏博戍卒在贝州哗变，推赵在礼为首领，攻入邺都。唐庄宗初命元行钦征讨，但却连连失利，只得起用李嗣源，让他率从马直（皇帝亲军番号）北上，会合元行钦平叛。

三月，李嗣源抵达邺都，驻扎于城西南，并定下攻城日期。从马直却在攻城前夜哗变，劫持李嗣源，声称要与邺都叛军合势，拥其称帝河北。赵在礼率将校出城迎拜，将李嗣源迎入邺都，但不许乱军入城。李嗣源借口收抚散兵，逃出邺都，抵达魏县。他命牙将张虔钊前往元行钦营中，召其前来一同平乱。元行钦却疑其有诈，率一万步骑退至卫州，诬奏李嗣源与叛军合谋叛乱。

（8）

李嗣源初抵魏县时，部下不满百人，后召集霍彦威所部五千镇州军，才稍微恢复了些兵力。他欲返回成德藩镇，等待皇帝降罪。但霍彦威、安重海皆反对，建议他返回朝廷，向皇帝当面自辩。李嗣源遂率军南归，并数次上表申诉，向唐庄宗表明心迹，但皆被元行钦阻遏，未能上达。当时，李嗣源长子李从璟正在洛阳禁军效力，奉庄宗之命去招抚李嗣源，也被元行钦扣留在卫州。李嗣源疑惧不安，乃采纳女婿石敬瑭的建议，决定攻取汴州，谋求自立。齐州防御使王晏球、贝州刺史房知温、北京右厢马军都指挥使安审通、平卢节度使符习皆拥戴李嗣源，率部前来与其会合。李嗣源兵力大增。

（9）

从马直指挥使郭从谦突然发动叛乱，率所部攻入兴教门。庄宗亲率宿卫出战，结果中流矢而死。当时洛阳大乱，通王李存确、雅王李存纪等宗室诸王皆逃散。朱守殷遣使到李嗣源军中，请他速入京城，安定局面。

（10）

同年四月，李嗣源率军入洛阳，命诸将平定京中乱势。他让百官各安其职，等待李继岌回京继位，并表示自己在安葬庄宗后便会归藩成德。宰相豆卢革、韦说与枢密使李绍宏、张居翰率百官劝进，皆被拒绝，又改请李嗣源监国。李嗣源遂入居大内兴圣宫，以监国的名义接受百官朝拜。他任命石敬瑭为陕州留后，以防备征蜀大军，同时命各地访寻诸王。安重海暗中派人杀死李存确、李存纪。申王李存渥、永王李存霸则被乱军所杀，薛王李存礼、皇子李继嵩、李继潼、李继蟾、李继峣皆不知所踪。不久，魏王李继岌在渭南自缢而死，征蜀大军则在任圜的率领下归附李嗣源。李嗣源称帝的障碍被全部扫清。

（11）

天成元年（926 年）四月二十日，李嗣源在西宫称帝。他身穿斩衰之服，即位于李存勖的灵柩之前，以表示自己是合法继承，而非篡夺。当时，李嗣源年已六十，将朝政托付给枢密使安重诲、宰相任圜。任圜还兼任三司使，主掌国家财政。他选拔贤俊，杜绝私门，忧国如家，执政一年便使得"府库充实，军民皆足，朝纲粗立"。

安重诲是李嗣源的佐命功臣，虽尽忠职守，但恃功矜宠，擅作威福。他和任圜政见不合，议政之时经常意气用事，甚至互相喝骂。

（12）

李嗣源不喜欢声色淫乐，即帝位后，禁止中外诸臣进献珍奇玩等物。后宫只留老成宫女 100 人，宦官 30 人，鹰坊 20 人，御厨 50 人，教坊（乐队）100 人。他不喜欢臣下阿谀奉承，下令免除"诸道节度、刺史、文武将吏旧进月旦起居表"。他比较能够约束自己的行为，经常"召文武百辟极言时政时失"，并能够接纳臣下的忠谏。他的这种平实简朴的作风一直保持到晚年。

（13）

李嗣源即位时，长子李从璟已被元行钦杀害。他封次子李从荣为秦王，并任命为河南尹、判六军诸卫事。李从荣当时已是事实上的嫡长子，掌管京师政务，又握有兵权，且能与宰相分庭抗礼，种种迹象皆表明李嗣源有以其为继承人的打算。但当太仆少卿何泽上疏请立李从荣为皇太子时，李嗣源却很不高兴地道："群臣请立太子，看来我应当回河东养老了。"最终，李从荣只被拜为天下兵马大元帅，未能成为储君。他极为不安，担心自己不能继承皇位。

（14）

长兴四年（933 年）十一月，李嗣源病重。李从荣入宫探视，见李嗣源已不能抬头，出宫时又听到宫中哭声不绝。他误以为李嗣源已经去世，次日便称病不复入朝，在府中与亲信谋议夺位。二十日，李从荣率牙兵千人列阵于天津桥，准备以武力入居兴圣宫。枢密使冯赟、朱弘昭与宣徽使孟汉琼禀称李从荣谋反，关闭皇城端门，命李重吉率所部控鹤禁军把守宫门。侍卫指挥使康义诚本是李从荣事先约定的内应，这时也被阻在宫中，难以接应李从

荣。孟汉琼召来马军都指挥使朱洪实，让他率五百骑兵攻击李从荣。李从荣
逃回府邸，被皇城使安从益追上斩杀。李嗣源悲骇莫名，病情加剧。他追废
李从荣为庶人，并从邺都召回宋王李从厚。是月二十六日，李嗣源驾崩于大
内雍和殿，终年六十七岁。李从厚赶至洛阳，为李嗣源发丧，并于枢前即位。

（15）

后唐明宗李嗣源是五代时期一个少有的开明皇帝，加之他在位时间稍
长，因此能使国家稳定，政治清明，人民休养生息。

第7回
机敏谋身

五代十国时，后蜀皇帝孟昶偏爱芙蓉花，命百姓在城墙上种植芙蓉树，
花开时节，成都"四十里为锦绣"，故成都又被称为芙蓉城，简称"蓉城"。

孟知祥是孟昶的爸爸，李存勖的姐夫，李克用的女婿。

（1）

公元 908 年，也就是孟知祥 34 岁那年，李克用病逝，李存勖继位，任
命孟知祥为中门使。

中门之职，参管机要。中门使"其任即天朝枢密使也"。

虽位高权重，但容易得罪人，天威难测，前任中门使吴琪、张虔厚无辜
获罪让孟知祥心生恐惧，请求更换职务，李存勖不准，后见孟知祥执意不
从，只好要求孟知祥推荐一个人代替他，孟知祥便推荐了郭崇韬，郭崇韬因
此很感激他。

（2）

后唐同光元年，晋王李存勖称帝，建立后唐，将太原府升格为北京，任
命孟知祥为太原尹、北京留守。

（3）

同光三年，李存勖命其子魏王李继岌与郭崇韬讨伐前蜀。郭崇韬临行前，向李存勖推荐孟知祥，称其为平蜀后镇守西川的最佳人选。

（4）

不久，前蜀灭亡，李存勖任命孟知祥为成都尹、剑南西川节度副大使，行使节度使职权。

（5）

孟知祥到洛阳辞行，李存勖设盛宴款待，又对孟知祥道："我听说郭崇韬有异心，你到成都后，给我杀了他。"孟知祥道："郭崇韬是国家有功之臣，不应该杀他。等我到成都后观察一下，如果他没有异心便送他回来。"

（6）

同光四年，孟知祥到达成都，而郭崇韬已被冤杀。不久，李继岌东回洛阳途中，先锋康延孝造反，攻破汉州（今四川广汉）。孟知祥立即派大将李仁罕会合任圜、董璋的部队前去镇压，俘杀康延孝，收降其部将李肇、侯弘实等人。

（7）

同年四月，李存勖在兵变中遇害，李继岌在渭南自杀，李嗣源继位，孟知祥也萌生了据蜀称王的念头。

他训练兵甲，扩大兵力，增设义胜、定远、骁锐、义宁、飞棹等军，命李仁罕、赵廷隐、张业等亲信分别统率。

（8）

起初，李继岌班师回朝时，孟知祥索要的六百万缗犒军钱，还剩有二百万缗。任圜当时在西川任职，对此事非常清楚。后来，任圜担任宰相，任命孟知祥为侍中，要他将剩余的犒军钱送到京师。同时，任圜任命赵季良为三川制置使，监督此事，并控制两川赋税。孟知祥大怒，不肯奉诏，还将有旧交的赵季良扣留在成都。

（9）

枢密使安重诲觉察了孟知祥的割据意图，不顾唐明宗李嗣源已"罢诸道监军"的做法，任命客省使李严为西川监军，意欲加强对西川的控制。李严曾出使前蜀，回朝后又献灭蜀之策，蜀地百姓都很痛恨李严。孟知祥也生气地道："各地藩镇都废除了监军，唯独我们西川仍然设置监军，这是李严想再立灭蜀之功。"孟知祥率领大军到达边境，希望李严能因为害怕而不敢来。李严得知后，神情自若。

（10）

天成二年，李严到达成都，孟知祥设宴款待。席间，李严出示诏书，要求孟知祥诛杀前任监军焦彦宾。孟知祥不听，道："如今各地藩镇都废除了监军，你凭什么到这里来？"命王彦铢将李严斩杀。唐明宗得知后，也无法追究此事，还派人把孟知祥被扣留在凤翔的家属送到成都以示恩德。

（11）

孟知祥任命赵季良为西川节度副使，让他参与决断大小事务。天成三年，朝廷改封赵季良为果州团练使，任命何瓒为西川节度副使。孟知祥却隐匿诏书，上表要求让赵季良留任，未获批准后又派雷廷鲁到洛阳再三论请。唐明宗无奈，只得勉强答应。

（12）

唐明宗讨伐荆南节度使高季兴，命孟知祥出兵三峡予以配合。孟知祥便派毛重威率三千兵马屯戍夔州。不久，高季兴病逝，其子高从诲向后唐称臣。孟知祥便要求撤回夔州守军，被朝廷拒绝。孟知祥暗中指使毛重威鼓动士兵，自动溃散而回。

天成四年，唐明宗要在南郊祭祀，向孟知祥索要一百万缗助礼钱。孟知祥认为这是朝廷要在经济上拖困自己，推辞不肯出钱，后来在无法推辞之下只得出了五十万缗。

(13)

起初，安重诲怀疑孟知祥有反叛之心，便任命自己的亲信分守两川治下各州，并以精兵充当他们的牙军。929 年，安重诲任命夏鲁奇为武信军节度使，又将与东川节度使董璋不和的李仁矩任命为保宁军节度使、表兄武虔裕为绵州刺史。董璋与孟知祥得知之后，非常恐惧，都认为朝廷要出兵讨伐。孟知祥虽与董璋不和，但还是采纳赵季良的意见与董璋结为同盟，共同对抗朝廷，并要求朝廷撤回派遣的节度使和刺史。唐明宗下诏抚慰。

(14)

长兴元年二月，唐明宗在南郊祭天，任命孟知祥为中书令。同年九月，董璋造反，攻破阆州（今四川阆中），擒杀李仁矩。不久，孟知祥也举兵反唐。

(15)

唐明宗得知后，下诏削夺孟知祥的官爵，并命天雄军节度使石敬瑭、武信军节度使夏鲁奇为正副都招讨使出兵讨伐。孟知祥则派李仁罕、张业、赵廷隐等人会合董璋攻打遂州，又派张武出兵三峡攻打渝州。

不久，唐军攻破剑门，董璋遣使求救。孟知祥大惊，派赵廷隐分兵去救。唐军却在剑州停止不进，孟知祥大喜道："假若唐军急速赶赴东川，一定会解遂州之围，那我们的形势就危急了。如今唐军不再进军，我知道怎么办了。"

同年十二月，石敬瑭在剑门被赵廷隐击败。而张武、袁彦超也夺取渝州、黔州。

长兴二年正月，李仁罕攻破遂州，夏鲁奇自杀。孟知祥任命李仁罕为武信军留后，派人拿着夏鲁奇的首级到石敬瑭军中。石敬瑭撤军而回。

(16)

唐军粮草不济，石敬瑭又撤军而回，各地守将大都弃城而逃。唐明宗忧心战事，责问安重诲。不久，安重诲以离间孟知祥、董璋等罪名被杀，唐明宗派使者前去诏谕孟知祥。

（17）

孟知祥得知安重诲被杀，自己在洛阳的家属安然无恙，便欲邀请董璋一起向朝廷谢罪。董璋道："孟公的家属都安然无恙，而我的子孙却被杀了，我有什么要谢罪的？"孟知祥三次遣使劝说，董璋都不肯听从。孟知祥又派观察判官李昊前去，董璋更加怀疑孟知祥出卖自己，在盛怒之下出言侮辱李昊。李昊便劝孟知祥攻打董璋。

（18）

董璋已经先对孟知祥动兵，攻破了汉州。孟知祥率赵廷隐等人出击，与董璋对阵于鸡距桥。孟知祥命东川降将招降董璋，董璋道："事情已经到了这个地步，不能后悔了。"并在士兵的鼓噪之下攻打西川军。

两军刚刚交战，东川偏将张守进便前来投降，孟知祥趁此机会大败董璋。董璋败后，命儿子董光嗣投降孟知祥以保全家族。董光嗣哭道："自古以来哪有杀死父亲来求活路的，我宁愿与您一起死。"于是和董璋一起逃跑。

董璋逃到梓州后被杀，董光嗣自缢而死，孟知祥于是占有东川，但是也没有再向朝廷请罪。

（19）

朝廷得知孟知祥吞并东川后，枢密使范延光对唐明宗道："孟知祥虽然占据两川，但士兵都是东川人，孟知祥害怕他们因思家发动兵变，一定会借取朝廷的势力来威慑他们。陛下如果不屈意招抚，他恐怕也不会自己归顺。"唐明宗道："孟知祥是我的旧友，因为被人离间才到如今这个地步，我为什么要屈意呢？"于是便派孟知祥的外甥李存瑰前去安抚。

（20）

李存瑰返回后，奉上孟知祥的表文，请求授赵季良、李仁罕、赵廷隐、张业、李肇为节度使，并索要刺史以下官职的封授权与蜀王的爵位，同时将福庆长公主已经病死的消息告诉朝廷。唐明宗为福庆长公主发丧，派阁门使刘政恩为宣谕使。孟知祥这才命将领朱滉前去朝见皇帝。

长兴四年二月，唐明宗任命孟知祥为检校太尉兼中书令，行成都尹、剑南东西两川节度，管内观察处置、统押近界诸蛮，兼西山八国云南安抚制置等使、蜀王，任命赵季良五人为节度使。同年十一月，唐明宗驾崩。

（21）

应顺元年，孟知祥在成都即皇帝位，国号蜀，史称后蜀。不久，潞王李从珂与唐闵帝争夺帝位，后唐内乱，山南西道节度使张虔钊、武定军节度使孙汉韶归附后蜀。同年六月，孟知祥在迎接张虔钊等人的酒宴上突然发病。

七月，孟知祥病逝，谥号文武圣德英烈明孝皇帝，庙号高祖。

（22）

孟知祥虽然没有什么传奇，但是看人，看事，看势，超出常人，不需要传奇便能成事，这正是花家军股友需要学习的地方。

司马懿也是这样。

第 8 回
笑着死的书生

只有不怕死的人才配活着。

（1）

任圜是后唐英雄少有的书生。他年轻时，英俊潇洒，能言善辩，得晋王李克用见爱，以侄女嫁他为妻。

（2）

唐末时，昭义节度使李嗣昭喜爱任圜的才艺，聘为观察支使，当时后唐与后梁夹河苦战，后梁军筑夹城以围潞州，水泄不通，李嗣昭全力固守，一年多后，救兵不至，李嗣昭困窘，任圜劝他坚守以待，不可有二心。

（3）

晋王李克用逝世，太子李存勖继位，亲率大军前来解围潞州。

晋军大将周德威大破梁军夹寨，冲至潞州城下，呼李嗣昭开门。

李嗣昭与周德威有旧隙，怀疑有诈，弯弓搭箭，竟欲射死周德威。任圜连忙劝阻，嗣昭道："周德威率兵来势不明，城门尚不可开。"

周德威见城上毫无动静，只见李嗣昭在城垛观望，便问道："我乃大都督周德威前来解潞州之围，二太保因何不开城门？"

李嗣昭在城上问道："你怎么证明你是来解围的？"

周德威言道："少主人已在晋阳承袭王位。"遂令左右士卒有请晋王李存勖。少顷，晋王李存勖与李嗣源等催马来至潞州城下。李嗣昭在城垛上定睛一看，确是李存勖，即命人大开城门，迎接少主。

（4）

公元 921 年，成德节度使王镕死于叛乱，大将张文礼自称节度使，准备投降后梁，李存勖前后派出几位著名的大将讨伐，但都不能取胜，李嗣昭也战死，身为判官的任圜代领其军。

任圜在城下劝降，张文礼登城呼道："城中兵食俱尽，而久抗王师，若泥首自归，惧无以塞责，幸公见哀，指其生路。"

任圜回答："以子先人，固难容贷，然罚不及嗣，子可从轻。其如拒守经年，伤吾大将，一朝困竭，方布款诚，以此计之，子亦难免。然坐而待毙，曷若伏而俟命？"

张处球流涕道："公言是也！"于是遣其子送状乞降。

镇州城破后，张文礼虽死，但人民得以保全，都是任圜的功劳。

（5）

任圜素来与郭崇韬关系很好，但是因为怎么处置部下犯错一事，两人产生矛盾。郭崇韬和魏王李继岌攻蜀国，郭崇韬害怕任圜留在京城在魏王面前说他坏话，就建议魏王把任圜带在军中，任军事参谋。

（6）

郭崇韬因为人际关系不睦被杀，导致后唐大乱。

继而，与宦官关系不佳的降将朱友谦及其副将九族上千口被诛杀，震惊天下。

后唐同光四年二月，魏州太守赵在礼、邢州太守赵太、幽州太守高行周、汉州太守康延孝、博州刺史翟建，五路兵马起兵造反，扬言"杀伶官，诛倡优"。

康延孝是灭后梁、灭后蜀的重要功臣，也是很厉害的一员猛将，是伐蜀的先锋。

（7）

随魏王李继岌回师的任圜，受命击败康延孝。

（8）

魏王李继岌自杀身亡后，参军任圜率两万人马回至洛阳，李嗣源闻之大喜。

（9）

李嗣源称帝后，文官为首是任圜，武官为首是安重诲。

（10）

一次，一位殿前的官员马延，冲撞了安重诲的仪仗，安重诲没有犹豫，就将马延斩于马前。看着一地的血迹，他像没事人似的。有个御史大夫李琪看见了此事，出于御史负责弹劾臣僚的职业精神，知道此事不能不说，但又碍于安重诲的权势地位，想了想还是先告诉了任圜，得到支持，而后在朝堂提出了弹劾。

从此，任圜和安重诲的关系恶化。

（11）

安重海一度希望与任圜改善关系，就找理由到任圜府上去串门。赶巧任圜府上有一歌妓，能歌善舞，长得那也叫俊俏柔美。安重海不缺女人，纯粹是出于讨好，提出要纳这个歌妓为妾。这在社会交往中，也是一种沟通策略：自己做些付出，从此感恩对方；而对方也知晓这个逻辑，顺水推舟，做成一党。不料任圜清高，根本就没瞧得上安重海，一口回绝。他不想跟这个没品的人结为同伙。

安重海彻底死心，于是跟孔循（任圜的另一政敌，贪官）结成一气，处理政事时，有意攻击任圜。

（12）

安重海给李嗣源推荐了一个美女花见羞，李嗣源很是喜爱，文武争斗，武将安重海占得了上风。

（13）

为了退让，天成二年，任圜被罢免了太子少保，于是顺势请求致士，李嗣源也没有挽留，任圜于是便到了磁州，退居养老。

"我都不挡你的路了，你大概也就不折腾了吧。"

（14）

宣武军节度使朱守殷造反，被安重海派兵剿灭。

（15）

与此同时，一个阴狠的毒计在安重海的脑海中产生。他趁机诬陷任圜与朱守殷合谋造反，为了不给任圜任何机会，他又没有请示，假传圣旨毒死了任圜。

（16）

任圜接到假诏书后，笑着一口把毒酒饮进。

（17）

一个正直能干的好官就这样惨败给了坏人，真的与郭崇韬好像。

第 9 回
恨会面之晚

公元 916 年，河东之主李存勖与后梁名将刘鄩大战于清平。李存勖的军阵还没列好，老辣的刘鄩就引兵掩杀过来，打得李存勖措手不及。

眼看兵败如山倒，当此情势危急之时，河东军一员骁将策马而出，带领十几个骑兵冲入后梁军阵之中，"横槊深入，东西驰突，无敢当者"，李存勖由此得以保命，从容撤退。

战后，李存勖大赞此将威猛，亲手喂他吃酥，并拍着他的背说："将门出虎将，此言不差矣。"

由是此将一战成名，享誉军中。此将何者？太原石敬瑭也。

（1）

身为大将之子，又是善骑射，又是读兵法，智勇双全，其部队号为"三讨军"。年轻的石敬瑭很快进入了代州刺史李嗣源的视野。李嗣源对他很是器重，还把爱女嫁给了他。

（2）

公元 919 年，河东军进攻黄河岸边的杨刘，不想战斗时李嗣源中了后梁军的埋伏，仓促撤退。这次又是石敬瑭率部殿后，击破后梁军五百余骑兵，使李嗣源全身而退。

在为李氏征战的岁月里，石敬瑭多次冲锋陷阵，救主于危难之际，史载石敬瑭掩护河东军撤退时，"拔剑辟道……敌人望之，无敢袭者"。

在河东名将周德威战死之后，李嗣源越发受到李存勖的倚重，而石敬瑭身为李嗣源帐下的虎将，其麾下也因此成为河东军数得着的主力部队之一。

（3）

建唐之后，庄宗便派李嗣源率军渡过黄河，偷袭郓州。石敬瑭率领骑兵五十余人跟随李嗣源偷城，郓州梁军浑然不觉。李嗣源、石敬瑭等人从东门突入后，梁唐梁军短兵相接，石敬瑭中刀，继续与梁军巷战，岿然不动直至唐军后援赶到。

唐军渡过黄河，拿下了郓州，梁廷震动。

（4）

灭梁之战，谋臣首功当属郭崇韬，武将首功当属李嗣源。而李嗣源帐下，又以女婿石敬瑭、养子李从珂功劳最大。而石敬瑭为人低调，"不好矜伐"，从不夸耀自己的军功，加之李嗣源受到猜忌，以致在庄宗朝，石敬瑭的地位并不显赫。

（5）

石敬瑭在庄宗朝没有发达，是他的幸运，因为发达起来的那些人，几乎都被庄宗干掉了。

（6）

公元926年，魏博天雄军乱兵发动兵变，欲挟持主帅杨仁晸叛乱，杨不从，乱兵杀之，又逼赵在礼为帅，赵在礼从之。叛军攻入邺城，汴京震动。

（7）

庄宗派人去招抚，然无功而返，朝野上下议论纷纷，皆认为非李嗣源不能胜任。于是庄宗便又派李嗣源前去平叛。然而意想不到的是，当李嗣源率军走到半路时，自己的军队也发生兵变了，众军士纷纷请求李嗣源在河北称帝。

李嗣源大惊，斥责众军士曰："自吾为帅十有余年，何负尔辈！今贼城破在旦夕，乃尔辈立功名、取富贵之时。况尔天子亲军，返效贼耶！"

但叛军毕竟人多，李嗣源只好假意答应，想找机会脱离叛军，自己一人回朝，向庄宗李存勖说明情况。石敬瑭知道这事儿以后，对李嗣源说了一句话，点醒了岳父。石敬瑭说："岂有军变于外，上将独无事者乎？"

李嗣源心想也是，毕竟前面那么多有功之臣，皆因猜忌，或者被杀，或者被贬，或者被逼得造反。如今军变已成，就算自己回去面圣，又有多大可能让皇帝相信自己并无二心呢？

于是在石敬瑭等人的劝说下，李嗣源横了心，反了庄宗李存勖，并命石敬瑭为先锋，率军取汴州，直趋洛阳。

（8）

庄宗死后，李嗣源终登帝位，是为后唐明宗。

（9）

明宗继位后，石敬瑭累次升迁，手握兵权，恩宠富贵无以复加。庄宗还赐他"耀忠匡定保节功臣"的名号。

（10）

明宗死。后唐闵帝李从厚继位。

（11）

公元934年，李从厚的龙椅还没坐热，潞王李从珂就从凤翔举兵叛乱了。李从厚闻讯立即派大军前去镇压。

李从珂兵少，只得困守凤翔，然而最终还是敌不过。危急关头，李从珂登上城头，脱去衣服，露出身上一处处伤疤，对着攻城的唐军将士痛哭道："我年未二十从先帝征伐，出生入死，金疮满身，树立得社稷，军士从我登阵者多矣。今朝廷信任贼臣，残害骨肉，且我有何罪！"

攻城将士听闻此言，心中顿生怜悯之心，其中李从珂原来的部下竟带头倒向李从珂，于是唐军大溃。李从珂也未曾想到，这一哭竟然哭来了天下：凤翔兵锋直逼洛阳，李从厚弃城，北奔河东。

（12）

潞王反叛之时，李从厚急诏石敬瑭自河东南下，兴师助剿。石敬瑭应诏南下，于途中遇到了北奔的李从厚，于是便迎李从厚先入卫州。

李从厚叫石敬瑭到屋内密谈，石的部下刘知远为防万一，就暗地里派勇士石敢前去保护，石敢在袖子里藏了一把铁锤，站在石敬瑭的背后。谈话中，李从厚的随从嫌石敬瑭没有忠心保护李从厚的意思，就抽剑向石敬瑭刺来，石敢掩护着石敬瑭躲进旁边的一个屋子里，用巨木将门挡住，等刘知远闻讯领人闯进去时，石敢已经战死，刘知远于是将李从厚的所有随从全部杀死，将李从厚幽禁在卫州。

（13）

公元934年，李从珂在洛阳继皇帝位，杀闵帝李从厚。

（14）

虽然石敬瑭在关键时刻，站在了自己这一边，但李从珂并不信任他，把他扣留在京师。

石敬瑭心里也很害怕被新君猜忌，他十分想回河东，但连提都不敢提。一连数日惶惶不自安，以致形容枯槁，满脸病态失了人形。

石敬瑭的妻子，即李嗣源的女儿、李从珂的妹妹便向其母曹太后求情。曹太后心疼女儿，便向李从珂开口，请他放石敬瑭回去。李从珂看石敬瑭如此形状，估计他活不了多久了，于是就答应了。石敬瑭这才得以战战兢兢返回自己的河东老巢。

（15）

李从珂放走石敬瑭之后就后悔了，不断派人前去河东打探。石敬瑭在京城来人面前，皆装作一副大限将至的样子瞒天过海。李从珂还是不放心，竟然要将石敬瑭从河东调走，就像当初李从厚想把李从珂从凤翔调走一样。这下石敬瑭心里更加害怕了，不禁联想起上次妻子去京城参加李从珂的宴会，想早些辞席回去，李从珂却说："尔归心甚急，欲与石郎反耶？"

被皇帝猜忌如此，继续下去恐怕将是死路一条，于是石敬瑭决定造反。

（16）

无奈实力有限，于是石敬瑭便派人与契丹联络。此时契丹的国君是辽太祖耶律阿保机的次子，辽太宗耶律德光。

李从珂与石敬瑭反目，正给了契丹机会，而此时的后唐也早已不复当年的战力。于是当耶律德光收到石敬瑭的联络时，便"复书诺之，约以中秋赴义"，动员契丹兵马准备援助石敬瑭。

（17）

李从珂派军兵围太原，想要一鼓作气打败石郎。石敬瑭也丝毫不敢怠慢，亲自登上城头督战。苦守数日后，就在将士疲惫，粮食将尽的危急时刻，契丹的援兵来了。

（18）

太原解围之后，石敬瑭前去契丹军营与耶律德光见面。两人一见面，耶律德光便拉着石敬瑭的手说：

"恨会面之晚。"

于是两人论"父子之义"——石敬瑭对耶律德光称臣，并管耶律德光叫爸爸。这一年石敬瑭，44岁，而耶律德光，34岁。

耶律德光对石敬瑭的殷勤也是积极回应："观尔体貌恢廓，识量深远，真国主也。天命有属，时不可失。欲徇蕃汉群议，册尔为天子。"

听到皇帝爸爸这么说，石敬瑭推辞了几番，但终究还是接受了册命，在晋阳城南立坛登基，国号"晋"，史称后晋，成了被契丹册封的中原皇帝。

（19）

契丹从来不会做亏本的买卖。眼下新朝刚立，境内尚未完全压制，对石敬瑭而言，别说是跟契丹翻脸，哪怕能平复各地叛乱都算是烧高香了。说是感谢皇帝爸爸出兵相助也好，或者说安抚如虎狼般的契丹也罢，提出："愿以雁门以北及幽州之地为寿，仍约岁输帛三十万。"每年岁币三十万送往契丹，而雁门以北及幽州之地，即所谓的"幽云十六州"送给耶律德光"为寿"。

（20）

石敬瑭的部下刘知远救过石敬瑭的命，他认为给予契丹的报酬优厚，管耶律德光叫"爸"不太合适。

他认为："对契丹称臣即可，当儿子则太过分，多送些金帛使辽兵援助而不必以割地相许，割地会造成将来后患无穷啊！"

（21）

但是石敬瑭认为做事要抓主要矛盾，并把主要矛盾要落实才可以，依然坚持了原条件。

（22）

事实证明石敬瑭是正确的。后来石敬瑭的对手也给契丹开出了丰厚的合作条件，但耶律德光对石敬瑭的条件已经满意，以守信为由拒绝了。

（23）

在后晋军和契丹军的联合打击下，李从珂终于抵挡不住，自焚于洛阳。

（24）

石敬瑭称帝。

（25）

石敬瑭借兵胜敌的策略，为后代人多次学习应用。

第 10 回
王铁枪

李存勖曾经说："此人可畏，应该避其锋芒。"

有一天，李存勖领兵进逼潘张寨，由于军队隔着黄河，不能救援，王彦章就抄起铁枪上了船，大声命令船夫解缆绳立即开船，贺瑰拉他也没有拦住。王彦章一人过了河，单独去救援。李存勖听说王彦章来了，领兵就退走了。

（1）

王彦章应募从军时，同时有数百人一同参军，王彦章请求自己做队长，众人都不同意，恨恨地对他说："你王彦章是什么人，刚从山野草莽之中出来，就想跳到我们的上面做队长，你也真是太不自量力了吧！"

王彦章听了，根本没有搭理他们，却径直对当时在场的主将说："我天生的一身雄壮之气，他们确实比不上，所以请求做队长，杀敌立功起更大的作用。看来不给大家开开眼分个胜负，大家就不会心服口服。大凡健儿开口便言生死，但今天没有在两军阵前，我就先给大家看看我脚上的功夫，光脚在有蒺藜的地上走上三五趟，再看看大家有谁也能来试试？"

人们开始以为他在说大话糊弄众人，没想到王彦章真的在铁蒺藜地上走了几趟，脚上一点事儿也没有。众人不禁大惊失色，没有人敢上前效仿，都暗暗佩服不已。

朱温听说之后，视王彦章为神人，因此提拔重用了他。

（2）

乾化五年三月，后梁朝廷决议分魏州为两个镇，为防备当地人叛变，派遣王彦章率领五百骑兵驻守邺城金波亭，预防突发情况。

魏州人果然于该月月底叛变，投降晋国（后唐前身）。王彦章因部队人少南逃走，其家属被晋军俘虏。晋国方面为了招降王彦章，优待他的家属，又派人离间王彦章。王彦章把晋国的使者斩首，断绝往来。

（3）

龙德三年四月初，后唐军队攻占郓州。

后梁朝廷恐慌。

宰相敬翔在后梁末帝前自杀被阻，随后向梁末帝建议起用王彦章。梁末帝采纳其建议，于五月委任王彦章为北面招讨使，取代戴思远，并派段凝作其副手。

王彦章向后梁末帝表示用三天时间即可击败敌军，梁末帝身边的大臣不相信他的保证而发笑。

王彦章认为赵岩等人败坏朝政、令国力削弱，临行前向亲信表示，若得胜回朝，将要处死朝廷内的"奸臣"。赵岩、张汉杰得知后，感到恐惧，与其被王彦章处死，不如被沙陀人（后唐军队）杀死，于是与亲信段凝合谋，设法阻挠王彦章的军事行动获得胜利。

（4）

王彦章离开朝廷，两天后到达滑州，在设宴的同时，暗中派遣六百名斧手及冶铁人员，乘船前往德胜口。王彦章在宴会中途托言更衣离场，率领数千人沿黄河往德胜口。船上士兵烧断铁锁并以斧斩断浮桥，王彦章则率兵攻破南城。这时距离王彦章离朝之日刚好三天。

（5）

李存勖拆掉北城，建造木筏，退守杨刘，沿途与王彦章隔河对战超过一百次。

战事持续约两个月，其间王彦章的军队曾几乎攻陷杨刘，但由于后方的掣肘没有得手。

（6）

段凝向朝廷大臣行贿，又与赵岩、张汉杰等合谋向后梁末帝隐瞒王彦章的战功，又诬陷王彦章饮酒轻敌，因此得到兵权。

（7）

王彦章回到汴梁后，在朝廷上力言自己的战功。赵岩等人指使有关部门弹劾他"不恭"，迫令他回家。

（8）

后唐军队向兖州进攻，后梁末帝再委派王彦章迎战。这时后梁的主力皆随段凝出征，故朝廷把首都汴梁剩下的五百名新经招募的骑兵守御都交给王彦章，另委派张汉杰监军。王彦章率军渡过汶水，计划进攻郓州，于递坊镇被后唐军队袭击。

（9）

唐将夏鲁奇原是朱温的旧将，和王彦章关系很好，等到王彦章兵败时，他听到了王彦章熟悉的声音说："这是王铁枪。"然后乘王彦章不备挥槊刺去，将王彦章刺成重伤，马也跌倒了，王彦章因而被夏鲁奇俘获。

（10）

李存勖见到王彦章，对他说："你经常把我当成小孩子来轻看，今日还服气吗？"看王彦章没有说话，他又问道："我素闻你善于领兵，为何不坚守兖州？中都这个小城没有城垒，怎么能固守呢？"王彦章回答道："大势已去，国家局势不是臣一人的智力所能扭转的。"李存勖听了，有些替王彦章伤心，亲自赐药给他包扎伤口。

李存勖知道王彦章勇武善战，想让他归降，为他效力。于是命人去抚慰王彦章，用话试探他，王彦章说："我出身平民，在本朝屡受提拔重用，而且和你们对峙作战达十五年之久，今天兵败被俘，死也很正常。皇帝（指李存勖）纵然看重我，宽恕我，我又有何面目见人！哪有为臣为将，朝事梁而暮事晋的道理！死也很荣幸了。"李存勖又对李嗣源说："你再去亲自说说他，或许能听。"当时王彦章由于受伤不能走路，李嗣源就到他的床前去见他。王彦章指着李嗣源说："你是不是邈佶烈呀？"邈佶烈就是李嗣源的小名，王彦章原来也看不起李嗣源，就以他的小名称呼，以示轻蔑。其实，王彦章这样也是不让李嗣源说话。

（11）

不久，李存勖命人用轿子抬着王彦章随军而行，到了兴城，王彦章说伤口痛楚难忍，坚请留下，王彦章说："哪有当将领的人，早上替这个国家效力，晚上又为另一个国家做事的？所以请大王给我一刀，我没有怨言，只会感到很荣幸。"

李存勖见已经无法说服他归顺，只好下令将王彦章杀死。王彦章死时六十一岁。

（12）

彦章武人，不知书，常为俚语谓人曰："豹死留皮，人死留名"。

他真的做到了。

（13）

李存勖攻克汴州后，后唐的军事实力大部分都在，但是除敬翔自杀，王彦章不愿意投降被杀外，其他文臣武将全部投降，包括段凝。

（14）

讲王彦章的戏剧很多，例如，《看兵书》《苟家滩》等。

在中国戏曲中，王彦章的脸谱很特别，凡介绍戏曲脸谱时基本上都会提到：他的顶额处为一只全形金蛤蟆（青蛙），传说是因王彦章是蛤蟆所变，水性很好，能在水下待三天三夜。

第 11 回
从古至今，最厉害的女人是谁

从古至今，最厉害的女人是谁？

看完这部分内容，就知道了。

（1）

敬翔爱好读书，特别擅长于文章写作，应用敏捷自如。乾符年间，考进士落第。到黄巢攻陷长安，才东出函谷关。这时朱温刚镇守大梁，有位叫王发的观察支使，是敬翔的同乡，敬翔前往依附于他，王发以故人的礼遇接待，但无从推荐使之显达。

（2）

敬翔久后无计可施，于是在兵营中替人写书信名牒度日，常有名言警句出现，在军中传诵。朱温没读过书，文章喜欢用浅显明白的话，听到敬翔写的文辞，非常喜欢，对王发说："听说你的老乡很有才华，带他来见我。"

（3）

见到敬翔，朱温便问他："《春秋》这部书写的是什么？"

敬翔答道："诸侯打仗的事。"

朱温说："《春秋》能作为我打仗的兵法吗？"

敬翔朗声答道："自古至今的用兵之道，贵在随机应变，出奇谋而制胜。古代的礼俗到现在都没有沿袭下来，变化极大，况且是用兵之道。一味学习《春秋》就是因循守旧，结果只能是徒有虚名而无实效。"

朱温对此大为赞赏，于是让敬翔补任右职，常让他随军。敬翔不喜欢武职，请求补任文官，于是暂任馆驿巡官，让他专管檄文奏章。

（4）

朱温与蔡州贼人相拒连年，城门之外战声相闻，军机要略之事，敬翔经常参与期间。朱温非常高兴，遗憾得到敬翔太晚，所以军机政略，都向他咨询。

（5）

蔡州贼寇平定后，朱温上奏朝廷任敬翔为太子中允，赐穿绯衣。

朱温占领长安后，经常在殿上随侍唐昭宗，唐昭宗希望自己卫兵中有能杀死朱温的人，就假装鞋带散开了，回头看着朱温，朱温跪下给他系鞋带，卫兵中无人敢动，朱温也吓得汗流浃背，从此就很少再进见。

唐昭宗迁到洛阳，在崇勋殿设宴，酒宴进行到一半时，使人召朱温到内殿，将要有所托付。朱温以有病相推辞。唐昭宗说："你不想来，可以让敬翔来。"朱温让敬翔去，自己也假装喝醉酒而去。

唐昭宗想拉拢敬翔无果。

（6）

天祐三年十月，朱温击败赵匡凝，攻取荆、襄，再攻淮南。敬翔竭力谏阻，认为刚刚得胜的军队，应该行动慎重以保持军威。朱温不听，军队行到光州，遇到大雨，几乎无法前进，进攻寿州，未能取胜，兵士逃亡损失很多，朱温这才很后悔没有听敬翔的话。

（7）

敬翔的妻子刘氏。她的父亲原是蓝田令，在黄巢起义中，被黄巢的属将尚让所得，成了他的妻子。黄巢败亡后，尚让带她投降了时溥，尚让被杀后，曾一度沦为烟花女子，后又为时溥所得，等待时溥死后，又为朱温所得，极受宠爱，被人称为"国夫人"，当时敬翔刚刚丧妻，朱温为表示对他的宠信，就将刘氏赐给他为妻。

但刘氏仍然公开地出入朱温宫内寝殿，让敬翔很是难堪。起初，敬翔有些不满，刘氏不服气地顶嘴："尚让是黄巢的宰相，时溥也是国家的忠臣，论你的门第，真是太羞辱我了。今天你就休了我，让我走算啦！"

敬翔恐怕她再到朱温那里说三道四，只好忍辱向她道歉，刘氏认为有朱温撑腰，从此更加骄横，乘车穿衣骄奢无度，连她的侍女也是珠宝玉饰。

刘氏的地位显赫不亚于敬翔，因此权贵们争相攀附，以图私利。

敬翔谋略过人，能辅佐朱温成就霸业，但无力管住骄横的妻子。宰相肚里能撑船，有时这也是一种无奈的做法。

（8）

敬翔自从进入仕途东下以后，遭逢霸王之主，胸怀志向深远，有经国济世之略，从中和年间开始，到朱温称帝，其间三十多年，随从征伐，出入帷幄之中，众务集于一身，常通宵达旦不眠，只在马上稍得休息。每有补益之言，也不曾公开进谏，朱温在举止行为间对某事稍有怀疑，敬翔就察知其意，必改而行之，所以辅佐朱温的方法，别人都不得而知。到朱温病情加重，召敬翔到御床前接受托顾之命，并且深以李存勖未平为憾，敬翔呜咽不忍，受命而退。

（9）

朱友贞即位后，赵、张一类人都处于权位要职，敬翔不得志。

到刘鄩丢失河朔，安彦之丧失杨刘，敬翔上奏说："国家连年派兵出征，而国土一天天减削，不仅仅是因为兵骄将怯，朝廷的筹划安排也有不当，陛下处于深宫之中，与陛下筹划大事的都是身旁近臣，哪里能预料决战外敌的胜败呢？先皇在世时，河朔一半在手中，先皇亲领猛虎般的臣子和骁勇的战将出征，尚且不能对敌人随意而为，现在敌人兵马已到郓州，陛下不留意于此，这是我不能理解的第一点。我听说李亚子从居丧而统兵征战，到现在已有十年，每次攻城对阵，无不亲自冒着弓矢炮石，前日听说进攻杨刘时，李亚子率先背负柴草渡河，一鼓登上城墙。陛下温文儒雅，未曾像这样，派贺瑰之类与敌人相抗争，而指望驱除敌寇，这是我不能理解的第二点。陛下应当向着老旧臣征询计策，另外筹划长远的计策，否则忧患就没有停止的时日。我虽然鲁钝懦怯，然而深受国恩，陛下如果确实缺乏人才，请让我到边疆试用效力。"

（10）

朱友贞虽然心知敬翔内心诚恳隐恻，但终因赵、张之谄言，说敬翔心怀怨恨，而不听他的。

（11）

晋军长驱邻近汴州，朱友贞紧急召见敬翔，对他说："朕平常忽略了您的上奏，果有今日之患。事情紧急了，请不要记恨，您将让我怎么办？"敬翔哭着奏言说："臣受国家恩惠，将近三十年，从低微到显赫，都是先朝的恩遇，虽名为宰相，实际上是朱家的老奴而已。服侍陛下就如郎君，凭臣的良心，哪敢有所隐瞒！陛下当初任用段凝为将领，臣已极力进言劝谏，而小人结帮袒护，以致有今天。晋军即将来临，如果请陛下出奔狄地避祸，陛下必不听从；如果请陛下出奇计对付敌人，陛下必定没有果断决策。纵使张良、陈平再生，也难以转祸为福，请让我先死，我不忍心眼见国家宗庙陨坠。"说罢，君臣相向痛哭。

(12)

龙德三年，李存勖攻陷大梁，下诏令赦免梁朝大臣，李振对敬翔说："诏令赦免我们，准备朝见新君吧。"敬翔说："新君如果问我们话，怎么回答？"

天将亮，身边人报告说："崇政李太保已入朝拜见新君了。"敬翔回室中叹息说："李振枉自为一男子汉啊！朱家与晋人是仇敌，我等当初为朱家出谋划策，而使君王失去威仪名声，现在少主在建国门伏剑而死，即使新朝赦免我们的罪过，我又有何面目再进建国门啊。"

于是上吊自杀而死。几天后，他的家人全被诛杀。

第 12 回
有梦想还有逆袭

乱世，是人性被毁灭得最彻底、暴露得最充分的时代，这让我们有机会在历史的尘埃与时光的灰烬中去发现某些特别的东西。

(1)

唐宣宗大中六年十二月二十一日夜、朱温出生在宋州砀山县午沟里。他的父亲和祖父是学者和教师，长兄朱全昱，二兄朱存，朱温排行三。由于父亲早死，家贫，其母王氏就带着他们兄弟佣食于萧县刘崇家。朱温长大成人后，不从事生产，以豪雄英勇自许，乡里人多数对他很反感，刘崇同样不喜欢他，只有刘崇的母亲善待他。

(2)

有一次，朱温跟随二哥朱存出去打猎。在宋州郊外遇到了到龙元寺进香还愿的富家少女张惠。张惠是宋州刺史张蕤的千金，其样貌、气质无不让人有一种窒息的感觉。朱温为张氏的美貌深深吸引，不顾自己正在吃糠咽菜的现实，慨然对二哥说："我终于明白了为什么汉光武帝说'仕宦当作执金吾，娶妻当如阴丽华'了，我想当年的阴丽华也不过如此，说不定我也能像光武帝那样，把张美眉娶回来！"

（3）

有了理想和目标，下面就要看行动了。朱温加入了黄巢领导的暴乱贼军。二哥朱存也一起参加了暴乱军，朱存战死后，朱温因功受到黄巢的重用。对张惠念念不忘的朱温则怂恿黄巢攻打宋州，但是宋州军民坚守城池，死战不退，致使黄巢军无功而返。

（4）

虽然未能如愿拿下宋州城，但为理想而战的朱温表现得异常英勇，让黄巢对他的印象分上升。中和二年正月，黄巢任命朱温为同州军政长官（防御史），可当时的同州还在唐军的手里，朱温二话不说就带人从唐军手中夺取了同州。

（5）

有缘千里来相会，黄巢这次心血来潮的任命却成就了一段好姻缘。朱温在同州城里竟然意外见到他朝思暮想的张惠。此时的张惠和朱温完全掉了个个，由于时局动荡，战火不断，张惠的父母已经离世，她已经沦落为难民，流浪到了同州，朱温认出后欣喜若狂。可张惠根本不认识朱温，只是当她得知朱温是自己的同乡，并且在早年就对自己痴迷不已，以致至今还没讨老婆的时候，也是大为感动。

（6）

梦想成真的朱温为了表示隆重，不惜派人千辛万苦地寻找张惠的族叔，按照三媒六聘、择吉成亲等一套程序走了一遍，才把张惠迎娶过来。可见其对这门亲事是何等的看重。

张惠出身名门，父亲是省部级高干，她分析起政事来，头头是道，且料事如神，因此，不但内事做主，外事包括作战也常让朱温心服口服。朱温凡遇大事不能决断时就向妻子询问，而张惠所分析预料的又常常切中要害，让朱温茅塞顿开。因此，对张惠愈加敬畏钦佩。

（7）

朱温投降唐朝后，唐朝政府为他改名为朱全忠。

黄巢兵败，唐僖宗从四川回到了长安，封朱温为检校司徒、同平章事，封沛郡侯。他那吃了半辈子苦的老母亲也被封为晋国太夫人。这一年，朱温三十二岁。

（8）

张惠知朱温叛唐自立的心意已决，临终前劝他道："既然你有这种建霸业的大志，我也没法阻止你了。但是上台容易下台难，你还是应该三思而后行。如果真能登基实现大志，我最后还有一言，请你记下。"朱温忙说："有什么尽管说，我一定听从。"张惠缓缓说道："你英武超群，别的事我都放心，但有时冤杀部下、贪恋酒色让人时常担心。所以'戒杀远色'这四个字，千万要记住！如果你答应，那我也就放心去了。"

（9）

但是，张惠死后，朱温把夫人临终前的"戒杀远色"四字遗言记反了，开始放纵声色。

（10）

朱温治军严酷，立了一条军法，凡是交战时，如果一队的队长战死了，这一队的士兵回来后便全部处斩，称之为"跋队斩"，所以他的士兵打仗除了取胜这个主业外，还有一个副业就是要保护好领导，万一领导有个闪失，自己的项上人头就得搬家咯。这个军法造成的后果是将官一死，兵士们也就纷纷逃亡，不敢归队，这不就大大降低了军队的数量了吗？别焦急，朱温自有办法，为了防止士兵逃亡，他又首创了在士兵的脸上刺字的方法，即使士兵侥幸逃走了，一旦被关津渡口抓获送回，也是必死无疑。

(11)

有一年的六月，朱温与众多部下及当地游客在大柳树下乘凉。朱温望了望柳树枝，喃喃自语说："这柳树正好可以做车毂。"部下还没来得及回应，只见几个书生游客顺口应道："是啊，正好做车毂。"没想到朱温陡然变了脸色，大骂道："书生们只知道卖弄嘴皮耍人，什么东西！车毂要用榆树做才耐用，柳木中看不中用！"然后冲着左右卫兵们喊道："还等什么？"数十名卫兵持刀冲上前去，将答话的几个书生全部砍杀。

(12)

公元895年，朱温在兖州附近作战，俘获敌军三千，这天下午，突起狂风，沙尘大作，朱温说："这是杀人还不够！"于是下令把俘虏全杀光。

(13)

朱温觐见唐昭帝时，感觉皇帝身边这些人可能对自己构成威胁，决定把他们彻底根除。昭宗东迁洛阳，来到谷水，朱温让医官许昭远以可能要发生政变为由，把皇帝身边的人，大约二百人，都骗到另一间屋里，把他们全杀了。然后选了二百和那些被杀的体貌特征相似的人，穿上被杀的人的衣服，回到昭宗身边，过了很久，昭宗才发现。

(14)

朱温灭唐称帝。

(15)

朱温决定派丁申衢到陈州去做州长，丁申衢非常高兴，给朱温送去了鞍马、金帛作为谢恩礼物，朱温感觉他这样的人到了地方，一定会盘剥老百姓，就把他的礼品退回去了，收回了任命。

(16)

宋州节度使、衡王朱友谅进瑞麦，一茎三穗。太祖朱温说道："丰年为上瑞,现在宋州发大水,咋有瑞!"派人去把发现瑞麦的那个县的县令撤职,对朱友谅进行了问责。

(17)

朱温发兵大举进攻淮河以南的吴国,虽然没有取得决定性的军事胜利,但却从吴国抢来了数十万头牛,这是农耕时代的大宝贝。

朱温把这些耕牛全部送给了老百姓,让他们安心种地。朱温从这些牛身上获得的,只不过是一些低廉的牛租。

而梁朝灭亡后,后唐、后晋、后汉照样收这些牛的牛租,虽然这些牛早已经死了!

(18)

朱温长子郴王朱友裕早死,因此从建国称帝以来,朱温始终未立太子。此时他明白自己命不久矣,而其他几个亲子又不堪重用,仅养子博王朱友文尚可成气,因而决定传位于他。

(19)

朱友文驻守在东都开封,朱温于是将传国玉玺交给其妻王氏,让她去召回朱友文,事情被郢王朱友珪的妻子张氏探知,告于朱友珪,两个儿媳都是朱温的情妇。

朱友珪这时是控鹤都指挥使,控鹤都负责皇宫的警卫工作。朱温看出朱友珪有野心,又下诏即将朱友珪调任为莱州刺史,朱友珪知道这是为了传位给朱友文做的准备,如若自己起身赴命,那么从此就与皇帝宝座无缘,而且当时大多被贬到地方的人,紧接着就追命赐死,恐有杀身之祸,朱友文更不能自安。

(20)

乾化二年六月二十二日,朱友珪穿上庶装,装扮成庶人进入左龙虎军,把情况向统军韩勍说明,韩勍是朱友珪的老部下,恐发生变故因此受到波及不能自保,于是与朱友珪一拍即合,决定协助他弑父篡位。韩勍带领着自己信任的亲兵五百人，换上控鹤军士的服装，跟随朱友珪混入皇宫中隐蔽起来，至半夜启动，砍断万春门的门闩涌入朱温所在的寝殿，此时宫人因恐惧而呼号奔走地逃逸了。朱温从床上惊醒坐起，问："造反的人是谁？"朱友珪走入回答："不是别人，是我！"朱温对着朱友珪说："我早怀疑你这个贼人，愤恨没有杀之。你如此悖逆，杀父篡位，老天爷会放过你吗？"朱友珪指示自己的马夫冯廷谔说："将老贼沙龙？"冯廷谔提刀追砍，朱温奋起，绕着大殿内的柱子躲避，其间冯廷谔挥刀三次都劈到了大柱子上，最后朱温力乏，倒于床榻，冯廷谔找准机会向朱温的腹部刺了一刀，刀刃从后背穿透出来，朱温随即毙命。

第 13 回
上源驿

中和四年，李克用率"鸦儿军"大败黄巢的"浪荡军"。

黄巢与其外甥林言逃跑至泰山狼虎谷的襄王村。这时，林言见大势已去，于是便乘机杀了黄巢。林言持黄巢等人首级欲向唐将时溥献功，在路上却遇到沙陀博野军，他们杀了林言，将林言及黄巢等人首级一并献于时溥。

（1）

李克用十三岁时，见两只野鸭在空中飞翔，于是发一箭而射中两只野鸭，在场的人没有不叹服他的箭术的。

年少骁勇，军队中称他为"李鸦儿"。李克用十五岁时，李国昌讨伐庞勋。他从军出征，冲锋陷阵均在众将领之前。军中视他为"飞虎子"。

（2）

李克用打败黄巢后，路过汴州，在封禅寺休军整顿，朱温在上源驿宴请李克用。

（3）

李克用醉酒出言不逊，惹怒了曾经参加过贼军后受朝廷招安的朱温。晚上，酒席散后，李克用已酒醉睡着。朱温埋伏的士兵出来，放火烧房，仆人郭景铢熄灭蜡烛，将李克用藏在床下，用水泼醒李克用。幸好天降大雨把火灭了，李克用与随从薛铁山、贺回鹘等，借着闪电的光亮，从尉氏门用绳索坠城逃出，回到自己的部队。

（4）

至此，李克用与朱温成为世仇。一场龙争虎斗从此展开。

（5）

公元 884 年 7 月，李克用来到太原，将此事上告唐僖宗，请求出兵汴州，并派其弟李克修领兵一万人驻扎在河中地区待命。唐僖宗劝和才平息了这事。同时，因为击破黄巢的功劳，唐廷封李克用为"陇西郡王"。

（6）

唐朝末年，各节度使割据地方，不听从朝廷调遣，互相攻伐。
李克用军横行河东，成为地方军阀中战斗力最强的一支。

（7）

李克用占据河东，声威大振后，盘踞淮南的另一个军阀杨行密很想见见李克用是什么模样。于是杨行密找了一个画家，假扮商人到河东伺机偷画李克用面貌。不料画家到了河东，被河东军士抓住。

李克用对左右说："我少了一只眼睛，招来试着让他画画，看他要怎么画我。"

画家一到，李克用按着膝盖大怒道："淮南派你来画我，想必你是画家中高手的，如果今天画我画得不好，那么这里就是你的死地！"画家磕拜了李克用开始画。当时正值盛夏，李克用手拿八角扇，画家因此画时让扇角正好遮住了李克用失明的眼睛。李克用看了说："你这是向我谄媚。"于是让其重画，画家应声下笔，就画李克用弯弓射箭，一只眼睛眯了起来，好像就在瞄准目标，克用大喜，于是重赏画家银两，并送之回淮南。

（8）

军阀李茂贞起兵攻打长安。

唐昭宗招李克用勤王打败李茂贞，李克用本想彻底击败李茂贞。昭宗为了均衡各派军阀实力，慰劳李克用，让他和李茂贞和解，授予李克用"忠正平难功臣"称号，封为晋王。

这时，晋军在渭北遇雨六十天，有人劝李克用进长安，李克用没有下决定。都押衙盖寓说："自皇帝从石门回来，都不敢好好入睡，如果我们的军队渡过渭河，皇帝更会惶恐不安？这时我们来勤王，为什么要进长安呢？"李克用笑道："盖寓都不信我，何况天下其他人呢！"于是收兵回去。

（9）

乾宁三年正月，唐昭宗准备任命张浚为宰相，李克用认为张浚是朱温的哥们儿。于是上表说："如陛下早上任命张浚为宰相，那么我晚上就带兵到朝廷来！"

长安人心惶惶，唐昭宗终止了张浚的任命。

朱温攻打李克用。双方各有输赢，李克用勇猛，朱温人多狡猾，总之朱温占据了上风。

朱温在收服河北三藩后对李克用两次用兵，兵锋直达太原城下！史称：汴军营于晋祠，仰攻太原，李克用"不遑饮食"，亲自抵御，在最危急的时候曾经考虑过弃城奔塞外，终因汴军粮道补给困难，士卒疥痢，最后撤退。

（10）

李克用为了自保，与契丹首领耶律阿保机在云中结为兄弟。与燕王刘仁恭结盟。

但是，契丹、燕王都为了自己的利益，攻打过李克用。

(11)

李克用临终时，将三支箭交给李存勖，说道："第一支箭要你讨伐刘仁恭，你不先攻下幽州，黄河以南就不能拿下；第二支箭要你打败契丹，耶律阿保机与我握手结盟，结为兄弟，曾发誓说一起光复大唐江山，现在却背信弃义依附贼党，你必须要讨伐他；第三支箭要消灭朱温。你能完成我这三个愿望，我死而无憾了。"

李存勖把三支箭供奉在宗庙里。到了讨伐刘仁恭时，李存勖命礼官以少牢祭于宗庙，请出第一支箭，让贴身将领背着作为前锋。胜利归来之日，带着俘虏将箭送回宗庙。

后来，李存勖伐契丹、灭朱氏（后梁）也是如此。

【智慧照亮人生】

（1）保有余力，时刻优雅。

（2）第二名就意味着你是头号输家！

（3）在军队里打仗的士兵所需的勇气连拦路打劫的强盗的一半都不到。

（4）人的本能是追逐从他身边飞走的东西，却逃避追逐他的东西。

（5）彩票是一种"低智商税"，熊市中的股票也是。

（6）如果不是为了让我们深更半夜起来摸索有什么可吃的，冰箱里干吗装个灯？

（7）见得多了，经历得多了，自然就学会了什么时候该硬气，什么时候该服软。

（8）所谓纯洁的男女之间的友谊无非两种情况，女生够爷们儿男生很娘们儿。

（9）看得见的是手相，看不见的是手段。

（10）人性的丑陋，在于我们总希望别人能尊重自己，而自己却不去尊重别人……

第三部分
外面的世界很精彩

关键语：
如果你想要你从未拥有过的东西，那么你必须去做你从未做过的事。

第1回
我们将战斗到底

曾经有股友问笔者：你认为最适合股民看的电影是哪一部？

笔者回答说：是《敦刻尔克大撤退》。

他有点惊讶：为什么？

笔者说：因为许多股民只会进攻不会撤退，而三十六计中，走为上计。

（1）

1939 年 9 月 1 日凌晨，德国军队对波兰发动了进攻，第二次世界大战全面爆发。

9 月 3 日，英国和法国因为利益对德国宣战。

9 月 27 日，德国占领华沙，波兰完全沦陷。

（2）

英法联军进入马其诺防线，部署了 D 计划。

（3）

1940年2月24日，德国陆军司令部下达了进攻西欧的作战命令，行动代号"镰刀切割"。

（4）

其时，两军人数均在300万左右，坦克、飞机、火炮互有胜负，总体来讲势均力敌。

（5）

1940年5月10日凌晨4时25分，希特勒的秘密专列行驶到位于法德边境的战地司令部，也就是著名的"鹰巢"。5时35分，希特勒站在鹰巢的掩体外，听到隆隆炮声和巨大的飞机轰鸣声。

西线战争爆发。

（6）

1940年5月13日，荷兰王室和政府大臣乘坐驱逐舰逃往英国，在那里组织流亡政府。

15日，荷兰武装部队司令温克尔曼签署了投降书。

17日，比利时首都布鲁塞尔陷落。

27日，比利时国王利奥波德走投无路，宣布无条件投降。

仅有30万人口的卢森堡，开战当天即望风而降。

（7）

低地三国之战打响的同时，德国A集团军群急不可耐地扑向阿登森林。

阿登森林被法国军方视为"不可通过"的地域。

1940年5月11日德军先头部队即突破防御，出现在了法国境内。

12日下午古德里安的第19装甲军攻陷了法国重镇色当，威胁法军的最后的防线默兹河。

13日11时，400架德国轰炸机对默兹河南岸的法军炮兵阵地、防御工事进行了长达五小时的猛烈轰炸。

14 日，古德里安第 19 装甲军的三个装甲师全部渡过了默兹河。

英法联军已无险可守。

（8）

1940 年 5 月 15 日，夏尔·戴高乐受命接手正在组建的第 4 预备装甲师。当机立断下令仅有的三个坦克营马上投入反攻，将德军的辎重部队杀了个七零八落，杀伤德军数百人，俘虏 130 人。

半个月后他被雷诺总理提拔为国防部次长。

（9）

1940 年 5 月 10 日，开战前两天，英国张伯伦政府垮台。

1940 年 5 月 13 日，丘吉尔发表了就职演说，"胜利，不惜一切代价去争取胜利"。

（10）

1940 年 5 月 15 日，法国雷诺总理给丘吉尔打电话，一记迎头棒喝："我们输了。"

16 日，丘吉尔飞抵巴黎。他问法国人：战略预备队在哪里？法军总司令甘末林一摊手"一个都没有"。丘吉尔紧急和国内协调，决定再派遣 10 个飞行大队到法国参战。

（11）

1940 年 5 月 18 日，法国雷诺总理改组政府，任命 83 岁的一战元老贝当元帅为政府副总理。

19 日，又任命 73 岁的魏刚上将接替甘末林任陆军总司令。

法军因为权力交接，指挥陷入混乱。

（12）

1940 年 5 月 20 日，向西猛攻的德军攻占了亚眠和阿布维尔，包围圈的口袋已经扎上，留给联军的时间不多了。

（13）

1940 年 5 月 21 日，英军发起了反击，被德军隆美尔第 7 装甲师击退。23 日，英国人下定决心准备要战略撤退了。

（14）

1940 年 5 月 22 日，古德里安第 19 装甲军分两路进攻英吉利海峡沿岸港口。

此时，英军的撤退港口只有布洛涅港口、敦刻尔克港口，而德军已经开始进攻前者。

（15）

布洛涅、加来、里尔等地守军的英勇抵抗，为联军在敦刻尔克区域的撤退赢得了宝贵时间。经过前面的战斗，近 40 万英法联军彻底被压缩在敦刻尔克及周边区域里，命悬一线。

（16）

1940 年 5 月 24 日，希特勒来到 A 集团军群司令部，下达"停止前进"的命令。

接到命令的前线指挥官们尤其是古德里安等人怒不可遏，但也毫无办法。

这道命令三天后才得以解除，不过正是这宝贵的三天时间，让联军获得喘息之机。

（17）

在第二次世界大战爆发前后的一系列行动中，希特勒手段老辣、杀伐果断，博取了巨额收益。但当这个癫狂的赌徒站在敦刻尔克这张赌桌前，突然好似鸿门宴之项羽附体。

（18）

对于从敦刻尔克撤退，早在 1940 年 5 月 19 日戈特将军提出海上撤退要求时就开始策划，皇家海军中将拉姆齐受命指挥这次行动。他的指挥部位于英国多佛尔城堡中，这次行动的代号"发电机"。

刚开始英军打算从海峡沿岸的布洛涅、加来、敦刻尔克等地同时撤离，但布洛涅、加来情况恶化，最终撤离点只剩下敦刻尔克。

5 月 26 日，晚上 6 点 57 分，英国海军部下令实施"发电机"行动。

（19）

1940 年 5 月 26 日，英国从港口撤退 3000 多人，这个数字让人沮丧。

5 月 27 日，英国第一海务大臣的参谋坦南特海军上校被派往敦刻尔克，负责现场的指挥工作。这一任命后来被证明是无比正确的——坦南特过人的组织能力在后面的撤退中发挥了极为重要的作用。

夜晚坏消息传来，比利时人投降，这意味着北面比军承担的防御任务必须压到英法部队身上。

27 日结束时，英军撤走 7669 人。

5 月 28 日，坦南特蹦出个天才的想法——利用港口出口的防波堤进行登船。这天，破天荒地撤走接近 2 万人！

5 月 29 日，德国空、海军的攻击很猛烈，3 艘英国驱逐舰被击沉，不过这天的成绩也很辉煌，共撤走 47310 人。

5 月 30 日，这一天在敦刻尔克又诞生出一个天才的想法。英军的工兵先是将卡车投入海中，然后在卡车顶部铺设木板，由此形成一条简易栈桥。这种方法虽然不能停靠大型船只，但是非常适合士兵搭乘小艇再摆渡至大型船上。破纪录地从敦刻尔克撤走 53823 人。

5 月 31 日，撤退行动迎来艰难的一天。德军可能觉察到英军的撤退行动规模超出预期，于是陆军和空军都加强对敦刻尔克的进攻。这一天，大量法军也加入到撤退的行列。31 日共撤出 68014 人，其中法军 15000 人。

6 月 1 日，天空开始放晴，德军发动了撤退行动以来最猛烈的空袭，160 架次大型轰炸和 325 架次斯图卡轰炸机将海滩炸了个底朝天。进逼到敦刻尔克城外的炮兵也开始轰击港内的船队。全天撤走 64429 人，其中法军占半数。

但这天指挥部下达了一个残忍但无奈的决定：由于担架会过度占据船上空间，1200 名重伤员以及 132 名抽签决定的医护人员被留在港口不得撤退，等待他们的将是被俘的命运。

6 月 2 日，经过一周紧张的撤退，大约有 25 万人逃离敦刻尔克。此时包围圈中的英军只剩下不到一万人，这意味着"发电机"行动已经步入尾声。

外围阵地的法军这几天打得非常顽强，甚至还发动了几次反攻。事实证明，法军还是有极强的战斗力，只是无能的领导层把他们葬送在德军的战车下。2 日全天撤出了 26256 人。

6 月 3 日，至此英国远征军的撤离已基本完成，但是出于政治道义，丘吉尔命令海军继续加紧帮助法军撤退。此时港外隆隆的炮声宣告着德军即将攻入，截至 4 日凌晨，有 26746 名法军被撤出。

（20）

6 月 4 日，凌晨时分德军已经攻占敦刻尔克近郊，守军司令部开始焚烧密码本并陆续上船撤走。所有人都知道这是最后的机会了，从敦刻尔克城中废墟中躲藏的一些散兵游勇蜂拥冲向海滩，而一些从外围战斗中撤下来的英勇后卫部队却被挤得无法登船。

"当吕卡将军准备离去时，一千名法国士兵在 4 英尺深的水里立正。很明显，他们将被丢下来——不再有逃离的机会——然而没有一个人离队……吕卡和他的参谋人员走到码头边上，转过身来，咔嚓一声立正，向士兵们敬最后的军礼。"这天共撤走 26175 人 1

（21）

6 月 4 日上午 9 点 30 分，德军先头部队攻入港口。下午 2 点 43 分，英国海军部正式宣布"发电机"行动结束。

（22）

在敦刻尔克撤退的十天里，总计撤回 338226 名联军官兵，其中法军约 122000 人。

(23)

20余万最精锐的远征军成功撤回还是极大鼓舞了英国人的士气。1940年6月4日，丘吉尔在英国下议院报告撤退情况后，发表了一次著名的演讲，"我们将战斗到底"。

(24)

敦刻尔克撤退4年后，也就是1944年6月6日，盟军发起登陆诺曼底的"霸王行动"。而其中担任海军司令的也正是拉姆齐将军，那时的他该有多么的扬眉吐气啊。

(25)

"辛苦了，干得好！"
"我们啥都没干，只是逃亡而已。"
"那就足够了。"

(26)

股民朋友们，下次你被百万熊师、空军围歼时。
你会展开你的敦刻尔克撤退吗？

第2回
82：0

1982年，是地球的多事之年。

4~5月，两伊战争进入紧张阶段，英国和阿根廷也在南大西洋的马岛发生战争。

6月3日，以色列驻英国大使阿戈夫在伦敦公园路被人枪击，头部中弹的大使虽然大难不死，但却终身残疾，变成了植物人。

6月6日，震怒的以色列发动代号为"加利利和平"的大规模军事行动，第 5 次中东战争拉开战幕。

以色列国防军出动 15 个旅，近 10 万人的大军。他们协同 1500 辆坦克，兵分三路北上。在以色列空军 1220 架次的高密度空袭掩护下，仅用了 3 天就攻入了黎巴嫩首都贝鲁特郊区，并威胁到了贝鲁特至大马士革的公路。

（1）

贝卡谷地位于黎巴嫩东部靠近叙利亚的边境地区。这里土地肥沃，气候温和，是黎巴嫩最大的农业区。

叙利亚是黎巴嫩的盟国，叙利亚在贝卡谷地部署有萨姆-6 导弹阵地。

6 月 8 日，叙军又向贝卡谷地紧急增派了 5 个 SA-6 导弹连，共计部署 19 个连。

提起苏制的萨姆-6 防空导弹，就不能不使人想起 20 世纪 70 年代爆发的第 4 次中东战争。在这场战争中，萨姆-6 导弹给以色列战机造成了很大麻烦，名扬世界。

以色列对贝卡谷地虎视眈眈，叙利亚人早有预感。叙军官兵明白，或迟或早，贝卡谷地总要爆发一场恶战。

（2）

6 月 9 日中午，贝卡谷地天气很好，一辆辆载着导弹的履带车静静地伏卧着，在阳光下闪闪发亮的萨姆-6 导弹死死地盯着天空，悄然而又威严地对着以色列飞机可能来袭的方向。

同一时刻，以色列埃其翁空军基地。一架架飞机整齐地排列在跑道上。座舱内，驾驶员早已就位，做好随时起飞的准备。

下午 2 时 14 分，战斗警报声骤然响彻整个基地。随着指挥部一声令下，F-15 和 F-16 战机一架接一架呼啸着飞上天空。它们的任务是担任空中掩护。

随后，F-4 和 A-4 飞机载着沉重的激光制导炸弹，也慢慢腾腾地飞上了天。它们的任务是实施低空轰炸。

不一会儿，贝卡谷地拉响了凄厉的紧急战斗警报。叙军指挥官和士兵飞快地到达自己的战斗岗位，密切注视着天空。

（3）

然而，这一次以色列人是有备而来。

叙利亚人雷达上的目标实际上是以色列放出来当诱饵的"达利拉妖精"无人驾驶飞机，目的是引诱叙利亚发射导弹。

萨姆-6 导弹相继发射，山谷里红光闪闪。以色列无人飞机接二连三地被击中、坠地。

（4）

正当叙军为自己击落无人机的战果而欢呼的时候，26 架携带 AGM-45 "百舌鸟"反辐射导弹、AGM-65"小牛"空对地导弹以及精确制导炸弹的 F-4E/G"鬼怪"战斗机，飞临战场上空。"百舌鸟"装备了目标记忆系统，即使叙军雷达关机也依然能根据之前捕捉到的方位进行跟踪。在它们的无情攻击下，叙军 19 部雷达被全部被击毁，整个防空网络在短短几分钟之内就宣告瘫痪。

（5）

在导弹阵地遇袭的 20 分钟后，叙利亚空军的第一波战斗机起飞。但他们所仰仗的导航雷达却遭到以军波音 707E 电子战飞机的电磁干扰，因此刚进入战区就全部通信中断。而以军却能在 E-2"鹰眼"预警机的引导下从容不迫地占据有利战位，以逸待劳。

最先接战的是第 133 中队的摩西梅尔尼克率领的 4 架 F-15I。他们在掩护攻击编队时遭遇了起飞拦截的米格-23 与米格-21 编队。梅尔尼克用一次过载高达 8G 的左旋机动，占据了一架米格-23 的侧后方位置。随后用 1 枚"怪蛇"3 和 1 枚 AIM-7F"麻雀"空对空导弹将之击落。接着，他又击落了另外一架米格-21。他的 3 号僚机巴鲁奇格兰诺特也击落了 1 架敌机。最神勇的当属 4 号机的莫尔，他一直迫近到最后 1 架米格-21 的近距离，才用机炮解决了这个对手。

（6）

6月2日15点44分，以军第二攻击波升空。92架F-15A、F-16A、A-4E与F-4E进入贝卡谷地开始扫荡叙军残余的防空导弹。而叙军也出动了至少62架米格-21MF/23MS迎击。

电子信息技术的差距显示了出来。

在这一整天的空战中，米格-23MF的雷达只有7次捕捉到敌军信号，米格-21干脆一次都没有，他们的雷达屏幕往往是一片空白。大多数情况下，叙军飞行员用肉眼发现敌军甚至都比雷达来得快。

以军一边，早已用先进的装备与精湛的技艺写好了胜利的方程式。强大的E-2预警机与地面C3I情报中心，提供了近乎无死角的远程监控。叙军战机刚刚起飞就会被以军发现，而以军却能在预警机引导下，以4机编队进入狭窄的战场，伏击敌军。几乎每次伏击都能取得2~3架的战果。

即使有的叙军飞行员能够侥幸用肉眼发现敌军并进入格斗战，迎接他们的也只是以军的无情碾压。F-15I的爬升率高达243米/秒，瞬时盘旋角度达到24°/秒。而米格-23MS只有124米/秒的爬升率与14.5度的瞬时盘旋角度，仅仅只有F-15I的一半。0.8马赫速度下的F-15I盘旋半径仅仅只有800米，而米格-23MS则高达2200米。号称格斗之王的F-16A，在敏捷性方面，更是远远高于叙军战机。

战斗机与战斗机竟然也有这样的差别。

倒霉的叙军飞行员托米与阿里，分别驾驶着两架米格-23MS，在面对1架F-15I时都毫无还手之力。他们最后被AIM-9L"响尾蛇"格斗导弹双双击落。可以这么说，当双方进入格斗战时，战斗就已经结束了。

（7）

在这场传奇空战中，值得称赞的不仅仅有以色列飞行员，他们的空军地勤人员，同样功彪战史。训练有素的他们，可以在10分钟之内就能完成对F-15I的油弹补给与保养，让F-15I再次升空参战。以色列进口F-15I一年之后，这些地勤们向制造商麦道公司提出的意见与反馈，甚至让F-15的设计师们都耳目一新。

（8）

6月10日，以军第210装甲旅攻入贝卡谷地。

这一天的明星当属第110中队的中队长——阿米尔纳胡米。他在这不仅击落了5架敌机，成为了不折不扣的"一日王牌"，还让自己的战果上升到了13架，成为了世界第一的F-16王牌。其他中队也全面开花，在这一天击落了大约30架敌机。

（9）

战至6月13日，叙利亚空军绝望的抵抗被彻底粉碎。以军一共击落82架飞机，而自己无一损失。

叙利亚军队也声称自己击落多架以军战机。但战场就在叙利亚领空内，叙利亚自己却无法拿出哪怕一架以军战机的残骸来证明战果。

（10）

叙利亚再也承受不了这样惨重的损失，空军停止出击。1982年6月11日，叙利亚宣布停战。

（11）

现代社会，比拼的是技术。

军事是这样，股市也是如此，你必须掌握更先进的股市投资技术。

第3回
波茨坦磨坊

1888年，德国进入普鲁士大帝威廉二世的统治时代。

经过十几年改革的德国，经济腾飞，军事迅猛膨胀，有成为新兴强国的趋势。

年轻威廉二世志得意满。

（1）

一天，正在新建的书房读书的威廉二世，突然听到嘎吱嘎吱的响声，他读书的兴致被打扰，他打开窗户一看，对面是一座用风车作动力的磨坊，在风力的作用下，磨坊外的风车嘎嘎吱吱地旋转。

威廉二世对手下官员说："去告诉磨坊主让他搬到别的地方去。"

官员马上找到磨坊主说："皇帝命令你两天内搬离波茨坦，否则后果自负。"

（2）

磨坊主60多岁，他听到官员的通知，没有任何反应，依然干着手头上的活计。

（3）

两天过后，官员不可思议地看到，磨坊的风车还在旋转。

官员大怒，再度找到老人。老人理直气壮地说："我家祖祖辈辈都在这里养家糊口，为什么国王来了，我就要搬走？要嫌弃这里喧闹，应该是他搬走。"

"什么，你竟敢让皇帝搬走？是不是吃错药了？"官员问。

老人完全不惧怕，底气十足地说："俾斯麦首相十几年前就颁布了法典，保障居民的权益，你们这是违法行为。"

要给皇帝交代的官员命令随从强行把老人撵走了。

（4）

不服气的老人把一纸诉状递交到国家司法机构——法老院，把皇帝告上法庭，平民百姓状告当朝皇帝。

法老院竟然受理了此案。

开庭时，法官问老人："是先有磨坊还是先有书房？"

老人答："先有磨坊。"

法官说："那事情就简单了，按照先入为主的惯例，要搬只能搬皇帝的书房。"

老人听到判决结果老泪纵横，他成为德国历史上第一个靠法理战胜皇帝的平民百姓。

（5）

威廉二世知道结果后，大为震怒，欲惩治法官。

首相俾斯麦赶紧进言："英明的德国皇帝，我们要想让德意志帝国更加强大，就必须遵循法理原则，否则十几年的改革成果将前功尽弃啊。"

威廉二世最后服从了法官的判决，将书房搬到了别处。

（6）

在威廉二世统治时代，德意志也正是靠着法理的引擎，极度膨胀，迅速崛起为欧洲新的强国。

这座磨坊今天依然保存，成为波茨坦著名的旅游景点，磨坊里竖立着一个慈祥而倔强的老人的雕塑，上面刻着：一个战胜皇帝的德国老人。

一个小小的磨坊敢于和威严的皇宫相对而生，这或许就是德国崛起的一个缩影。

（7）

与这个德国磨坊故事紧密相连的是一句在西方耳熟能详的法谚——"风能进，雨能进，国王不能进"。

这句法谚出自 18 世纪的英国首相威廉·皮特。他在一次演讲中曾经这样说过："即使是最穷的人，在他的小屋里也敢于对抗国王的权威。屋子可能很破旧，屋顶可能摇摇欲坠；风可以吹进这所房子，雨可以打进这所房子，但是国王不能踏进这所房子，他的千军万马也不能跨过这间破房子的门槛。"

也正因为这句法谚之重心在于"国王不能进"，它充分体现了英国哲学家、政治学家、西方法治主义的奠基人洛克的思想："主权者的权力绝不容许扩张到公共福利的需要之外，而是必须保障每个人的财产。"

第 4 回
黑船事件

下田位于伊豆半岛南部，虽是一个小海港，却因历史上曾发生过著名的"黑船事件"而成为日本的开国之地。

（1）

19 世纪上半期，日本依然是一个闭关锁国的国家。

欧美正在快速转变，英、法、俄、美等国成为新一波称霸世界的强国。这些国家在经历产业革命、交通革命的洗礼之后，开始为了产业革命后所需要的原料、市场、殖民地与转运站积极经营远东。

（2）

1853 年 7 月 8 日，美国东印度舰队的准将马休·培里率领了有 4 艘战舰前进驶入日本江户湾，并且将舰上的大炮瞄准了岸上的炮台，警卫海岸的日本官兵被突如其来的黑色巨舰吓得目瞪口呆。

（3）

佩里出生在美国罗得岛州，父亲和哥哥都是海军将领。佩里本人也于 1809 年加入海军，曾和两个哥哥一起参加 1812 年的英美战争。1837 年美国建造出第一条海军蒸汽船"富尔顿号"，同年佩里晋升为海军上校。佩里强化海军以蒸汽船为主力的政策，并且实行士官教育，被称为海军的"蒸汽船之父"。

（4）

19 世纪上半叶，美国还是一个正在追赶欧洲的后进国家，不过已经显现出后来者居上的势头。日本海域出现的捕鲸船绝大多数是美国人驾驶的。时值产业革命期间，美国要从鲸鱼油中提取照明用油。随着鸦片战争打开中国的大门，一些美国人认识到，太平洋海岸线是美国的经济机遇。财政部长罗伯特·J.沃克在 1848 年的评论揭示了这一点："通过我们最近在太平洋上的所得，与我们间隔着一个平静大洋的亚洲已然成为我们的邻居，邀请我们的蒸汽船沿着比全欧洲还要巨大的商业航道前行。"

日本位于旧金山到上海的必由之路上，地理位置的重要性凸显。1852 年 3 月，佩里就任东印度舰队司令官，被授予"日本开国"的指令。1853 年 11 月，佩里率队从美国东海岸起航，向西横跨大西洋。从大西洋进入印度洋，从印度洋进入太平洋，佩里舰队来到了被视为"半开化国家"的日本。

（5）

1853 年 7 月 8 日傍晚，正在久里滨海岸训练的 60 多名武士发现，有 4 艘外国船只朝江户湾驶来。这些船体形庞大，身披黑色铁甲，不断喷出黑烟，如同怪兽一般发出轰鸣。这是日本人第一次见到黑色近代铁甲军舰，这些军舰因此被岸上那些震惊的日本人称作"黑船"。事实上，佩里舰队里只有两艘是蒸汽式军舰，但是旗舰排水量为 2450 吨，而当时日本最大船只最多不过是 100 吨级别。这四艘军舰共有 63 门大炮，而当时日本在江户湾的海防炮射程及火力可与这四艘军舰相比的大约只有 20 门。

（6）

当地官员乘船来到，并登上了美国舰艇。美国人要求日本高级官员接受总统致幕府将军的信函。日本官员称，按照日本之国法，高官不可接待外国船只。佩里派出四艘测量船，在蒸汽军舰的护卫下，深入江户湾进行水文测量。日本派出数十只警备木船与美国测量小艇对峙。场面紧张，假如有擦枪走火，一场中国式的"鸦片战争"将会爆发，日本就可能会走上完全不同的道路。

僵持了六天后，幕府最终同意美国人登陆，接受美国总统来函。

（7）

美国海军陆战队和水兵约 300 人，携带着上好刺刀的滑膛枪上岸，把海滨围成半圆状向"招待所"行进，"在'招待所'两侧，一队日本护卫聚集在一起，相当凌乱。与其他士兵不同，他们的服装，右侧护卫身穿无袖外罩，用宽幅装饰腰带将它系在腰间，下穿灰色长裤，宽幅肥大的裤子在膝盖处收紧，头缠白布犹如穆斯林头巾。他们用带刺刀和滑膛燧石火枪武装起来……"佩里写的《日本远征记》，记录了当年的场景。

（8）

美国总统的书信外边包有一层蓝色的天鹅绒，放在一个纯金的圆形容器里，容器外面盖有金印，在递交国书时，双方代表都保持沉默，没有进行任何实质性的会谈。在信中，菲尔莫尔总统说，进入 19 世纪世界发生了变化，美国加州和中国之间的航线受到期待。为了从鲸鱼油中提取照明用油，美国捕鲸船大量开赴日本沿海捕鲸，因此要求日方提供海难救助。总之，美国的要求有三项：通商、补给、救助遭遇海难的船员。

日本官员要求佩里转往长崎登陆。佩里坚决拒绝。

日本官员又借口说，要得到天皇的批准方可接受条约。佩里并没有采取激烈措施，而是答应给予对方考虑时间，明年春天再来听取回复。

三天后，佩里舰队起航，渐渐消失在云海苍茫处。日本官员终于长出了一口气。

（9）

江户是当时幕府将军所在地，是日本的政治中心。

美国舰队的来临，让江户的民众感到好奇，许多人驾驶船只赶到横须贺参观大船。

（10）

日本从 1633 年就颁布了锁国令（禁海令），清心寡欲地度过了两个多世纪。漫长的两百多年间，除漂流国外的渔民外，没有日本人去过国外。

日本并不像清朝那样闭目塞听，而是一直保留着观察外部世界的信息通道。

16 世纪荷兰人就来到日本经商，1633 年日本颁布锁国令后，荷兰人成为唯一允许留在日本的西方人。幕府在长崎附近以人工填海方式造了一个数万平方米的小岛，名曰"出岛"，强令荷兰人迁居此岛，以避免与日本国民的接触。荷兰船只被允许来往日本，但是每年都要向幕府报告海外信息。从1842年起，幕府要求荷兰每年提供《荷兰别段风说书》，报告此前一年发生的海外大事。信息之丰富，令人惊异。在佩里来航的前一年，1852年的《荷兰别段风说书》就准确地报道了佩里舰队的船名、吨位、炮数、乘员人数等信息，而且揭示了美国的目的。

为什么是1842年？因为鸦片战争。鸦片战争不但是中国历史的关键时点，也是东亚历史的转折点。这一事件几乎在第一时间就传到了日本。

(11)

除荷兰外，日本也允许中国商船在长崎入港。

幕府规定，入港的中国商船船主必须向管理外贸事务的长崎奉行（官名）报告中国的情况。这种报告称为"唐人风说书"，又叫"清商口单"。

1840年，鸦片战争的消息通过中国商人传到日本。由于日本人把鸦片称为"阿片"，因此有关鸦片战争的情报统称为"阿片风说书"。现在从各种史籍上能见到的阿片风说书有十几种，具体报道了鸦片战争发生的原因、进程和结果。另外，中国商船带去的记载鸦片战争的中国书籍如《夷匪犯境闻见录》《英国侵犯事略》《乍浦集咏》等，也是日本人获得鸦片战争信息的一个来源。

(12)

鸦片战争的消息传到日本后，日本坊间很快就出现了不少描述鸦片战争的作品，反应之快，令人吃惊。

1849年出版的小说《海外新话》就生动描写了鸦片战争的过程。这本书的作者是一位藩士，他在该书序诗中点明了写作此书的宗旨："天赐前鉴非无意，婆心记事亦微衷。呜呼！海国要务在知彼，预备严整恃有待。"他的目的，就是要日本吸取中国鸦片战争的经验教训，加强海防，防御外来侵略。为了适应日本一般武士与庶民读者的口味，这本书采取了当时日本民间流行的军谈读物即描写战争的章回小说的体裁，语言也尽量通俗易懂。不过，由于出版前未送官方审查批准，竟被幕府指责为"异教妄说"，勒令毁版并列为禁书，作者也被处以禁锢之刑，入狱两年。甚至连为该书画插图的画师也受到牵连，被捕后死于狱中。但是，由于《海外新话》一书很受读者欢迎，第二年又被秘密加以重印出售。

（13）

1844 年，当时荷兰国王致信日本政府，要求以更自由的方式解决外国贸易问题。来信警告道，由于日本阻碍了欧洲由工业革命和人口增长所创造的商业野心的扩张，可能遭受中国已然遭受的命运——地球上各个国家间的交往正变得日益密切。一股不可抗拒的力量正把它们凝聚在一起。汽船的发明使得相互之间的距离变得更小。在这一关系迅速发展的时期，倾向于保持孤立的国家将不可避免地与许多其他国家为敌。

德川幕府回应说："锁国令不可能被抛弃：既然祖先的法律已经被制定，子孙后代必须遵守。"但事实上，得知清朝在鸦片战争中失败的消息后，幕府已经悄然改变了强硬的锁国政策。

1825 年，幕府曾下达"无二念打拂令"，即不分情况，只要有外国船（中、荷除外）驶近日本沿海，立刻开炮驱逐。但是 1842 年，鸦片战争的战火刚刚熄灭，幕府就发布了"薪水令"，允许给外国船提供燃料、食品和水，但之后要其尽快离开日本，以防无端挑起战争。

幕府所在地江户是一个临海城市，海防薄弱。佩里曾说，若有小型炮舰两三艘，就足够破坏江户。因此，面对"黑船来航事件"，幕府以清朝为鉴，没有采取激烈对抗措施，而是冷静避战，虚与委蛇，终于将其打发走。

或许，美国人不会再来了。

（14）

1854 年 2 月 13 日，培里再次率领舰队来到日本，这次一共有 7 艘军舰，而且舰队一直深入江户湾内，到达横滨附近才停船。

面对培里的强硬姿势，幕府只好接受开国的要求了。于是双方在横滨签订了《日美亲善条约》，也是日本与西方列强的第一个不平等条约。

其他西方列强跟随着美国，纷纷向日本提出通商的要求，于是英国、俄国、荷兰等西方列强都与日本签订了亲善条约。日本被迫结束锁国时代。

（15）

黑船事件前，德川幕府统治日本的二百多年之间，向来是不准天皇参与政治的。

黑船事件发生时，幕府为了减低各藩的反对声音，于是以天皇的名誉缔约，并且破例邀请了各大名，藩士，政治包括了平民来针对开国之事提出意见。

（16）

1868 年明治天皇建立新政府，日本政府进行近代化政治改革，建立君主立宪政体。经济上推行"殖产兴业"，学习欧美技术，进行工业化浪潮，并且提倡"文明开化"、社会生活欧洲化，大力发展教育等。这次改革使日本成为亚洲第一个走上工业化道路的国家，逐渐跻身于世界强国之列，是日本近代化的开端，是日本近代历史上的重要转折点。

（17）

日本人并没有把以侵略者身份出现的美国将军培里当作是敌人，还将他当作是英雄。为了纪念培里，日本人为他建造了一座名为"培里"的公园，并且在当年美国培里带领黑船登陆的地方建造了一座纪念碑。每年日本民间都有人自发在这里面举行纪念活动，即"黑船祭"。

在日本人看来，正是因为培里所带来的"黑船事件"，日本民族才会有之后的强大，所以在日本人民的心中，培里才是促使日本开放，富国强兵的恩人。

日本近代著名思想家福泽谕吉写道："美国人跨海而来，仿佛在我国人民的心头上燃起了一把烈火，这把烈火一经燃烧起来便不会熄灭。"

"黑船事件"也只不过是日本变强大之前的一个垫脚石而已。

第5回
论不合作——在马德拉斯的演说

演讲者：［印度］莫罕达斯·卡拉姆昌德·甘地。

有关不合作这个问题，你们已经颇有所闻。那么，什么叫不合作，我们为什么要提出不合作？借此，我愿直抒己见。

我们这个国家面临着两个问题：首先是基拉法（又称哈里发运动，为印度穆斯林反对英殖民统治的运动，第一次世界大战后以反对英国等协约国瓜分土耳其，保卫伊斯兰教为号召而兴起）问题，印度的穆斯林为此心如刀割。英国首相经过深思熟虑的、以英国名义许下的诺言已陷入泥潭。由于印度穆斯林的努力，并经英国政府斟酌再三后作出的许诺，现已化为乌有，伟大的伊斯兰宗教正处于危险之中。

穆斯林教徒们坚持认为——我敢相信他们是正确的——只要不列颠不履行诺言，他们对不列颠就不可能有真心实意和忠诚。如果让一位虔诚的穆斯林在忠诚于与不列颠的关系还是忠诚于他的信仰和穆罕默德之间作出抉择，他会不加思索地作出抉择——他已经宣布了自己的抉择。穆斯林们直言不讳地、公开而又体面地向全世界声明，如果不列颠的部长们和不列颠民族违背诺言，不想尊重居住在印度、信奉伊斯兰教的7000万臣民的感情，就可能失去穆斯林对他们的忠诚。

然而，这对其他印度人来说也是一个值得考虑的问题，即是否要与穆斯林同胞一起履行自己的义务。如果你们这样做，你们便抓住了向穆斯林同胞表达友好亲善和深情厚谊的一个千载难逢的机会，并证明你们多年来所说的话：穆斯林是印度教的兄弟。如果印度教徒认为，你们同穆斯林的兄弟般的血肉情谊胜于同英国人的关系，如果你们发现穆斯林的要求是公正的，是出自真挚的感情的，是伟大的宗教情感，那么我要提醒你们，只要他们的事业依然是正义的，为达到最终目标而做的一切是正义的、体面的、无损于印度的，你们就要对穆斯林一帮到底，别无选择。

印度的穆斯林已经接受了这些简单的条件。这是在他们发现，他们可以接受印度教徒提供的援助，可以永远在全世界面前证明他们的事业和他们所做的一切是正义的时候，才决定接受同伴伸出的援助之手的。然后，印度教和伊斯兰教将以联合阵线的面貌出现在欧洲所有基督教列强面前，并向后者表明，尽管印度还很懦弱，但她还是有能力维护自己的自尊，并知道如何为自己的信仰和自尊而献身。

基拉法问题的核心就在于此。

还有一个旁遮普问题。在过去的一个世纪里，没有任何问题像旁遮普问题那样令印度心碎。我并非没有考虑到 1857 年（即 1857 年印度人民大起义。先由英国土著雇佣兵于 5 月兵变，后席卷广大地区）暴动，印度在暴动期间曾蒙受极大的痛苦。然而，在通过《罗拉特法案》（英国于 1919 年通过《罗拉特法案》，残酷镇压一切旨在要求印度解放的"骚乱"）其间和此后所遭受的凌辱，在印度史上却是空前的。因为，在同旁遮普暴力事件（1919 年 4 月 13 日英军对旁遮普省阿姆利则举行和平示威游行的数千名居民开枪射击，死伤 1516 人）有关的问题上，你要求从英国那里得到公正，但你不得不寻求得到这种公正的途径和方法。无论是上议院、下议院，还是印度总督和蒙塔古先生，谁不知道印度在基拉法和旁遮普问题上的感情。但在议会两院的辩论中，蒙塔古先生和总督大人的所作所为淋漓尽致地向你证实，他们谁愿意给予属于印度并为印度所急需的公正呢？我建议，我们的领导人必须设法摆脱这一困境。除非我们使自己同印度的英国统治者平起平坐，除非我们从他们手中获得自尊，否则我们同他们之间就根本不可能有互相联系和友好交往。因而，我敢于提出这个绝妙的而又无可辩驳的不合作办法。

有人告诉我，不合作违反宪法。我敢否认这是违反宪法的。相反，我确信，不合作是正义的，是一条宗教原则，是每一个人的天赋权力，它完全符合宪法。一位不列颠帝国的狂热推崇者曾说过，在不列颠的宪法里，甚至连一场成功的叛乱也是全然合法的。他还列举了一些令我无法否认的历史事件以证明自己的观点。只要叛乱就其通常含义是指用暴力手段夺取公正，我认为无论成败都是不合法的。相反，我反复向我的同胞言明，暴力行为不管能给欧洲带来什么，绝不适合印度。

我的兄弟和朋友肖卡特·阿里（基拉发运动领导人之一，后参加不合作运动，以换取甘地的支持）相信暴力方法。如果他要行使自己的权力，抽出利剑去反击不列颠帝国，我知道他有男子汉的勇气，他能够看清应该向不列颠帝国宣战。然而，作为一个名副其实的勇士，他认识到暴力手段不适合于印度，于是他站到我一边，接受了我的微薄援助并保证：只要与我在一起，只要相信这个道理，他就永远不会有对任何一个英国人，甚至对地球上任何人施行暴力的念头。此时此刻我要告诉你们，他言必行，行必果，始终虔诚地信守诺言。在此我能做证，他不折不扣地执行了这个非暴力的不合作计划，同时，我要求印度接受这一计划。

我告诉你们，在我们这个英属印度的战士行列中，没有哪个人胜过肖卡特·阿里。当剑出鞘的一刻来临，如果确实来临的话，你们会发现他会抽出利剑，而我就会隐退到印度斯坦的丛林深处。一旦印度接受利剑的信条，我将结束作为印度人的生命。因为我相信印度肩负着独特的使命，因为我相信几百年的历史教训已经告诉印度先辈们，人类的公正不是建立在暴力的基础上，真正的公正是建立在自我牺牲、道义和无私奉献的基础上。我对此忠贞不渝，我将一如既往地坚持这一信念。为此，我告诉你们，我的朋友。在相信暴力的同时，也相信非暴力是弱者的一种武器。我相信，一个最坚强的战士才敢于手无寸铁、赤裸着胸膛面对敌人而死。这就是不合作的非暴力的关键所在。

因而，我敢向睿智的同胞们说，只要坚持非暴力的不合作主义，这种不合作主义就没有什么违反宪法之处。请问，我对不列颠政府说"我拒绝为你服务"，难道这违反宪法？难道我们受人尊敬的主席先生恭敬地辞去所有政府授的官衔也违反宪法？难道家长从公立学校或政府资助的学校领回自己的孩子也违反宪法？难道一个律师说"只要法律非但没有提高反而降低我的地位，我就不再拥护法律"也违反宪法？难道一个文职人员或法官指出"我拒绝为一个强奸民意的政府服务"也违反宪法？再请问，如果一位警察或一位士兵，当他知道自己是被征来效忠于迫害自己同胞的政府时，提出辞呈也违反宪法？如果我到克里希纳河畔对一位农民说："假如政府不是用你的税款来提高你的地位；相反地在削弱你的地位，你交税是不明智的"，难道这也违反宪法？我确信并敢于指出，这没有违反宪法，根本没有！

况且，我一生就是这样干的，并没有人提出过疑义。在盖拉，我曾在70万农民中间工作过，他们停止了交税，整个印度都支持我。没有谁认为这是违反宪法的。在我提出的一整套不合作计划中，无一是违反宪法的。但是，我敢说，在这个违反宪法的政府中间，在这个已经庄严地制定了宪法的国度里确有严重的违反宪法的行为——使印度成为一个懦弱的民族，只得在地上爬行，让印度人民忍受强加于她的侮辱才是严重的违反宪法；让 7000 万印度穆斯林屈从于对他们的宗教施行不道德的暴力才是不折不扣的违反宪法；让整个印度麻木不仁地同一个践踏旁遮普尊严的非正义的政府合作才是真正的违反宪法。

同胞们，只要你们还有一点尊严，只要你们承认自己是世代相传的高尚传统的后裔和维护者，你们不支持不合作立场就是违反宪法，同这样一个变得如此非正义的政府合作就是违反宪法。我不是一个反英主义者，不是一个反不列颠主义者，更不是一个反政府主义者。但是，我反对虚伪，反对欺骗，反对不公。这个政府坚持非正义一天，就会视我为敌一天——把我视为死敌。

在阿姆利则的国会上——我对你们开诚布公——我曾跪在你们中的一些人面前，恳求你们同这个政府合作。我曾信心满怀地希望那些通常被认为是英明的不列颠部长们会安抚穆斯林的感情，他们会在旁遮普暴行事件中完全主持公道。因此我当时说，让我们与他们重归于好吧，握住伸向我们的友谊之手吧，因为我认为这是通过皇家宣言给我们传递友谊。正因为如此，我当时才保证给予合作。

但是今天，这种信念已烟消云散，这要归咎不列颠部长先生们的所作所为。现在我请求，不要在立法委员会内设置无为的障碍，而要采取真正的，名副其实的不合作立场，这样就会使这个世界上最强大的政府瘫痪。这就是我今天的立场。只有当政府保护你们自尊心的时候，合作才是你们唯一的职责。同样，当政府不但不保护你，反而剥夺你的尊严时，不合作就是你的天职。这就是不合作之真谛。（1919 年）

第6回
五月花号公约

每逢 11 月第四个星期四，美国人民便迎来了自己最重要的传统民俗节日——感恩节。

这个节日始于 1621 年。那年秋天，远涉重洋来到美洲的英国移民，为了感谢上帝赐予的丰收，举行了 3 天的狂欢活动。从此，这一习俗就延续下来，并逐渐风行各地。1863 年，美国总统林肯正式宣布感恩节为国定假日。届时，家家团聚，举国同庆，其盛大、热烈的情形，不亚于中国人过春节。

（1）

感恩节的起源，和英国基督教的宗教纷争有关。

公元 16 世纪末到 17 世纪，英国清教徒发起了一场来势猛烈的宗教改革运动，宣布脱离国教，另立教会，主张清除基督教圣公会内部的残余影响。

17 世纪中叶，保皇议会通过了《信奉国教法》，清教徒开始遭到政府和教会势力的残酷迫害，逮捕、酷刑、宗教审判，威胁着清教徒。

（2）

清教徒们只得迁往荷兰避难。

寄人篱下的日子不好过。在荷兰，清教徒不仅没能逃脱宗教迫害，而且饱受战争带来的痛苦和折磨。更令他们难以忍受的是，远在异国他乡，孩子们受不到英国式的教育，对故土的感情一天一天地淡薄下去。

为了彻底逃脱宗教迫害的魔爪，为下一代保留住祖国的语言和传统，他们想再一次大迁徙。

（3）

想来想去，他们把目光投向了美洲。

哥伦布在 100 多年前发现的这块"新大陆"，地域辽阔，物产富饶，而且有很多地方还没有国王。没有议会、没有刽子手、未开发的处女地。

只有在这样的地方，他们才能轻轻松松地生活，自由自在地信奉、传播自己所喜欢的宗教，开拓出一块属于清教徒的人间乐园。

（4）

1620 年 9 月，清教徒的领袖人物布雷德福召集了 102 名同伴，登上了一艘重 180 吨，长 90 英尺的木制帆船——五月花号，开始了哥伦布远征式的冒险航行。

对于航海来说，这艘有着浪漫名称的船只未免太小了。由于形势所迫，他们"选择"的，又是一年中最糟的渡洋季节。不过，怀着对未来的美好憧憬，为了找回失去的权利和自由，这群饱经忧患的人已经不顾一切了。

（5）

海上风急浪高，五月花号就像狂风暴雨中的一片树叶，艰难地向前漂泊着，几乎随时都有船毁人亡的危险。但在大家的共同努力下，船只没有遇到任何损害，并在航行了 66 天后，于 1620 年 11 月 21 日安抵北美大陆的科德角，即今天美国马萨诸塞州普罗文斯敦港。稍事休整后，五月花号继续沿海岸线前进。由于逆风和时差，它没有能到达预定的目的地——弗吉尼亚的詹姆斯敦，反而在圣诞节后的第一天，把他们送上了新英格兰的土地。

（6）

有意思的是，在这次充满危险的远征中，所有探险者只有一人死亡。但由于旅途中诞生了一名婴儿，使到达美洲的人不多不少，仍然是 102 名。移民都是虔诚的教徒，无不手划十字，衷心感谢上帝的眷顾。

（7）

现在，呈现在他们面前的，完全是一块陌生的土地，蜿蜒曲折的海岸线，显得沉寂、荒凉。因此，大约在一个月内，移民们不敢贸然靠岸，仍然以船为家。在此期间，他们派出了侦察队，乘坐小船在科德角湾沿线寻找定居地。一天，正在大家焦急等待的时候，侦察队返回来报告说，他们发现了一个适合移民们居住的、真正的"天堂"。"天堂"就是今天的普利茅斯港，这是一个天然的良港，非常适合五月花号停泊。港口附近有一个优良的渔场，可以提供大量的海产品。不远处一片连绵起伏的小山，就像一道天然屏障，把这块土地环绕起来。在明亮的阳光下，结了冰的小溪反射着晶莹的光泽，可以为移民们提供充足的淡水。开垦过的肥沃农田，一块一块整整齐齐地排列着。除此之外，他们还看到了一片虽然残破，却足以遮风避雨，帮助他们度过严冬的房屋……看起来，一切都不错，而且不能再好了。唯一令他们感到迷惘的是，这片到处都有人类生活遗迹的土地，竟然看不到一个人影，一缕炊烟，显得是那样荒凉，倒好似事先就为他们准备的一样。后来才知道，这里原来是一个相当繁荣的印第安村落。几年前天花流行，全村人无一幸免，这才使它成了这群异国漂泊者的最佳避难所。

（8）

几天后，五月花号渡过了科德角湾，在普利茅斯港抛下了锚链。移民们划着小艇登陆时，按照古老的航海传统，首先登上了一块高耸于海面上的大礁石。五月花号上礼炮轰鸣，人声鼎沸，共同庆祝新生活的开始。后来，这块礁石就被称为"普利茅斯石"，成为美洲新英格兰第一个永久性殖民地的历史见证。

（9）

不过，对这些渴望幸福的移民来说，第一个冬天并不美好。从大西洋上吹来的凛冽寒风，像魔鬼一样在空中嘶鸣，漫天的冰雪，无情地拍打着简陋的住房。在这一片冰天雪地里，移民们缺少必要的装备，也缺乏在这片土地上生活的经验。在繁忙劳动的重压下，不少人累倒了，累病了，恶劣的饮食，难以忍受的严寒，使更多的人倒地不起。接踵而来的传染病，夺去许多人的生命。一个冬天过去，历尽千难万险来到美洲的 102 名移民，只剩下了50 个。几乎每天都有人死去，几乎天天都有一家或几家在做丧事。刚刚踏上这片土地时的欢乐没有了。每个人的心头，都被一种空前绝望的气氛所笼罩。一个梦，一个刚刚开始的美梦，难道就这样被打破了吗？每个人都在思索着。

（10）

就在移民们束手无策，坐以待毙时，1621 年春天的一个早晨，一名印第安人走进了普利茅斯村。他自我介绍说，他是临近村落的印第安酋长派来察看情况的。这是移民们来到美洲后接待的第一个客人。他们向客人倾诉了自己的来历以及所经受的种种无以复加的苦难。印第安人默默地听着，脸上流露出无限的怜悯和同情。事情就此有了转机，几天后，这名印度安人把他的酋长马萨索德带进了移民们的房屋。酋长是个慷慨热情的人，他向移民表示了热烈的欢迎，给他们送来了许多生活必需品做礼物。派来了最有经验、最能干的印第安人，教给移民们怎样在这块土地上生活，教他们捕鱼、狩猎、耕作以及饲养火鸡等技能。

（11）

这一年，天公作美，风调雨顺，再加上印第安人的指导和帮助，移民们获得了大丰收，终于闯过了生活的难关，过上了安定、富裕的日子，就在这一年秋天，已成为普利茅斯总督的布雷德福颁布了举行盛典，感谢上帝眷顾的决定，这就是历史上的第一个感恩节。当然，他没有忘记为移民们排忧解难的真正"上帝"——热情、好客、智慧的印第安人，特地邀请马萨索德和他手下的印第安人前来参加节日庆典。

（12）

印第安人欣然接受了邀请，提前送来了 5 只鹿作为礼物。11 月底的一天，移民们大摆筵席，桌子上摆满了自山林中打来的野味和用自产的玉米、甫瓜、笋瓜、火鸡等制作的佳肴。庆祝活动一共进行了 3 天，白天，宾主共同欢宴，畅叙友情。晚上，草地上燃起了熊熊黄火，在凉爽的秋风中，印第安小伙子同普利茅斯殖民地的年轻人一起跳舞、唱歌、摔跤、射箭，气氛非常热烈。

（13）

今天，在美国人心目中，感恩节是比圣诞节还要重要的节日。首先，它是一个长达4天的假日，足以使人们尽情狂欢、庆祝。其次，它也是传统的家庭团聚的日子。感恩节期间，散居在他乡外地的家人，都要赶回家过节，这已经成了全国性的习俗。此外，美国人一年中最重视的一餐，就是感恩节的晚宴。在美国这个生活节奏很快，竞争激烈的国度里，平日的饮食极为简单。美国的快餐流行世界，就是一个很好的说明。但在感恩节的夜晚，家家户户都大办筵席，物品之丰盛，令人咋舌。在节日的餐桌上，上至总统，下至庶民，火鸡和南瓜饼都是必备的。这两味"珍品"体现了美国人民忆及先民开拓艰难、追思第一个感恩节的情绪。因此，感恩节也被称为"火鸡节"。

(14)

尽管感恩节是合家团圆的日子，但在每年节日期间，仍然有成千上万人抽出余暇，前往普利茅斯港参观、游览，重温美国的历史。今天，不仅美国人过感恩节，加拿大人也把它视为例行节日。这或许因为，在加拿大这片广阔的土地上，也生活着许多英国移民的后裔吧。

(15)

接受印第安人帮助的是被英国统治阶级迫害的清教徒，而屠杀印第安人的是到美国来淘金的殖民者。所以他们的阶级是对立的。

英国殖民者最早登陆北美的地区是弗吉尼亚州东南部詹姆斯敦，从詹姆斯敦开始，英国的殖民范围不断扩张，逐渐占领了整个弗吉尼亚这一带。

这些殖民者是英国圣公会的信徒，他们来殖民地是为了掠夺资源，并没有躲避宗教迫害的意思。

他们到这里没多久，就开始殖民扩张，杀了不少印第安人。

(16)

后来美国因为价值观的不同，爆发了南北战争。

弗吉尼亚选择站在南方阵营里。

"五月花"号上的是一批清教徒，清教徒多是在波士顿登陆的，是北方阵营。

最后，北方获得了胜利。

(17)

为了建立一个大家都能受到约束的自治基础，五月花号上的人们在上岸之前签订了一份公约，这份公约被称为《五月花号公约》，签署人立誓创立一个自治团体，这个团体是基于被管理者的同意而成立的，而且将依法而治。这是美国历史上第一份重要的政治文献。

此公约对美国的影响贯穿了从签订之始到如今，它是美国建国的奠基，也是现在美国信仰自由、法律等的根本原因。

(18)

《五月花号公约》：

为了上帝的荣耀，为了增强基督教信仰，为了提高我们国王和国家的荣誉，我们漂洋过海，在弗吉尼亚北部开发第一个殖民地。我们在上帝面前共同立誓签约，自愿结为一民众自治团体。为了使上述目的能得到更好的实施、维护和发展，将来不时依此而制定颁布的被认为是这个殖民地全体人民都最适合、最方便的法律、法规、条令、宪章和公职，我们都保证遵守和服从。

(19)

《五月花号公约》不仅树立了"美国精神"，也标榜了文明尺度和国家道德，成了世界的"光与盐"。这在人类历史中是划时代的。此后，人与人之间除了基于暴力的杀戮、征服和奴役之外，又多了一个选择，这就是基于契约的合作。

第 7 回
我有一个梦想——马丁·路德·金

一百年前，一位伟大的美国人签署了解放黑奴宣言，今天我们就是在他的雕像前集会。这一庄严宣言犹如灯塔的光芒，给千百万在那摧残生命的不义之火中受煎熬的黑奴带来了希望。它的到来犹如欢乐的黎明，结束了束缚黑人的漫漫长夜。

然而一百年后的今天，黑人还没有得到自由，一百年后的今天，在种族隔离的镣铐和种族歧视的枷锁下，黑人的生活备受压榨。一百年后的今天，黑人仍生活在物质充裕的海洋中一个贫困的孤岛上。一百年后的今天，黑人仍然畏缩在美国社会的角落里，并且意识到自己是故土家园中的流亡者。今天我们在这里集会，就是要把这种骇人听闻的情况公之于众。

我并非没有注意到，参加今天集会的人中，有些受尽苦难和折磨，有些刚刚走出窄小的牢房，有些由于寻求自由，曾早居住地惨遭疯狂迫害的打击，并在警察暴行的旋风中摇摇欲坠。你们是人为痛苦的长期受难者。坚持下去吧，要坚决相信，忍受不应得的痛苦是一种赎罪。

让我们回到密西西比去，回到阿拉巴马去，回到南卡罗来纳去，回到佐治亚去，回到路易斯安娜去，回到我们北方城市中的贫民区和少数民族居住区去，要心中有数，这种状况是能够也必将改变的。我们不要陷入绝望而不能自拔。

朋友们，今天我对你们说，在此时此刻，我们虽然遭受种种困难和挫折，我仍然有一个梦想。这个梦是深深扎根于美国的梦想中的。

我梦想有一天，这个国家会站立起来，真正实现其信条的真谛："我们认为这些真理是不言而喻的；人人生而平等。"

我梦想有一天，在佐治亚的红山上，昔日奴隶的儿子将能够和昔日奴隶主的儿子坐在一起，共叙兄弟情谊。

我梦想有一天，甚至连密西西比州这个正义匿迹，压迫成风，如同沙漠般的地方，也将变成自由和正义的绿洲。

我梦想有一天，我的四个孩子将在一个不是以他们的肤色，而是以他们的品格优劣来评判他们的国度里生活。

我今天有一个梦想。

我梦想有一天，亚拉巴马州能够有所转变，尽管该州州长现在仍然满口异议，反对联邦法令，但有朝一日，那里的黑人男孩和女孩将能够与白人男孩和女孩情同骨肉，携手并进。

我今天有一个梦想。

我梦想有一天，幽谷上升，高山下降，坎坷曲折之路成坦途，圣光披露，满照人间。

这就是我们的希望。我怀着这种信念回到南方。有了这个信念，我们将能从绝望之岭劈出一块希望之石。有了这个信念，我们将能把这个国家刺耳的争吵声，改变成为一支洋溢手足之情的优美交响曲。有了这个信念，我们将能一起工作，一起祈祷，一起斗争，一起坐牢，一起维护自由；因为我们知道，终有一天，我们是会自由的。

在自由到来的那一天，上帝的所有儿女们将以新的含义高唱这支歌："我的祖国，美丽的自由之乡，我为您歌唱。您是父辈逝去的地方，您是最初移民的骄傲，让自由之声响彻每个山冈。"

如果美国要成为一个伟大的国家，这个梦想必须实现。让自由的钟声从新罕布什尔州的巍峨峰巅响起来！让自由的钟声从纽约州的崇山峻岭响起来！让自由的钟声从宾夕法尼亚州阿勒格尼山的顶峰响起！让自由的钟声从科罗拉多州冰雪覆盖的落基山响起来！让自由的钟声从加利福尼亚州蜿蜒的群峰响起来！不仅如此，还要让自由的钟声从佐治亚州的石岭响起来！让自由的钟声从田纳西州的瞭望山响起来！让自由的钟声从密西西比州的每一座丘陵响起来！让自由的钟声从每一片山坡响起来。

当我们让自由钟声响起来，让自由钟声从每一个大小村庄、每一个州和每一个城市响起来时，我们将能够加速这一天的到来，那时，上帝的所有儿女，黑人和白人，犹太人和非犹太人，新教徒和天主教徒，都将手携手，合唱一首古老的黑人灵歌："终于自由啦！终于自由啦！感谢全能的上帝，我们终于自由啦！"

第 8 回
卡尔达诺预言

1526 年 9 月 8 日，威尼斯迎来了肃穆庄重的圣母圣诞节（基督教节日，纪念圣母玛利亚的诞生）。黄昏来临，当地人遵照习俗，纷纷开始向玛利亚做祷告。

在威尼斯一位议员的客厅里，吉罗拉莫·卡尔达诺同样也正襟危坐，紧闭双目，似乎将要和神灵来一场精神交流。不过，当卡尔达诺睁开眼睛的时候，他看到的并不是虔诚的基督徒，而是一张张扑克牌以及由议员领衔的一帮赌徒。卡尔达诺和他们已经在牌桌上激战了一整天，虽然卡尔达诺在每次牌局中都闭上眼专心思考赢牌的概率，但他还是几乎输掉了身上所有的钱。

卡尔达诺感到很沮丧，因为如果牌局继续下去，恐怕自己连返回帕多瓦（意大利北部城市）的路费也不够了，但同时，卡尔达诺也十分疑惑：自己身为一个牌技出色的专业赌徒，又有"独门秘籍"——数学概率论做理论指导，为什么还会一输再输？

略作思考后，卡尔达诺掏出一把匕首，在议员脸上狠狠划了一刀。其他赌徒还没反应过来，卡尔达诺已经用手按住桌上的扑克牌，并指出了牌局中的"猫腻"。原来，议员一直在作弊，他在扑克牌的边角处做了记号（威尼斯人的扑克牌是规则的矩形，没有采用圆弧的边角很容易做手脚），而卡尔达诺却通过数学中的概率论以及占星家的非凡直觉找出了议员作弊的破绽。

（1）

卡尔达诺是意大利文艺复兴时期百科全书式的学者，在数学、物理、医学方面都有很高的成就，同时也沉迷于研究占星术和赌博。

卡尔达诺是律师和一位寡妇的私生子。这位律师爸爸还与意大利文艺复兴时期著名的画家、科学家达·芬奇是好朋友。

因为是私生子，加之自幼体弱多病，受到歧视和虐待，所以养成了卡尔达诺冷漠倔强的性格。

（2）

1520年卡尔达诺考中帕威亚大学，并在此学习医学，后又就学帕多瓦，取得医学博士学位。在父亲的鼓励下，卡尔达诺开始接触古典文学、数学和星占学。

1531年成婚，先后生二子一女。因为家庭人员的增多，相应的家庭支出也增多。而整个家庭又只靠卡尔达诺一人的微薄收入，所以后来被迫搬到了米兰。

（3）

卡尔达诺原本想做一名公务员，却因为出身的关系，而受到歧视，不能加入米兰医学协会。没有办法，卡尔达诺只能自己开业行诊，拿着微薄的收入。一直等到他在朋友的举荐下，成为米兰专科学校的数学老师，情况才得到好转。

生活和工作渐渐稳定下来之后，卡尔达诺得以有更多的时间进行研究。所以他才能在数学、哲学、物理学、医学，乃至占星学方面有一定的成就。

（4）

1570 年，卡尔达诺因给耶稣算命（提出耶稣的一生受到天上星宿的支配），而被宗教法庭监禁，被打为异教徒。虽然后来被放出狱，却也只能另谋生路。好在后来得到教皇皮乌斯五世的赏识，获取终身年薪，留在皇宫供职，写下自传《我的生平》。

（5）

卡尔达诺不仅给别人做了预言，甚至还对自己做出预言。而且预言出来的，还是自己死期。

七十一岁的时候，卡尔达诺用占星术推断出自己将在 1576 年 9 月 21 日去世。

（6）

既然知道自己哪一天会去世，卡尔达诺趁日子还没到，于 1576 年初给自己写好了自传，即《我的生平》。

（7）

但是等到 1576 年 9 月 21 日这一天，大师却发现自己身体健康，强壮得好似一头牛。

为了坚持自己预言的准确性，卡尔达诺选择自杀，为此付出自己的生命。

不得不说，卡尔达诺最终走到这一步，与他性格中的倔强偏执脱不开

万修成魔——为平民子弟改变命运而作，也适合富二代证明自己

关系。

（8）

卡尔达诺是历史上第一个对斑疹伤寒做出临床描述的人。作为著名医生，卡尔达诺不仅精于诊断和开方用药，而且外科手术技艺高超。

他第一个发表了三次代数方程一般解法的卡尔达诺公式，也称卡尔丹诺公式。

卡尔达诺死后发表的《论赌博游戏》一书被认为是第一部概率论著作，他对现代概率论有开创之功。

卡尔达诺还最早使用了复数的概念。

卡尔达诺还发明了许多机械装置，包括万向轴、组合锁；对流体力学也有贡献。

第9回
莫斯科大火

19 世纪初，法俄两国为争夺欧洲霸权，矛盾日趋尖锐。1804 年拿破仑创建法兰西第一帝国后，开始了同英、俄等"反法同盟"国家的交战。

拿破仑的主要目标是英国，但由于强大的英国难以一下被消灭，他决定先对俄国展开攻势。

（1）

1812 年 6 月 24 日，拿破仑率领近 60 万军队（12 国联军）侵入俄国。

单刀直入，直取俄国心脏莫斯科。他想借助占领莫斯科来孤立几百公里外的圣彼得堡，然后等待俄国沙皇亚历山大一世投降。

（2）

战争一开始，俄国军队屡遭失败，丧失大片国土。

9 月 7 日在莫斯科以西 124 公里处的博罗季诺，俄军总司令库图佐夫指

挥 12 万俄军同法军展开著名的"博罗季诺会战"，在战斗中俄军死伤惨重损失约 4 万人。为保存俄军有生力量，库图佐夫被迫决定放弃莫斯科决定向后方转移，伺机再同法军作战。

9 月 14 日，莫斯科城里部分军民随同军队一道，撤离莫斯科。

（3）

9 月 15 日清晨，历史性的时刻到了，拿破仑骑马带队浩浩荡荡地进入莫斯科城，但此时的莫斯科看上去却像一座空城，除了趁火打劫的俄国农民，法军在空荡荡的大街上几乎看不到任何居民。

法军进城之后又展开另一轮"攻势"，挨家挨户搜索食物、财宝和女人。占领了莫斯科后，法军每个分队都有了正规的营房，得到了充足的食物，法军士兵都感到很振奋，认为终于可以休息一下了。此时的拿破仑也认为可以静静地等待亚历山大来降。

（4）

9 月 16 日夜，拿破仑正在克里姆林宫休息，突然一名士官走到近前把他叫醒，神色慌张地说："陛下，莫斯科全城都烧起来啦！"拿破仑匆忙穿好衣服，透过克里姆林宫的窗户向外眺望，只见莫斯科全城烈焰腾空，一片火海。这位法国皇帝顿时惊得面如土色，连声叫道："多么可怕的景象！"此时正赶上狂风大作，火势更加猛烈。克里姆林宫附近、莫斯科河南岸一带和朗索卡等地，火逐风飞，烟焰满天。最后，连克里姆林宫也燃起了呼呼的火苗。

在侍卫的搀扶下，拿破仑逃离一片火海的克里姆林宫。此时，莫斯科城内已经乱成一团。火焰声、房屋倒塌声、士兵的奔跑和尖叫声夹杂在一起，他们才发现全城所有的灭火器具都被破坏了。法国士兵们好像热锅上的蚂蚁，在民房中翻箱倒柜也找不到一个水桶。法军指挥官只好组织士兵排成行，利用行军提桶和每个人的军帽递水，但在熊熊大火面前，这点水根本起不了什么作用。于是法军干脆动用炸药，想用爆炸隔断火路；但火从四面八方而起，断了东路，来了西路，毫无办法。法国人眼睁睁地看着他们的大部分粮草、大炮和枪械，还有住所慢慢化为灰烬。

（5）

在俄罗斯爱国诗人的笔下，这场大火被赋予了拟人化的色彩，它就像一个勇敢的战士，把不可一世的拿破仑大军赶出莫斯科。但是莫斯科人又不得不面对一个惨烈的现实：一个美丽得城市毁于一旦。这场一个星期的大火几乎使莫斯科全城的古代建筑、古物、园林都化为灰烬。

（6）

被大火赶出莫斯科的拿破仑仍没有死心，他认为俄国军队所剩无几，莫斯科已成废墟，圣彼得堡唾手可得，亚历山大肯定会来求和。他派了使者找沙皇商议停战，亚历山大斩钉截铁地回答：只要俄国疆土上还存在一名法国士兵，就不议和！

（7）

随着严冬的来临，加上大火使法军补给严重紧张，拿破仑不得不决定撤退，而此时他的 60 万大军只剩下了 10 万出头。1812 年 11 月 14 日，撤退的拿破仑大军被第聂伯河拦住去路，而此时库图佐夫的追兵逐渐逼近。由于桥梁已被俄军破坏，拿破仑强迫士兵下水架设简易桥，由于天气寒冷，所有下水建造浮桥的人都冻死了，最后只剩下 1 万多名士兵跟随拿破仑狼狈逃回国内。

（8）

大火之后留下的谜团至今一直困扰着人们，是谁点起这把火的呢？主流观点认为这场大火是库图佐夫精心策划的。他要让法军舒舒服服住到莫斯科，等法军把所有的辎重都安顿到城内以后，再将他们一把火烧掉。那些打劫的农民就是"纵火者"，其中一部分是沙皇敕令赦免出狱的政治犯和刑事犯，为了立功，他们乐于执行这道命令。

（9）

拿破仑认为，"放火烧城"是莫斯科总督罗斯托普金蓄意计划和部署的

"疯狂做法"。因为当人们企图救火时，才发现罗斯托普金事先把一切消防水龙和灭火器具都运走了。另外，全城各处同时起火，显然有计划有预谋；据说罗斯托普金本人也承认，是他亲自下令放火烧城的。

（10）

雪上加霜的是，英、普、奥等欧洲大国看到法兰西第一帝国元气大伤，迅速组成第六次反法联盟，最终打败法军，拿破仑也被放逐至圣赫勒拿岛。

可以说，正是莫斯科的那场大火，改变了整个欧洲的历史，正如德国评论家弗朗茨·梅林所说，"莫斯科的大火开启了一个时代"。

第 10 回
在雅典法庭上的演讲——苏格拉底

亲爱的雅典同胞们：所剩的时间不多了，你们就要指责那些使雅典城蒙上污名的人，因为他们把那位智者苏格拉底处死。而那些使你们也蒙上污名的人坚称我是位智者，其实并不是。如果你们再等一段时间，自然也会看见终结一生的事情，因为我的年纪也不小了，接近死亡的日子实在也不远了。但是我并不是要对你们说话，而是要对那些欲置我于死地的人说话。同胞们：或许你们会以为我被定罪是因为我喜好争辩，其实如果说我好辩的话，那么只要我认为对的话我或许还可以借此说服你们，并替自己辩护，尚可免处死刑，其实我并不是因好辩被判罪，而是被控竟敢胆大妄为向你们宣传异端邪说，其实那些只不过像平常别人告诉你们的话一样罢了。

但是我不以为，为了避免危险起见，就应该去做不值得一个自由人去做的事，也不懊恼我用现在这样的方式替自己辩护。我宁可选择死亡，也不愿因辩护得生存。因为不管是我还是任何其他的人，在审判中或打仗时，利用各种可能的方法来逃避死亡，都是不对的。在战时，一个人如想逃避死亡，他可以放下武器，屈服在敌人的怜悯之下，其他尚有许多逃避死亡之策，假如他敢做、敢说的话。

但是，雅典的同胞啊！逃避死亡并不难，要避免堕落才是难的，因它跑

得比死要快。我，因为上了年纪，动作较慢，所以就被死亡赶上了；而控告我的人，他们都年轻力壮，富有活力，却被跑得较快的邪恶、腐败追上了。现在，我因被他们判处死刑而要离开这个世界；但他们却背叛了真理，犯了邪恶不公之罪。既然我接受处置，他们也应该接受判刑，这是理所当然之事。

下一步，我要向你们预言到底是谁判我的罪，及你们未来的命运如何：因为人在将死之际，通常就成了先知，此时我正处于这种情况。同胞们！我告诉你们是谁置我于死地吧！而在我死后不久，天神宙斯将处罚你们，比你们加害在我身上的更加残酷，虽然你们以为对自己的所作所为不需负责，但我敢保证事实正相反。控告你们的人会更多，而我此时在限制他们，虽然你们看不见；并且他们会更加的凶猛，由于他们较年轻，而你们也将更愤怒。如果你们认为把别人处死，就可以避免人们遣责你们，那你们就大错特错了。这种逃避的方式既不可能也不光荣，而另有一种较光荣且较简单的方法，即是不去抑制别人，而注意自己，使自己趋向最完善。对那些判我死刑的人，我预言了这么多，我就此告辞了。

但对于那些赞成我无罪的人，我愿意趁此时法官正忙着，我还没有赴刑场之际，跟你们谈谈到底发生了什么事。在我死前陪着我吧！同胞们！我们就要互道再见了！此时没有任何事情能阻碍我们之间的交谈，我们被允许谈话，我要把你们当成朋友，让你们晓得刚刚发生在我身上的事是怎么一回事。公正的判官们！一件奇怪的事发生在我身上，因为在平常，只要我将做错事，即使是最微小的琐事，我的守护神就会发出他先知的声音来阻止我；但是此时，任何人都看到了发生在我身上之事，每个人都会认为这是极端罪恶的事，但在我早上离家出门时，在我来此赴审判时，在我要对你们做演讲时，我都没有听到神的警告，而在其他场合，他都常常在我说话说到一半时就阻止我再说下去，现在，不管我做了什么，或说了什么，他都不来反对我。那么，这是什么原因呢？我告诉你们：发生在我身上的事，对我来讲反而是一种祝福；我们都把死视为是一种罪恶，那是不正确的，因为神的信号并没有对我发出这样的警告。

再者，我们更可由此归纳出，死是一种祝福，具有很大的希望。因为死可以表示两回事：一者表示死者从此永远消灭，对任何事物不再有任何感觉；二者正如我们所说的，人的灵魂因死而改变，由一个地方升到另一个地方。如果是前者的话，死者毫无知觉，就像睡觉的人没有做梦，那么死就是一种奇妙的收获。假如有人选择一个夜晚，睡觉睡得很熟而没做什么梦，然后拿这个夜晚与其他的晚上或白天相比较，他一定会说，他一生经过的白日或夜晚没有比这个夜晚过得更好、更愉快的了。我想不只是一个普通人会这样说，即使是国王也会发现这点的。因此，如果死就是这么一回事的话，我说它是一种收获；因为，一切的未来只不过像一个无梦的夜晚罢了！

反之，如果死是从这里迁移到另一个地方，这个说法如果正确，那么所有的死人都在那里，判官啊！那又有什么是比这个更伟大的幸福呢？因为假如死者到了阴府，他就可以摆脱掉那些把自己伪装成法官的人，而看到真正的法官在黄泉当裁判，像弥诺斯、剌达曼堤斯、埃阿科斯、特里普托勒摩斯，及其他一些半神半人，跟他们活着的时候一样。难道说这种迁移很可悲吗？而且，还可见到像俄耳甫斯、穆赛俄斯、赫西俄德及荷马等人。如果真有这回事，我倒真是希望自己常常死去，对我来讲，寄居在那儿更好，我可以遇见帕拉墨得斯、忒拉蒙的儿子埃阿斯，及任何一个被不公平处死的古人。拿我的遭遇与他们相比，将会使我愉快不少。

但最大的快乐还是花时间在那里研究每个人，像我在这里做的一样，却发现到底谁是真智者，谁是伪装的智者。判官们啊！谁会失去大好机会不去研究那个率领大军对抗特洛亚城的人？或是俄底修斯？或是西绪福斯？或是其他成千上万的人？不管是男是女，我们经常会提到的人。跟他们交谈、联系，问他们问题，将是最大的快慰。当然了，那里的法官是不判人死刑的，因为住在那里的人在其他方面是比住在这里的人快乐多了，所以他们是永生不朽的。

因此，你们这些判官们，要尊敬死，才能满怀希望。要仔细想想这个真理，对一个好人来讲，没有什么是罪恶的，不管他是活着还是死了，或是他的事情被神疏忽了。发生在我身上的事并非偶然，对我来讲，现在死了，即是摆脱一切烦恼，对我更有好处。由于神并没有阻止我，我对置我于死地的人不再怀恨了，也不反对控告我的人，虽然他们并不是因这个用意而判我罪，控告我，只是想伤害我，这点他们该受责备。

然而，我要求他们做下面这些事情：如果我的儿子们长大后，置财富或其他事情于美德之外的话，法官们，处罚他们吧！使他们痛苦，就像我使你们痛苦一样。如果他们自以为了不起，其实胸中根本无物时，责备他们，就像我责备你们一样。如果他们没有做应该做的事，同样地责罚他们吧！如果你们这么做，我和儿子们将自你们的手中得到相同的公平待遇。

已到了我们要分开的时刻了——我将死，而你们还要活下去，但也唯有上帝知道我们中谁会走向更好的国度。

第11回
新大陆

哥伦布出生于意大利热那亚，从小就向往着海上航行，尤其喜欢读《马可波罗游记》。通过阅读《马可波罗游记》，哥伦布一直幻想有朝一日能够远游世界，去亲自游历那诱人的东方乐园。

青年时期的哥伦布当了水手，学习了航海指挥、天文地理，掌握了拉丁语、西班牙语、葡萄牙语和意大利语。

哥伦布常想：既然地球是圆的，人们绕过非洲东行就可以到中国。那么，从欧洲向西航行，渡过大西洋，也一定可以到达亚洲。可是，这一条海路从没有人走过。哥伦布决定从大西洋寻找海上通道去亚洲、去中国，他向当时意大利有名的地理学家托斯坎内里请教，得到了热情、无私的支持。

（1）

当时美洲尚未被发现，欧洲各国盛传亚洲是块宝地，遍地是黄金，对传说那里盛产的宝石、丝绸、香料都垂涎三尺。

（2）

成年后的哥伦布先后向葡萄牙、西班牙、英国、法国等国国王请求资助，以实现他向西航行到达东方国家的计划，都遭拒绝。那时，地圆说的理论尚不十分完备，许多人不相信，把哥伦布看成江湖骗子。

直到1492年，西班牙王后伊莎贝拉慧眼识英雄，她说服了国王，甚至要拿出自己的私房钱资助哥伦布，使哥伦布的计划才得以实施。国王拨款一万英镑给他。

（3）

1492 年 8 月 3 日，哥伦布受西班牙国王派遣，带着给印度君主和中国皇帝的国书，率领三艘百十来吨的帆船，从西班牙巴罗斯港扬帆出大西洋，直向正西航去。

（4）

船队航行了一个多月，遇上一片青绿的海域，海面上尽是厚密的马尾藻。船走了十几天才摆脱了它们的纠缠，可眼前仍然是茫茫大海，无边无际。

船员们不耐烦了，灰心了，纷纷要求返航。只有哥伦布依然充满信心。在他表示给大伙加倍付酬金后，船队才又继续向西挺进。

（5）

2 个月零 6 天之后，几乎崩溃的船员们声称继续西行就将策反叛乱。经过激烈的争论，他向船员们提议：再走 3 天，3 天后如果还看不见陆地，船队就返航。

就在第三天晚上，命运终于出现了转机。他发现海上漂来一根芦苇，有芦苇就说明附近有陆地。一位水手爬上桅杆，果然，看到了前面有隐隐约约的火光。次日拂晓，他们在海上航行了 2 个月零 9 天之后，终于登上了久违的陆地美洲巴哈马群岛的华特林岛。

（6）

船员们发现了一块陆地，高兴得大叫大嚷，沮丧、沉闷的气氛一扫而光。他们登上陆地，升起西班牙国旗，哥伦布宣布代表国王占领此地，命名该岛为圣萨尔瓦多。

（7）

这儿的土人半裸着身子，皮肤不白不黑，脸上绘着彩色花纹，妇女鼻子上挂着金片。他们以为这些白人是天神，便跳起舞来欢迎。哥伦布发现这岛上很穷，既无珠宝也无黄金。他问土人：你们的金片是从哪里来的，是从南方带来的。

土人回答，可是南方在哪儿，他们也说不清。第二天，哥伦布率船队又驶向了茫茫大海，继续去寻找盛产黄金的所谓南方，穿行在中美洲马哈马群岛之中。

（8）

这天，船队登上了一块陆地，哥伦布以为这就是亚洲大陆，脚下的土地即是中国的一个半岛。于是，他派了两个人作为使者去内地见中国皇帝。

几天以后，使者垂头丧气地回来了，说：一路上尽是小棚屋，村里很贫穷，不像是繁荣富饶的中国。

哥伦布并不知道这儿是古巴岛，还以为这是中国最贫穷的一个省，于是下令船队继续南行。

（9）

不久，哥伦布陆续发现了两个大岛，并为它们分别命名为西班牙岛和海地岛。他依然没找到中国。

当时，哥伦布也不知道，他发现的是欧洲人从来都不知道的新大陆。而从这里到亚洲，中间还隔着一个比大西洋辽阔得多的太平洋。

（10）

1493 年 3 月 15 日，哥伦布把 39 个愿意留在新大陆的人留在那里。把10 名俘虏来的印第安人押上船，开始返航。

（11）

1493 年 3 月 16 日，哥伦布率船队返回了西班牙。这一天也就是完成了开辟横渡大西洋航线和发现美洲大陆的日子。

（12）

回到西班牙后，哥伦布成了英雄，受到西班牙国王和王后的隆重接待。

科学家、航海家、探险家还有一些附庸风雅的绅士为他举行了一次又一次的
欢迎宴会。

（13）

觥筹交错、欢乐非常的时候，忽然有人高声说道："我看这件事不值得
这样庆祝。大陆是地球上原来就有的，并非哥伦布所创造。他只不过是坐着
船往西走，再往西走，碰上了这块大陆而已。其实只要坐船一直向西航行，
谁都会有这项发现。"

宴会席上顿时鸦雀无声，绅士们面面相觑。这时，哥伦布笑着站起来
说："这位先生讲得似乎很对，其实不然，我们不妨一试。"说着，他顺手抓
起桌上放着的熟鸡蛋，接着说："请各位试试看，谁能使熟鸡蛋的小头朝下，
在桌上立起来？"

气氛又活跃起来，大家都拿起面前的熟鸡蛋，试着、滚着、笑着，但谁
也没能把它立起来。

刚才说话的那位绅士得意扬扬地说："既然哥伦布提出了这个问题，那
么他自己一定能办到。现在就请他把熟蛋小头朝下立在桌面上吧！"

"唰！"全场的眼光都朝哥伦布看过来，只见他微笑着，手握鸡蛋，小头
朝下，"啪"的一声敲在桌上，手一松，那蛋就牢牢地立在桌上了。

那人高叫起来："这不能算，你把蛋壳摔破，当然可以站住。"

这时，哥伦布正色说道："对！你和我的差别就在这里，你是不敢摔，
我是敢摔。你我之间只是敢与不敢之别。世界上的一切发现和发明，在一些
人看来都是再简单不过的。但是，请您记住：那总是在发明者指出应该怎么
做之后。"

（14）

哥伦布总以为他发现的那片陆地是亚洲，可为什么与马可·波罗描述的
不同呢，他要弄清那到底是不是亚洲，于是，哥伦布又第二次、第三次、第
四次率船队横渡大西洋，发现了南美洲。但他当时并不知道这一点。

（15）

伊莎贝拉一世曾向哥伦布许诺，他可以做他所发现的任何陆地的总督。但是作为一个行政官他是不称职的，最后被撤职，戴着镣铐被遣送回西班牙。在西班牙他很快就得到了释放，但是没有再让他担当任何官职。但直到去世时，他都相当富裕。

（16）

后来，一个叫作亚美利哥的意大利学者，经过更多的考察，才知道哥伦布到达的这些地方不是印度，而是一个原来不为人知的新的大陆。哥伦布发现了新大陆。但是，这块大陆却用证实它是新大陆的人的名字命了名：亚美利哥洲。

第 12 回
波希米亚女郎

歌剧《卡门》取材于梅里美的同名小说，法国作曲家乔治·比才 1874 年秋将歌剧《卡门》创作完成。

歌剧《卡门》是法国作曲家比才的最后一部歌剧，完成于 1874 年秋。它是当今世界上上演率最高的一部歌剧。该剧在比才死后才获得成功。美国女高音格拉汀·法拉的有声电影和查理·卓别林的一部无声电影更是扩大了歌剧的名声。

（1）

卡门名言：
自由就是一切。为了少坐一天的牢，宁愿放火烧掉一座城市。
我绝不从属于男人。

（2）

塞维利亚的街头广场，堂·何塞的未婚妻米凯拉来到警卫队探望堂·何塞，却未能如愿。

广场边的卷烟厂午休，女工纷纷走到广场，吉卜赛女郎卡门也在其中。面对众多追求者，卡门不屑一顾，却看上了在角落里收拾武器的堂·何塞，并把花扔到了他的脸上。

（3）

女工们午休结束离开后，堂·何塞偷偷捡起那朵花。

（4）

米凯拉与堂·何塞互诉衷肠并将家书交给了他。

（5）

卡门与另一名烟厂女工发生冲突，卡门用刀子刺伤了对方，被投进了监狱。

（6）

卡门使出浑身解数诱惑负责看管她的堂·何塞，终于堂·何塞帮她逃脱，并因此而降职、关禁闭。

（7）

在塞维利亚老城墙旁边利拉斯·帕斯蒂亚的小酒馆里，卡门和女友与很多军官和吉普赛人在一起饮酒狂欢。

（8）

斗牛士埃斯卡米罗来到了小酒馆，并向卡门大胆求爱，而卡门没有答应，也没有不答应。

（9）

埃斯卡米罗走后，两个走私犯拉拢卡门她们参与一宗走私交易，卡门因为要等堂·何塞，所以断然拒绝了。

（10）

远处传来堂·何塞的歌声，卡门欣喜若狂地跳起了响板舞。堂·何塞终于表达了对她深深的爱意。

堂·何塞失去了骑兵的身份，只得与卡门去山里干走私的勾当。

（11）

在深山里，堂·何塞跟随卡门和走私犯在这里埋伏很多天了，常常在想起母亲和未婚妻米凯拉时，就为当初自己冲动地加入走私行列而后悔不已，因此与卡门大吵起来。

（12）

面露凶光的堂·何塞令卡门预感到自己将要死在这个男人手中，她想先动手杀堂·何塞，但是没有下得了手。

（13）

深爱着堂·何塞的米凯拉冒着危险，前来找寻他并欲告知他母亲生病的消息。

（14）

与此同时，斗牛士埃斯卡米罗也来找卡门，却碰到了放哨的堂·何塞。当堂·何塞得知他的来意之后，妒火中烧，欲置他于死地，却被赶来的卡门制止。

（15）

怀着对卡门的大失所望和对母亲的担忧，堂·何塞被迫随米凯拉回家去。

（16）

在塞维利亚的斗牛竞技场前面的广场上，等待斗牛的观众和小商贩们熙熙攘攘。埃斯卡米罗在人们的簇拥中进入斗牛竞技场，卡门留在了场外。

（17）

衣衫褴褛、神情恍惚的堂·何塞痛哭流涕地恳求卡门原谅，对此，卡门却无动于衷。

（18）

场内传来欢呼声，卡门想到是埃斯卡米罗获得了胜利，于是将堂·何塞曾送的戒指摘下丢在了地上，欲迫不及待地冲进场去。

（19）

堂·何塞欲挽回爱，但卡门连续说：不，不，不，就不，我宁愿死！

堂·何塞："你再说一遍，我就杀了你。"

你难道不知道，卡门从不向任何人低头屈服。她生得自由，也将死得自由。

堂·何塞万念俱灰，他从怀中抽出了早已准备好的匕首，刺向了卡门。

（20）

当观众们带着胜利的喜悦走出斗牛竞技场的时候，却看到了倒在血泊中的卡门，听到堂·何塞大叫："她是我杀的！卡门，我亲爱的卡门！"

（21）

可能小说原著更感人！

第 13 回
硬汉子精神

1. 你最羡慕哪个人的人生，笔者的回答是海明威

海明威，一个开枪不眨眼的猎人，一个追捕鲨鱼的渔夫，一个浑身挂过花的战场英雄，一个爱写别字的诺奖作家。

这个单子大可以继续列下去：斗牛士、酒鬼、赌徒、拳击手、全能运动员、伤病专业户、大难不死的冒险家、同性恋绯闻主角……

此外，他还有过四任妻子，三个儿子，养过上百只猫狗（主要还是猫）。当然，还写了六七千封信件。

2. 海明威是如何期待自己的晚年呢

他自己的声明是：

要做一个风趣又智慧的老头，看所有最新的摔跤手、马球手、单车手、模特、斗牛士、画家、飞行员、咖啡馆、国际名妓、饭店、陈年老酒和新闻词汇；他要给他的朋友们写信并收到回信，他希望八十五岁时候，做爱依然一流；他不会只坐在公园的长椅子上，而是会沿着公园的小路边散步边喂鸽子；他表示不会留长胡子、永远不会去看尼亚加拉瀑布，一定要去参加赛马，为自己组建一个年轻的球队。

3. 海明威的死亡

"只有懦夫才会想要去拯救灵魂……死没什么难的，没什么好担心的，一个人死的时候，他只需要是个好人"。

这是海明威说的话。

1961 年 7 月 2 日，海明威对着自己的太阳穴开了两枪。他曾经想象自己的晚年，要做一个快乐的老头，但最后，在偏执和折磨中，他选择了自杀。

他这一生极尽疯狂，甚至荒谬，但在他死亡时，他不用担心自己的灵魂，他只需要是一个好人。

4. 我此生最想做的事情

自古美人叹迟暮，不许英雄见白头。

人生终究是有限的，人终有老了的那一天。

海明威是自己选择了死的方式和死的时间，这是一个硬汉子的智慧死法。杀死海明威的不是战争、狮子和酒精，而是英雄白头。

我不是英雄，但是也很想在晚年自己选择死的方式和死的时间，像英雄那样去死。

5. 安乐旅游

安乐死在欧洲一直是个有争议的话题，各国对其管理力度也不尽相同。相比之下，瑞士法律对安乐死的限制是最小的，只规定"主动协助死亡"为违法，这就可以理解成，只要是"非主动"的方式都为合法。例如，如果你把毒药给人灌下去，就是违法行为；如果你将毒药和水递到病人手中，病人自己喝下去，就是合法行为。

在这种宽松的法律下，两家协助安乐死的机构在瑞士诞生，一家名为"解脱"的机构主要帮助瑞士国内居民，而另一家名为"尊严"的机构的客源主要来自有关法律严格的英国和德国，也正是这个服务外国人的机构生意最为红火，从而促成了"死亡旅游"的火爆。该机构承认已帮助 800 多名外国人实施了安乐死。

6. 欢乐颂

2018 年 5 月 10 日，瑞士辅助自杀机构 EXIT 宣布，104 岁的澳大利亚科学家古道尔在当地时间中午 12 点 30 分享受安乐死离开人世。古道尔没有不治之症，但说他近几年生活品质大不如前，希望一死了之。在 5 月 9 日的新闻发布会上，古道尔哼唱了几节贝多芬第九交响曲，并表示很期待在瑞士结束生命。

据媒体报道，在 Dignitas 享受安乐死之旅，除了辅助自杀，"后事"也由他们负责。所有代价逾 1 万美元，从申请到执行的整个过程约需 3 个月，申请人必须到位于瑞士的 Dignitas 接受安乐死。

在交完钱和所有手续办妥后，Dignitas 会为病患开出致命剂量的硫喷妥钠，硫喷妥钠是一种麻醉剂，病患可选择口服或是注射方式，将药物送入体内，2~5 分钟内入睡，最后进入昏迷状态，因呼吸系统瘫痪而死亡，过程快速而且没有痛苦。整个过程有该组织的护理人员做监控录像，当地警察也会从旁待命观察。

因为 EXIT 提供的口服药口味酸，古道尔选择了注射，由他自己打开开关，将药物通过输液管送入体内。该机构称，直至最后一刻，古道尔都有中止程序的权力，但他做出了义无反顾的选择。Dignitas 与 EXIT 都表示，多数人对安乐死还是很谨慎的，即使有医生开绿灯的许可，仅有 30% 的人最后获得安乐死服务。

7. 医生的看法

一个人能在多大程度上决定自己离开人世的程序？曾有媒体做过调查，在超过 1000 名医生的调查对象中，88% 的人希望在自己临终前执行"不许抢救"的指令。

8. 生命的安乐

印度诗人泰戈尔曾经说过，"使生如夏花之绚烂，死如秋叶之静美"，诚然这是生的境界，亦是死的境界，只有真正尊重生命的人，才能正确地把握。希望有一天，人们可以有权力把握自己的生死，而我们更希望，这种权力带给人们的是生命的安乐，而非死亡的痛苦。

不怕死的人才配活着？

【智慧照亮人生】

（1）要让某人相信真理，仅说出真理是不够的，人们还必须找到从错误到真理的道路。

（2）谁是受益者，谁就是最大的嫌疑者。

（3）人之所以迷信，只是由于恐惧；人之所以恐惧，只是由于无知。

（4）愤怒以愚蠢开始，以后悔告终。

（5）有三个时间，这三个时间都是现在。

（6）命令和它的执行之间有一道鸿沟，它必须由理解来填平。

（7）其实，一个男人的梦想几乎是从来不会实现的。

（8）一个民族有一些关注天空的人，他们才有希望；一个民族只是关心脚下的事情，那是没有未来的。

（9）划一条不鲜明的界限，那其实就是根本没划出界限。

（10）经历过无助处境的人很难会对其他人同情。

后记　炒股水平提高的学习路径

知识与技能，知与行，还是有着一定的距离的。

知识是能力形成的第一步，知识能够让你拥有一张武功图解，知道了努力的方向。下面笔者就把花氏炒股技术的最重要内容做个浓缩，以及提示一下大家今后需要进一步努力的方向，并留下来一些长线辅助作业。

通过下面内容的理解、强记以及作业，可能会使你的武功快速强化。

一、花荣操盘术的浓缩

1. 股市的基础理财技术

股市基础理财技术＝六分心态＋三分技术＋一分运气。

股市理财技术必须是心平气和的，不能有多巴胺心理，逆势心理，扳本心理，输不起心理，急于证明自己的心理，有了这些心理，你就会变成一个不走运的笨蛋，技术功底发挥不出来的，甚至自己给自己挖坑。股市赢钱难不可怕，可怕的是自己给自己挖坑，一旦投资者给自己挖坑，股市就变成了地狱。

股市理财技术不难，只要你自己不犯糊涂，不给自己挖坑，一般智商的人都能发财。

股市中最基本的技术有两个：

第一个基本技术是股市周期技术，股市存在着牛市和熊市，牛市做多并逃顶，熊市做空或者空仓；

第二个基本技术是无风险套利，即掌握和运用那些低风险、无风险的理财技术（必须是真的无风险，不能是没有落听的），就能够让股市变成天堂。

笔者自己就是一个实际的例子，笔者的财富基本上是依靠 2005~2007 年、2014~2015 年这两次牛市，以及一些无风险套利项目积累起来的。

在形成目前的投资理念之前，即 2004 年之前，笔者已经是成名的机构操盘手，在业内的名气不比现在差，也创造过大户们羡慕的传奇，但是由于风范风险这个技术没有过硬，成功果实没有保住，甚至遭受过巨大的不堪回首的磨难。所以，笔者现在的股市理财技术的形成是用血泪铸造的，一点也不过分。笔者自己珍惜，笔者的朋友珍惜，也希望大家珍惜。对于业余投资者，基础技术足够了，掌握好了下次牛市就能改变命运。

2. 股市的专业理财技术

股市高级理财技术是一种概率。

盈利模式＝强势模式＋平衡势模式＋弱势模式＋题材爆破点模式＋无风险套利模式＋人生赌注股模式＋阶段规律博弈模式。

花式万能选测股法＝大盘＋题材热点＋主力＋均线趋势＋MACD＋K 线逻辑＋心理障碍。

股市判断逻辑＝超越＋连续＋反击＋逆反＋规律＋过度＋混沌＋目的 or 结果。

股市的概率＝确定性（时间、价格）＋趋势力量（系统）＋组合（仓位、成本）＋最后防线（清零、接受可接受的结果，不赌博）。

股市专业技术掌握需要一定的天赋素质，需要足够的阅历实践，如果掌握好了，能够增大发财的概率，能够让股市理财成为职业。

二、掌握和提高技术的途径

1. 去除坏习惯

许多人在学习花荣技术前，或多或少地学习过技术分析、基本面分析，或者是其他的赌博技术（可能你自己以为是投资技术），如果你对以前的投资结果不满意，就放弃吧，别学江南七怪里的柯镇恶，武功明明不行，还固执得不行，那不自己吃亏吗？

2. 努力养成新习惯

决定人行为的因素不是知识而是习惯，为了能够发财过上好日子，不辜负老婆孩子，多花些力气吧，要熟记，要应用，要不断地总结，优秀是财富的副产品！

3. 提高基础素质

许多人学股市理财，学下棋，学某项技能，达到一定成度后就水平固化停滞不前，这是因为基础素质到了"瓶颈"。提高一下基础素质，就会继续突破的。《万修成魔》专门提供了这方面的内容。

4. 进一步学习

《万修成魔》再看几遍。

三、技能实习作业

（1）把本文全篇理解并能背诵默写。

（2）写一篇文章：花家军股友常犯的错误以及怎样改正？

（3）在熊市中不赔钱（不要求赚钱，只要求不赔钱），在熊市中你怎样赚一些小钱（可以用一切手段)？

（4）正确地操作一个无风险套利的大项目，例如，要约收购、现金选择权、封转开等，要组合正确的操作，不能盲目套利赔钱。

（5）在大盘底部区域（去杠杆完成、贸易战结束、注册制实施，至少两项利空消失）来临后，用 1/4 的仓位抓住一个人生赌注股。

（6）在下次大牛市中，挣下一千万以上。写一篇文章：你怎样保证你能在下一次大牛市中赚一笔大钱？

（7）以上作业开卷，可以问别人，可以抄，可以跟别人合作，要不惜一切代价完成作业。

本书有部分章节的资料总结得到了几位股友的帮助，在这里谢谢他们的辛勤劳动！

本书的阅读参考书是《百战成精》《千炼成妖》《操盘手 1》《操盘手 2》《操盘手 3》。

花荣的新浪微博：http://weibo.com/hjhh。